패권의
비밀

패권의 비밀

초판 1쇄 발행 2017년 9월 25일
초판 13쇄 발행 2025년 9월 25일

지은이 김태유·김대륜

펴낸곳 서울대학교출판문화원
주소 08826 서울 관악구 관악로 1
도서주문 02-889-4424, 02-880-7995
홈페이지 www.snupress.com
페이스북 @snupress1947
인스타그램 @snupress
이메일 snubook@snu.ac.kr
출판등록 제15-3호

ISBN 978-89-521-1628-4 93320

이 저서는 2010년 정부(교육과학기술부)의 재원으로
한국연구재단의 지원을 받아 수행된 연구임(NRF-2010-0026178).

패권의 비밀

김태유 · 김대륜 지음

서울대학교출판문화원

The Secrets of Hegemony

By Kim Taeyu and Kim Daeryun

Seoul National University Press

머리말

국가와 민족의 흥망성쇠는 역사학, 경제학, 정치학 등 사회과학에서 언제나 관심의 중심에 있었다. 그것이 인간이 추구하는 절대 가치인 '행복'의 전제 조건이라 할 경제적 풍요라는 문제와 직결되어 있기 때문일 터이다. 굳이 마르크스의 이론에 기대지 않더라도 인류의 역사가 최소한의 생계를 유지하는 일, 나아가 더 많은 물질적 풍요를 누리기 위한 갈등과 타협으로 일관해 왔다는 사실에는 의문의 여지가 없다. 물론 승리를 쟁취하려는 치열한 경쟁이나 결실을 얻기 위한 피나는 노고에서 벗어나 안분지족安分知足을 추구하는 예외적인 사람들도 없지는 않았다. 그렇지만 이들의 삶이 선진 강대국의 국민이 대중적으로 누려온 물질적·정신적 풍요에 견주어 실제 더 낫다고 과연 단언할 수 있을까? 그것이 제한된 자원을 두고 경합할 수밖에 없었던 인류의 숙명 탓이든, 아니면 자신의 삶을 언제나 다른 이들의 삶과 비교하는 인간의 본성 탓이든, 대개의 국가와 민족, 그리고 그 속에서 살아가는 개인은 풍요를 쟁취하기 위한 경쟁에 매진하지 않았던가? 국가와 민족의 흥망성쇠가 이토록 중요한 문제임에도 불구하고 이를 뒷받침하는 경제성장 문제를 일관되게 설명하고, 더 나아가 반복되는 불황과 저성장의 늪을 벗어나 선·후발국들의 동반 성장과 동반 번영을 담보할 만한 건강한 국가 발전 이론은 눈에 띄지 않는다.

이 문제에 관한 필자 나름의 이론은 근년에 『경제 성장론』*Economic*

Growth, Springer 2014으로 출간되었다. 대학에서 공학을 공부하고 대학원에서 경제학으로 진로를 바꾼 후 반평생을 경제학자로 살았던 필자의 지적 여정을 이 책으로 정리해 보았지만, 다른 한편으로 이 책에서 제시한 필자의 경제 성장 이론이 과연 얼마나 미래를 정확하게 예측할 수 있을지 검증해 보고 싶은 마음도 있었다. 궁리 끝에 선택한 일이 역사 공부였다. 경제학 이론이 흔히 시간의 흐름에 따라 누적되는 현실의 데이터를 통해 검증되듯, 과거의 역사를 찬찬히 살펴보면 국가 발전의 기본 원리에 관한 필자의 가설을 역사라는 일종의 실험실을 통해서 검증해 볼 수 있지 않을까 생각했던 것이다. 이 책 『패권의 비밀』은 필자의 이런 야심과 지난 몇 년간의 공부를 정리한 것이다.

그런 만큼 필자의 관심은 과거를 되돌아보는 일—이 책의 경우 스페인 제국에서부터 제2차 세계 대전 직후의 미국에 이르기까지—을 넘어 그 속에서 미래를 전망해 보고, 바라건대 국민의 행복을 끊임없이 증진할 가속적인 경제 성장의 열쇠를 제시하는 데 있다. 그런데 밤하늘의 별들만큼이나 많은 분절된 역사의 편린들만으로는 미래는커녕 과거와 현재조차도 제대로 연결할 수 없다. 역사의 편린들은 퍼즐 조각의 요철tabs and blanks처럼 꼭꼭 맞는 하나의 평면에 그려진 연속된 그림이 아니기 때문이다. 인류 문명사를 장식하는 다양한 역사적 현상과 사실들은 우연이나 돌연변이mutation 혹은 선각자의 의지에 의해 전혀 새로운 그림으로 또 전혀 새로운 공간으로 옮겨 가기도 한다. 따라서 경제 성장론The Theory of Economic Growth이라는 나침반 없이 역사의 망망대해를 항해하여 미래라는 목적지에 제대로 도착하기를 기대하는 것은 매우 순진한 생각이다.

필자의 경제 성장 이론은 인류사에서 등장하는 경제 성장의 유형을 두 가지로 대별한다. 하나는 시간의 흐름에 따라 경제 성장이 감속하는 유형으로, 필자는 이를 농업 사회에서 발견했다. 다른 하나는 시간의 흐름에 따라 경제 성장이 가속하는 유형으로, 이는 상업 사회와 산업 사회에서 발견된다. 경제 성장의 '감속'과 '가속'이라는 두 유형의 차이는 양적인 차이가 아니라 질적인 차이로서 그 사회의 '유전자DNA'에 해당하는 것이다. 따라서 이 두 유형의 경제 사회 사이에는 엄청난 간극이 존재한다. 그래서 이 책의 사례 연구는 스페인 제국에서 시작한다. 대부분의 학자들은 스페인 제국을 상업국으로 분류하지만, 필자가 볼 때 스페인 제국의 성쇠는 로마 제국을 비롯한 과거 농업 제국의 성쇠와 궤적을 같이하는 것이었다. 스페인 제국이 쇠락의 길을 걸었던 것은 결국 그 경제 체제가 성장이 감속하는 한계를 뛰어넘지 못했던 탓이니 말이다. 반면, 네덜란드에서 처음 등장해 영국에서 완성된 상업과 산업에 기반한 '경제 성장이 가속하는 사회'의 시작이야말로 현대 문명의 전주곡이자 인류사의 근본적인 전환점이었다. 네덜란드와 영국의 성취가 없었더라면 어쩌면 인류는 여전히 성장과 소득이 정체되고, 따라서 인구 규모와 개인의 수명도 정체된, 농업 사회의 깊은 잠에서 깨어나지 못하고 있을지도 모를 일이다. 그만큼 두 경제 사회의 간극은 넓다.

이 책에서 필자가 농업 사회 스페인과 상업 사회 네덜란드, 산업 사회 영국 사이의 상반된 운명을 거듭 강조하는 연유는 경제 성장에 관한 기존 학설이 대부분 농업 사회에서 산업 사회로의 이행을 마치 단선적이고 필연적인 역사 발전의 결과, 이를테면 연속적이고 점진적인 진화 과정과 같은 것으로 이해하는 오류를 저질렀다고 믿기 때문이다. 본문에서 자세하게 살펴보겠지만 감속하는 사회와 가속하는 사회는 이론상 연속적일 수 없다. 또 이는 역사적 사실과도 부합하지 않는다. 더구나 네덜란드의 상업 혁명과 영국의 산업 혁명 이래로 지난 한 세기 동안 세계 경제를 주도한 미국은 물론 독일과 일본, 이제 절반의 성공을 거둔 한국과 대만, 그리고 최근 세계의 공장이 된 중국을 포함한 모든 후발국들의 산업화는 농업 사회에 산업 자본주의를 접목한 결과이지, 결코 농입 사회의 자연스러운 진화가 낳은 성과가 아니었던 것이다.

이 점을 특히 강조하는 까닭은 최근에 많은 이들이 지금 우리 사회가 직면한 여러 문제들에 대한 해답, 더 나아가 바람직한 인류의 미래상을 이미 오래전에 그 소명을 다한 농업 사회, 그리고 그것이 낳은 지적 산물인 '고전'에서 찾으려는 것은 아닌지 우려되기 때문이다. 고전을 통해 자신의 삶을 되돌아보고 더불어 살아가기 위한 교양을 함양하는 것은 그 자체로 환영할 만한 일이겠으나, 이러한 '복고주의'가 자칫 농업 사회의 가혹했던 실상을 가리고 그것을 마치 그 어느 곳에도 존재하지 않는 곳, 즉 '유토피아'처럼 이상화하는 우를 범해서는 안 될 것이다. 실제로 지나간 농업 사회는 기아와 질병과 폭력이 난무하던 시절로, 인간의 평균 수명이 지금의 절반에도 미치지 못했던 시절이었다. 그 속에서 국민 대중의 물질 생활은 기아와 헐벗음을 벗어난 적이 없을 뿐만 아니라, 신분의 속박은 대다수 서민과 노예를 말할 수 있는 가축의 처지로 옭아매고 있던 시절이었다. 반면, 산업 사회가 성숙하며 진행된 과학 기술의 가속적인 수많은 혁신, 특히 지난 300여 년간의 가속화하는 사회에서 인류가 이룩한 과학 기술의 성취는 그 이전 3천 년간, 아니 어쩌면 3만 년간에 누적된 성과를 뛰어넘는 것이었다. '멋진 신세계'에서 헉슬리Aldous Huxley가 풍자했던 산업 사회의 과학 기술은 오히려 인류가 '더 멋진 신세계'로 나아가기 위한 떡틀의 역할을 하고 있었던 것이다.

인류의 사상과 문화가 특정한 사회적 환경의 산물이라는 주장을 받아들일 수 있다면, 농업 사회를 지배하는 가치와 산업 사회를 지배하는 가치 사이에는 심원한 간극이 있을 수밖에 없을 것이다. 농업 사회가 낳은 낡은 사상과 가치를 기준으로 합리성과 과학 기술에 기반한 현대 산업 문명의 성과를 주관적으로 평가하는 일은 국가 간 빈부 격차나 환경 오염과 같은 인류의 중대 과제를 해결하는 데 전혀 도움이 되지 않는 무분별한, 아니 무책임한 일이 될 수도 있다. 조금 거칠게 표현한다면, 이는 마치 사람의 인체가 미래에 어떤 모습으로 진화할 것인가에 대한 통찰insight을 얻기 위하여 호모사피엔스Homo Sapiens와 유인원을 넘어 공룡의 시대까지 거슬러 올라가는 일처럼 보인다. 달리 표현하면, 이는 무채색 속에서 천연색을 찾고, 평면 속에서 입체를 구해 보려는 것과도 같이 허무한 일이다. 이러한 노력은 어리석고 낭비적일 뿐만 아니라, 진지하게 인류 문명의 미래를 걱정하는 지성인들과 국가의 장래를 결정할 지도자에게 잘못된 진단에 의한 잘못된 처방을 유도할 수 있기 때문에 신중에 신중을 기해야 할 것이다.

끝으로 경제학자와 역사학자의 공동 작업의 성과에 대해 한두 마디 언급하고 싶다. 숫사자와 암호랑이 사이에 태어난 새끼를 라이거liger라고 하니, 경제학과 역사학의 융합도 경제사Economic History라고 할 수 있을 것이다. 생물학적으로 잡종 1세대가 양친보다 우수한 형질을 나타내는 현상을 잡종 강세라고 하고, 또 그 반대되는 현상은 잡종 약세라고 한다. 경제사학이 경제학과 역사학에 비해 학문적으로 잡종 강세일지 잡종 약세일지는 일단 논외로 하자. 그런데 종래의 경제사 책은 거의 모두 경제생활의 역사를 연구하는 경제사학자에 의해 쓰여진 것이지, 이 책처럼 경제학자와 역사학자 간의 치열한 토론 끝에 쓰여진 책은 찾아보기 힘들 것이다. 이 책은 경제학자와 역사학자 쌍방의 학문학적 장점만을 모아서 구성함으로써 경제학과 역사학의 학문적 잡종 강세 효과를 극대화하였기 때문에 책 내용에 대한 신뢰도도 더욱 높아질 것이라 기대한다.

공저자 김대륜 교수는 성실한 역사학자이다. 함께 토론하고 저술하는 과정에서 그는 언제나 필자의 견해에 비판적인 태도를 견지했지만, 필자가 이 책에서 그리는 큰 그림을 채우는 데 필요한 역사적 사실들을 일깨워 주는 일은 마다하지 않았다. 그가 이 책의 바탕을 이루는 경제 성장 이론과 이에 기반한 문명사적 메시지에 아직 모두 동의하는 것은 아니지만, 그와의 치열한 논쟁을 통해 필자는 역사학이라는 새로운 학문을 배우고 학습할 수 있었다. 그 점에 감사한다.

사실 이 책에는 감춰진 저자가 한 사람 있다. 전보강 박사는 조교 시절 이 책의 기초를 놓고 기본 골격을 완성하는 일에 저자 이상으로 애착을 가지고 헌신적인 노력을 아끼지 않았다. 비록 해외 유학 때문에 책을 완성하는 데는 동참하지 못했지만, 이 책 곳곳에서 그의 흔적을 찾을 수 있다. 필자가 아끼는 제자 전보강 박사가 앞으로 큰 학문적 성취를 이루어 이 책의 더 멋진 후속판을 출간해 줄 것을 기대해 본다.

이 책이 출간되기까지 많은 분들의 격려와 지원 그리고 도움이 있었다. 우선 이 책의 내용을 포함한 방대한 연구는 한국연구재단의 지원("인류문명의 발전과 경제성장에 관한 이론 및 실증 연구: 과학기술의 역할과 학문간 융합을 중심으로", 과제 번호 NRF-2010-0026178)이 있었기 때문에 가능한 것이었다. 재단에서 본 연구와 관련된 익명의 심사위원, 재단의 담당자, 그리고 이승종 이사장님께 감사의 말씀을 전한다. 또한 서울대학교출판문화원의 김종서 전 원장님과 박진수 현 원장님, 그리고 곽진희 실장님의 각별한 관심과 배려가 오늘 이 책의 출간을 맞이하게 하였다.

필자의 육신과 영혼의 씨를 뿌리시고 올바른 원칙과 넘치는 사랑으로 키워 주신 부모님 두 분(아버지 김용회, 어머니 박순선)의 영전에 이 책을 바친다.

2017년 9월

김태유

차례

프롤로그

우리는 역사를 통해 무수한 패권국들이 명멸해 갔음을 알 수 있다. 서양 고대의 아테네와 로마에서부터 현대의 영국과 미국까지, 또 동양 고대의 진·한에서부터 현대의 일본과 중국까지 그 과정도 다채롭고 화려하다. 과연 이들은 어떻게 패권국의 지위를 얻었고, 또 어떻게 잃어버렸는지 궁금해지지 않을 수 없다. 더구나 7년 전쟁으로까지 거슬러 올라가는 세계 대전global war과 세계화globalization의 기치 아래, 선발국은 자신의 위치를 공고히 하고 더 발전하기 위해, 후발국은 선발국을 따라잡기 위해 치열한 국가 간의 경쟁을 벌였고 또 벌이고 있는 상황에서 그러한 궁금증은 지역과 인종을 불문하고 이 시대를 살아가는 우리의 최대 관심사 중 하나일 수밖에 없다.

이 책의 집필은 인류 역사를 장식한 숱한 문명과 그 문명을 주도했던 국가들의 흥망성쇠를 결정하는 조건들에 대한 의문에서 비롯되었다. 다시 말해, 패권을 가능하게 한 패권의 비밀에 대한 의문으로 요약할 수 있다.

패권이란 무엇인가? 역사 속에서 그 어원을 살펴보면, 패권은 헤게모니hegemony이며, 고대 그리스 세계의 헤게몬hegemon에서 유래했다. 예컨대, 아테네는 델로스 동맹의 헤게몬이었고, 스파르타는 펠로폰네소스 동맹의 헤게몬이었다. 아테네와 스파르타는 둘 다 다른 도시 국가들에 대해 권력을 행사한 나라들인 것이다.

우리는 흔히 헤게몬을 맹주로, 헤게모니를 패권으로 번역하는데, 여기에는 그럴 만한 이유가 있다. 동양에서의 패권은 춘추 시대에 권력이 약화된 주 왕실에 이어 봉건 제후들 간의 회맹會盟에서 지명된 다섯 맹주, 즉 제나라 환공, 진나라 문공, 초나라 장왕, 오나라 합려, 월나라 구천의 권력을 뜻했다. 이 오패五霸가 서양의 아테네와 스파르타처럼 다른 제후들과 제후국들에 대해 권력을 행사했던 것이다. 이와 같이 권력이 나의 뜻을 남에게 관철시킬 수 있는 영향력과 지도력임을 고려할 때, 패권이란 결국 한 집단이 다른 집단에 대해 행사하는 권력을 뜻한다고 볼 수 있다.

이처럼 패권은 원래 국가 간 관계에서 한 나라의 '최고 지도력'을 가리키는 말이었고, 이것이 전통적인 패권의 정의라 할 수 있다. 1976년 이탈리아에서 발간된 『정치 사전』에 따르면, 패권의 개념은 랑케Leopold von Ranke나 데히오Georg Dehio와 같은 19세기 독일 역사가들에 의해 즐겨 사용되었다고 한다. 그들에게 패권은 세력 균형의 개념과 동일한 의미로, 역사 해석의 핵심 기준이었다. 그들에 따르면, 모든 국가는 자기 세력을 밖으로 팽창시키려는 고유한 성향을 가지고 있으며, 그러한 국가들의 패권을 지향하는 시도로 인해 세력 균형은 끊임없이 위협 받고 불안정하게 된다는 것이다. 고대 그리스 도시 국가들을 비롯해 중세 말, 근대 초 이탈리아 공국들과 근대 초 유럽 왕정들은 지역 패권을 둘러싸고 치열한 각축을 벌였다. 물론 일부 역사가들은 16세기 신성 로마 제국의 카를 5세부터 20세기 독일의 히틀러에 이르기까지 부단한 패권 장악 시도가 주변 국가들의 동맹을 유발하여 번번이 좌절됨으로써 균형을 유지해 오고 있다는 점에 주목한다. 그러나 이러한 균형도 매우 불안정한 세력 간의 한시적 균형이었음을 고려할 때, 패권을 추구하는 문명과 국가의 세력 팽창 성향 자체가 인류 문명과 국가 발전의 본질적인 모습일지도 모른다. 그런 이유로 역사는 패권과 균형 사이의 끊임없는 시계추 운동으로 비쳐지기도 한다.

앞에서 언급한 독일 역사가들은 패권을 주로 정치적·군사적 우위의 측면에서만 다루었다. 반면, 조베르티Vincenzo Gioberti와 같은 이탈리아 역사가들은 패권을 군사력이 아닌 문화적 전통의 입장에서 고려함으로써 주로 도덕적·시민적 우위의 의미로 사용했다. 이것은 개념의 중요한 확대로, 조베르티는 19세기 이탈리아가 정치적·군사적으로는 취약했으나 도덕적·문화적으로는 명백한 우위를 지녔다고 파악했고, 특히 이탈리아 내에서 교황권의 거소인 로마는 군사적으로 강력한 피에몬테Piemonte에 대해 우위를 지녔다고 생각했다. 바로 이 점에서 교황의 패권을 중심으로 한 이탈리아 통일의 발상이 나타나기도 했다. 물론 이탈리아의 사례는 경제력과 군사력이 바탕이 되지 않은 패권은 궁극적으로 성공할 수 없다는 점에서 허망함을 보여 준다. 조베르티의 '신교황주의'는 1848년 혁명의 소용돌이 속에서 유명무실해지고 말았던 것이다.

패권 개념은 20세기에 마르크스주의자들에 의해 한층 더 구체화되었다. 그들은 패권 개념을 국가 간 관계에 적용하는 대신 일국 내 사회적 계급 간 관계에 적용했다. 특히 지배 계급이 자신의 지배를 관철하면서 동시에 이를 정당화하는 힘을 패권으로 보았던 것이다. 『정치 사전』에서는 "제도화된 정치권력을 보유한 지배 계급은 직접적·간접적 정보 통제 수단을 통해 자신의 지배를 모든 사람의 이해관계에 부합되는 자연적이고 필연적인 것으로 제시하면서 스스로를 정당화하는, 통합적 세계에 대한 개념을 확산시킨다"[1]고 했다. 여기에서 주목할 것은, 자신의 지배를 "자연적이고 필연적인 것으로 제시"한다는 부분으로 무력과 강압 대신에 설득과 동의의 요소가 부각된다. 이러한 맥락에서 이탈리아의 마르크스주의 이론가인 그람시Antonio Gramsci는 패권을 기본적으로 '강제+동의'로 이해하면서도 후자의 계기에 더 큰 관심을 보인다. 무력, 지배라는 정치적 요소보다는 설득, 지도라는 지적·도덕적 요소를 강조한 것이다. 즉, 패권 없는 지배란 무상하며, 패권 없이는 애당초 지배 자체가 불가능하다는 것이다.[2]

하지만 그람시의 패권 개념에도 보충 설명해야 할 중요한 사항이 두 가지 있다. 하나는, 설득과 동의에 지배 계급의 일정한 경제적 양보 또는 희생이 수반되어야 한다는 점이다. 그러나 이는 일방적인 양보나 희생이 아니다. 왜냐하면 설득과 동의에 의한 '부드러운 지배'를 통해 지배 계급 전체의 패권을 지키면서 동시에 장기적으로는 지배에 소요되는 비용을 최소화하고 최대한의 이익을 이끌어낼 수 있기 때문이다. 지배 계급이 기꺼이 경제적으로 양보하거나 희생하는 것도 그와 같은 장기적인 효율성을 염두에 두기 때문이다.

다른 하나는, 지배 방식을 둘러싸고 지배 계급 내부에서도 갈등이 일어날 수 있다는 점이다. 지배 계급 내에는 복수의 엘리트 집단이 존재하며, 각 엘리트 집단은 다른 엘리트 집단과 경쟁한다. 이러한 엘리트 집단 내 갈등은 경제적인 차원에서 즉각적인 이해관계를 둘러싸고 벌어질 수도 있고, 지배 체제의 장기적 발전 전망을 둘러싸고 정치적·도덕적·이념적 차원에서 전개될 수도 있다. 실제로 러시먼Richard Lachmann과 같은 학자들은 계급 갈등을 중시하는 마르크스주의자들과 달리 엘리트 집단 간 갈등이 사회 변화의 중요하고도 결정적인 기회를 제공한다고 주장한다.[3] 역사적으로 볼 때도 17세기 영국의 궁정파court와 국민파country, 토리파와 휘그파 간의 대립, 18~19세기 미국의 연방파와 반연방파, 연방파와 공화파 간의 대립이 각 국가의 미래 발전에 얼마나 중요한 의미를 갖는 대내적 패권 경쟁이었는지는 새삼 강조할 필요가 없다.

이상에서 설명한 패권 개념은 그 개념이 처음 출현한 고대 그리스 세계에서도 쉽게 검증할 수 있다. 페르시아 전쟁에서 아테네 해군은 페르시아를 물리치는 데 결정적으로 기여했다. 비록 페르시아가 물러가기는 했지만 위협은 여전히 남아 있었으므로 그리스 도시 국가들은 아테네를 중심으로 델로스 동맹을 결성하기에 이른다. 동맹국들은 함선이나 돈을 갹출하여 동맹을 유지했다. 그러나 기원전 460년대 초 에우리메돈Eurymedon 전투에서의 승리로 페르시아의 위협이 완전히 사라진 뒤에도 아테네는 델로스 동맹을 유지하고자 했다. 심지어 동맹을 이탈하려던 타소스Thasos를 무력으로 굴복시키기까지 했다. 이는 아테네가 본격적으로 '제국화'하고 있었음을 보여 준 사례였다. 이러한 '제국화'는 테테스Thetes 계층의 의사를 반영한 정책의 결과였다. 테테스 계층은 일당을 지급받으며 수병으로 복무하고 있었고 함대가 유지되어야 일당을 지급받을 수 있었으므로, 만약 델로스 동맹이 해체되어 함대가 해산된다면 그들에게 커다란 손실이 아닐 수 없었다. 정치 지도자들은 아테네 시민의 다수를 차지하고 있는 이 계층의 여론 동향을 살피지 않을 수 없었고, 이를 위해 민중을 설득하고 회유하는 일이 정치적으로 필요하게 되었다.

'민중의 지도자'였던 아리스테이데스Aristeides도 그 점을 중시하여 아테네의 '제국화'에 따라오는 수입을 이용해 패권을 유지해야 한다고 권고했다. 『아테네의 국제』는 '아리스테이데스의 권고'를 다음과 같이 전하고 있다. "그 뒤 나라가 자신을 얻고 많은 돈이 모이자, 그는 (아테네인들에게) 패권을 쥐고서 농촌에서 나와 시내에서 살도록 권고했다. 그 사연인즉, 그들 모두가 혹은 출정하고 혹은 수비하고 혹은 공무를 봄으로써 생계를 얻을 것이니, 그와 같이 해서 패권을 지켜 나간다는 것이었다."[4] 물론 이러한 아리스테이데스적인 발상이 아테네 지도층 사이에서 분명하게 합의된 것은 아니었다. 아리스테이데스는 당시 '부유층의 지도자'라고 할 수 있는 키몬Kimon과 우호 관계를 유지하기는 했지만, 아리스테이데스가 정치 무대에서 사라진 후 보수적인 키몬과 개혁적인 에피알테스Ephialtes 간에 정쟁이 벌어진 것이 그 점을 여실히 말해 준다. 그 정쟁에서 개혁파가 승리했고, 그로 인해 페리클레스Perikles 시대에 아테네 제국과 민주정의 황금기가 도래할 수 있었다.

이와 같은 역사적 사실은 의미심장하다. 무엇보다 '아리스테이데스의 권고'는 패권이 단순히 무력 사용을 통한 강제가 아니라 경제적 보수를 통한 설득의 과정이라는 점을 잘 보여 주고 있다. 지도층이 주도권을 행사하기 위해서라도 대중의 의사를 살피고 이를 정책에 반영하는 것이 중요했으니 말이다. 만약 그것이 불가능하다면 적어도 대중을 선동하고 회유하는 것이 필요했다. 아테네에서 데마고고스demagogos, 즉 선동 정치가들이 등장한 것도 그러한 배경에서였다. '아리스테이데스의 권고'가 의미를 갖는 것은, 국가 간 관계에서의 패권과 일국 내 사회 관계에서의 패권이 긴밀하게 맞물려 있음을 보여 주기 때문이다. 역설적이게도, 아테네가 다른 나라로부터 수탈한 수익이 국내 관계에서 민주정의 저변 확대에 기여했고, 그와 같은 민주정의 '급진화'가 아테네의 '제국화'를 촉진했다. 이는 곧 국제적 패권이 국내의 사회 통합을 강화하고, 이러한 국내의 사회 통합이 국제적 패권을 보장한다는 메커니즘을 확인해 주는 것이다. 나아가 아테네의 패권은, 엘리트 집단 간의 갈등에서 에피알테스와 페리클레스의 개혁파가 승리함으로써 가능했다고 할 수 있다.

이 책에서 우리는 패권의 개념을 아리스테이데스와 같은 방식으로 이해하고 사용할 것이다. 일차적 관심사는 한 나라가 국제 관계에서 패권적 지위를 획득하고 상실하는 조건에 있지만, 이는 국내 사회 통합의 정도와 긴밀히 연관되어 있다는 점을 염두에 두어야 한다. 모든 사회가 정도와 형태는 다르더라도 모두 지배층과 피지배층 간의 위계질서에 기초해 있으므로 지배층이 피지배층에 대해 행사하는 패권은 사회 통합의 달성 유무와 그 정도에 결정적 변수가 된다. 그러한 지배층의 패권은 다양한 방식으로 행사되지만, 고대 아테네와 현대 영국과 미국의 경우에서 보듯이 대중을 설득하고 회유하는 수단들 중에서 경제적 보상만큼 확실한 것도 없다. 이는 한 사회가 경제적 잉여를 충분히 생산해 내고 이를 적절히 분배할 수 있느냐의 문제와 직결된다고 할 수 있다. 또 엘리트 집단 내 갈등에서 어떠한 발전 전망을 가진 세력이 우세해지느냐의 문제 역시 한 나라의 미래 향방과 관련하여 지극히 중요한 변수가 된다. 다시 말해, 특정한 발전 전망을 가진 엘리트 집단이 우세해지는 것과 더불어 경제적 잉여를 최대한으로 생산해 내고 이를 적절하게 분배할 수 있는 효율적이고 안정적인 경제체제가 구성될 수 있느냐의 여부가 대외적 패권을 가능하게 하는 중요한 대내적 변수라는 것이다.

물론 한 국가와 지배층이 패권을 행사하는 과정에서 경제 수단과 경제 체제만이 중요한 것은 아니다. 패권을 가능하게 하는 경제외적·비경제적 수단들과 조건들은 앞서 출간한 다른 책에서 이미 다루었다.[5] 그 책에서는 국부를 창출하는 정치·사회·문화 영역에서 패권—정치적 패권, 사회적 탄성, 문화적 활력—의 중요성을 강조했다. 따라서 이 책에서는 패권국이 국제 관계에서 경제적 부국인 동시에 정치·사회·문화 영역에서도 강대국임을 전제로 하여 한 나라의 패권을 가능하게 하는 경제적 조건의 문제인 경제적 잉여를 생산하고 분배하는 수단, 그 방식으로서의 경제 체제의 문제를 중점적으로 부각시켜 다루고자 한다. 경제 체제의 문제가 인간 사회의 가장 중요한 문제라는 데 동의하지 않는 이들일지라도 모든 사회는 경제 문제를 안고 있고 또 풀어야 한다는 데는 동의할 것이다. 사실, 경제 문제만큼 인류의 삶에 본질적인 것은 없다. 인간을 '경제적 동물'로만 정의할 수는 없지만, 경제 없이는 생존할 수 없으니 경제 문제의 해법은 인류 역사에서 가장 중요한 주제 중 하나이다.

패권 행사에서 경제적 보수가 갖는 설득력을 역설한 '아리스테이데스의 권고'는 강제보다는 동의에 관심을 둔 그람시의 문제의식과도 일치한다. 따라서 한 사회가 분배할 수 있는 경제적 보수 총량의 변화, 즉 경제 성장의 속성에 따라 패권 행사의 면모 역시 달라질 수밖에 없다. 경제 성장이 시간의 흐름에 따라 감속, 정체되는 제로섬zero-sum(영합 경쟁 관계) 사회인 농업 사회에서는 분배할 잉여가 줄어들면서 사회 구성원의 양보와 희생을 설득하고 동의를 구하는 방식으로 패권이 행사될 것이다. 반면, 경제 성장이 가속하는 포지티브섬positive-sum(동반 성장 관계) 사회인 산업 사회에서는 분배할 수 있는 잉여가 계속 늘어날 것이므로 양보와 희생보다는 사회 구성원 전체가 누리는 경제적인 이익을 강조하는 방식으로 패권이 행사될 것이다. 이러한 농업 사회와 산업 사회의 패권 행사 방식의 차이는 패권 국가의 사회적 응집성과 패권의 강도에 차이를 보인다. 양보와 희생을 바탕으로 한 수동적 동의보다는 경제적인 이익 분배를 통한 자발적 동의가 훨씬 더 효율적이고 더 강력한 패권을 보장한다. 과거 농업 제국이 수동적인 동의와 강압적인 힘에 의지했던 것에 비해, 성숙한 산업 사회는 민주적인 제도와 절차에 따라 자발적인 동의를 이끌어내는 방식으로 패권을 행사하여 국내의 안정을 유지할 수 있었다.

패권 행사에서 자발적 동의를 강조하는 것은 국가 간 관계에서, 패권의 형성과 이동에 관한 논의에서도 중요한 의미를 갖는다. 농업 사회에서 국가 간 관계는 감속하는 경제 체제의 특성상 제한된 양의 잉여를 두고 다투는 제로섬 게임이 될 수밖에 없었고, 궁극적으로 패권 국가의 국제적인 지도력을 다른 사회에 설득시키는 일이 쉽지 않았다. 하지만 산업 사회와 농업 사회가 경쟁하는 근대 이후의 역사는 비록 현실적으로 농업 사회의 잉여가 산업 사회로 끊임없이 흘러들어갔지만 그것은 자유 무역에 기반을 둔 상호 보완적이고 호혜적인 관계로 포장될 여지가 충분히 있었고, 이는 치열한 국제 경쟁 속에서 설득과 동의의 과정이 어느 정도 작용할 수 있게 했다. 이 점은 19세기 중반부터 성숙한 산업 사회 영국이 자유 무역을 주창하면서 국제 관계의 평화를 호소한 것이나, 제2차 세계 대전 이후 미국이 압도적인 경제력과 기술적인 우위를 바탕으로 자유 시장 이념을 전 세계적으로 전파한 데서 확인할 수 있다. 반면, 제2차 세계 대전 당시 독일인의 '생활권' 확보라는 명목으로 과거 농업 제국식의 영토 확장을 추구하고, 비(非)아리안계 피정복민에 대해서 폭압적인 지배를 감행했던 나치 제국은 주변국을 설득할 수 없었다.

이처럼 국내적으로나 국제적으로 한 사회가 패권을 행사하고 보전하는 데 가장 중요한 조건은, 그 사회의 경제 체제가 충분히 경제적 잉여를 생산해 내고 적절히 분배하는 능력, 즉 경제의 선순환에 달려 있다고 볼 수 있다. 그러나 패권을 장악하고 있는 사회의 경제 체제가 본질적인 한계에 직면해 있거나 또는 그 사회의 패권이 다른 사회에 의해 위협받고 있을 경우에는 사회적·국제적 갈등이 고조되고 대개 전쟁으로 비화되기도 한다. 패권을 쥐고 있는 사회는 전쟁을 통해 한계에 봉착한 경제 체제의 문제를 해결하려 하고, 패권 세력에 도전하는 다른 사회들은 전쟁을 통해 패권국의 경제적 기반을 파괴하는 동시에 자국 경제 체제의 힘을 기르려 하기 때문이다. 따라서 전쟁은 경제의 선순환에 복귀하는 경제적 수단이 되었다. 그러나 패전, 즉 전쟁의 악순환은 십중팔구 쇠퇴와 몰락으로 이어졌다. 그런 점에서 클라우제비츠Carl von Clausewitz의 말처럼 전쟁은 정치의 연속일 뿐만 아니라 경제의 연속이기도 하다. 강대국의 흥망을 논한 역사가 케네디Paul Kennedy도 "강대국의 경제적 흥망과 군사 대국(또는 세계 제국)으로서의 성쇠는 **결국은** 아주 밀접히 관련되어 있음"을 지적한 바가 있다.[6]

이상과 같이 이 책에서 핵심적으로 다루고자 하는 것은, 패권을 가능하게 하는 가장 근본적인 원리가 경제와 전쟁의 선순환이며, 그러한 비밀은 간명한 이론과 역사 속에서 수없이 많이 확인된다.

여기에서 한 가지 더 개념의 정의에 대해 부연 설명해야 할 것이 있다. 앞으로 이 책에서 역사 속의 다양한 패권국들, 즉 고대 중국의 진 왕조, 서양 고대의 로마, 근대 이후의 스페인, 네덜란드, 영국, 미국 등은 '제국'으로 지칭할 것이다. 농업 사회의 패권국을 농업 제국, 상업 사회의 패권국을 상업 제국, 산업 사회의 패권국을 산업 제국이라 칭한다는 의미이다. 과연 이러한 명명법은 옳은가? 이 책에서 사용한 '제국'이라는 개념의 정의는 무엇인가?[7]

제국의 의미는 다양하지만 최소한의 정의를 내리자면, 제국은 지배 민족과 제국 모국이 소수 민족들과 주변 국가들을 규제하는 권력이라는 용례가 그것이다.[8] 물론 이 '규제하는 권력'이 행사되는 방식은 다양했으며, 많은 학자들은 제국을 '공식적' 제국과 '비공식적' 제국으로 구별했다. '공식적' 제국은 경성 권력hard power을 통한 신민subject에 대한 직접 지배를 의미하고, '비공식적' 제국은 연성 권력soft power을 통한 신민에 대한 간접 지배, 즉 신민을 설득하고 지원하며 그들에게 본보기를 제시하는 방식의 지배를 의미한다. 후자의 경우 일부 학자들은 제국 대신에 패권이라는 말을 사용하기도 한다.[9] 역사적으로 보면, '공식적' 제국에서 '비공식적' 제국으로 이행한 듯하고, 정치적으로도 패권이 제국보다 훨씬 더 효율적이고 실질적인 권력을 향유한 듯하다. 그러나 공식적이든 비공식적이든, 제국이든 패권이든 모두 '제국'이라는 상위 범주에 포함된다. 그렇다면 역사 속의 패권 국가들을 제국으로 부르지 못할 이유는 없다. 오히려 그렇게 불러야만 패권과 제국의 긴밀한 연관성이 부각될 수 있을 것이다. 특히 제국이 다양한 방식으로 주변과의 지배-종속 관계를 추구하는 권력이라고 보면, 제국의 성공 여부와 관계없이 역사상 경제와 전쟁의 선순환을 통해 대외 팽창과 확대를 꾀하는 국가를 제국이라고 볼 수 있다.

이러한 맥락에서 이 책에서는 제국을 구조적으로 확장 지향적 체제를 가진 국가, 어느 정도 확장에 성공한 국가로 정의하고자 한다. 결국 성공한 제국이 패권국이라고 할 수 있다. 특히 산업 사회 이후 국제 무역과 국제 관계가 한 국가의 존립과 성장, 그 발전에 필수적인 조건이 되었으므로 흔히 우리가 말하는 강대국도 패권국일 수밖에 없다. 이런 점들을 고려하여 이 책에서는 제국, 패권국, 강대국을 혼용하여 사용할 것이다. 하지만 제국, 패권국, 강대국이 아니더라도 선진국일 수 있다는 점은 알아둘 필요가 있다. 여기에서 말하는 선진국이란 국민 개개인의 삶의 질과 관련된 문화적·사회적·정치적 요소를 두루 포함하는 개념이고, 제국, 패권국, 강대국은 주로 국가의 경제 규모나 군사력과 같은 국가 차원의 총체적 능력에 초점을 맞춘 개념이다. 물론 제국, 패권국, 강대국은 대부분 선진국이지만 스위스나 룩셈부르크처럼 명백히 선진국에 속하면서도 제국, 패권국, 강대국이 아닌 경우도 있다. 이 경우도 중요한 의미를 갖기는 하지만 이 책에서의 고찰 대상은 아니라는 점을 미리 밝혀둔다.

광대한 역사 속에서 실로 무수한 패권 제국들이 명멸해 갔다. 이 제국들은 농업 사회, 상업 사회, 산업 사회 각각의 고유한 경제 체제의 한계 속에서, 또는 그 한계를 뛰어넘으려고 안간힘을 쓰면서 나름대로 제국의 번영과 평화를 추구했다. 그러나 역사는 제국이 결국에는 항상 몰락했음을 보여 주고 있다. 우리는 제국의 흥망에 대해 어떤 일반론을 내놓을 수 있을까? 일찍이 그람시는 자신이 이해한 정치학의 두 가지 기본 원리—원래 마르크스Karl Marx가 한 말—를 제시했는데, 자못 의미하는 바가 크다.

"첫째, 어떠한 사회 구성체도 그 내부에서 성장한 생산력이 발전할 여지가 있는 한 소멸하지 않는다. 둘째, 사회는 그 해결을 위한 필요조건들이 이미 싹터 있지 않은 과제를 스스로 제기하지 않는다."[10] 그런데 그람시는 이러한 원리를 숙명론적·기계론적으로 이해하지 말라고 경고한다. 그의 경고는 중요하다. 실제로 한 사회가 생산력의 발전 여지를 가지고 있으면서도 사회적 해체와 패전으로 인해 소멸하는 경우도 있고, 아직 해결책이 마련되어 있지 않은 상황에서 외부로부터 강제로 새로운 체제를 받아들여야 하는 경우도 있다. 그만큼 역사는 복잡하다. 그럼에도 '생산력의 발전 여지'와 '새로운 과제 해결을 위한 필요조건의 성숙도'는 복잡한 역사를 해석하는 유용한 기준이 될 수 있다. 이는 역사를 통시대적·비교사적으로 검토하려는 많은 역사가들이 드러내놓고 강조하지 않고 있을 뿐이지, 암묵적으로 당연히 전제하는 기준이기도 하다.

그렇다면 이 책에서 그러한 기준은 구체적으로 어떻게 적용되는가? 각 경제 사회와 패권 제국은 경제 체제에 있어서 고유한 경제와 전쟁의 선순환이라는 가능성의 한계 안에서 발전을 지속할 수 있었다. 궁극적으로 제국의 번영과 패권에 의해 평화가 유지되고 있는 상황에서는 새로운 경제 체제의 등장은 예상하기 어렵다. 그 말은 곧 '로마의 평화'가 한창이던 시절에는 산업 혁명을 기대하기 어렵다는 의미이다.

그러나 한 국가와 사회는 내부의 기성 요소들을 새로 조합하거나 외부로부터 새로운 요소들을 받아들여 자체적으로 새로운 경제 체제로 재편할 준비를 할 수도 있다. 영국, 독일, 일본의 경우에서 그 예를 볼 수 있는데, 영국은 원산업적proto-industrial 요소들과 시장 요소들을 조합하여 농업·상업 사회에서 산업 사회로 변모해 갔고, 독일과 일본은 앞선 산업화 경험을 바탕으로 국가의 산업 정책을 통해 산업 사회의 요소들을 창출했다.

결국 우리의 연구는 각 패권 제국의 흥망을 구조적으로 결정짓는 각 경제 체제의 고유한 가능성의 한계와 그 한계 안에서 조합되고 창출되어 이행을 예비하는 역사적 요인들을 탐색하는 것이다. 패권의 비밀이란 것도 바로 이 구조적 한계(상수)와 역사적 요인(변수)인 것을 감안한다면 이 상수와 변수를 동시에 고려하는 것이 중요하다. 구조적 한계를 고려하지 않고 역사적 요인만을 강조하는 것은 공허하며, 역사적 요인을 고려하지 않고 구조적 필연성만을 강조하는 것은 맹목적이다. 하지만 주의해야 할 것은, 역사적 요인이 단지 우연적이고 돌발적인 변수들만을 의미하지 않는다는 점이다. 물론 그러한 변수들도 중요하기는 하다. 그러나 이 책에서 말하는 역사적 요인이란 역사적 우발성이나 불확정성 속에 묻혀 경제 체제의 구조적 효과 및 그 한계와 긴밀히 결부되어 그 안에서 작용하는 다양한 변수를 말한다. 패권의 비밀의 그 '비밀'이란 것도 그러한 구조적 상수와 역사적 변수이며, 이 비밀을 해독할 때 더 나은 미래로 통하는 문을 열 수 있다고 믿는다.

우리가 패권의 비밀을 언급한다고 해서 그 비밀을 완전히 알아냈다고 할 수는 없다. 다만, 역사 속에서 패권에 의한 영원한 평화와 제국의 번영을 약속했던 숱한 제국들의 흥망성쇠를 철저히 조사했을 따름이다.

일찍이 이탈리아의 시성詩聖 단테Dante Alighieri는, 인류의 '가능 지성intellectus possibilis'의 실현을 보장하는 것이 '보편 평화pax universalis'이며, '보편 평화'를 보장하는 것이 '보편 제권universale imperium'이라고 역설하면서 제국의 통합을 꿈꾼 바가 있다.[11] 그러나 그가 기대를 걸었던 신성 로마 제국은 세계 평화를 가져오기는커녕 분란의 진원지가 되었고, 끝내 제국 통합을 이루지 못했다. 여기에서 대부분의 문명이 애당초 자신의 약속을 실현하지 못하고 사라졌다는, 경제학자 슘페터Joseph Schumpeter의 통찰을 떠올리게 된다. 사실, 패권의 비밀을 다룬 수많은 책들도 지나간 패권의 흥망에 관한 역사적 사실에 집중하느라 패권이 보여 주는 미래의 가능성보다 그 허망함을 증명하는 것에 그쳤다. 그렇다면 모든 것은 끝내 사라진다는 역사의 철칙에 비추어 볼 때, 평화 공존과 공동 발전을 보장하는 새로운 경제 체제와 패권을 약속하는 것도 섣부른 공약空約일 수 있다. 그러나 영구 평화와 세계 정부에 대한 단테의 열망은 루소Jean-Jacques Rousseau와 칸트Immanuel

Kant로 이어졌고, 여전히 미래의 평화와 번영을 위한 영감의 원천이 되고 있다. 비록 영감은 비현실적인 점도 있지만 인간의 삶이 조금이라도 나아질 수 있도록 현실을 이끄는 힘이고, 현대 산업 사회, 나아가 미래 지식 기반 사회에서 점점 더 현실성 있는 대안으로 부각될 수 있다. 단테가 말하는 '가능 지성'을 지녔다면, 그러한 영감을 자양분으로 하여 더 나은 미래를 상상해야 할 책임과 의무가 있다. 물론 단테도 그렇게 생각했다.

"자신이 옛 사람들의 수고로 부유해진 이상, 자신도 후손을 위하여 수고함으로써 후손들에게도 그 덕분에 부유해질 만한 것들을 남겨야 한다. 사회 문제에 관한 이론을 습득한 사람으로서 국가res publica에 어떤 이바지를 하고자 고심하지 않는 사람이 있다면 그는 분명 자기 본분을 멀리하고 있음에 틀림없다."[12]

1

경제와 전쟁의 순환, 그 이론과 역사

이 장은 크게 두 부분으로 구성되어 있다. 첫 부분에서는 한 국가와 민족의 경제적 성취는 그 경제 체제의 속성에 의해 결정된다는, 이 책의 논지를 끌고 가는 국가 발전 이론의 개요를 제시하며, 나머지 부분에서는 역사적인 검토 작업이 이 같은 이론을 검증하는 데 왜 유용한지 밝히고 책 전체의 내용을 개괄한다.

인류 역사 속에서 경제와 전쟁의 선(악)순환의 사례들을 살펴보려는 우리의 시도는 일반론을 배격한다. 역사는 시대와 환경의 변화에 따라 다양한 경제 체제와 전쟁 양식을 보여 주기 때문이다. 그러나 역사학, 경제학을 비롯한 수많은 개별 학문들의 성과를 접목하려고 수없이 많은 개별적인 사건들을 다룰 생각은 없다. 다만, 역사를 관통하는 일반론과 개체론을 모두 배제하면서 역사 속에 등장한 국가와 사회를 유형적으로 구별·분류하고, 각각의 유형에 맞는 경제 체제와 전쟁 양식을 살펴보고자 한다. 다분히 절충적이라 할 이 유형론은 정치, 사회, 종교, 예술 등 인류의 모든 문명과 문화가 그 뿌리를 찾아가 보면 결국 경제, 즉 가치를 창출하는 영역들과 그 방식들에 기반을 두고 형성되었다는 사실로부터 역사적 경제 사회들economic societies을 각각 농업 사회, 상업 사회, 산업 사회로 나눈 데서 비롯되었다.

이러한 유형 구분의 기준은 무엇인가? 일반적인 기준은 한 사회의 경제 활동 인구에서 농업·상업·산업 부문 종사자가 차지하는 비율이나 총생산 중 농업·상업·산업 부문 생산이 차지하는 비율 등이다. 그러나 이 책에서는 이러한 경제의 양적 기준보다 질적 기준에 근거하고자 한다. 그 말은 특정한 경제 사회에서 재생산되거나 확대 재생산되는 과정에 나타나는 가치 창출 방식과 행태, 그 성과의 차이에 따른 새로운 개념의 기준인 경제 성장의 감속과 가속에 근거하겠다는 의미이다. 이러한 질적 차이는 중요하다. 왜냐하면 감속하는 경제와 가속하는 경제는 양적 기준에 관계없이 근본적으로 다른 유전자를 가지고 있고, 그러한 경제의 질적 차이—구조적 차이—가 미래의 경제적 성과를 결정짓기 때문이다.

질적 기준으로 보면, 농업 사회는 생산이 대부분 자가 소비로 충당되는 소농 중심의 자급자족형 단순 재생산 사회이다. 이러한 사회는 생산이 체감하기 때문에 농민 개개인으로 하여금 증산을 하도록 끌어들일 방책이 없다. 설령 풍작 등으로 증산이 되더라도 잉여가 새로운 생산 요소로 투입되어 생산을 확대할 경제 구조가 아니므로, 결국 투입 대비 산출량의 증가 속도가 점점 낮아지고 정체하게 되는 경제 성장의 감속 현상이 나타난다.

상업 사회는 주로 사치품 무역rich trade을 통해 상업 이윤을 확보하고 자본 축적으로 인해 확대 재투자가 일어난다는 점에서 산업 사회의 성장 유형에 근접하지만, 거래되는 품목이 주로 농업 생산물이라는 점에서 근본적으로는 농업 사회에 기반을 두고 있다. 그런 점에서 상업 사회는 농업 사회에서 산업 사회로 이행하는 과도기에 위치하면서 산업 혁명을 태동시키는 모태 역할을 했다.

산업 사회는 공장이나 기업 등의 인위적인 공간에서 자본, 노동, 기술, 원자재, 에너지 등의 생산 요소들을 투입해 재화와 용역을 생산하는 사회이다. 여기에서는 확보된 이윤이 자본으로 축적되고 또 기술 혁신에 투입되어 신기술에 의한 신제품이 계속적으로 개발되기 때문에 상업 사회와 같은 성장의 한계가 극복되고 결과적으로 확대 재생산의 선순환이 지속적으로 이루어진다.

물론 산업 사회에서도 단기적으로는 생산이 체감하고 성장이 감속할 수 있다. 그러나 자본 투자와 기술 혁신을 통한 대량 생산으로 대량 공급이 가능해지고 동시에 신기술에 의한 신제품이 새로운 수요를 창출함으로써 시장에서 수요와 공급이 확대 균형을 이루어 경제가 기하급수적으로 성장할 수 있다. 따라서 농업 사회의 한계를 드러내는 '맬서스 트랩'이 산업 사회의 도래로 인해 궁극적으로 사라지게 된다. 이처럼 산업 사회는 성장이 가속하는 전혀 새로운 개념의 사회 형태인 것이다.

이 책에서는, 대표적인 농업 제국은 아니지만 상업 사회와 근접해 있는 스페인의 농업 사회를 비롯하여 상업 사회의 확대 재투자 체제, 산업 사회의 확대 재생산 체제로 이행되는 인류 문명의 발전과 진화의 중심선 critical path상에 위치한 주요 패권국들을 살펴보고자 한다. 상업 사회와 산업 사회 패권국들의 성공 요인을 이해하기 위해서는 그에 앞서 농업 사회, 상업 사회, 산업 사회의 발전 원리—이론적이고 실증적으로 구성된 것—를 이해할 필요가 있다. 각 역사적 경제 사회의 발전과 진화 과정은 〈그림 1〉과 같다.

〈그림 1〉은 인류의 문명사회가 원시 수렵 채집 사회로부터 농업 사회, 산업 사회로 발전했음을 보여 준다. 발전 계통도를 보면, 농업 사회가 곧바로 산업 사회로 이행된 것이 아니라 농업 사회의 일부로 존재했던 하위의 상업 사회가 산업 혁명을 거쳐 산업 사회로 진화했음을 알 수 있다. 물론 후발 산업국들은 상업 사회 단계를 거치지 않고 선발 산업국들의 산업 혁명을 도입하거나 모방하여 곧장 산업 사회로 진입했음을 유의할 필요가 있다.

〈그림 1〉 경제 사회의 발전 계통도

농업 사회의 경제와 전쟁

인류 문명의 역사는 농업과 함께 시작되었다고 볼 수 있다. 약 7,000년 전 농업 기술이 개발되면서 인류에게 새로운 삶의 지평이 열렸고, 인류는 계절에 따라 먹을거리를 쫓아 이동하는 고단한 수렵 채집 생활을 청산하고 정착 농경 생활을 시작했다. 농업 사회의 생산은 농산물, 축산물, 임산물, 수산물로 구성된 '재생 가능한renewable' 생물학적 자원에 의한 생산물이 주를 이루었고, 여기에는 광산물과 수공업 제품도 포함되었다.[1] 이로써 인류는 사시사철 풍족한 식량과 물자를 공급받을 수 있게 되었으며, 그에 따라 출산율이 증가하고 영아 사망률이 급격히 감소했다. 인구 증가를 통해 씨족은 부족으로 확대되고, 나아가 고대 국가가 성립되었다. 국가의 성립으로 정치, 경제, 사회, 종교, 예술 등 인류의 모든 문명과 문화가 발달하게 되었다. 어찌 보면 애당초 문화culture는 농업agriculture 속에 포함되어 있었는지도 모른다.

여기에서 농업 사회의 하위 단위로 분류되는 유목 사회에 대해 언급할 필요가 있다. 유목이 목축과 다른 점은, 유목은 가축 사육과 더불어 교역과 약탈을 병행하면서 한곳에 정주하지 않고 넓은 지역을 이동하며 생활한다는 것이다. 유목 사회는 태생적인 기동성을 바탕으로 정주형 농업 사회와 부족한 식량과 생필품을 교역하거나 약탈하면서 상호 보완적인 관계를 유지했다.

역사적으로 유목 사회의 영향력은 매우 컸으며, 대표적인 유목 사회로는 몽골 제국을 들 수 있다. 칭기즈 칸Chingiz Khan은 생전에 약 777만 제곱킬로미터의 영토를 정복했다. 사실, 중국을 지배했던 왕조들의 상당수는 북방 유목민 출신이었다. 이와 같은 경우 제국의 통일은 유목민의 방식으로 가능했지만, 제국의 통치는 그들의 방식을 고집하기 어려웠다. 많은 학자들이 이를 두고 유목 민족이 농경 민족의 문화에 동화되었다고 하는데, 이는 결과론적인 설명일 뿐이다. 중요한 것은 그렇게 된 원인에 있다. 우

| 칭기즈 칸(1167?~1227)

| 정화 원정대가 명나라 조정에 바친 기린

선, 상대적으로 지배 민족의 수가 적기도 했지만, 그보다는 제국을 효율적으로 경영하고 세수를 확보하기 위해서는 현지 생산 양식에 적응할 수밖에 없었다. 칭기즈 칸이 유목민의 방식에 따라 정복지의 농토를 전부 목초지로 바꾸려 하자, 야율초재耶律楚材가 현지의 농업 생산 양식에 맞게 그대로 두는 것이 더 효율적임을 건의하여 관철시킨 일은, 유목 민족이 제국의 통치를 위해 현지 환경에 적응하지 않을 수 없었다는 점을 잘 보여 주는 사례이다. 물론 야율초재의 역할에 대한 의문이 제기되기도 하지만, 여하튼 유목 왕조가 정복지에 적응하여 농업 제국화한 사실에는 의문의 여지가 없다.

몽골 제국과 같은 범대륙적 유목 제국은 실크로드를 장악하여 동서양 원거리 무역을 독점함으로써 엄청난 규모의 상업적 부를 축적하기도 했다. 그러나 실크로드의 육상 무역은 험난한 지리적 한계로 인해 대양을 범선으로 항해하는 해상 무역과 비교할 때 투입 대비 산출의 효율성이 매우 낮았다. 게다가 명나라 태조 주원장이 유목 민족의 지배로부터 농경 민족인 한족의 정체성을 되찾기 위해 농본주의를 내세우면서 상황은 해상 무역 발전에 더욱 불리하게 돌아갔다. 실제로 대규모의 정화鄭和 원정대를 파견하기까지 했던 명나라가 해상에서 철수한 정확한 원인은 여전히 베일에 싸여 있다. 어쨌든 명나라는 만리장성을 쌓는 데 집중하며 바닷길을 포기하는 해금 정책을 펴서 해상 무역을 막고 대형 선박의 건조 또한 금지했다. 이러한 사실들은, 유목 제국과 농경 제국이 장대하게 등장하여 한때 세계적 패권을 행사하기는 했지만, 훗날 등장한 해상 상업 제국에게 패권을 넘겨주고 점차 소멸의 길을 걷게 되는 과정을 잘 보여 준다. 이는 유목 및 농경 제국의 쇠퇴 원인이 그 고유한 경제 체제의 태생적인 한계에서 비롯되었음을 말해 주는 것이다.

그렇다면 농업 사회의 경제 체제상의 특징은 무엇일까? 농업 사회는 기본적으로 자급자족형 사회이다. 농업 사회에서 생산되는 식량과 물자의 대부분은 생산자와 그 가족이 소비하기 위한 것이었다. 따라서 '순수한' 농업 사회는 가족 중심의 소농이 주축을 이루었고, 규모의 경제를 기대할 수 없는 사회였다. 비록 소금과 농기구 등의 생필품 교역이나 세금 및 공출을 위한 잉여 생산이 있기는 했지만, 이는 자가 소비에 비해 상대적으로 작은 부분에 지나지 않았다. 슐츠Theodore W. Schultz는 농업 사회의 전형적인 농민이라고 할 수 있는 소농이 아무리 합리적으로 생산에 힘쓰더라도 농업 생산은 확대 균형에 이르지 못한다고 주장한다. 그 이유는, 농업 생산이 갖고 있는 불확실성과 만성적인 낮은 소득으로 인해 기술 개발에 투자하지 않는 위험 기피 성향이 있기 때문이다.[2]

물론 이 말이 농업 사회에서는 그 어떤 기술 진보도 없다는 말은 아니다. 실제로 관개 시설 확충, 철제 농기구 도입, 가축 이용, 삼포제 도입, 비료 사용, 새로운 종자 개발 등 주목할 만한 기술 진보 성과들이 있었다. 당시 이러한 성과들은 농업 생산성을 획기적으로 높인 괄목할 만한 기술 진보였다. 하지만 수천 년에 이르는 오랜 농업 사회의 역사에 비추어 볼 때, 전반적인 기술 진보 속도는 매우 느렸다. 불과 몇백 년 만에 비약적인 기술 진보를 이룬 산업 사회와 비교하면 더욱 그렇다. 이와 같이 더딘 기술 진보 속도는 농업 사회의 생산 체감과 성장 감속의 주된 원인이 되었다. 성장의 감속은 성장의 정체를 의미하고, 성장의 감속과 정체는 단순 재생산 체제의 구조적 한계를 반영하는 것이었다.

이처럼 농업 사회는 추가적인 노동 투입에 비해 산출 증가량이 줄어드는 특성이 있으므로, 이것이 역으로 농민들에게 증산이나 잉여 생산을 위한 능동적인 투자나 기술 혁신을 포기하게 하는 요인이 되었다. 설령 기술 개발이 이루어져 농업 산출량이 늘고 농산물 가격이 하락하더라도, 생필품인 농산물은 가격 변동과 상관없이 늘 일정량이 소비되므로 소비 자체에 변화가 없기 때문에 수입은 지속적으로 감소한다. 또 신품종의 유입, 기후 변화, 새로운 경작지 개간 등의 외부적 요인으로 생산 규모 자체가 확대되더라도, 잉여 생산물을 장기적으로 저장할 기술도 없고 재투자할 경제 구조도 아니었기 때문에 생산물 증산은 결국 '맬서스 트랩'을 벗어날 수 없었다. '트레드밀treadmill' 효과란 농업이 이처럼 단순 재생산을 반복하는 '다람쥐 쳇바퀴'와 같다는 의미에서 나온 말이다.[3] 이상과 같은 농업 사회에 대한 연구나 평가는 생산이 체감하고 성장이 감속하는 단순 재생산 체제에 기초한 농업 사회의 단면을 보여 준다.

결국 잉여 생산이 없는 단순 재생산 그 자체가 경제의 악순환이다. 따라서 제한된 농토에서 국부를 증진시키는 길은 국가 차원의 관개 사업이나 철제 농기구의 보급 및 개량, 기타 영농 기술의 개선 등을 통해 생산을 늘리는 기술적 방법을 모색하는 방법뿐이었다. 그러나 이러한 방법도 일회성 증산은 가능해도 투입 자원 대비 산출의 증가는 체감하고 공급과 수요의 증가에 한계가 있는 농업 사회의 구조적 특성 때문에 그 효과가 매우 제한적이었다. 그러므로 농업 국가의 지배자가 선택할 수 있는 쉬운 방법은 세금을 더 많이 부과함으로써 농민이 생존을 위해 증산하도록 강요하는 것이었다. 이 경우 농민의 입장에서는 생존을 위해 세금으로 수탈당하는 만큼의 잉여 생산을 해야 했다. 역설적이게도 수탈이 증산의 요인으로 작용했지만, 세금이 터무니없이 늘거나 자연 재해 등으로 작황이 나쁘면 농민들은 농토를 버리고 유랑민으로 전락하거나 폭동 또는 민란을 일으켰다. 도덕적 입장을 배제한다면, 농민을 수탈하는 왕이나 난을 일으킨 농민이나 모두 각자의 입장에서는 합리적으로 행동한다고 볼 수 있다. 다시 말해, 농업 체제 아래에서 왕도 농민도 자신들의 효용과 만족을 극대화하려고 했을 뿐이다. 그러나 그 어느 방법도 체감하는 농업 생산에 의한 성장의 한계라는 문제를 근본적으로 해결하지는 못했다. 이상으로 살펴본 농업 사회의 단순 재생산 체제는 〈그림 2〉와 같다.

〈그림 2〉와 같은 경우 농업 사회의 왕이나 엘리트는 자연스레 정체된 국내 농업 생산의 돌파구로써 국외로 눈을 돌려 영토 확장을 꾀했다. 농업 산출량은 대개 농지 면적과 비례하기 때문에 한계 상황에 빠진 농업 생산을 늘리려고 애쓰기보다는 국외에서 농토와 농민을 확보하는 것이 더 쉽고 확실한 대안이었다. 그것만이 농업 사회 지배자들의 소유 및 소비 욕구를 충족시킬 수 있는 탈출구였다. 사실, 정복 전쟁을 통한 영토 확장만

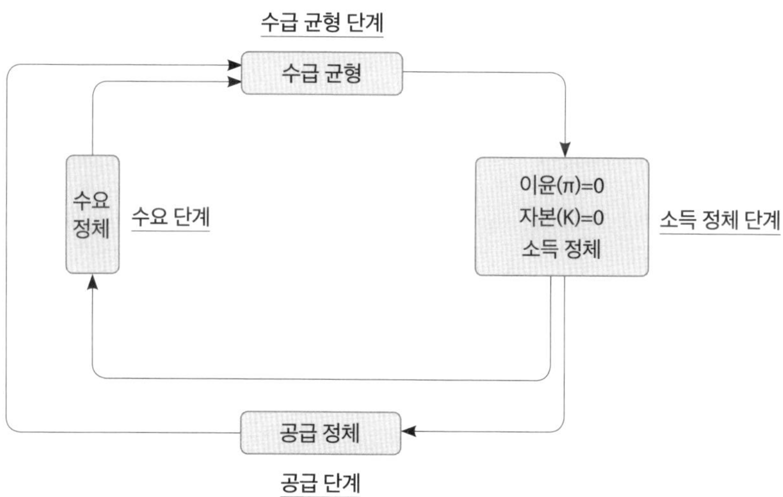

〈그림 2〉 농업 사회의 단순 재생산 체제

이 총생산을 증가시킬 수 있는 현실적인 방법이었던 농업 사회의 제국들은 그 자체로 거대한 전쟁 기계였다. 그들은 총생산이 정체될 때마다 새로운 전쟁을 통해 또다시 총생산을 증가시키는 과정을 반복했고, 그 결과 농업 경제는 계단식으로 성장을 하게 된다(〈그림 3〉). 이러한 성장 과정은 제국의 확장이 지리적 한계에 봉착할 때까지 끊임없이 되풀이되며, 그 후 통일 제국의 형태로 성장이 정체된다. 이는 곧 쇠퇴의 시작이며 몰락의 징후인 셈이다. 이와 같이 구조적으로 확대와 팽창을 지속할 수밖에 없는 농업 사회에서 성공한 국가 형태가 농업 제국이다. 이는 농업 사회에서 전쟁과 경제가 선순환하며 국가가 발전하는 모습이기도 하다.

〈그림 3〉은 정체되어 있던 농업 사회의 경제가 t1 시점에서 정복 전쟁을 통해 총생산이 단번에 증가했다가 그 후 다시 정체된 후에 t2 시점에서 또 다른 정복 전쟁을 통해 다시 한 번 총생산이 도약하는 과정을 보여주고 있다.

농업 사회 확장의 전형적인 모습은, 우선 세금 수취로 군량과 군비를 마련하고 정복 전쟁을 통해 농토와 인구를 확보한 다음, 다시 약탈이나 세수로 더 많은 전쟁 비용을 마련하여 규모가 더 큰 정복 전쟁을 반복하는

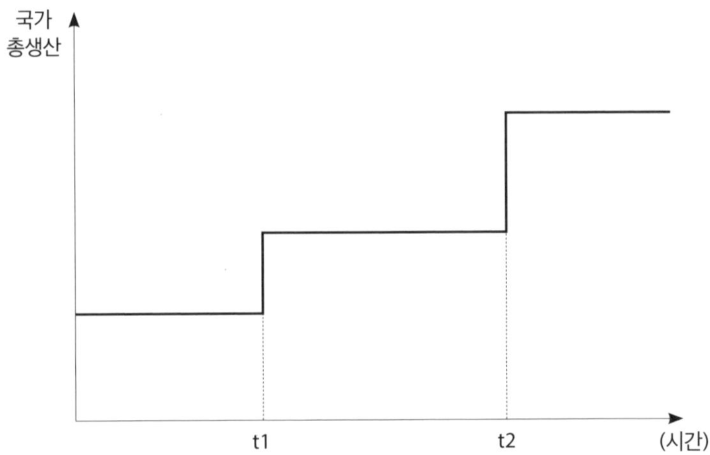

〈그림 3〉 농업 사회의 경제와 전쟁의 선순환 추이

것이다. 물론 패전은 영토와 국부의 상실을 의미했고, 국가의 쇠락으로 이어졌다. 이는 경제 성장이 정체된 농업 사회에서 유일한 성장 동력인 전쟁도 결국 부가 패자에게서 승자에게로 단순히 이전되는 제로섬 게임에 지나지 않았기 때문이다.

전쟁에서는 군비, 무기, 병력을 모으는 일도 중요하지만 승패의 관건은 대개 전투력에 있었다. 군비는 개인 부담이나 국가 세수로 충당했고, 무기 제작은 농기구 제작과 크게 다르지 않았으며, 군마도 농업·목축용 가축을 전용했고, 병력도 농민군을 소집하든 용병을 모집하든 크게 어렵지 않았다. 문제는 생업에 기반을 둔 전투 적응 능력과 훈련된 조직력이었다. 왜냐하면 전투 적응 능력과 훈련된 조직력의 차이가 전쟁의 승패를 좌우했기 때문이다. 유목 생활에 익숙한 몽골군의 뛰어난 기마술과 교범 및 훈련에 기초한 로마의 중장 보병 밀집대의 조직된 전투 역량이 그 본보기이다.

흔히 정복 전쟁은 원교근공遠交近攻과 같이 국경을 접한 인접 국가를 상대로 시작되는 것이 일반적이었다. 이는 동서고금을 막론하고 성공한 농업국의 외교와 국방의 기본 전략이었다. 그러한 전략을 바탕으로 성공한 국가는 그 확장 지향적 성향으로 인해 농업 제국으로 불릴 수 있었다. 중국의 경우에는 진 왕조가 농업 제국의 전형적인 모습을 보여 준 원교근공 전략의 발상지이다. 춘추 전국 시대의 7개 국가 중에서도 진나라는 땅이 척박해서 농사에 가장 부적합했다. 그러나 국가 발전의 동력이 정복 전쟁에 있던 농업 사회에서 농업 생산성이 낮았던 것이 오히려 농업 제국으로 도약하는 계기가 되었다. 농민들 스스로 농사보다는 전쟁에 출정하는 것이 실리적임을 깨닫게 되었던 것이다. 서양의 경우에는 로마가 그러한 농업 제국의 전형이었다. 로마도 원교근공에 따라 먼저 로마 주변의 군소 민족들을 정복하면서 이탈리아반도를 통합했고, 이를 발판으로 제국화했다. 로마 농민들은 생업에 종사하다가도 전쟁이 나면 즉시 중장 보병 밀집대의 일원으로 출정했다. 그렇게 하여 척박한 환경에서 목축과 농경으로 근근이 생활하던 로마가 로마 군단이라는 살인 기계를 앞세워 정복자로서 유럽 역사상 가장 거대한 농업 제국을 건설할 수 있었다.

명실공히 진나라와 로마는 인류 역사상 가장 성공적인 농업 제국이었다. 흥미로운 점은, 중국에서는 진나라 이후에도 성공적인 농업 제국이 지속적으로 등장한 반면, 유럽에서는 두 번 다시 로마 제국과 같은 성공적인 농업 제국이 등장하지 못했다는 사실이다. 로마 제국의 몰락 이후 유럽은 군소 국가들의 분열과 할거割據 상태를 벗어나지 못하고 있었지만, 그것이 오히려 전화위복이 되었다. 제국이 분열된 가운데 상업 혁명의 새싹이 움트고 산업 혁명의 줄기가 자라 유럽이 근대 산업 문명의 중심축으로 부상했고, 마침내 세계적 패권을 거머쥐게 된 것이었다. 반면, 중국의 농업 문명은 유럽의 상업 문명과 산업 문명의 가속적인 발전과 침탈에 의해 상대적인 몰락을 강요당했다고 볼 수 있다. 하지만 문제의 핵심은 오늘날 근대 산업 문명으로 이어진 인류 문명 발전의 중심선은 농업 사회로는 실패한 유럽의 발전사에 있지, 농업 사회로 성공한 중국의 발전사에 있지 않다는 데 있다. 물론 뒤늦게 세계를 깜짝 놀라게 할 만큼 그 규모와 속도에서 비약적으로 산업화를 이룬 일본, 한국, 그리고 오늘날의 중국은 선발 산업 사회의 발전 경험과 방식을 학습한 결과였다. 어쨌든 이러한 이유로 청 왕조를 끝으로 역사의 뒤안길로 사라져버린 중국 농업 제국의 역사는 세계적 패권의 이동을 설명하는 이 책의 범위에는 포함되지 않았다.[4]

상업 사회의 경제와 전쟁

세계적 패권의 이동은 상업 사회의 등장과 더불어 본격화된다. 스페인 제국(1469~1716)은 근대 산업 문명을 탄생시킨 상업 사회와 전통적인 농업 사회가 만나는 지점에 있다. 스페인—부분적으로 포르투갈—은 신대륙 및 아시아 항로를 개척하여 대항해 시대를 이끈 대표적 해양 국가로서 흔히 상업 제국으로 인식된다. 역사가 파슨스Timothy H. Parsons는 스페인을 "세계 최초의 진정한 세계적 제국 형태의 국가global imperial state"라고 했다. 이는 스페인이 역사상 최초로 해상으로 진출하여 아메리카와 아시아의 방대한 영토를 탐험하고 정복하여 육로로 연결된 대륙뿐만 아니라 바다 건너에 있는 영토들을 차지하게 되었음을 강조한 말이다. 스페인은 유럽의 서부와 중부, 아메리카에서부터 필리핀에 이르기까지 방대한 지역들을 통치했다. 그러나 스페인 제국은 농업 사회의 원거리 교통·통신망과 유럽 내의 끊이지 않는 갈등으로 중앙 집권적인 통치를 실현할 수 없었다. 그런 이유로 스페인은 해외 정복지 대표자들에게 상당한 자율성을 부여하며 통치를 위임했는데 그러한 점에서 '프랜차이즈 제국empire by franchise'으로 비치기도 한다.[5] 이는 마치 유라시아 대륙의 농업 및 유목 제국들의 모습과 흡사하다.

하지만 이 같은 스페인 제국의 특징은 제국의 한계를 여실히 드러냈다. 비록 스페인은 종래의 육상 농업 제국들과 달리 바다로 진출했고, 바닷길이 사치품 무역을 가능하게 함으로써 상업 사회의 태동을 보이기는 했지만, 여전히 농업 제국의 전통과 경제 구조의 한계에서 자유롭지 못했다. 그러한 점에서 스페인은 유럽의 마지막 농업 제국의 단면을 보여 주고 있다. 스페인이 상업 제국이 아니라 농업 제국이었다는 증거는 무수히 많다.

첫째, 스페인은 국가의 발전 유형에서 전형적인 농업 제국의 발전 형태를 보인다. 레콘키스타Reconquista의 상징인 스페인 제국의 확장과 발전은, 국가 발전의 기본 원리인 경제와 전쟁의 선순환에서 주로 정복 전쟁에 의한 발전이라는 농업 사회의 전형적인 특징을 보이고 있다. 이베리아반도의 잔존 이슬람 세력을 소탕하고 반도를 통일한 과정은 물론, 해외로 진출한 과정도 레콘키스타의 연장이었다. 스페인의 해외 진출은 훗날 네덜란드와 영국이 보여 주듯 그 목적이 상업, 즉 중계 무역에 있었던 것이 아니라, 기본적으로 기독교적 열정과 농업 사회 지배자들의 영토 확장욕에 있었다. 이 점은 스페인이 아메리카에서 플랜테이션 농업과 광산 경영에 주력했던 데서 분명히 드러난다. 둘째, 스페인은 체감하는 농업 및 광업 생산에 의존한 전형적인 농업 경제의 발전 유형을 보인다. 비록 스페인은 신대륙에서 세계 은 생산량의 약 74퍼센트에 달하는 막대한 은과 금을 수취했지만, 이를 국내 제조업에 투자하지 않았고 정작 목축업과 낮은 수준의 양모업에 주력했다. 스페인은 양모 등 원료를 수출하고 제품을 수입하면서 신대륙의 지금地金을 수입품에 대한 지불 수단으로 사용했던 것이다. 셋째, 스페인은 국가 정책에서도 농업 제국의 전형적인 특징을 보인다. 그 예로 상공업자인 유대인과 모리스코인(기독교도로 개종한 이슬람교도)을 추방했다. 이로 인해 스페인 내에서 상공업은 취약해졌고, 무역은 왕에게 법적으로 허가를 받아야 했다. 넷째, 전쟁의 형태도 전형적인 농업 사회의 특징을 보인다. 스페인은 신성 로마 제국의 맥을 잇는다는 명분으로 아무런 실리도 없는 무익한 전쟁에서 헤어 나오지 못했다.[6]

스페인이 상업 제국이 아니라 농업 제국에 더 가까웠다는 것은, 상업 사회가 농업 사회와 산업 사회의 과도기에 위치한다는 의미이기도 하다. 그러나 과도기라는 말은 그 의미가 매우 모호하다. 상업 사회가 단순히 농업 사회와 산업 사회 사이에 있었던 것은 아니기 때문이다. 상업 사회는 산업 사회로의 이행을 준비한 독자적인 경제 체제에 근거해 있다. 상업 사회는 확대 재투자 체제에 의해 경제가 가속적인 성장을 시작하는 사회로, 달리 보면 인류 최초의 자본주의 사회였다고도 할 수 있다. 상업 자본주의 사회의 경우 농업 사회와 달리 확보된 이윤을 전부 소비하지 않고 그 일부를 자본으로 축적하고 그 상업 자본은 더 많은 이윤을 얻기 위해 상업 거래에 재투자된다. 이윤은 기업과 가계의 수입을 증대시켜 기존 수요를 확대시키고 이로 인해 기존 상품의 공급이 증가되거나 새로운 상품의 도입을 자극할 것이다. 이와 같은 방식으로 확보된 이윤은 자본으로 축적되고, 확대된 수요와 공급이 새로운 시장 균형을 가능하게 하여 경제 순환 주기가 원활하게 반복되고 지속된다. 이것이 상업 사회의 확대 재투자 체제에 바탕을 둔 경제의 선순환이다. 이러한 현상은 공급이나 수요 확대 없이 동일한 수준의 수급 균형만 반복하는 농업 사회의 단순 재생산 체제와 명백

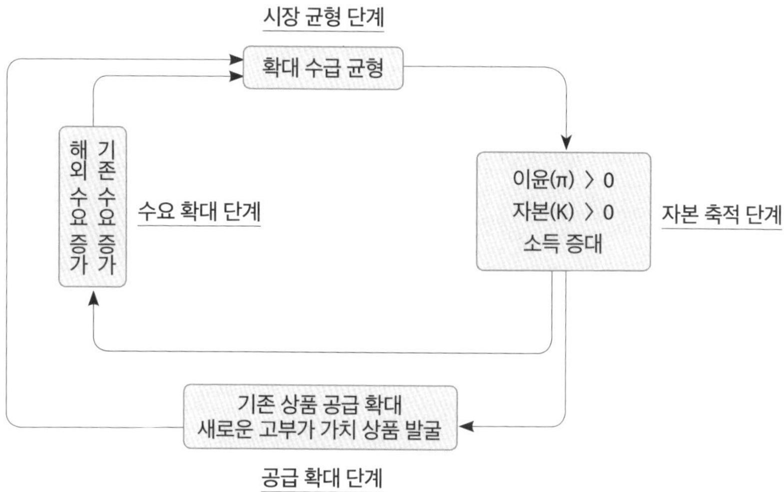

〈그림 4〉 상업 사회의 확대 재투자 체제

히 대비된다. 상업 사회의 확대 재투자 체제는 〈그림 4〉와 같다.

그러나 상업 사회의 경제 성장도 한계에 이르게 된다. 주된 이유는, 공급 면에서 상업 사회의 경제는 지속적인 기술 발전에 바탕을 둔 것이 아니라 특정한 농업 생산물 유통에 의존한 사치품 무역에 근거함으로써 생산성 향상이나 신제품 개발이 어려웠기 때문이다. 또 운송 수단을 우마차와 범선에 의존했기 때문에 철도, 기선, 비행기가 운송 수단이었던 산업 사회에 비해 경제 효과가 현저히 떨어질 수밖에 없었다. 수요 면에서도 농산물 등 생필품 교역은 수요가 고정적이고, 향료 등 사치품의 수요도 일부 부유층에서 대중에게로 확산되고 나면 더 이상 수요에 변화가 없었다. 이러한 이유들로 인해 상업 사회의 확대 재투자 체제는 일정 수준에 도달하면 더 이상 발전하기 어려운 본질적인 한계를 드러낸다.

더구나 상업 거래에 이용하는 교통로가 막히거나 거래품의 공급이 줄어들거나 새로운 거래품의 개발이 여의치 않게 되는 등의 돌발 상황이 발생하면, 상업 사회의 경제는 선순환에서 이탈하게 된다. 이는 새로운 교통로와 시장, 상품을 확보하기 위한 국가들 간의 충돌로 이어지고, 결과적으로 전쟁의 신호탄이 된다. 이러한 전쟁은 영토 확보나 왕조적 명분 아래 일어나는 농업 사회의 전쟁과 달리 경제 활동에서 실리를 취하기 위한 전형적인 상업 전쟁의 성격을 띤다. 상업 사회의 전쟁은 농업 사회에서 빈번했던 소규모 전투나 정복 전쟁과 본질적으로 다르다.

물론 전쟁은 상업 사회에서도 많았으나 농업 사회와 비교하면 상대적으로 적게 일어났다. 그러나 규모면에서는 농업 사회보다 훨씬 컸고, 승전이 가져다 주는 경제적 효과 또한 크고 지속적이었다. 또 농업 사회의 전쟁은 주로 군대의 규모나 전투력이 승패를 좌우했다면, 상업 사회의 전쟁은 전쟁 비용을 확보하는 것이 무엇보다 중요했다. 전쟁 비용은 실로 막대하여 각국은 국공채를 발행하여 전쟁 비용을 충당해야 했다. 이 국공채야말로 상업 이윤이 확보되는 미래와 전쟁 비용을 지불해야 하는 현재 사이의 시간적 간격을 메꿔 주는 금융 수단이었다. 상업 사회의 전쟁이 대개 국가의 상업적인 이익을 보호·증진하는 동시에 상업의 확대로부터 전쟁에 필요한 비용을 조달한다는 점에서 일종의 '군상 복합체military-commercial complex'가 형성되었다고 볼 수 있다.

네덜란드의 경우 1540년대에 장기 공채에 지급하는 이자를 특정 세금과 연동시켰고, 1550년대에는 국가가 강제 공채 제도보다 채권 시장을 통해 대부받는 관행이 자리 잡는 등 '재정 혁명financial revolution'이 이루어졌다. 이와 같이 아직 발생하지 않은 미래의 이윤을 담보로 현재의 비용을 조달하는 것은 그 불확실성과 높은 할인율 때문에 위험 부담이 아주 컸지만, 그래도 예상되는 이익의 규모가 엄청났기 때문에 가능했다. 이러한 사실은 상업 사회의 경제가 농업 사회와 달리 가속적으로 성장하고 있다는 사실을 방증해 준다. 네덜란드는 공화국의 미래가 불투명했던 1600년대만 하더라도 국가 대부 규모가 작았고 이자율이 8퍼센트를 웃돌았지만, 상황이 안정된 1620년대부터는 대부 규모도 급격히 커졌고 이자율도 3퍼센트까지 떨어졌다. 이는 네덜란드 상업 사회가 선순환에 들어섰고, 투자자들

| 17세기 네덜란드 암스테르담의 조선소 풍경

도 전쟁의 승리가 가져다 줄 막대한 이윤에 대해 강한 신뢰감을 가지고 있었다는 것이다. 따라서 네덜란드와 같은 작은 상업 국가가 스페인과 같은 거대한 농업 제국을 제압하고 패권국으로 등장할 수 있었던 것도 농업 사회에 비해 상업 사회가 가지고 있던 가속적인 경제 성장, 즉 경제 체제의 우월성에 있다고 보아야 할 것이다.

상업 사회가 우월한 경제 체제를 토대로 고속 성장을 하는 가운데 16~17세기 유럽에서 '군사 혁명military revolution'이 일어났다. 군사 혁명으로 인해 칼과 창 대신 총과 대포를 사용했고, 군대가 대규모화되었으며, 그에 따라 전술이 변했고, 엄격한 훈련과 규율이 도입되었다. 이와 같은 '화포 혁명'과 관련해서는 선박에 대포를 장착한 천재적 발상과 이를 가능하게 한 기술적 우위를 지적하지 않을 수 없다. 그로 인해 종래의 충각 부딪치기나 옮겨 타기 등 백병전 위주의 '지중해식' 해상 전투 방식 대신 원거

| 마우리츠가 도입한 제식 훈련의 교본

리 포격전 위주의 '대서양식' 해상 전투가 가능했다. 영국 함대가 스페인의 무적함대를 격파한 것도 폭풍우라는 행운 외에 그러한 영국의 기술적 우위에서 비롯되었다. 대규모 군대의 등장 또한 인상적이다. 몽골군의 규모가 3~4만 명의 기병대였던 반면, 16세기 초 카를로스 1세(카를 5세)의 스페인 군대는 15만 명에 달했고, 1701~1702년 프랑스 군대는 무려 65만 명에 이르렀다. 이렇듯 군대의 규모가 커지고 편제가 복잡해짐에 따라 훈련과 규율의 필요성이 증대했다. 특히 일제 사격 전술이 채택되고 적의 포격에 대처하기 위해 신속하고 일사불란한 대형 변경이 필요해지자 군인들의 행동을 규격화하고 반복 훈련을 통해 이를 몸에 익히게 할 필요가 생겼다. 대표적인 것이 네덜란드의 나사우 공 마우리츠Mauritz가 도입한 제식 훈련이다. 역사가 맥닐William H. McNeill은 훈련이야말로 출신지가 다양한 남성들을 복종과 경의를 통해 결합시켜 강력한 공동체, 즉 "새로운 리바이어던New Leviathan"을 탄생시킨 비밀이라고 보았다.[7]

그러나 거대한 규모의 함대와 선원, 그리고 육상 전투 병력을 전시든 평시든 상관없이 유지하는 데는 막대한 비용이 소요되었다. 따라서 공공지출 중 군사비의 비중이 유례없이 증가했다. 어찌 보면 이와 같은 막대한 재정과 대규모의 군대에 기초한 국가의 등장이야말로 군사 혁명의 본질일지도 모른다.

17세기 루이 14세 시대의 프랑스는 군사비 비중이 75퍼센트, 표트르

대제 시대의 러시아는 85퍼센트, 내전이 한창이던 크롬웰 시대의 영국은 무려 90퍼센트에 달했다고 한다. 이러한 수치들은 당시의 국가들이 그 자체로 가공할 만한 전쟁 기계였음을 암시하며, 당연히 전쟁의 성패도 막대한 전쟁 비용을 얼마나 신속하고 효과적으로 충당할 수 있는지 여부에 달려 있었다. 그러한 점에서 상업 사회에서 전쟁 비용을 감당하게 해준 새로운 금융 수단의 발전과 이를 궁극적으로 뒷받침한 가속적인 경제 성장이 유럽의 패권을 결정지었다. 다시 말해, 경제력이 군사력을 결정했고 군사력이 패권을 가능하게 한 것이었다.

| 19세기 영국 해군 함대

특히 영국은 '재정 혁명'과 '군사 혁명'의 성과로 재무부Treasury, 소비세청Excise, 해군Navy의 세 통치 기구를 중심으로 하는 강력하고 효율적인 '재정-군사 국가fiscal-military state'를 수립하는 데 성공함으로써 네덜란드에 이어 새로운 패권국으로 등장했다. 전통적인 시각으로 보면, 영국은 시민 사회에 비해 국가 권력이 약한 자유주의 국가에 해당하지만, 실제로는 프랑스 절대 왕정보다 더 강력한 국가 권력을 구축했다.[8] 게다가 영국은 17세기 내전을 거치면서 '의회 내 국왕King-in-Parliament'의 전통을 확립하여 전통적인 인신적·왕조적 논리에서 벗어나 새로이 창출된 '국민 경제national economy' 체제에서 '국익national interest'을 추구하는 근대 국민 국가로 발돋움했다. 이로써 영국은 왕실 간 정략결혼과 왕위 계승 전쟁으로 이어진 유럽 대륙의 왕조적 영토 게임이 아니라 자본주의와 국민 국가의 논리에 따른 무제한적인 상업적·식민적 팽창에 나설 수 있었다.

이처럼 가속적인 경제 성장을 기반으로 하여 공격적으로 해외 영토를 확장해 나가는 데 성공한 강대국을 상업 제국이라 부르지 못할 이유는 없다. 16~18세기의 네덜란드와 영국이 바로 상업 제국의 좋은 본보기이다. 어찌 보면 네덜란드와 영국만이 농업 사회에서 산업 사회로 진보하는 과정에서 과도기적으로 존재했던 상업 국가였는지도 모른다. 왜냐하면 영국이 상업 사회의 확대 재투자 체제로부터 산업 혁명에 의해 확대 재생산 체제의 산업 사회로 발전한 이후, 후발 산업국들은 영국의 산업화를 모방해 상업 사회를 거치지 않고 곧바로 농업 사회에서 산업 사회로 도약했기 때문이다.

역사적으로 볼 때, 상업 사회의 확대 재투자 체제가 갖추어진 곳은 네덜란드였다. 물론 거기에는 다양한 지정학적·경제적·종교적 요인들이 작용했지만, 네덜란드인들이 스페인의 제국 통치를 의식적으로 거부하고 상업 발전 경로를 과감하게 주도적으로 선택한 정책적 의지가 매우 중요한 요인이었다. 스페인의 강압적 증세에 대항하여 경제적 이익 공동체로 뭉친 응집력 또한 반스페인 반란 또는 네덜란드 혁명의 원동력이었다. 한편, 영국은 섬나라로서 대서양 무역에 유리한 위치에 있기도 했지만, 네덜란드에서 오라녀Oranje 공을 영입하고 선진 상업 기술을 받아들이며 항해법 등의 국가 정책을 통해 의도적으로 해상 무역을 장려하는 등 국가적 차원의 정책적 의지가 중요하게 작용했다. 두 나라는 모두 상업 발전을 추진하는 과정에서 다양한 금융 수단을 의도적으로 발전시켰다. 17세기 암스테르담의 증권가는 20세기 뉴욕의 월스트리트를 떠올리게 하며, 영국의 잉글랜드 은행Bank of England은 효율적인 전쟁 비용 조달 창구로서 군상 복합체의 주축이었다.

전형적인 상업 사회인 네덜란드와 영국에서는 상인 계층의 경제적·정치적 영향력이 매우 컸다. 국가도 세수를 증진시킬 수 있는 최선의 방법이 기하급수적으로 증가하는 상업 이윤에 있다는 점을 간파했기 때문에, 국민의 재산권을 보장하고 상업 활동을 자유롭게 할 수 있는 최적의 제도적 환경을 마련하는 데 많은 노력을 기울였다. 이처럼 상업 정책이 국가 발전의 근간을 이루는 사회가 상업 사회였고, 상업 경제를 위한 최적의 환경을 만들 수 있는 방법은 전쟁을 통해 항로를 선점하고 상권을 확보하며 식민지를 획득하는 일이었다. 이러한 상업 전쟁에서의 승리는 개개인의 상업 이윤을 극대화하고 국가의 경제 성장과 세수를 올리는 데서 보인 국민과 국가 공동의 목표 수립과 노력의 결과였다. 이와 같이 국민과 국가의 목표가 일치할 수 있었던 것이야말로 작은 상업 국가들이 경제와 전쟁 모두에서 거대한 농업 제국들을 제치고 경제적 패권국으로 부상할 수 있었던 중요한 요인이었다.[9]

또한 상업 사회에서 얻는 높은 이윤율은 위험 부담을 무릅쓰는 기업가 정신entrepreneurship의 비옥한 토양이었다. 기업가 정신과 더불어 자본주의적 가치와 태도가 상업 사회에서 최초로 나타난 것도 우연은 아니었다. 높은 이윤율이 높은 위험 부담을 수반한다는 사실은 중요하다. 왜냐하면 성공한 상인들은 어느 정도 부를 축적하고 나면 위험을 분산시키기 위해 안정적인 투자처를 찾게 되기 때문이다. 새로운 고부가 가치 상품을 지속적으로 발굴하기 위해서는 더 멀리 항해하고 더 큰 위험을 무릅쓰지 않을 수 없는 객관적 사실이 그러한 보수적 경향을 부추기기도 했다. 이는 상업 사회의 확대 재투자 체제로 보면 명백한 적신호로 상업 사회의 활력이 고갈되고 있음을 보여 주는 징후이다. 그러나 그보다 상업 사회의 가장 근본적이고 불가피한 성장의 한계는, 축적된 자본이 산업 사회에서처럼 기술 혁신을 통해 신상품을 효과적으로 발굴해낼 수 없었기 때문에 기존 농업 사회의 상품들 중에서 새로운 고수익 상품을 찾아내야만 했던 데 있었다. 이러한 한계는 상업 사회가 부르주아적·자본주의적으로 성장이 가속하는 사회의 성향을 맨 처음 보여 주었음에도 궁극적으로는 농업 사회와의 연결 고리를 끊지 못하고 있었음을 대변해 준다.

주목할 점은, 상업 사회의 쇠락을 초래한 중요한 요인이 신상품을 발굴하지 못한 상업 자본이 결국 금융 자본화되거나 투기 자본화되었던 데 있었다는 사실이다. 이는 곧 기업가 정신의 상실과 진취적인 경제 활동 기피 현상으로 이어졌다. 새로운 수요를 창출해낼 신상품을 계속 찾아내야 하는 어려움과 이로 인한 상업 사회의 구조적 한계는, 상인들로 하여금 새로운 도전보다는 손쉬운 돈벌이로써 경쟁 국가의 상업에 투자하도록 부추기게 된다. 이는 상업 자본의 발전보다 금융 자본의 팽창을 야기하고, 나아가 거품을 초래하는 투기 자본의 형성을 조장하여 궁극적으로 상업 제국의 몰락을 예고한다. 상업 자본이 향신료 등 해외 농업에 투자되는 경우, 비록 농업 생산은 체감하지만 생산된 농업 상품의 교역으로 얻는 부가 가치가 훨씬 크게 마련이므로 상업 국가의 경제 성장에 도움이 된다. 그러나 상업 자본이 다른 상업 국가의 기업이나 자본 시장에 투자되면, 경쟁 관계에 있는 다른 나라에 이익이 될 뿐이다. 만일 경쟁 상대국이 지정학적·경제적·군사적 우위에 있는 경우라면, 상업 자본의 유출은 상업 제국의 몰락을 재촉하게 될 것이다. 또 자본가들이 축적한 사적 자본은 눈앞의 이윤에 현혹되어 금융 자본화되고 투기와 거품을 조장하면서 상업 제국의 자멸을 초래하게 될 것이다. 이러한 점에서 상업 제국의 몰락은 본질적으로 상업 사회의 구조적 한계가 그 원인이라고 할 수 있다.

네덜란드와 영국 모두 상업을 통해 발전했음에도 결국 네덜란드가 영국에 패권을 빼앗기고, 영국이 산업 혁명의 진원지가 될 수 있었던 것도 바로 그 점을 여실히 입증한다. 네덜란드는 전적으로 해외 농산물 수입에 의존한 상업 사회였다. 향료 등 고부가 가치 상품의 중계 무역으로 벌어들인 막대한 자금은 새로운 생산적 투자처를 찾지 못하고 금융 자본화되어 경쟁국인 영국에 투자되거나 부동산에 투자되었다. 또 튤립 구근 등 투기 상품에 투입되어 거품을 형성함으로써 명백한 성장의 한계를 드러냈다. 물론 카리브해의 설탕 생산과 포경업 등에 투자하여 새로운 성장 동력을 찾아보려는 시도가 있었지만, 종래의 향료를 대신할 만한 경제적 효과를 얻지 못했다. 이는 당시 농산물 중에 후추에 비교될 만한 고수익 상품이 애당초 없었기 때문인지도 모른다. 비록 18세기에 차가 아시아 무역에서 상당한 부가 가치를 창출했으나, 중국이나 인도네시아 지역의 시장 환경을 제대로 파악하지 못한 네덜란드는 결국 아시아 무역에서도 밀려나게 되었다.

| 대서양 무역 – 런던의 서인도 부두

한편, 영국은 농산물의 중계 무역과 국내 생산이 경제의 상당 부분을 차지한 상업 사회였다. 영국의 경우 양모와 같은 국내 농업 생산품은 국내 수공업이 원산업화proto-industrialization 단계를 거쳐 제조업으로 발전함으로써 확대 재투자 체제가 확대 재생산 체제로 진화할 수 있는 중요한 여건을 마련해 주었다. 중요한 사실은, 영국이 14세기 무렵부터 양모 수출을 점진적으로 금지하고 반제품의 수출로, 나아가 완제품인 모직물의 수출로 수출품의 부가 가치를 극대화하는 정책을 추진한 일이었다. 이와 같은 영국의 산업 정책은 당장에 괄목할 만한 성과를 가져오지는 않았지만, 궁극적으로 영국을 산업 혁명과 산업 사회로 이끄는 산업 정책을 예고하는 것이었다. 또 영국이 16세기에 유럽을 강타한 종교 갈등에서 한 발짝 물러나 있으면서 전쟁으로부터 피신처를 찾는 많은 신교도 상공업자들을 받아들인 것도 영국이 산업 사회로 나아갈 수 있는 동력이 되었다. 그들은 자본과 기술을 소유한 계층으로 영국 산업화의 기틀을 마련해 준 귀중한 인적 자본이었다.

물론 영국이 항해법을 통해 네덜란드의 신대륙 무역을 제한하고 이에 대한 네덜란드의 반발을 영국-네덜란드 전쟁을 통해 잠재운 사건을 네덜란드가 패권을 상실한 주된 원인으로 보는 견해도 있다. 이러한 일련의 사건들이 네덜란드에서 영국으로 패권이 이동한 시기와 대략 일치하는 것은 사실이며, 또 네덜란드에서 영국으로 패권 이동을 앞당긴 것을 부정할 수는 없다. 그러나 네덜란드의 순수 중계 무역(창고 무역)에 비해 영국의 제조업에 기초한 대서양 무역의 양적·질적 비교 우위는 네덜란드로부터 영국으로의 패권 이동이 몇몇 우연한 사건들에 의해 좌우될 수 없는, 객관적이고도 필연적인 현상이었음을 암시한다.

이상에서 네덜란드와 영국의 발전이 보여 주는 중요한 사실은, 상업 사회가 산업 사회의 확대 재생산 체제라는 자가 동력을 갖추지 못할 때 농업 사회와 마찬가지로 성장의 한계에 부딪쳐 몰락할 수밖에 없다는 점이다. 비록 상업 사회가 확대 재투자 체제라는 구별되는 발전 논리를 갖추기는 했으나, 상업 사회는 농업 사회나 산업 사회와 동등한 위치에서 논의될 수 있는 독자적인 사회는 아니다. 말하자면, 상업 사회는 농업 사회 내의 단위 사회(국가)이거나 산업 사회 내의 단위 사회(국가)로 보이는 것이다. 앞에서 상업 사회가 과도기적 사회라고 한 것도 이러한 맥락에서 이해되어야 한다.

〈그림 5〉는 상업 사회가 드러내는 성장의 한계와 산업 사회의 지속적인 성장을 대비하여 보여 준다. 〈그림 5〉에서처럼 상업 사회는 일정 기간 동안은 산업 사회와 같은 가속적인 성장 추세를 보이지만 곧 성장의 한계에 부닥치게 된다. 그러나 산업 혁명은 이와 같은 상업 사회의 성장의 한계를 극복하고 성장이 가속하는 산업 사회로의 진입을 가능하게 했다. 산업 사회는 1차 산업 혁명에 의한 가속 성장이 한계에 이르면 2차 산업 혁명으로 가속적인 성장 추세를 이어갔고, 또 성장 추세가 한계에 이르면 또다시 신기술에 의한 신제품이 새로운 수요를 창출하여 가속적인 성장 추세를 지속할 수 있었다. 상업 사회가 기존의 농업 생산품 무역에 의존함으

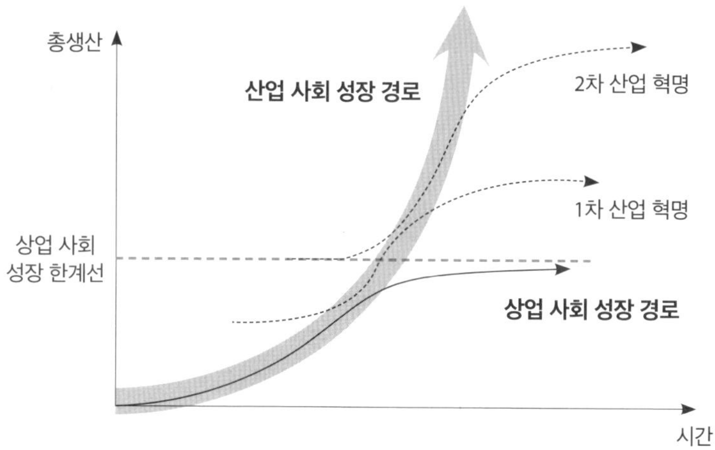

〈그림 5〉 상업 사회와 산업 사회의 성장 그래프

로써 자체 성장 동력을 결여한 사회라고 한다면, 산업 사회는 구조적으로 기술 혁신이라는 자체 성장 동력을 보유한 사회라고 할 수 있다.

산업 사회의 경제와 전쟁

산업 사회는 공급과 수요가 시장에서 확대 균형을 지속적으로 이루어 나가는 확대 재생산 사회이다. 따라서 확보된 이윤이 자본으로 축적되고, 축적된 자본은 생산 설비와 기술 혁신에 투입되어 더 많은 수요를 창출하고 대량 생산이 가능해졌다. 확대 재생산 체제는, 인구 증가와 식량 공급의 불균형으로 인해 발생하는 농업 사회의 '맬서스 트랩'에서 벗어나는 것을 일단 가능하게 했다. 인구와 경제의 가속적인 동반 성장을 실현한 산업 경제의 발전에도 '일단 가능하게 했다'라고 완곡하게 표현한 이유는, 일부 학자들이 산업 사회조차도 맬서스 트랩에서 완전히 벗어난 것은 아니라고 지적하기 때문이다. 프랑스 역사가 브로델Fernand Braudel은 실질 임금의 감소

면에서 산업 혁명 이전과 이후가 본질적으로 달라진 것이 없다고 말한다. 여전히 잉여 인구를 줄여 나가야 하는 상황이라면, 산업 혁명은 맬서스적인 가능성의 한계를 높여 준 것에 불과하다[10]는 것이다. 그러나 한계를 높여 주었다는 점은 중요하다. 실제로 산업 사회는 지속적 성장 동력을 통해 14세기 흑사병과 같은 인구학적 파국을 막고 급증한 인구를 충분히 부양했다.

산업 시대의 세계 인구와 1인당 소득 변화를 살펴보면, 산업 사회가 기하급수적으로 증가하는 인구를 부양함과 동시에 1인당 소득도 기하급수적으로 증가했음을 알 수 있다(〈그림 6〉 참조). 이는 산업 사회가 창출한 총가치가 이론상 인구와 소득의 기하급수적인 증가가 곱해진 속도로 증가했음을 말해 준다. 그러한 점에서 산업 사회가 생산 증대와 가치 창출 영역에서 달성한 '위업'은 맬서스 트랩으로부터의 탈출을 선언하기에 손색이 없다.

산업 사회의 확대 재생산 체제는 여러모로 상업 사회의 확대 재투자 체제와 유사하고, 또 상업 사회에서 그 기틀이 마련되었다고 할 수 있다. 이윤이 자본으로 축적되고 또 소득을 증가시켜 수요가 증대되는 것까지는 산업 사회와 상업 사회가 동일하다. 그러나 산업 사회는 기술 혁신을 통해 공급이 비약적으로 증가했고, 신상품을 개발함으로써 지속적으로 새로운 수요를 창출했다는 점에서 상업 사회와 근본적으로 다르다. 마치 상업 사회가 처음 하늘을 날아오른 글라이더라면, 산업 사회는 하늘을 자유롭게 날 수 있는 엔진을 갖춘 비행기와 같다.

이와 같이 성립된 산업 사회의 경제적 선순환을 유지시켜 주는 힘은 크게 세 가지로 볼 수 있다. 첫째는 민간의 기업가 정신, 둘째는 사회적인 과학 기술 마인드, 셋째는 국가 차원의 산업 정책이다. 이 중 국가 차원의 산업 정책이 특히 중요하다. 그 이유는, 영국과 같은 선발 산업국의 경우 상업 사회에서 확대 재투자 체제의 선순환을 거치며 기업가 정신과 기술 마인드가 형성되었고 석탄과 철 등 산업 혁명에 필요한 조건들을 갖추

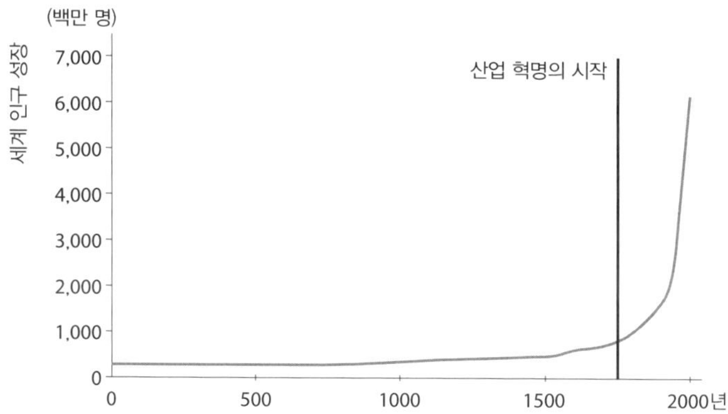

출처: M. Kremer, "Population Growth and Technological Change: One Million B.C. to 1990," *The Quarterly Journal of Economics* 180: 3 (1993), pp. 681–716.

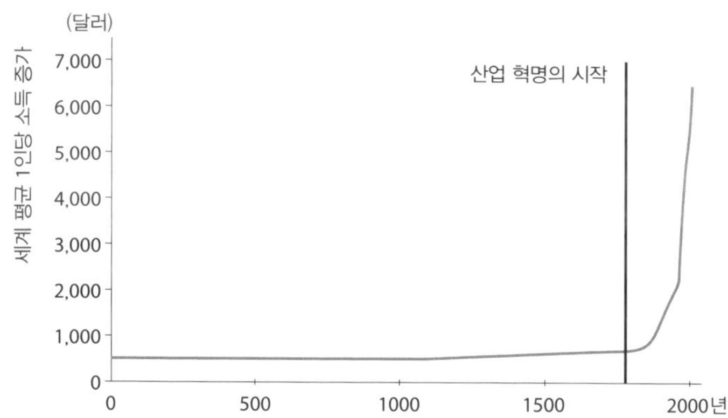

출처: OECD Development Centre, *The World Economy: A Millennial Perspective* (Paris, 2001); OECD Development Centre, *The World Economy: Historical Statistics* (Paris, 2003).

〈그림 6〉 세계 인구 증가 추이(위)와 1인당 소득 증가 추이(아래)

고 있었지만, 농업 경제 상태에서 곧바로 산업화를 시도한 독일, 일본, 한국과 같은 후발 산업국들의 경우 그러한 조건들을 산업 정책을 통해 인위적으로 만들어 나갈 수밖에 없었기 때문이다. 산업 사회의 확대 재생산 체제는 〈그림 7〉과 같다.

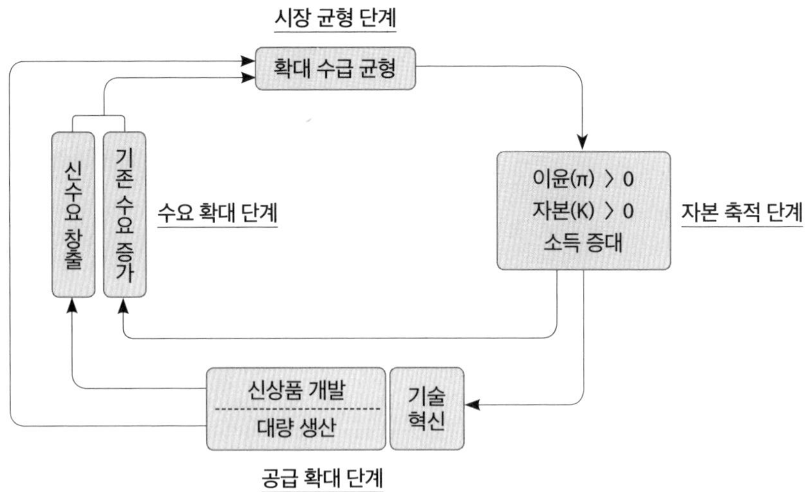

〈그림 7〉 산업 사회의 확대 재생산 체제

산업 사회의 확대 재생산 체제는, 기본적으로 원자재나 에너지 같은 자원을 이용하여 신기술로 신상품을 생산한 후 이를 시장에 내다 팔아 이윤을 확보하는 과정의 반복이라고 할 수 있다. 가속적인 경제 성장은 국내에서 생산하는 수준 이상의 자원 공급과 동시에 내수 시장 이상의 큰 수출 시장을 필요로 하게 된다. 따라서 산업화된 국가의 해외 진출은 피할 수 없는 선택이었다. 당시 산업국과 농업국의 관계는 상호 보완적이었다. 간혹 갈등이 생겨도 산업국의 압도적인 경제적·기술적 우위로 인해 결과는 불 보듯 뻔했다. 그러나 세력이 대등한 산업국들 간에 농업국의 원자재나 상품 시장을 선점하기 위한 경쟁은 결국 세계 대전과 같은 대규모 전쟁으로 확대될 수밖에 없었다. 이는 산업 사회가 크고 무게가 나가는 상품들을 생산하는 자원 의존적 사회이며 의복, 가전제품, 자동차 등 제한된 품목의 일상 생활용품 수요를 두고 시장에서 무한 경쟁하는 사회였기 때문이다.

게다가 새로운 기술 혁신의 어려움과 신상품의 공급 및 수요의 시간적 불일치 등으로 자본주의적 산업 사회는 주기적으로 경제 위기에 봉착한다는 사실은 역사적으로 널리 확인된다. 이때 산업 사회도 농업 사회나 상업 사회처럼 위기를 전쟁을 통해 극복하려는 경향을 보였다. 하지만 전투력이 전쟁의 승패를 결정하던 농업 사회나 전쟁 비용 조달 능력이 중요하던 상업 사회와 달리, 산업 사회에서는 무엇보다 산업 생산력과 기술력이 전쟁 양상을 좌우했다. 산업 사회의 전쟁은 총력전total war의 양상을 띠었고, 총력전에서는 군수 물자의 대량 생산 능력, 신무기 제작 능력 등이 전쟁의 승패를 판가름하는 결정적인 요인이었다. 설령 전투력이 갖추어지고 전투 의지 및 군비가 확보되더라도 산업 생산력과 기술이 뒷받침되지 않으면 승전을 기대하기 어려운 것이 '산업화된 전쟁'의 실상이다. 군사력과 산업이 하나가 되는 '군산 복합체military-industrial complex' 시대가 온 것이다.[11] 또한 산업 시대의 전쟁에서는 전시 생산을 진두지휘하는 정부의 역할이 증대하여, 일종의 지시적 명령 경제command economy가 수립되는 경향이 있다. 러시아 혁명가 레닌Vladimir Lenin은 제1차 세계 대전 때의 독일 경제를 일종의 국가 사회주의 경제로 보기까지 했다. 이로써 정부, 군대, 산업의 삼위일체가 산업 사회에서 성립하게 된다.

산업 전쟁의 특징적인 양상은 19세기 이후의 많은 전쟁에서 확인된다. 미국 남북 전쟁에서 산업화된 북부는, 농업 의존적인 남부에 비해 월등한 산업 생산력과 기술력을 바탕으로 군사적 우위를 자랑했다. 북군은 남군에 비해 8배나 많은 철강, 17배의 직물, 25배의 대포, 32배의 소총 생산력—1860년 북부에는 남부보다 6배나 많은 제조업 기업들이 있었고, 펜실베이니아주의 선철 생산은 남부 전체 생산량의 15배에 이르렀으며, 뉴욕주의 제조업 생산은 버지니아를 비롯한 남부 4개 주의 제조업 생산을 훨씬 웃돌았음—을 보였다.[12] 또한 1866년 프로이센-오스트리아 전쟁에서 프로이센의 우세를 가능하게 한 것이 크루프Krupp사가 제작한 후장後裝식 강철포와 라이플총, 그리고 철도에 있었다는 사실도 유명하다. 물론 1870년 프로이센-프랑스 전쟁에서 프로이센이 승리한 것을 무조건 기술적 우위로 돌리기는 어렵다. 당시 프랑스도 후장식 라이플총과 기관총을 보유하고

| 1870년 프로이센-프랑스 전쟁

있었다. 이 전쟁의 승패를 결정한 것은 프로이센군의 기술적 우위가 아니라 참모 본부의 전략적·전술적 기민성이었다. 비록 프로이센이 성능이 떨어지는 대포를 보유하고 있었지만, 대포 배치 방식의 변화와 상대편 포격에 대응한 보병 대형의 변형 등이 프로이센의 승리를 결정지었다. 역사가 맥닐William H. McNeill은 "과거의 전투에서 미비했던 점을 찾아 개선해 가는 프로이센군의 능력이야말로 빛나는 연전연승을 가져온 열쇠였다. 전쟁 수행에 **이성과 사고력**을 이용하는 것은 19세기 유럽에서 이미 새로운 일이 아니었다"[13]고 말했다. 그런데 산업과 기술이야말로 '이성과 사고력'의 결정체가 아닌가? 20세기에 일어난 유럽 전쟁들에서 산업 생산력과 기술력이 갖는 군사적 이점은 거의 절대적인 것이 되었다. 특히 제2차 세계 대전의 승패를 판가름한 것은 항공력이었는데, 미국의 항공기 생산력은 독일의 15배, 일본의 7배에 달했다. 또한 소련의 T-34 전차의 대량 생산 능력이

소련의 승리에 대단히 중요한 요인이었다는 점도 군사사에서 자주 언급되는 사실들 중 하나이다. 그러한 점에서 개전 초기에 미국과 소련은 개별 전투에서는 패했을지라도 산업 잠재력에서는 이미 전쟁에서 승리를 예약해 놓은 것이나 다름없었다. 그러한 점에서 볼 때, 산업 사회도 경제와 전쟁의 선순환을 통해 스스로 경제를 가속적으로 성장시켜 나갔던 것이다.

이상으로 살펴본 산업 사회의 확대 재생산 체제에 기초한 경제와 전쟁의 선순환을 정리하면 〈그림 8〉과 같다. 〈그림 8〉에서 왼쪽은 산업 사회의 확대 재생산 체제를 나타낸 것이고, 오른쪽은 농업 사회, 상업 사회, 산업 사회에 공통적인 전쟁의 선(악)순환을 나타낸 것이다. 단, 확대 재생산 체제는 확대 재투자 체제를 포함하기 때문에 상업 사회의 군상 복합체와 산업 사회의 군산 복합체를 함께 표시함으로써 두 사회의 경제 순환과 이에 결부된 전쟁 순환의 논리를 한눈에 볼 수 있게끔 했다.

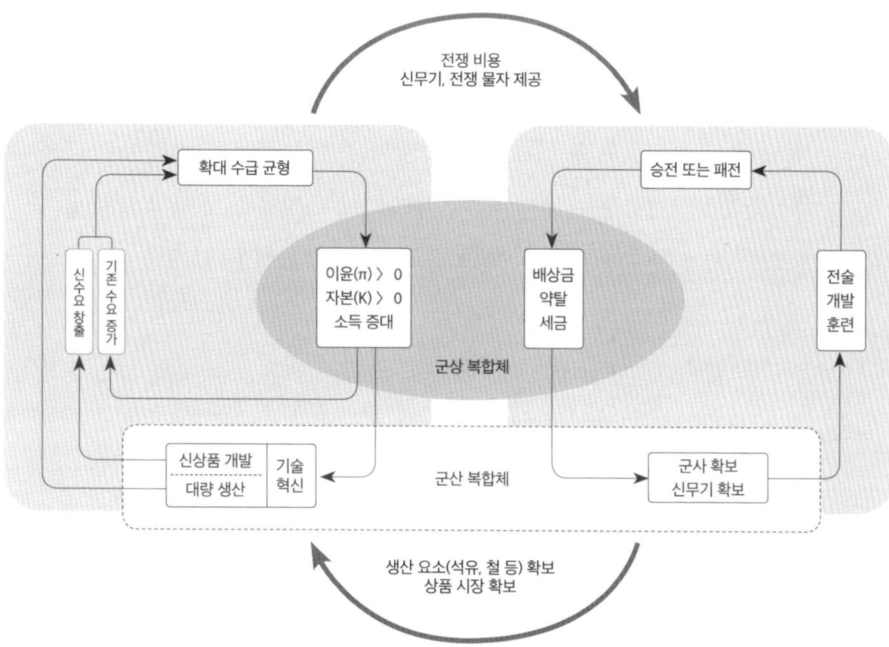

〈그림 8〉 산업 사회 확대 재생산 체제의 경제와 전쟁의 선순환 흐름도

농업 사회에서 산업 사회로 이행하는 동안 전쟁은 어찌 보면 피할 수 없는 것이었다. 특히 '산업화된 전쟁'은 엄청난 살상력으로 인류에게 참혹한 비극을 안겨 주었지만, 전쟁은 산업 사회의 확대 재생산 체제 고유의 확장 지향적 성향으로 인해 불가피한 것이었다. 그러한 점에서 각국 간 분쟁을 중재하고 조정하여 전쟁을 막는 국제기구와 세계 정부, 적어도 지역 통합의 필요성이 그 어느 때보다도 절실했다. 그러나 현실적으로 국제적 중재 기구는 없거나 있어도 그 권한이 극히 제한적이어서 산업국들 간의 전쟁은 피할 수 없었다. 일단 전쟁이 터지면 대량 살상전으로, 그리고 세계 대전으로 이어졌다.

일반적으로 농업 사회든 상업 사회든 산업 사회든 한 국가와 사회가 몰락하는 이유는 경제와 전쟁이 선순환에서 이탈하기 때문이다. 이탈하는 경우는 크게 두 가지이다. 첫째, 경제 성장이 정체되는 경우이다. 농업 국가는 생산의 체감으로, 상업 국가는 신제품의 부족으로, 산업 국가는 원자재 부족과 상품 시장의 포화로 경제가 선순환으로부터 이탈하게 된다. 이처럼 경제의 선순환이 장벽에 부딪쳤을 경우 전쟁이라는 특단의 조치를 통해 경제를 선순환으로 되돌리려는 시도를 하게 된다. 둘째, 전쟁을 통해 경제의 선순환으로 되돌리려 할 때 패전은 몰락으로 이어진다. 실속 없는 전쟁도 쇠락을 자초한다. 특히 앞에서 케네디가 말했듯이, 승전을 위해 투입한 비용이 승전으로 확보한 수입을 초과할 경우 경제적 쇠퇴로 이어진다. 그는 제2차 세계 대전 때 영국의 상황을 다음과 같이 요약했다. "엄연한 사실은, 영국이 승전하기 위해 지나치게 국력을 소모한 나머지 금 및 외환 보유고가 바닥나고 국내의 생산 시설이 노후화했기 때문에 … 전쟁을 계속하자면 군수품, 선박, 식량 등을 더욱 미국에 의존할 수밖에 없었다는 점이다."[14] 이로써 영국은 미국에게 완전히 패권을 넘겨주게 되었다.

케네디의 견해에도 한계는 있다. 왜냐하면 그의 고찰이 타당성을 갖는 것은, 전쟁이 파괴와 살상으로 인한 네거티브섬 게임이 되는 농업 사회의 경우에만 해당되기 때문이다. 그가 제2차 세계 대전 때 영국의 상황을 예로 든 것 같은 논리로는 패전국인 독일과 일본의 경제 부흥을 제대로 설명할 수 없다. 이는 그가 산업 사회의 전쟁에 대한 이해가 부족하다는 것을 말해 준다. 영국이 패권을 상실한 근본 원인은 지나친 국력 소모보다 군수 산업 생산에 의존한 전쟁을 하지 않았기 때문이다. 영국은 미국의 군수 물자에 의존하여 마치 농업 사회의 전쟁에서처럼 파괴적 전투에만 국력을 소진했다. 이러한 사실은 군수품을 국내에서 전부 생산한 독일과 일본이 영국 이상의 국력 소모와 파괴를 경험했으면서도 초라한 패전국에서 전후 경제 대국으로 화려하게 부활할 수 있었던 것으로 증명된다. 총력전에서 군수품을 많이 생산한 순서, 즉 산업 기술력과 기술자를 더 많이 육성한 미국, 독일, 일본 순으로 전후 3대 경제 강국이 등장한 사실이 산업 사회의 전쟁이 장기적으로는 포지티브섬 게임(동반 성장 관계)임을 말해 준다.

상대적으로 열등한 경제 체제를 가진 국가가 우월한 경제 체제를 갖춘 국가와 국제 사회에서 마주치게 될 경우, 즉 농업국과 상업국 또는 농업국과 산업국의 경우를 보도록 한다. 감속하는 경제와 가속하는 경제가 국제 사회에서 상호 보완적인 공존 체제를 유지하게 되면 결국 경제적인 양극화divergence가 초래된다. 농업 경제, 상업 경제, 산업 경제 사이의 양극화는 경제 성장의 속도 차이에 따른 당연한 귀결이고, 이들 간의 충돌은 급격한 양극화(승전과 패전)의 원인이 된다. 이는 농업국이 상업국의 전쟁 비용 조달을 따라갈 수 없고, 농업국과 상업국이 산업국의 월등한 무기 체계의 희생물이 될 수밖에 없기 때문이다. 같은 산업국이라도 자본과 기술을 더 많이 축적한 선발 산업국과 후발 산업국의 관계도 앞에서의 경우와 별반 다르지 않다. 물론 후발국이 국가의 강력한 정책 의지와 효과적인 정책 추진을 통해 선발국을 추격한 사례들은 있다. 하지만 역사를 거시적으로 살펴볼 때, 국제 경쟁 시장에서 통상적인 경제 활동을 통해 후발 산업국이 선발 산업국을 추월한 사례는 거의 없다.

예외가 있다면, 후발 산업국인 독일과 일본이 세계 대전에서 패했음에도 전후 선발 산업국인 영국과 프랑스를 앞선 것이었다. 오건스키A. F.

K. Organski 등에 의해 처음 거론되고, 필자(김태유)에 의해 재조명된 이와 같은 '불사조 효과Phoenix Effect'는 인류 역사를 통해 전쟁에서의 승전이 경제 발전과 번영에 필수조건이었던 상식과 원칙을 벗어나는 독특한 현상이었다.[15] 산업 생산력이 전쟁의 승패를 좌우하는 산업 사회에서 산업 기술력의 확보가 전후 승전과 패전의 효과를 압도할 만큼 경제 성장에 더 큰 효과를 미치게 된 것이다. 여기에서 주목해야 할 점은, '불사조 효과'가 산업 사회의 성숙과 함께 산업 생산 및 산업 기술력의 선순환으로 변화하기 시작했다는 것이다. 농업·상업 사회에서는 경제가 선순환으로부터 이탈할 경우 전쟁으로 돌파구를 마련했지만, 산업 사회에서는 전쟁 대신 정부의 산업 기술 정책에 의한 산업 기술 및 연구 개발에 대한 집중적인 투자와 노력으로 경제의 악순환을 벗어날 돌파구를 마련할 수 있었다는 의미이다. 이는 경제의 선순환이 전쟁을 통해서 이루어졌던 역사에서 벗어나 인류의 꿈인 영구 평화와 지속적인 발전을 동시에 달성할 수 있는 인류 문명사의 새로운 패러다임의 등장 가능성을 보여 주는 것이었다.

이와 같은 산업 사회의 확대 재생산 체제의 메커니즘을 염두에 두고 역사상 등장한 산업 제국의 사례를 좀 더 구체적으로 살펴볼 필요가 있다. 영국이 같은 상업 제국이었던 네덜란드처럼 단기간 내에 사라지지 않고 경제적 우위를 지속할 수 있었던 것은, 산업 제국으로 변신할 수 있었기 때문이다. 18세기 중엽 이후 영국에서 일어난 산업 혁명은 영국으로 하여금 상업 제국에서 산업 제국으로의 이행을 가능하게 했다. 영국의 확대 재투자 체제는 네덜란드의 중계 무역형 확대 재투자 체제와 달리 국내 생산이 공급의 상당 부분을 감당하는 방향으로 발전하고 있었다. 영국에서는 상업의 발달로 국민 소득이 증가하여 국내 수요가 확대되었고, 아시아와 아메리카 등지에서 새로운 고부가 가치 상품이 발굴되어 무역이 확대됨으로써 국내 자본 축적이 꾸준히 이루어졌다. 특히 신대륙과의 대서양 무역은 영국 내 제조업 상품의 수출을 가능하게 했으므로 상업의 확대가 곧 기술 혁신을 촉진하는 자극제 역할을 했다. 이처럼 확대 재투자 체제의

| 산업 혁명 – 증기 기관

발전과 더불어 기술 혁신이 빠르게 이루어져 신기술에 의해 신제품이 개발되고 새로운 수요를 대규모로 창출함으로써 영국은 대략 18세기 중엽부터 확대 재생산 체제로 변모해 가기 시작했다. 19세기에 이르자 영국은 확대 재생산 체제 아래 경제가 가속적으로 성장하는 산업 사회의 모습을 확연히 드러냈다. 이 모든 변화의 중심에 산업 혁명이 있었다.

산업 혁명은 어떻게 정의할 수 있을까? 지금까지의 논의를 바탕으로 정의하자면, 산업 혁명이란 생산 기술의 혁신이 일어남으로써 주거래 상품이 제조업 상품으로 바뀌고, 경제 구조가 산업 사회의 확대 재생산 체제로 이행하는 사회경제적인 급격한 변화를 말한다. 산업 혁명에 의한 기술 혁신으로 신제품이 나오는 속도가 빨라지고, 생산이 대규모화되고, 새로운 수요의 창출이 급속하게 일어나게 되었으며, 이러한 새로운 수요가 대량 생산을 가능하게 했다. 산업 혁명으로 등장한 산업 사회의 확대 재생산 체제는, 기계화와 화석 연료를 이용하는 기술 혁신으로 경제 성장이 가속화되는 경제 체제를 말한다. 말하자면, 확대 재투자 체제의 선순환 구조에 공급 부문의 기술 혁신이 더해진 것이라고 할 수 있다.

그렇다면 산업 혁명이 영국에서 가장 먼저 일어날 수 있었던 필요조건과 충분조건은 무엇일까? 이미 언급했듯이 네덜란드에서 먼저 성립한 상업 사회의 확대 재투자 체제가 산업 혁명으로 나타난 산업 사회의 확대 재생산 체제의 필요조건이었다. 이는 확대 재투자 체제가 점차 영국에 정착하고 성숙하게 됨으로써 영국에서 산업 혁명이 일어나고 확대 재생산 체제가 등장할 수 있었다는 말이다. 영국에서 확대 재생산 체제가 발전하고 성숙했음을 보여 주는 지표들은 많다. 바로 대서양 무역을 통한 해외수요의 증대, 무역 발달로 인한 소득 증가와 인구 증가에 의한 국내 수요의 증대, 창의적인 기술 개발과 모험적 산업 분야에의 도전을 통한 기업가 정신의 등장, 외국 기술의 능동적인 도입, 기술 혁신을 이끈 실질 임금의 상승과 에너지 가격의 하락 등이 그러한 지표들이다.

하지만 네덜란드가 영국보다 먼저 선구적으로 확대 재투자 체제를 발전시켰지만 결국 영국에게 패권국의 지위를 넘겨주었다는 사실은, 확대 재투자 체제가 확대 재생산 체제로의 발전을 위한 필요조건이지 충분조건은 아니었다는 말이 된다. 그렇다면 네덜란드에는 없고 영국에만 있던 충분조건은 무엇인가? 첫째, 영국은 석탄과 철 등 부존자원을 풍부하게 보유하고 있었다. 어떤 학자는 산업 혁명은 동력원이 유기물 에너지에서 무기물 에너지로 바뀌는 과정이라고 정의했는데, 그만큼 산업 사회의 발전에는 무기물 자원의 유무가 중요했다. 영국은 그러한 천혜의 조건을 구비했던 것이다.[16]

둘째, 영국이 이미 16~17세기부터 양모 생산과 모직물업을 발전시키고 있었다는 점이었다. 특히 모직물업은 국가의 보호 아래 꾸준히 발전했는데, 이러한 제조업의 전통이 훗날 산업 혁명을 가능하게 하는 중요한 기술적 기반이 되었고 산업 혁명의 선도 부문인 면직물업의 발전을 가져왔다. 1700년 영국 정부는 이해관계 집단들 중 가장 강력하게 정치적 영향력을 행사하던 모직물업자들의 요구에 따라 영국 시장을 잠식하고 있던 인도산 면직물의 수입을 금지했고, 1721년에는 면직물 수입을 전면 금지했

| 18세기 말 영국의 면직물 공장

다. 영국 모직물업자들의 기대와 달리 정부의 규제는 오히려 영국 내에서 면직물 생산을 독려하는 계기로 작용했다. 그 결과, 면직물에 대한 소비자의 요구와 영국 정부의 보호주의 정책이 국내 면직물 산업의 기술 혁신을 이끌었다.[17]

셋째, 영국이 18세기 말부터 19세기 초에 걸친 나폴레옹 전쟁에서 승리한 것도 충분조건들 중 하나였다. 18세기에 "무역과 산업의 아메리카화"라는 말이 나올 정도로 아메리카 무역은 영국을 비롯한 유럽 대륙의 많은 국가들에게 아주 중요했다. 하지만 나폴레옹의 대륙 봉쇄령으로 인해 영국의 강력한 경쟁자가 될 수도 있었을 유럽 대륙의 많은 국가들이 아메리카 무역에서 떨어져 나갔다. 나폴레옹 전쟁과 대륙 봉쇄령으로 영국을 제외한 유럽 국가들의 해외 무역이 중단되었고, 이로 인해 유럽 대륙의 제조업이 동반 쇠퇴하여 '탈산업화deindustrialization' 또는 '전원화patrolization' 현상이 나타났다. 이로써 영국이 단독으로 질주할 수 있는 절호의 기회가 제공된 셈이었다.[18]

넷째, 무엇보다 산업을 보호하고 기술 혁신을 유도한 영국 정부의 산업 정책을 들 수 있다. 1721년 월폴Robert Walpole의 관세 개혁의 요지는 영국산 공산품 수출을 보호·장려하기 위해 원자재 수입에 대한 규제를 완화하고 공산품 수입을 억제하는 것이었다.[19]

그 밖에도 특허 제도와 산업 보조금 정책, 기술 유출을 막는 법적 조치 등이 기술 혁신을 위한 이점으로 작용했다. 영국의 산업 혁명은 그 태동부터 성숙에 이르기까지 전 과정이 영국 정부의 산업 정책과 더불어 전개되었던 것이다.

영국은 19세기에 보호주의보다 자유 무역과 자유주의를 표방하기 시작했다. 이와 같은 선회는 명백히 영국의 우월한 기술적·산업적 지위로 인해 가능했다. 영국은 국제적 자유 경쟁 체제에 뛰어들 만큼 경제적으로 충분히 강해졌음을 인식하고 종래의 보호막을 과감히 벗어던졌다. 이는 경제적으로 합리적인 판단이었다. 게다가 영국은 자유주의적 선택의 정당성을 전 세계를 대상으로 하여 설득할 수 있을 만큼 이론적으로도 잘 무장되어 있었고, 실제로 이를 비유럽 세계에 강요할 수 있을 정도로 강력한 군사력(해군력)을 보유하고 있었다. 이러한 맥락에서 볼 때, 이미 산업 혁명의 여명기에 자유 무역의 교리를 주장한 스미스Adam Smith와 같은 학자들은 명백한 민족주의자이다. 왜냐하면 이들은 18세기 말부터 영국의 산업 경쟁력이 다른 나라에 비해 월등했고, 이를 바탕으로 한 자유 무역이 영국에 훨씬 더 큰 국익을 안겨 주리라고 확신하고 있었기 때문이다.

실제로 영국에서 면직물업자들을 중심으로 산업과 무역이 국부의 원천이므로 원료 공급과 제품 판매를 위해 좀 더 자유로운 무역 조건을 요구하는 목소리가 높아졌다. 이들에 따르면, 다른 나라는 자유 무역으로 영국에 식품과 원료를 수출하여 소득을 올리고, 이 소득으로 영국 제품을 더 많이 수입할 수 있다는 것이었다. 이는 궁극적으로 영국의 경쟁국들을 농업국으로 퇴행시켜 영국과의 관계에서 종속적인 위치에 묶어 두려는 의식이 밑바탕에 깔려 있었다고 할 수 있다.[20] 당시 등장한 비교 우위론도 산업 혁명으로 자본과 기술을 가장 많이 축적한 영국 경제가 자유 무역을 통해 그렇지 못한 다른 나라 경제와의 격차를 계속 벌려 나갈 수 있다는 시각에 근거한 것이었다. 이는 당시 영국의 산업 세력이 농업 사회의 성장은 감속하는 반면 산업 사회의 성장은 가속하기 때문에, 자유 무역이 영국 경제의 절대 우위를 확고하게 보장해 줄 수 있다는 사실을 묵시적으로나마 깨닫고 있었음을 보여 준다.

물론 자유 무역과 자유주의로의 방향 전환에 대한 저항도 만만치 않았다. 따라서 18세기 중엽부터 자유주의가 강력하게 대두했지만, 자유 무역으로의 방향 전환을 의미하는 곡물법과 항해법 폐지는 19세기 중엽에야 가능했다. 특히 지주 세력은 자유 무역을 통해 해외에서 곡물을 싸게 들여와 자신들의 이익이 줄어드는 자유 무역 조치를 허용할 수 없었다. 반면, 제조업자들은 싸고 풍부한 원자재를 필요로 했고, 무엇보다 임금을 낮추기 위해 곡물 가격이 낮기를 원했다. 이러한 점에서 제조업자들은 지주 세력과 첨예하게 대립했다. 그러나 영국 경제가 산업 경제로 이행되어 가면서 산업에 종사하는 인구가 더욱 늘어났고, 그에 따라 더 많은 곡물을 싸게 공급해야 하는 현실적인 문제를 해결해야만 했는데, 영국 농업은 이러한 요구를 충족시킬 수 없었다. 이로써 곡물법이 폐지된 1846년을 기점으로 자유 무역과 자유주의는 영국 정부의 정책의 기본 방향으로 자리 잡게 되었다. 자유 무역과 자유주의의 채택은 당시 영국이 취한 합리적인 경제적 선택이었다.

이때부터 영국은 '자유 무역 제국empire of free trade'으로 발전하기 시작했으며, 이를 비공식적 제국주의라고도 한다. 영국의 자유 무역 제국주의는 새로운 지역에 대한 지배가 아니라 그 지역을 영국 경제의 위성 경제권으로 끌어들이는 것을 목표로 삼았다. 이는 확대 재생산 체제를 선순환시키는 과정에서 최소의 비용으로 최대의 효과를 올릴 수 있는 방법으로 간주되었다. 또한 자유주의 이념은 영국에 맞선 상대 국가들의 보호주의 정책을 해제시키는 데 기능적으로 이용되었다. 그러나 염두에 두어야 할 점은, 영국의 자유 무역 제국주의가 무엇보다 '기술의 거인'을 자처하면서 압도적인 기술적 우위를 앞세우며 팽창했다는 사실이다.[21] 특히 철도, 전신,

증기선 등의 사회 간접 자본 기술이 자유 무역 제국으로 팽창하는 데 결정적으로 공헌했다.

그러나 1870년대부터 영국 경제에 적신호가 나타나기 시작했다. 물론 영국 경제 자체가 크게 퇴보한 것은 아니었다. 미국, 독일과 같은 신흥 산업국들이 고도화된 기술을 앞세워 높은 성장률을 보이며 영국을 맹추격하면서 영국의 패권을 위협하고 있었다는 말이다. 영국인들은 이러한 추격자의 등장을 가리켜 "상업적 침공", "산업적 패배" 등으로 표현하면서 방어적인 태도를 보이기 시작했다.[22] 추격자들은 2차 산업 혁명을 선도하면서 새로운 산업 분야와 기술 혁신으로 영국을 위협했다. 이로써 영국의 경제적 패권의 핵심인 기술적 우위가 무너지기 시작했다. 19세기 내내 영국은 수출의 대부분을 직물과 철강 등 1차 산업 혁명의 결과에 의존하고 있었다. 반면, 미국과 독일은 정부의 강력한 정책적 배려와 지원 아래 석유, 가공식품, 전자 장비, 비철 금속 등 2차 산업 혁명의 생산품들을 생산하고 수출하면서 새로운 수요를 대규모로 창출하여 엄청난 이윤을 챙겼던 것이다.

하지만 영국의 패권이 위축된 데는 영국이 시의적절하게 2차 산업 혁명의 물결에 합류하지 못한 탓도 있지만, 자본의 과도한 해외 유출이 미친 부정적 영향도 무시할 수 없다. 확대 재생산 체제의 선순환이 지속되려면 축적된 자본이 공급 부문에 투자되어 신기술과 신제품이 창출되어야 한다. 그러나 영국에서는 19세기 중엽부터 자본이 해외로 빠져나가 미국 등지에 투자됨으로써 오히려 경쟁국인 미국이 산업 강국으로 부상하는 데 도움을 주었다. 이러한 현상은 과거 네덜란드의 자본이 영국 등지에 한꺼번에 많이 투자되고 나서 네덜란드가 영국에 상업 패권을 빼앗긴 사실을 상기시켜 준다. 물론 영국의 해외 투자는 철도 등 영국의 1차 산업 혁명의 성과를 지속시키는 데 기여했고, 영국 자본의 해외 투자가 얼마만큼 영국 산업에 피해를 입혔는지에 대해서는 학계에서 충분히 논의된 바 없다. 그럼에도 막대한 해외 투자가 영국의 산업 성장에 심각한 피해를 입히지 않았다고는 말할 수 없다. 왜냐하면 해외 투자의 증가와 국내 투자의 감소가 영국이 점차 경제적 패권을 잃어가던 시기와 거의 때를 같이하고 있기 때문이다.

물론 국내 자본이 국내 산업에 투자되었다고 해서 영국의 패권이 유지되었으리라고 믿기는 어렵다. 패권을 유지하기 위해서는 국내 자본 투자 외에 정부의 강력한 산업 정책이 중요한 변수였기 때문이다. 미국과 독일에서는 정부 주도의 산업 정책으로 전기와 화학 분야 등에서 새로운 산업이 육성되고 이를 위한 효율적인 교육 체제 등이 완비되어 갔지만, 이미 자유 무역으로 방향을 바꾼 영국에서는 그와 같은 움직임이 거의 없었다. 또한 영국에서는 중소 규모의 가족 기업 형태가 주를 이루고 있었는데, 미국과 독일에서는 독과점 형태의 대규모 경영 기업이 강력하게 부상하고 있었다. 확실히 영국의 기업 형태는 영세한 숙련공 기반의 경공업에는 적합했지만, 과학 기술 기반의 중화학 공업에는 부적합했다. 이러한 요인들이 영국의 산업 경쟁력을 떨어뜨린 주요 원인이었다.

이러한 상황에서 영국은 새로운 산업 분야를 육성하여 세계 시장에서 추격자들에게 대응하기보다 여전히 1차 산업 혁명 생산품을 식민지 시장에 수출하는 데 주력했다. 그에 따라 영국 엘리트들의 기업가 정신은 쇠락했고, 결국 금융업과 서비스업에 경제적 기반을 둔 젠틀맨으로 변모해 갔다. 종래에 토지를 소유한 젠트리는 산업 발전과 더불어 경제적 어려움을 겪다가 금융업과 서비스업에서 새로운 부를 누리게 되었던 것이다. 즉, 1688~1850년에 부의 상당 부분은 토지에서 나오는 이윤이었던 데 비해, 1850년 이후에는 부가 금융 자본을 기반으로 확보된 것이었다. 이렇듯 금융-서비스 기반 젠트리가 영국 사회의 지배층으로 자리 잡게 되면서 사회적으로 산업 발전은 등한시되었고, 그런 사회 분위기 속에서 산업 자본가들조차 부를 축적한 뒤에는 젠트리화되었다. 이러한 변화는 진취적이고 모험적이었던 영국 사회가 점차 보수화·귀족화되면서 단기적 이윤과 안정성을 추구하는 사회로 돌아섰음을 보여 준다. 이에 따라 영국 정부도 새로운 산업을 육성하기보다 금융 이익을 극대화하는 정책을 추구하기 시작했다. 게다가 영국 정부는 국제 경쟁이 가속화되는 상황에서 산업 정책을 포기하고 산업계 기업가들의 목소리를 무시한 채 자유 무역 정책을 고수했다. 이는 금융 소득이 늘어남에 따라 자본의 자유로운 출입을 허용하는 자유주의가 영국 금융 엘리트들에게 더 큰 이익이 되었기 때문이다. 이로써 영국 패권의 쇠퇴는 가속화되었고, 미국과 독일이 그 자리를 놓고 패권 경쟁에 돌입하기에 이르렀는데, 제1차 세계 대전의 발발은 그 전환점이 되었다.

영 제국의 패권이 소멸되는 과정은, 어떤 의미에서는 신흥 강대국 미국의 패권이 부상하는 과정이었다고 할 수 있다. 미국은 단기간에 인류 역사상 가장 강력한 전 지구적 범위의 패권을 행사하는 국가로 발돋움했다. 이와 같은 미국의 발전은 역사상 유례가 없었으므로 예외적인 것으로 설명하려는 시도가 우세했다. '미국 예외론American exceptionalism'의 관점에 따르면, 미국은 광활한 토지와 천혜의 자원을 갖추었을 뿐만 아니라 자본주의 이전의 번잡한 '구체제'에 제한받지 않았던 '자유의 땅'이었기에 놀라운 경제 성장을 이룩할 수 있었다고 한다. 그러나 이는 미국처럼 자연의 조건을 갖춘 러시아, 중국, 인도, 브라질, 아르헨티나 등이 미국과 같은 발전을 이루지 못한 사실이나, 미국에도 견고한 사회적 위계질서와 다양한 비자유주의적 전통이 존재했다는 사실 등을 근거로 볼 때 충분히 반박할 여지가 있다.

미국의 패권은 미국이 '자유의 땅이요, 기회의 나라'라는 식의 단순한 논리가 아니라, 인류 역사상 나타난 경제 발전의 일반적 형태인 농업 사회의 단순 재생산 체제, 상업 사회의 확대 재투자 체제, 그리고 산업 사회의 확대 재생산 체제로의 이행이라는 맥락 속에서 이해해야 한다. 왜냐하면 식민지 시대로부터의 독립 혁명, 남북 전쟁, 두 차례의 세계 대전을 거치며 인류 역사상 전례 없는 초강대국으로 자리매김한 미국의 발전 과정은, 마치 (로마로 대표되는) 농업 사회, (네덜란드로 대표되는) 상업 사회, (영국으로 대표되는) 산업 사회의 경제와 전쟁의 선순환의 성공 사례가 균형 있게 조합된 모습을 하고 있기 때문이다. 물론 각각의 성공 사례가 미국적 예외성에 의해 한층 더 놀라운 결과를 초래했음은 말할 나위가 없다.

미국의 발전은 일찍이 식민지 시대로 거슬러 올라간다. 식민지 시대 미국의 경제는 정치적으로 통합되지 못한 것처럼 다원적인 모습을 보여 준다. 버지니아 등 남부의 플랜테이션 중심의 작물 생산과 뉴잉글랜드 등 북부의 생계형 농업 경제와 무역 및 초보적 수준의 제조업 중심의 생산이 공존하면서 발전했다. 어쨌든 식민지의 경제 성장에서 결정적인 역할을 한 것은 영 제국의 확대 재투자 체제에 편승하여 발전한 무역업(과 조선업)이었다. 식민지 경제는 영 제국의 항해법과 군사력의 보호 아래 상당한 상업적 이익을 얻을 수 있었던 것이다.

이러한 영 제국과 식민지의 공생은 7년 전쟁을 계기로 변화를 맞이했다. 전쟁으로 재정적인 출혈을 감수해야 했던 영국 정부가 종래의 '유익한 방치salutary neglect' 대신 중상주의적인 간섭 정책으로 방향을 바꾸었다. 당시 영국 정부의 의도는 북아메리카에서 새로운 재정 부담이 따르는 충돌을 방지하면서 식민지를 모국 경제에 붙들어두고 식민지로부터 수익을 극대화한다는 것이었다. 이를 위해 영국은 1763년 식민지인들의 서부 진출을 제한하는 포고령과 1764년 설탕법을 시작으로 식민지에 일련의 경제 규제를 시행했다. 이는 영국과 식민지 간에 정치적·군사적 충돌의 도화선이 되었다. 이 충돌에서 식민지인들이 승리하면서 북아메리카의 13개 식민지는 영 제국으로부터 독립하게 되었다. 이는 스페인 제국에 맞서 독립을 쟁취한 네덜란드의 경우를 연상시킨다.

두 나라 모두 모국의 경제적 압력에 맞서 각 주나 도시가 하나의 경제적 이익 공동체로 뭉친 민병대 수준의 반란군으로 당대의 패권국이었던 모국의 정규군을 격파하고 승리를 쟁취했던 것이다. 게다가 북아메리카 식민지들이 상업에 의존한 것도 독특한 상업 경제를 발전시킨 네덜란드와 비슷하다. 이처럼 두 나라 모두 상업 사회의 확대 재투자 체제를 동력으로 하여 제국으로부터 독립했다. 물론 독립은 또 다른 문제의 시작이었다. 특히 미국의 경우 독립 혁명의 승리로 하나의 '국민 경제national economy'를 이룰 수 있는 토대가 마련되었으나, 종래 식민지들이 이용할 수 있었던 영국의 확대 재투자 체제로부터도 '독립'해야 했다. 게다가 오랜 전란으로 재정 위기까지 겹치면서 미래가 몹시 불투명해졌다.

이러한 상황에서 식민지는 신생국의 미래를 둘러싸고 다양한 시각과 정책이 서로 맞서게 되었다. 각 주의 자율성과 자영농 중심의 농업 사회 및 무역업 중심의 상업 사회에 근거한 발전 경로를 지향하는 공화파와, 단일하고 강력한 연방 정부의 수립과 산업 사회로의 발전을 추구하는 연방파의 존재가 그러했다. 공화파는 부분적으로 상업 사회의 특징을 지닌 농업 제국으로의 발전을 추구했고, 연방파는 산업 제국으로의 발전을 추구했다. 1790년대 정권을 장악한 해밀턴Alexander Hamilton과 같은 연방파는 신생국 미국의 존립이 영국과 같은 강력한 '군사-재정 국가'의 수립에 달려 있다고 보고, 주의 경계를 뛰어 넘는 단일 국내 시장의 창출과 강력하고 안정적인 연방 은행의 설립, 사적 소유권의 절대적인 보호와 의식적인 산업 보호 정책의 추진을 지지했다. 예컨대, 치열한 국제 관계에서 신생국이 살아남기 위해서는 강력한 통합 국가를 건설해야 하고, 산업 제국으로의 발전을 추진해야 한다는 것이었다.

그러나 이러한 연방파의 주장은 공화파가 집권하고 영국과의 갈등이 다시 시작되면서 일시적으로 도전을 받았다. 1807년의 통상 금지령과 1812년의 전쟁은 신생국 미국에 새로운 시련을 안겨 주었던 것이다. 이러한 사건들은 단기적으로는 미국 경제에 타격을 입혔지만, 장기적으로는 영국산 공산품의 공급이 차단됨으로써 미국 내에서 제조업이 성장할 수 있는 요건이 되었다. 이로써 농업과 상업에 의존하는 종래의 확대 재투자 체제에서 제조업 분야의 기술 혁신과 자본 축적을 토대로 하는 확대 재생산 체제로 이행하는 전환점이 마련되었다. 공화파 내에서도 제조업의 발전을 지지하며 미국의 균형적 발전을 추구하자는 광범위한 합의가 이루어졌다. 이러한 합의를 바탕으로 미국의 선도적인 제조업자들은 턱없이 부족한 숙련 노동력의 대체 방안으로 기계를 적극 도입하고, 소비자들에게 값싸고 호환 가능한 제품을 공급하기 위해 생산 기술을 표준화한 '미국식 제조업 체제American system of manufacturing'를 발전시키면서 영국 제조업의 생산성을 능가하는 혁신을 보여 주기에 이르렀다.

이러한 산업 사회로의 이행은 주로 북부에 국한된 일이었다. 남부는 여전히 노예 노동력을 기반으로 하는 플랜테이션 농업 사회의 면모를 보이고 있었다. 이러한 남북 간 산업 구조상의 차이는 심각했고, 이로 인해 보호 무역과 자유 무역, 노예제 철폐와 노예제 유지를 둘러싸고 남북 간에 정치적 갈등이 격해졌다. 북부인들은 기본적으로 자유노동자가 노동의 결과를 자기 것으로 소유하고, 능력에 따라 사회적인 지위를 향상시킬 수 있는 산업 사회의 이상형을 지향했다. 남부인들은 북부의 노동자들이 남부 노예주들의 온정주의 보호 아래 있는 남부의 노예보다 못하다고 비판하면서, 산업화가 가져올 계급 갈등의 대안으로 산업화 이전의 안정적인 사회적 위계질서를 이상으로 내세웠다. 이러한 북부인들과 남부인들의 시각 차이는 연방파와 공화파 간의 이견과 갈등이 그러했듯이 미국의 발전을 둘러싼 심각한 견해 차이를 반영하는 것이었고, 누가 우세해지느냐에 따라 미국의 미래의 향방이 결정될 만큼 중대한 것이었다.

그러한 시각의 차이는 남북 전쟁으로 이어져 막대한 인적·물적 손실을 가져왔고, 단기적으로 미국 경제에 타격을 주었다. 그러나 전쟁에서 북부가 승리하면서 그때까지 단일한 국내 시장으로 통합되지 못했던 미국의 전 지역을 진정한 의미의 국민 경제로 통합하는 계기가 되었다. 전쟁 이전 노예제 플랜테이션 농업에 바탕을 둔 남부 경제는 유럽, 특히 영국의 확대 재생산 체제의 일부로 발전했으나, 노예제가 폐지되고 자유노동과 자본의 관계에 기반을 둔 새로운 경제 논리가 강제되면서 북부와의 관계 역시 바뀔 수밖에 없었다. 전쟁 이후 미국의 서부 또한 남부와 비슷한 경로를 밟았다. 소규모 자영농을 중심으로 공화주의가 뿌리를 내리고 있던 서부 지역은 전쟁을 승리로 이끈 공화당의 중요한 지지 기반이었다. 그러나 전쟁

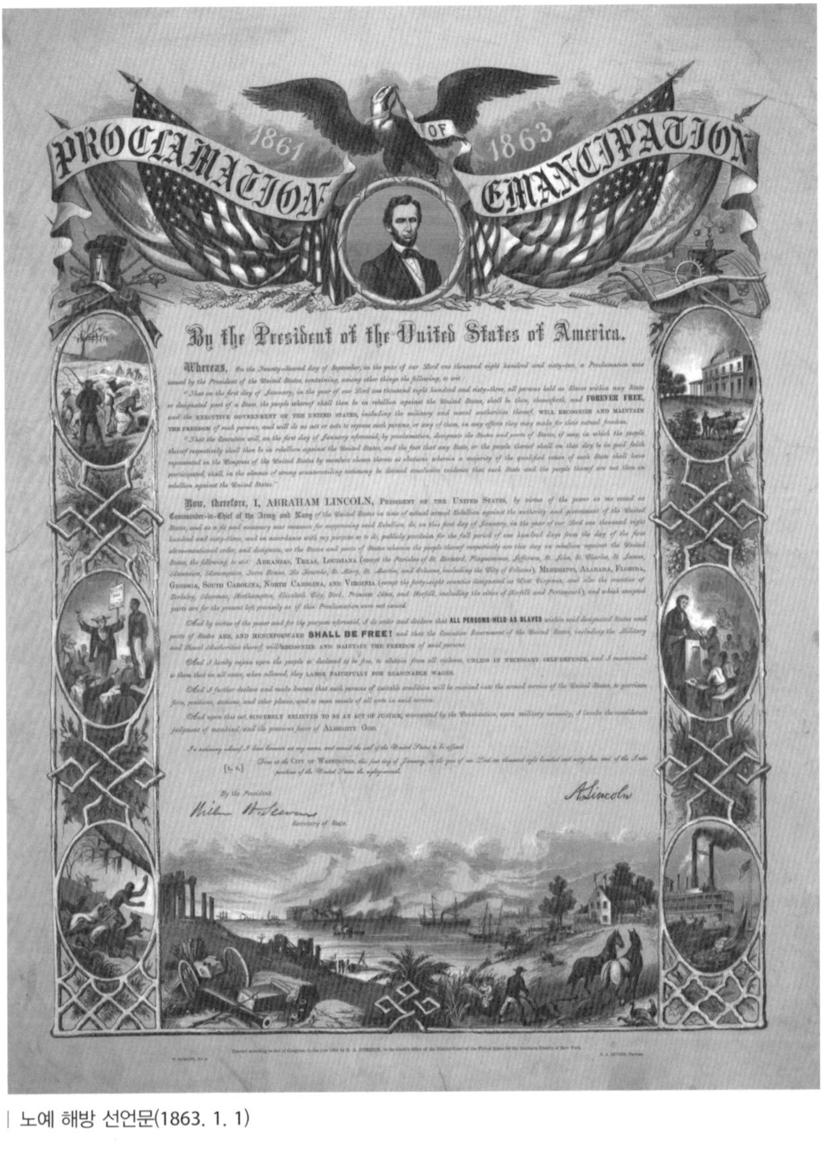

| 노예 해방 선언문(1863. 1. 1)

이후 공화당과 연방 정부 내에서 북부 산업 자본과 금융 자본의 힘이 강화되면서 서부는 대규모의 기업형 농업과 금과 원유를 비롯한 1차 산업 중심지로 변모했다. 이처럼 원료 공급처와 상품 시장으로서의 남부와 서부는 남북 전쟁 이후 급속도로 진행된 교통·통신 혁명 덕분에 북부의 산업을 뒷

받침하는 원동력이 될 수 있었다. 그 결과, 북부에서는 2차 산업 혁명의 잠재력을 충분히 실현할 만한 대규모 자본 투자와 경영·생산 과정의 혁신이 이루어졌고, 근대적인 산업 기업들이 속속 등장했다. 이는 궁극적으로 대량 생산·대량 소비 체제를 결합한 확대 재생산 체제의 완성을 이끌었다.

확대 재생산 체제의 선순환은 지속적인 기술 혁신과 생산력을 감당할 만한 시장이 동반 성장해야 가능하다. 최초의 확대 재생산 체제를 구축한 영국의 경우 방대한 식민지가 원료 공급처와 상품 시장으로서의 역할을 감당했다. 반면, 미국의 확대 재생산 체제는 남부와 서부가 마치 영 제국의 식민지와 같은 역할을 수행함으로써 공격적인 해외 팽창 없이도 발전할 수 있었다. 미국은 방대한 국내 시장의 이점을 충분히 활용하여 확대 재생산 체제를 발전시켰고, 유럽 제국들이 제1차 세계 대전이라는 파국적인 전쟁에 온힘을 쏟아 붓는 사이 유럽의 경쟁국들을 추월하며 세계 제1의 산업국으로 자리를 잡았다. 제1차 세계 대전 막바지에 미국이 참전을 결정한 것은 패권국으로서 미국의 등장을 알리는 일대 사건이었으나, 패권국에 걸맞은 국제적인 역할을 감당할 준비가 되어 있지 않았다. 전쟁 직후 정치경제적 위기 속에서 연합국에 대한 채권국으로서의 권리를 조금도 포기하려 하지 않았던 것이나, 대공황의 풍랑 속에서 자본주의 세계가 침몰할 위기에 처했을 때도 세계 경제의 회복에 앞장서기보다 오히려 고립을 택했던 것이 이를 증명한다. 이러한 혼란 속에서 제1차 세계 대전 이래 생산력이 배가된 미국의 확대 재생산 체제는 국내외를 막론한 수요의 폭락으로 인해 오랜 불황을 겪어야 했다.

앞에서 패권국이 그 지위를 유지하기 위해서는 생산력의 발전뿐만 아니라 생산력의 확대에 따른 국내의 사회적인 갈등을 최소화하는 동시에, 국제 사회로부터 패권국의 권위를 인정받는 설득과 동의의 과정이 필요하다고 지적했다. 이렇게 볼 때, 미국이 진정한 패권국의 위치에 오른 것은 국내적으로는 뉴딜 정책, 대외적으로는 제2차 세계 대전 덕분이었다. 뉴딜 정책의 경제적 효과는 오늘날까지도 논란의 여지가 있지만, 적어도 고도로 발전된 미국 확대 재생산 체제의 경제적 성과를 좀 더 균등하게 배분하여 사회적인 갈등을 완화시키는 성과를 거둔 것은 분명하다. 뉴딜 시기에 도입된 사회 복지 제도나 노동과 자본의 타협적인 관계를 기반으로 생산력 발전의 성과를 공유하는 제도적인 장치들은 적어도 1970년대 초까지 미국 확대 재생산 체제를 이끄는 원동력이 되었다.

제2차 세계 대전은 미국이 고립주의에서 벗어나 미국 중심의 세계 체제를 구축하는 계기가 되었다. 이 전쟁을 통해 미국의 확대 재생산 체제는 대공황의 오랜 그늘에서 벗어나 2차 산업 혁명에 버금가는 생산력의 도약을 경험했다. 항공 산업을 비롯한 첨단 산업들이 전시의 수요와 국가의 정책적인 지원 아래 성장했고, 전시 호황에 힘입어 빠르게 늘어난 미국 국민의 구매력은 제조업과 서비스업의 폭발적인 성장을 이끌었다. 이를 통해 이룬 막강한 경제력은 전후 미국의 사용 여하에 따라 전후 세계 질서의 향방을 결정했다. 미국의 행보는 제1차 세계 대전 직후와 사뭇 달랐다. 미국은 명실상부한 패권국으로서의 역할을 적극적으로 하기 시작했다. 미국의 주도로 설립된 국제 통화 기금과 세계은행은 국제 무역의 증진과 각국의 탄력적인 환율 정책 수립·집행을 유도하여 세계 경제의 안정성을 확보하는 데 중요한 역할을 했다. 마셜 계획Marshall plan을 비롯한 각종 원조 프로그램 또한 전후 복구가 빠른 시간 안에 이루어지는 데 기여했다. 세계 경제 질서를 재편하는 이와 같은 노력은 미국의 확대 재생산 체제를 유지하기 위해서는 미국 시장뿐만 아니라 건실한 세계 시장이 필수적이라는 믿음에서 비롯된 것이었다.

1945년 이후 기술의 우위, 생산력, 군사력, 국제 정치에서의 지도력 덕분에 미국의 글로벌 확대 재생산 체제는 한 세대 이상 발전을 거듭했다. 미국의 다국적 산업 기업들은 정부 및 기업의 막대한 연구·개발 투자를 바탕으로 새로운 기술과 제품을 쏟아냈고, 미국의 군사력과 경제 원조에 의존했던 수많은 국가들은 값싼 원료와 노동력, 방대한 시장을 제공했다. 그러나 과거 패권국의 역사가 그렇듯이 미국의 힘이 절정에 달했던 전후의 '장기 호황' 기간 동안 후발국들의 추격 역시 맹렬하게 진행되었다. 19세기 후반 영국이 새로운 발전 전략으로 무장한 후발 산업국들의 도전에 직면했듯이 미국 역시 새로운 도전에 직면했다. 특히 일본과 독일은 무서운 속도로 추격해 왔다. 두 나라 모두 미국의 군사적인 보호 아래 전후 복구와 경제 성장에 매진할 수 있었고, 19세기 후반 이후부터 제1, 2차 세계 대전을 통해 누적된 확대 재생산 체제의 기술적인 기반을 갖추고 있었던 점에서 다른 나라들보다 훨씬 빠르게 경제 성장을 이룩할 수 있었던 것이다. 이처럼 독일, 일본 등의 맹렬한 추격 아래 미국 산업의 절대적인 우위는 잠식당해 가는 반면, (케네디를 비롯하여 수많은 논평가들이 주목했던 것처럼) 미국이 패권을 유지하기 위해 치러야 하는 비용은 오히려 늘었다. 이는 냉전이라는 특수한 역사적 상황, 군사 기술의 급속한 발전에 따른 군사비의 기하급수적인 상승을 반영한 결과이지만, 그것만으로 베트남 전쟁 이후 뚜렷하게 나타난 미국 확대 재생산 체제의 약화를 전부 설명하기는 어렵다. 미국이 군비 지출과 다른 국가들로 하여금 미국의 패권을 받아들이도록 설득하는 데 드는 모든 비용을 감당하고도 남을 만한 가치를 생산할 수 있었더라면 상황은 달랐을 것이다. 그러나 바로 이 시기에 미국 경제의 무게 중심은 후발국들의 도전이 거셌던 기존 산업 부문에서 새로운 산업—지식 기반의 새로운 산업—으로 이동하는 대신, 과거 네덜란드와 영국이 그랬던 것처럼 금융 부문으로 이동했다.

인류사를 보면, 전쟁의 선순환에 의존하지 않고 경제의 선순환을 가능하게 하는 경제 체제를 모색하는 일이 절실해 보인다. 또한 경제의 선순환이 가능하더라도 경제 성장의 혜택이 최대한 골고루 돌아가는 경제 체제를 수립하는 일이 요구된다. 그렇지 않으면 국가와 사회는 주기적인 전쟁과 사회적 갈등에 수반되는 엄청난 비용을 지불해야 할 것이다. 더군다나 역사는 전쟁에서 패하거나 사회적 통합에 실패했을 때 물질적으로나 도덕적으로나 더없이 가혹했다. 그리고 패전과 사회적 해체는 어김없이 패망이나 패권의 상실로 이어지곤 했다. 따라서 경제적 번영과 국제적·국내적(사회적) 평화를 유지할 수 있는 새로운 경제 체제가 성립될 때만 '지속 가능한' 패권도 가능하다.

그러한 새로운 경제 체제가 성립되기 위해서는 앞에서 언급한 프로이센군처럼 과거에서 미비했던 점을 찾아 개선하는 성찰 능력이 필수이다. 과거라는 경험과 지식의 보고寶庫 속에서 과거 사회들이 겪은 위기와 번영, 전쟁과 평화의 양상을 제대로 이해해야 한다는 말이다. 무릇 과거는 '지나간 미래'이기도 하다. 예로부터 인간은 늘 미래의 번영과 평화에 대한 꿈을 꾸며 자신들의 역사를 만들어 왔다. 그러나 실수와 우연은 물론이고, 농업 사회, 상업 사회, 산업 사회 각각의 구조적 한계와 너무도 느린 연속적·불연속적 진화 과정이 그러한 찬란한 꿈을 왜곡하거나 외면하여 돌이킬 수 없는 경제적·사회적 위기와 전쟁을 초래함으로써 끔찍한 악몽을 낳기도 했다. 인류의 '이성과 사고력'은 그러한 실수와 우연, 그리고 '역사적 구속력'—인간의 사유와 행동을 밑바탕에서 제한하고 압력을 가하는 구조적 힘—을 온전히 이해할 때 비로소 번영과 평화의 원리를 지향하는 합리적 사유와 행동의 수단이 될 것이다. 마치 자연 법칙을 이해하는 것이 인간의 자유를 확장해 주듯이 말이다.

오늘날을 사는 우리는 프로이센군과 달리 '이성과 사고력'을 전쟁 수행이 아니라 지속적인 번영과 평화를 창조하는 데 발휘할 줄 알아야 한다. '이성과 사고력'은 인류사를 통해 부단히 진화해 왔고, 또 진화해 나가는 중이다. 이것은 번영과 평화를 유지할 수 있는 새로운 미래의 경제 체제가 앞선 사회에서 축적된 '이성과 사고력', 즉 축적된 자본과 과학 기술을 이용할 수밖에 없고, 또 이용하는 것이라야 한다는 의미이기도 하다.

앞으로 살펴볼 상업 사회와 산업 사회는 국제적·사회적 파국을 초래할 정도로 '이성과 사고력'에 날개를 달아 주어 미래의 번영과 평화를 향해 갈 가능성을 제공한 경제 사회들이었다. 이러한 논의가 경제 구조를 강조한다는 점에서 경제 결정론적으로 비쳐질 수 있지만, 진정한 목적은 경제 구조의 발전 메커니즘을 이해함으로써 발전을 위한 의식적 선택의 근거를 마련하고 올바른 정책을 기획하는 것이다. 그러한 점에서 과거의 경제 구조에 대한 이해는 인간의 능동성을 증진시켜 준다. 바로 이 점을 증명하려는 것이 이 책을 집필한 궁극적 목표이다. 결국 이러한 증명을 통해 미래를 상상하는 우리는 과거, 정확히는 과거 진화 과정의 자식들임이 드러날 것이다.

2

바다 위의 농업 제국 스페인

이 장에서는 근대 초 스페인의 사례를 살펴본다. 스페인의 경제 체제는 근본적으로 여전히 농업 사회의 단순 재생산 체제에 바탕을 두고 있었으나, 시간의 흐름에 따라 더 많은 경제적 잉여를 생산하도록 농민을 강제하거나 새로운 영토를 확보하기 위해 정치권력을 동원하게 되었고, 이는 대외 농업 제국적 팽창과 식민지 정복 사업으로 이어졌다.

콜럼버스Christopher Columbus가 아시아의 부와 프레스터 존Prester John(사제 요한)의 기독교 왕국을 찾아 항해를 떠났던 1492년, 유럽은 유라시아Eurasia 대륙의 서쪽 변방에 불과했다. 당시 유럽은 경제적 역량, 문화적 활력, 정치적 안정, 그 어느 면에서도 이슬람 세계나 동아시아에 비해 열세였다. 고대 로마 제국의 찬란했던 흔적은 남아 있었지만, 제국 부활의 시도는 모두 실패했다. 그러나 이탈리아 르네상스 운동의 활력이 보여 주듯, 15세기 유럽은 과거 1,000여 년의 정치적 분열과 경제적 후퇴를 뒤로 하고 새로운 시대에 접어들고 있었다. 이 같은 회복에는 오랜 시간이 필요했다. 적어도 9세기부터는 농업 생산성이 향상되기 시작했고, 그것은 원거리 무역의 성행과 도시의 부활을 이끌었다. 이러한 새로운 활력은 11세기 말에 시작된 십자군 운동으로 이어졌다. 십자군 운동은 성지 탈환과 이슬람 세력 격퇴라는 본래 목표를 달성하지는 못했으나, 유럽이 세계의 변방에서 벗어나려는 의지를 보여 준 사건이었다. 그러한 의지는 이른바 '대항해 시대Era dos Descobrimentos'를 거치면서 더욱 극적으로 드러났다. 그 결과, 세계사의 범위는 수평적으로 확대되었고, 궁극적으로 세계 정치경제에 새로운 수직적 위계가 형성되었다.[1]

'대항해 시대'를 거치면서 유럽 각국은 분권화된 중세 정치의 틀을 벗어나 국가 형성state-formation에 매진하며 주변 세력과 빈번하게 전쟁을 치렀다. 근대 초 유럽의 전쟁에는 새로운 무기 체계, 군사 조직, 부대 운용 방법 등 전투와 직결된 변화뿐만 아니라 이전과 다른 규모의 인적·물적 자원이 필요했다. 따라서 유럽 각국은 국가 재정, 정치경제 등의 문제에 관심을 기울여야 했고, 이로 인해 각국 내의 자원 배분뿐만 아니라 해외의 새로운 자원과 시장에 대한 관심이 높아졌다. 당시 유럽 여러 나라들은 근본적으로 농업 사회였고, 1장에서 지적했던 성장이 감속하는 농업 사회의 한계를 극복할 수 없었다. 따라서 농업 사회가 '맬서스Malthus 트랩'으로부터 일시적으로나마 벗어나는 길은 영토 확장으로 토지 공급을 늘리고 이주를 통해 인구 문제를 해결하는 것뿐이었다.

이렇게 볼 때, 스페인과 포르투갈이 '대항해 시대'의 서막을 열었던 것은 결코 우연이 아니었다. 두 나라는 이슬람 세력과의 오랜 대결을 통해 정복과 영토 확장의 중요성을 잘 알고 있었다. 더구나 새로운 국가가 강성해지기 위해서는 반드시 이베리아반도의 지정학적 한계—삼면이 바다인 데다가 피레네 산맥으로 둘러싸여 있음—를 극복해야 했다. 그러한 점에서 아시아와 아메리카를 향한 스페인과 포르투갈의 팽창 의지는 성장이 감속하는 농업 사회의 한계에 맞선 불가피한 선택이었다.

근대 초 유럽의 팽창이라는 거대한 세계사의 흐름을 선도했던 스페인과 포르투갈은 경쟁국들보다 먼저 유럽 밖으로 눈을 돌려 아시아와 아메리카에서 엄청난 부를 축적했고, 스페인의 경우 광대한 제국을 확보했다. 그러나 이러한 눈부신 성공은 불과 한 세기를 넘기지 못했다. 이미 16세기 후반에 두 나라는 쇠퇴의 길로 들어섰고, 세계 경제의 반半주변 내지는 주변부 국가로 전락하고 말았던 것이다.[2] 이러한 흥미로운 역사적 경험을 되돌아보는 것은 두 가지 면에서 그 의미가 있다. 첫째, 이들의 사례에서 농업 사회의 단순 재생산 체제에 기반을 둔 제국이 왜 가속하는 경제 성장을 이룰 수 없었는지 그 이유를 발견하게 된다. 스페인과 포르투갈의 농업 사회는 그 경제 체제의 속성상 끊임없는 영토 확장이 요구되지만, 영토 정복에 따르는 빈번한 전쟁은 오히려 축적한 부의 생산적인 투자를 가로막았고, 사치와 낭비를 조장했으며, 군사·정치적으로도 막대한 비용을 소비하는 결과를 가져왔다. 궁극적으로 그로 인해 생산 체제가 악순환에 빠지고 말았던 것이다. 둘째, 역설적이게도 스페인과 포르투갈의 부상과 쇠퇴가 유럽의 다른 국가들에게 성장이 가속하고 자본이 축적되는 확대 재투자 체제가 형성되는 기반을 제공했다는 것이다. 두 나라가 개척한 새로운 항로, 시장, 자원은 네덜란드·이탈리아·잉글랜드 상인, 은행가들의 자본 축적의 밑거름이 되었고, 그것이 훗날 무역과 금융업뿐만 아니라 농업과 산업의 발전을 이끄는 원동력이 되었다. 바로 이 점에서 스페인과 포르투갈의 사례는 유럽의 부상과 세계 경제의 패권 변화를 이해하는 중요한 실마리를 제공한다.

레콘키스타

유럽사의 일부로서 이베리아반도의 역사는 로마 제국 시대로 거슬러 올라간다. 이베리아반도는 아우구스투스 시대에 이미 로마의 곡창 지대이자 은의 공급원으로서 중요한 역할을 담당했다. 근대 초 스페인 경제를 이끈 원동력인 목양업도 이때부터 시작되었다. 로마 제국의 지배 아래 스페인에는 로마 문화가 활발하게 전해졌고, 특히 기독교와 로마법이 뿌리를 내리게 되었다. 4세기 게르만족의 대이동 시기에 이베리아반도에는 서고트 왕국이 들어섰다. 따라서 유럽의 다른 지역들과 마찬가지로 로마 제국 해체 이후 몇 세기 동안 이 지역 역사는 로마 문화와 게르만 문화가 융합되면서 전개되었다.

이베리아반도의 역사는 이슬람 세력이 등장하면서 새로운 국면에 접어들었다. 711년 당헤르의 이슬람 세력이 서고트 왕국 내의 정치적 분열을 틈타 지브롤터에 상륙했다. 막강한 군사력과 광대한 무역 네트워크를 갖춘 이슬람 세력은 720년에 이베리아반도 대부분을 점령했고, 그 후 1492년까지 700여 년 동안 이 지역을 지배했다. 이슬람 세력을 몰아내려는 재정복 운동, 즉 레콘키스타Reconquista는 이슬람 세력이 이베리아반도에 상륙한 직후부터 시작되었다. 장기간의 레콘키스타는 근대 초 이베리아반도에 두 가지 유산을 남겼다. 하나는, 이슬람 세력과의 투쟁 속에 등장한 새로운 기독교 국가들이 다양한 정치 체제와 통치 원리를 시험하게 된 것이다. 다른 하나는, 정치적 다양성을 뛰어넘는 공통의 종교적 정체성, 즉 이베리아반도가 이슬람 세력에 대항한 기독교 세계의 보루라는 의식이 형성된 것이다.

그렇다고 해서 레콘키스타 시기가 갈등으로 일관된 것만은 아니었다. 이슬람 세력이 지배하던 지역뿐만 아니라 그들과 기독교 세력이 경쟁하던 변경 지대에서 두 세력은 교류와 공존을 추구하기도 했다. 기독교 대성당이 있던 곳에 모스크mosque가 들어서기도 했고, 이슬람교로의 개종도 활발하게 일어났다. 개종 여부와 관계없이 기독교인들은 아랍어를 일상어로 사용했고, 심지어 아랍어 성경이 출간되기도 했다. 또 이슬람의 발달된 관개 기술이나 쌀, 사탕수수 같은 새로운 작물도 도입되었다.[3] 이러한 상호 갈등과 타협은 레콘키스타에도 영향을 미쳐 기독교 세력과 이슬람 세력 간의 제휴, 동맹, 대립 관계가 수시로 변했다. 11세기 초부터 이 같은 상황이 뚜렷하게 나타났다. 그 무렵, 이슬람 정치권력이 군사 쿠데타와 왕위 계승권 다툼으로 무너지면서 여러 도시 국가의 지배자들, 즉 '타이파taifa'가 득세했다. 그 틈에 북부 기독교 공국들은 남부로 세력을 확장하는 한편, '타이파'들에게 군사를 제공하는 대가로 조공을 수취하여 부를 축적하기도 했다. 국지적인 무력 충돌이 확산되면서 용병의 활동도 활발해졌다. 그들 가운데는 엘 시드El Cid, 즉 로드리고 디아스Rodrigo Diaz처럼 도시 국가의 수장이 된 인물도 있었다.[4]

하지만 그처럼 오랫동안 레콘키스타가 지속될 수 있었던 주요 요인은, 종교적인 명분이나 정치·문화적인 갈등과 교류가 아니라 경제적인 동

| 엘 시드(로드리고 디아스)

기에서 찾을 수 있다. 다른 유럽 지역들과 마찬가지로, 이베리아반도 북부 지역의 기독교 공국들은 9~10세기에 인구 증가와 그에 따른 식량 부족에 직면했다. 전형적인 농업 사회였던 기독교 공국들은 발달된 도시와 무역 네트워크를 갖춘 이슬람 세력들과 달리 인구 증가로 인한 농토의 부족을 자국 내에서 해결할 수 없었다. 따라서 새로운 영토를 확보하는 데 힘을 기울여야 했는데, 그것이 생산이 체감하여 성장의 한계에 부닥친 농업 사회가 선택할 수 있는 유일한 돌파구였다.

이러한 상황은 기독교 공국 신민의 이주로 이어졌다. 이주 운동은 10세기 카탈루냐 지방에서 시작되어 12~13세기에는 포르투갈 중부 지역으로 확산되었다. 기독교인들의 이주는 때로 군주의 명령에 의해 이루어지기도 했지만 대개 자발적으로 진행되었다. 기독교인들은 이슬람인들의 특정 정착지를 습격하고 전리품을 확보한 후 그곳을 군주의 영토로 선포하는 식으로 이주를 감행했는데, 거기에는 상당한 위험이 따랐다. 그 결과, 농민이 군사력을 보유한 전사들에게 인신과 새로운 정착지에 대한 보호를 요청하고 그 대신 각종 부역과 지대를 납부하는 관행이 나타났다. 이 과정에서 대토지 귀족층이 형성되었다. 일단 특정 지역으로의 이주, 정착이 이루어진 후에도 이주민들은 이슬람 세력의 반격에 대비해야 했다. 그래서 귀족과 농민은 성읍town을 중심으로 모이게 되었다. 이 일련의 과정들을 반복하는 가운데 스페인에는 경제와 전쟁 사이의 순환에 바탕을 둔 농업 제국의 싹이 자랐다.

이렇듯 레콘키스타는 농업 사회의 경제적 한계를 극복하기 위한 경제적인 선택이었다. 그리고 이 과정이 한참 진행된 후에야 레콘키스타의 종교적 목표가 정교해지기 시작했다. 중요한 변화는 11세기 말에 일어났다. 그 변화에는 이미 카스티야-레온 왕국에 굳건히 뿌리내리고 있던 클뤼니파와 뒤이어 이베리아반도에 진출한 시토회 수사들의 역할이 컸다. 이들의 호소에 힘입어, 클레르몽 공의회Council of Clermont에서 교황 우르바누스Urbanus 2세가 이슬람에 대한 성전聖戰을 주창한 것보다 거의 한 세대 앞선 1064년에 이탈리아, 프랑스, 노르만 출신의 3천여 명의 기사들이 이베리아반도로 진입해 6천여 명의 이슬람교도들의 목숨을 빼앗았다. 이들의 맹렬한 선전 덕분에 '교회의 적들에 대항해 싸우는 전쟁은 신성하다'는 관념이 널리 퍼져나가 레콘키스타와 십자군 운동이 결합하기에 이르렀다.

십자군 운동은 이슬람 세력 내부의 변화를 부추겨 레콘키스타의 진전에 도움을 주었다. 12세기 초 십자군 운동의 거센 공격에 대항하여 이슬람인들의 단결을 호소하는 개혁 운동이 북아프리카 이슬람 세력들 사이에서 전개되었다. 한때 사분오열되었던 이슬람 국가들의 결속이 강화되자 이베리아반도의 기독교 공국들은 극도의 위기감을 느끼게 되었다. 이는 곧 기독교 공국들 간의 단합을 촉진하는 계기가 되었다. 그 덕분에 1212년 카스티야의 알폰소Alfonso 8세는 나바라 및 아라곤 국왕과 함께 라스 나바스 데 톨로사 전투에서 큰 승리를 거둘 수 있었다. 이 전투 이후 이슬람 세력의 영향력은 빠르게 약화되었고, 이베리아반도는 4개의 기독교 왕국, 즉 카스티야, 아라곤, 포르투갈, 나바라 왕국이 지배하게 되었다.[5]

하지만 알폰소 8세의 승리에서부터 레콘키스타의 마지막을 장식한 그라나다 전투 사이에는 200여 년에 가까운 시간 차이가 있다. 기독교 공국들은 왜 13세기 초의 우세를 계속 유지하지 못했을까? 해답은 레콘키스타가 본래 이슬람 세력으로부터 영토를 회복하기 위한 운동만은 아니었다는 데 있다. 레콘키스타에는 대규모 인구 이동과 새로운 정착지 건설이라는 일종의 식민지 건설 사업이 결부되어 있었던 것이다. 10세기 이후 과잉 인구에 따른 압박으로 인해 레콘키스타가 활력을 얻었으나, 그동안의 정

| 페르난도 2세와 이사벨 1세

복과 정착의 결과 11세기 말에는 오히려 토지에 비해 노동력이 부족한 사태가 벌어졌다. 설상가상으로 레콘키스타의 경제적 동기가 약화된 상태에서 14세기 중반에 전 유럽을 강타한 흑사병은 노동력 부족 현상을 극도로 심화시켰다. 그 후 인구 수준이 점진적으로 회복되었음에도 이베리아반도의 기독교 공국들은 내란 등의 정치적 위기로 인해 그라나다에 남아 있던 이슬람 세력에게 관심을 기울일 여유가 없었다. 이처럼 레콘키스타의 전개 과정은 농업 사회의 고유한 경제 및 전쟁의 순환과 긴밀하게 맞물려 있었다.

따라서 1480년대 그라나다 정복 사업의 시작은 스페인 기독교 세력이 지난 세기의 정치경제적 위기를 극복하고 새로운 시대를 개척할 역량을 갖추게 되었음을 의미한다. 14세기 중반의 인구·경제 위기는 15세기에 반전되어, 카스티야의 경우 인구가 2배로 늘었고 빠른 경제 성장을 기록했다. 정치적인 혼란도 아라곤 연합 왕국의 페르난도 2세와 카스티야 왕국의 이사벨 1세가 결혼하면서 어느 정도 해결되었다. 인구나 국토 면적에서 이베리아반도 중 가장 강력한 국가였던 카스티야와 지중해 세계의 주요 해상 세력이었던 아라곤 연합 왕국의 통합이 새로운 정치 질서를 열었던 것이다. 페르난도와 이사벨은 교황으로부터 '가톨릭 공동왕'이라는 칭호를 하사받았고, 그들의 통치 기간에 스페인 통합 왕국은 레콘키스타를 마무리해 종교적 통일성을 확립하고 활발한 해상 항로 개척과 식민지 정복 활동으로 스페인 제국의 기초를 다졌다.[6]

하지만 페르난도와 이사벨의 결혼은 두 나라 간의 행정적·법적 통합으로까지는 이어지지 못했다. 그것은 어디까지나 두 왕실 간의 결합이었으므로, 통합 이후에도 카스티야-아라곤 연합 왕국은 기존의 제도와 법체계를 그대로 유지했다. 그와 같은 원칙은 후에 스페인 제국에 편입되는 네덜란드, 이탈리아 공국들에게도 동일하게 적용되었다. 스페인사 전문가 엘리엇John Elliott이 '복합 왕국composite monarchy'이라고 지칭한 이 체제는, 무력 정복이나 다른 수단을 통해 행정적 통일과 권력 집중을 도모하는 것보다 좀 더 수월하고 빠른 방법이었다. 각 지역의 제도와 관습을 존중함으로써 민족 감정을 자극할 우려가 적었으므로 통합에 따른 갈등을 최소화할 수 있었다.[7] 통치자의 입장에서 볼 때, 더 큰 매력은 '복합 왕국' 모델이 각 지역의 권력층을 통합 국가로 흡수하는 데 유용하다는 점이었다. 페르난도와 이사벨의 경우 주로 카스티야에 머무르면서 아라곤 연합 왕국의 통치는 부왕viceroy에게 위임했는데, 이런 형태는 지역의 토착 엘리트를 부왕을 통해 국왕의 통치 체제에 포함시킬 수 있었다.

바로 그 점 때문에 두 연합 왕국의 이원성은 통합 이후 오히려 강화되었다. 아라곤 연합 왕국은 카탈루냐, 아라곤, 발렌시아로 구성되었다. 카탈루냐는 13~14세기에 지중해를 중심으로 중요한 해상 세력으로 성장했고, 이베리아반도의 다른 국가들과 마찬가지로 직물류 수출에 의존했다. 카탈루냐 상인들은 이탈리아 상인들과 경쟁하는 가운데 특히 레반트 무역에서 성공을 거두었고, 이들이 축적한 부 덕분에 바르셀로나를 비롯한 도시들이 번성할 수 있었다.[8] 통합 왕국과 스페인 제국의 역사를 이해하는 데 주목해야 할 요소는, 아라곤 연합 왕국의 통치 체제와 정치 원리이다. 아라곤 연합 왕국에서는 13세기부터 주기적으로 코르테스Cortes, 즉 대의 기관이 소집되었고, 코르테스와 이를 보좌하는 행정 기관들이 과세권을 포함한 군주의 권한을 견제하는 역할을 꾸준히 수행했다. 이러한 관행이 정착되면서 아라곤에는 군주의 권위가 신민과의 계약에서 비롯하며 군주의 통치는 그 계약의 범위를 벗어날 수 없다는 '계약'적 관념이 뿌리내리게 되었다.[9]

이처럼 아라곤 연합 왕국에서는 농업 중심의 경제 속에서도 상업과 도시가 비교적 번성하고, 상업 세력의 이해관계를 반영하는 코르테스의 힘이 강했다. 반면, 카스티야에서는 왕권이 강력했다. 물론 카스티야에 계약적 전통이 없었던 것은 아니지만, 왕의 권위는 신으로부터 부여받은 것이며 왕과 신민이 유기적인 공동체를 이룬다는 관념이 훨씬 강했다. 다시 말해, 카스티야에서는 코르테스와 각종 상임 위원회를 중심으로 한 왕권의 견제 체제가 발전하지 못했던 것이다. 여기에는 경제적인 사정도 한몫했다. 카스티야 경제는 아라곤 연합 왕국에 비해 농업, 특히 목양업에 훨씬 더 의존했고, 토지 소유자들 사이에서 레콘키스타의 역사적 경험이 더 깊이 뿌리내리고 있었다. 인신 보호의 대가로 농민을 강력하게 통제한 기사들은 이슬람 세력의 반격을 피할 수 있는 방편으로 곡물 경작보다 목축업과 양모 생산에 주력했다. 특히 14세기 초 북아프리카로부터 들여온 메리노merino는 스페인산 양모의 수요를 늘게 했고, 그로 인해 대토지를 소유한 귀족들의 힘은 더욱 강화되었다. 이처럼 막강한 경제적·경제외적 영향력을 행사했던 대토지 귀족들은 군주로부터 면세권을 비롯한 각종 특혜를 누릴 수 있었으므로 굳이 코르테스와 같은 대의 기관의 필요를 절감하지 못했다. 그 결과, 카스티야에서 코르테스는 도시 대표들의 형식적인 대의 기관으로 전락했다.

물론 국왕이 대토지 귀족들의 세력을 억누르고 농민을 보호하면서 동시에 도시 부르주아의 영향력을 극대화하는 정책을 펼쳤더라면 상황이 조금 달라졌을지도 모른다. 대신 카스티야 왕국은, 앤더슨Perry Anderson의 주장대로, 재강화되고 재충전된 귀족의 마지막 보루가 되었다.[10] 카스티야의 경제와 왕실 재정이 목양업과 양모 수출에 크게 의존하고 있었기 때문에 가톨릭 공동왕과 그 후손들은 귀족 세력을 억누르고 부르주아 세력을 키워 나가는 전략을 적극적으로 추진할 수 없었던 것이다. 카스티야 왕실의 재정과 과세 체제는 이미 13세기 초부터 정비되기 시작하여 알폰소 11세의 치세에 이르면, 상업 거래와 소비에 부과되는 매매세 알카발라alcabala, 관세, 특별 교부금 세르비시오servicio, 교회 부담금tercias reales(십일세의 9분의 2) 등으로 착실하게 자리매김했다. 특히 매매세의 비중이 14세기 중반에는 조세 수입의 90퍼센트에 이를 정도로 높았다.[11] 조세 수입의 근간을 이루는 간접세와 관세는 양모와 모직물 교역에 크게 의존했다. 여기에 1273년에 특권을 부여받은 목양주들의 조직인 메스타Mesta가 납부하는 기부금까지 감안하면 카스티야와 통합 왕국의 재정에 양모 산업과 무역이 얼마나 중요했는지 쉽게 짐작할 수 있다. 따라서 새로운 연합 왕국에서 페르난도와 이사벨은 군주의 권위를 세우기 위한 과감한 정책을 펴기 어려웠다.

통합 왕국의 탄생을 주도한 것이 상업이 발달하고 대의 기관이 강했던 아라곤 연합 왕국이 아니라 전통적인 농업 사회 카스티야였다는 사실은, 향후 스페인 역사에 매우 중요한 영향을 미쳤다. 아라곤 연합 왕국의 상업적 기반은 14세기 이후 계속된 이탈리아 도시들과의 경쟁으로 인해 점점 약화되어 연합 왕국의 전통적인 상업 세력은 점점 금리 생활자로 변모했다. 그러는 동안 카스티야인들은 새로운 통합 왕국의 보호 아래 새로운 정복과 정착의 기회를 찾아 활발하게 움직였다. 1492년 통합 왕국이 그라나다를 정복하자마자 무려 4만여 명의 카스티야인들이 앞다투어 그곳으로 이주했다는 사실은 이러한 활력을 보여 준다. 농업 사회의 경제적 한계를 극복하기 위해 영토 정복과 전리품 획득에 매진했던 조상들처럼 통합 왕국의 카스티야인들 역시 새로운 기회를 얻고자 했다. 그러한 기회는 1492년 콜럼버스의 항해와 함께 찾아왔다.[12]

스페인의 해외 진출

이미 레콘키스타 시기에 시작된 스페인 농업 사회의 팽창은 유럽 밖의 더 넓은 세계로 향했다. 일찍이 애덤 스미스는 아메리카와 동인도 항로의 발견이야말로 인류사에서 가장 중요한 사건이라고 선언한 바 있는데, 이 두 사건 모두 포르투갈과 스페인에서 시작되었다.[13] 먼저 해상 항로에 눈을 돌린 것은 포르투갈이었다. 물론 유럽인들은 그 이전에도 아프리카의 금과 프레스터 존의 왕국에 관심을 가지고 있었다. 그 증거로 13세기 말에 제노바 상인들, 14세기 초에 포르투갈인들이 대서양의 섬들을 탐험했던 기록이 있다. 흑사병이 유럽을 강타한 직후인 1360년대에도 포르투갈인들과 카스티야인들은 카나리아 제도에 대한 지배권을 놓고 다투었다. 하지만 본격적인 해상 팽창은 15세기 초에 시작되었다. 1415년 지브롤터 해협의 세우타Ceuta를 시작으로 포르투갈인들은 마데이라, 아조레스 등 대서양의 여러 섬들에 진출했고, 1500년에는 그린란드, 래브라도, 뉴펀들랜드까지 진출했다. 더 중요한 성과는 아프리카 연안에서 거둘 수 있었다. 1434년에는 보하도르곶Cape Bojador에 도착했고, 이어서 기니만, 적도, 콩고강을 거쳐 1488년에는 희망봉을 발견했으며, 1497년에는 바스코 다 가마Vasco da Gama가 인도 항해에 성공했다.[14]

| 바스코 다 가마(1460~1524)

유럽 변방의 이 작은 국가 포르투갈이 어떻게 유럽의 해상 팽창을 이끌 수 있었는지에 대해서는 의견이 분분하다.[15] 흔히 지리적인 요인을 꼽고 있다. 포르투갈의 긴 해안선, 그리고 대서양과 아프리카에 면해 있기 때문에 포르투갈인들이 일찌감치 대서양으로 눈을 돌리게 되었다는 것이다. 최근에는 이러한 지리적인 위치보다 포르투갈이

유럽과 이슬람 문명의 경계 지대에 자리 잡고 있었다는 사실에 더 무게를 둔다. 앞에서 언급했듯이 기독교 세력과 이슬람 세력은 대립뿐만 아니라 다양한 형태의 경제·문화적 교류도 이어왔는데, 포르투갈은 이러한 교류를 통해서 상업적인 경험과 부를 축적했다. 게다가 이슬람 세계는 지중해 세계와 오랫동안 교류를 해오고 있었으므로 포르투갈은 지중해 지역의 자본과 지식에도 의존할 수 있었다. 잘 알려진 것처럼 포르투갈의 해상 팽창 초기에 제노바를 비롯한 이탈리아 상인들의 자본이 중요한 역할을 했다. 그래서 최근 역사가들은 포르투갈인들이 지중해 세계의 자본뿐만 아니라 당시 지중해 세계에 널리 확산되어 있던 항해 기술을 포함한 과학 기술 지식과 비법을 접할 수 있었고, 훗날 다른 나라 사람들에게 대서양 항해 경험을 전파하는 데 기여했다고 평가한다.[16]

포르투갈의 해상 팽창에는 종교적인 열정과 상업적인 이윤에 대한 갈망이 얽혀 있었다. 해상 팽창의 역사에서 흔히 영웅으로 그려지는 엔리케Henrique 왕자의 활동이 이 점을 잘 말해 준다. 엔리케는 전형적인 십자군 전사로서 북아프리카, 특히 모로코의 이슬람 세력을 격퇴하고 기독교 전파에 헌신했던 인물로 묘사되지만, 그의 개인 서신들에는 아프리카 내륙으로 진출하여 금을 확보하려는 상업적인 동기도 발견된다.[17] 이와 같은 엔리케의 계획이 이슬람 세력의 거센 저항에 부딪쳐 실패로 돌아가자, 그의 사후 상인과 모험가들은 대서양 아프리카 해안에 무역 거점들을 세우고 금, 노예, 상아, 말라게타(후추의 일종) 등의 사치품을 획득하는 데 주력했다. 이렇게 하여 대서양 아프리카와의 교역량이 늘어나자 포르투갈 왕실은 개인에게 하사했던 독점권을 회수하고, 리스본에 설치한 상관Casa da Mina으로 하여금 아프리카 무역선의 등록과 무역품 보관 업무를 전담하게 했다. 왕실이 해상 활동에 적극적으로 개입하기 시작한 것이다.[18]

이와 같은 포르투갈의 팽창은 스페인인들을 크게 자극했던 것으로 보인다. 이미 14세기 중엽에 카스티야인들은 포르투갈인들과 카나리아 제도를 놓고 다투고 있었는데, 이들 사이의 마찰은 포르투갈이 스페인의 지

| 엔리케 왕자의 북아프리카 세우타 정복(상 벤투 역)

배권을 인정하는 것으로 마무리되었다. 이사벨 여왕은 1478년과 1482년 두 차례에 걸쳐 카나리아 제도에 군대를 파견해 정복 과정을 마무리했다. 아프리카 대륙에서 약 80킬로미터, 스페인에서 약 1,200킬로미터 떨어진 카나리아 제도에 대한 원정은 스페인이 해상 경쟁에 본격적으로 뛰어들었다는 것을 알리는 사건이자, 스페인 식민 활동의 방향을 짐작해 볼 수 있게 하는 사건이었다.

카나리아 제도의 정복은 애당초 국가가 아니라 상인과 모험가들이 주도한 것이었다. 이곳은 북아프리카 이슬람 무역 도시들과 달리 원주민의 수가 적었을 뿐만 아니라—1만 명이 채 되지 않았음—이슬람 세력권 밖이었으므로 스페인인들의 정복 활동은 비교적 수월했다. 1450년대에는 그곳에서 원주민을 납치해 스페인에서 노예로 팔아넘기는 장사가 번성했고, 1480년대에는 염료나 설탕을 수입하기 시작했다. 그런데 이러한 거래를 도와 수익을 거둔 이들 중에는 여왕을 보좌하는 대신들이 있었다.[19] 이처럼 여왕의 측근들이 상인과 모험가들의 활동에 개입하고, 이들의 성과를 국가가 공식적인 정복으로 마무리한 후 그 전리품을 정복 활동에 참여한 사람들에게 재분배하는 이 일련의 과정은 레콘키스타 과정과 비슷했다. 실제로 이사벨의 원정 활동에 소요되는 자금은 통합 왕국의 국고와 상인 조합과의 계약을 통해 조달되었고, 원정 이후 카나리아 제도의 토지는 국왕의 통제 아래 배분되었다. 레콘키스타에서 국왕이 군사 원정대의 수장들과 '협정'을 맺고—이것을 카피툴라시온capitulación이라 함—전리품과 영토에 대한 권리를 원정대와 나누던 관행이 해외 정복 활동에서 이용되었던 것이다.[20] 그리고 이 관행은 콜럼버스의 원정에도 그대로 적용되었다. 레콘키스타라는 농업 사회의 팽창 과정이 대서양을 넘어 아메리카 대륙으로 퍼져나간 것이었다.

출항 전 가톨릭 공동왕에게 작별 인사하는 콜럼버스

가톨릭 공동왕과 콜럼버스는 1492년 봄에 원정 조건을 두고 여러 차례 협상을 벌였다. 이때 콜럼버스는 귀족 작위와 대제독, 총독 및 부왕의 직책, 그 모든 특권들을 후손에게 물려줄 권리, 원정 수익과 조세 수입의 일부에 대한 권리 등을 요구했다. 이는 원정으로 확보한 새로운 영토를 봉건 영지처럼 자신의 가문에 귀속시키기를 원했다는 의미이다. 놀랍게도 이사벨과 페르난도는 콜럼버스의 요구를 대부분 받아들였는데, 애당초 콜럼버스의 항해에 큰 기대를 걸지 않았기 때문이었다. 하지만 콜럼버스가 항해에 성공하자 상황은 달라질 수밖에 없었다. 가톨릭 공동왕은 협정 내용을 수정하기 위해 거의 사문화된 총독의 업무 수행에 관한 법적 조사를 두 차례나 했다. 결국 콜럼버스는 대제독직과 새로운 영토에서 얻는 산물 중 10분의 1을 얻는 것에 만족해야 했다.[21] 가톨릭 공동왕의 이러한 태도 변화는 콜럼버스가 지나치게 많은 혜택을 누리는 것이 염려되기도 했지만, 그것보다 왕권을 위협할 수도 있는 대귀족의 영지가 식민지에 뿌리내리는 것을 염려했기 때문이었다. 이후 아메리카 대륙의 식민지는 적어도 법적으로는 국왕에게 귀속되었고, 농업 국가 스페인의 영토 확장이 아메리카에서도 이루어질 수 있었다.

이처럼 해상 활동에 대한 가톨릭 공동왕의 관심은 상업적 이익이 아니라 농업 사회의 경제적 기반을 유지 · 확대하고 왕권을 강화하려는 전통적인 전략에서 비롯되었다. 이 점을 염두에 두어야 유대인들과 이슬람인들에 대한 페르난도와 이사벨의 기이한 정책도 이해할 수 있다. '콘베르소 converso'는 가톨릭으로 개종한 유대인들을 말하는데, 그들은 14세기 말 행정, 교회, 금융과 각종 수공업 분야에서 활발하게 활동했다. 통합 왕국 출범 이후에도 콘베르소들 중 상당수가 행정과 교회 고위직에서 막강한 영향력을 행사했다. 특히 금융업과 수공업 분야에는 콘베르소와 유대인의 비중이 상당했다. 따라서 레콘키스타 이념을 퍼뜨렸던 전투적인 기독교 세력은 콘베르소와 유대인의 영향력을 우려했다. 가톨릭 공동왕은 이러한 우려를 잠재우고 왕국의 종교적 통일을 이루기 위해 종교 재판소를 설치했다. 1480년 종교 재판소가 설치된 이래 1492년까지 약 3천 명의 콘베르소들이 유죄 판결을 받았고, 그중 2천여 명이 처형되었다. 이런 조치에도 스페인에 남아 있던 유대인들이 콘베르소들을 회유하고 있다는 의심은 사라지지 않았고, 반유대인 폭동이 자주 일어났다. 결국 페르난도와 이사벨은 1492년 유대인 강제 개종이라는 극단적인 조치를 취하기에 이르렀다. 그들은 이를 계기로 유대인들이 대부분 개종할 것이라 기대했으나, 예상은 보기 좋게 빗나갔다. 스페인 경제와 정치에서 중요한 역할을 담당했던 유대인들은 개종 대신 이주를 선택했던 것이다. 이러한 실패에도 아랑곳하지 않고 가톨릭 공동왕은 이교도에 대한 박해를 오히려 강화했다. 그들은 1502년 이슬람교도에게 개종령을 반포했고, 1526년부터 개종한 이슬람교도, 즉 모리스코morisco에 대한 박해를 시작했다. 이는 1609년까지 계

속되어 약 30만 명의 이슬람교도와 모리스코가 이베리아반도를 떠난 것으로 추산된다.[22]

카스티야의 이사벨 여왕

막대한 경제적 손실에도 이러한 조치들을 감행했던 것은 페르난도와 이사벨이 통합 왕국, 특히 카스티야에서 왕권을 확립해야만 왕국의 미래를 보장할 수 있다고 믿었기 때문이다. 그 결과, 카스티야 왕국을 오랫동안 괴롭혔던 정치적인 내분은 어느 정도 수습되었고, 그 덕분에 경제적으로 쇠퇴하고 있던 아라곤 연합 왕국도 안정을 찾았으며, 정치적 안정과 더불어 국가의 재정 상황 또한 개선되었다. 특히 카스티야의 경우 극도로 정치가 불안정했던 1474년까지 국가 재정 수입이 거의 3분의 1로 줄어들었으나, 공동왕의 등극 후 상황이 크게 개선되어 1504년에는 1406년 수준으로 회복되었다. 공동왕 치세 기간에도 매매세는 교회가 납부하는 부담금과 함께 정규 재정 수입의 80퍼센트를 차지하고 있었고(그중 9분의 8은 매매세), 관세 역시 상당 부분을 차지하고 있었다. 매매세는 본래 코르테스의 승인 없이 징수할 수 있었고, 설령 그렇지 않더라도 코르테스는 이를 견제할 처지가 아니었다. 공동왕의 등극 후에 코르테스의 영향력이 크게 약화되었기 때문이다.[23]

15세기에 카스티야 인구가 거의 2배로 늘었고 경제도 빠르게 성장했다는 사실을 감안하면, 국가 재정 수입의 증가가 카스티야인들에게 그리 부담스러운 일이 아니었다고 볼 수도 있다.[24] 하지만 왕권 강화를 위해 극단적인 종교 정책을 펴고 재정 수입을 크게 늘렸음에도 스페인 제국에는 여전히 문제들이 남아 있었다. 우선, 대토지를 소유한 귀족 문제가 완전히 해결되지 않았다. 그들은 여전히 세르비시오를 비롯한 각종 세금을 면제 받았을 뿐만 아니라, 영지 내에서 세금을 징수하거나 조세 청부업자들과의 거래를 통해 재정 수입의 상당 부분을 독차지하고 있었다. 게다가 국가 재정 수입 또한 봉급 등의 명목으로 귀족들에게 재분배되고 있었다. 이러한 이유로 가톨릭 공동왕의 치세 기간 동안 귀족의 수입 총액은 카스티야 왕국의 국가 재정 수입을 능가했다.[25]

이와 같은 대귀족의 경제력에 비해 인구의 절대 다수를 차지하고 있던 농민의 생활은 여전히 곤궁했고, 나아질 기미도 보이지 않았다. 카스티야의 경우 14세기 후반부터 시작된 가파른 경제 성장은 목양업과 양모, 직물 수출에 의존하고 있었다. 이는 카스티야의 경제가 플랑드르를 비롯한 남부 저지대 지역과 이탈리아 도시 국가의 경제 상황과 긴밀하게 연관되어 있었음을 말해 준다. 이 교역에서 이익을 거둔 이들은 대귀족, 메스타를 중심으로 한 목양업자, 그리고 카스티야 연안의 도시 상인들이었으며, 곡물 생산에 주력하는 농민의 처지는 개선되지 않았다. 게다가 왕국의 정치적 통합에도 시장 통합은 진전되지 않아 경제 활동의 구조적인 여건도 크게 달라지지 않았다. 스페인 왕국은 몇몇 도시들을 제외하고 여전히 소규모 상업 지역으로 분할되어 있었고, 정보와 상품 교환을 진작하는 도로망 같은 사회 간접 시설도 개선되지 않았다.[26] 이러한 상황에서 인구 증가가 계속된다면 경제적으로 취약한 농민은 인구 증가에 따른 고통을 떠안게 될 것이고, 게다가 무역 조건의 악화나 전쟁과 같은 외부적 충격으로 시장이 어수선해지면 농민의 처지는 더욱 나빠질 것이었다.

더욱이 통합 왕국의 통치 구조는 재정과 경제의 구조적인 약점들을 악화시키고 지역 간, 지역 내에 심각한 갈등을 일으킬 가능성을 안고 있었다. 앞에서 언급했듯이 통합 왕국의 출범은 전적으로 두 왕실의 결합에 따른 것으로 두 군주는 왕국 간의 실질적인 통합을 도모하지 않았다. 따라서 양국의 신민이 군주와 맺는 관계는 각 지역 고유의 정치 문화에 따라 달랐다. 그런데 이와 같은 방식의 통합이 새로운 지역에서도 계속되었고, 그에 따라 스페인 국왕이 통합 왕국 밖의 문제에 자주 개입하게 되었다. 이는 그만큼 왕실의 재정 수요를 늘게 했는데, 이렇게 늘어나는 재정 수요를 어떻게 배분해야 할지에 대해서는 정해진 바가 없었다. 이미 공동왕 치세 기간에 페르난도는 아라곤 연합 왕국의 군주로서 북부 이탈리아의 상황에 깊숙이 개입하면서 통합 왕국의 재정 수요를 증가시킨 바 있었다. 그래서 조세 수입이 늘었음에도 1490년부터 국채를 발행해 부족분을 메꾸는 사태가 벌어졌다.[27] 바로 이러한 상황 때문에 과연 누가 재정 수요의 증가분을 감당해야 할 것인지를 두고 지역 간, 심지어 지역 내부에서조차 국왕과 정치 세력들 간에 치열한 논쟁과 갈등이 일어났다. 이러한 과정에서 왕권이 비교적 강력했던 카스티야의 신민이 다른 지역보다 더 큰 조세 부담을 지게 되었다.[28]

통합 왕국은 이베리아반도 내에서 통일된 기독교 왕국을 건설하고 유럽과 아메리카, 아시아에 걸친 대제국을 건설하는 토대를 마련했다. 스페인 통합 왕국은 왕실 간의 결합을 통해서 유럽의 강자로 떠올랐고, 가톨릭 공동왕의 후손들은 유럽 내에서 제국의 영토를 계속 확장하면서 유럽과 아메리카, 아시아를 잇는 무역 네트워크에 대해서도 강력한 영향력을 행사하게 되었다. 이베리아반도 내의 통합과 유럽 대륙과 전 세계적인 해상 팽창에 근거한 새로운 스페인 제국은 언뜻 보기에 유럽의 농업과 산업, 아시아의 발전된 상업과 산업, 아메리카와 아프리카의 원료와 귀금속 산업을 잇는 새로운 경제 체제를 구축함으로써 경제적 패권 국가가 되기에 충분한 조건을 갖춘 것 같았다.

그러나 가톨릭 공동왕의 치세 기간 중 스페인 제국은 근본적으로 농업 사회의 경제적 논리에서 벗어나지 못했다. 이 시기의 식민지 정복과 정착은 정복 전쟁을 통한 영토와 전리품의 확보라는 레콘키스타의 동학動學을 좀 더 강력한 왕권의 통제 아래 구현하는 데 그쳐 끝내 국내의 상업·산업적 기반과 긴밀하게 연결되지 못했다. 또 콘베르소와 모리스코에 대한 박해는 왕권을 중심으로 한 종교적·사상적 통합에는 기여했을지언정 엄청난 경제적 희생을 수반했다. 그래서 통합 왕국의 경제 활동은 목양업과 같은 1차 산업에 집중되었고, 이러한 취약한 기반 위에 제국 팽창과 그에 따른 군사 및 재정 수요를 감당하려다보니 농업 사회의 주축인 농민의 처지는 더더욱 악화되었다. 결국 스페인 제국에는 농업 사회의 감속하는 경제 성장의 한계를 극복할 수 있는 근본적인 대안이 없었다. 그런데도 토지 부족과 인구 증가 문제는 여전히 남아 있었으므로 스페인 제국은 또다시 영토 확장에 매달리게 되었다. 공동왕 사후 스페인 제국의 역사는 바로 이러한 농업 제국의 취약성을 분명하게 보여 준다.

농업 제국의 전성기?: 카를 5세에서 펠리페 2세까지

1504년 이사벨 여왕이 사망하고, 페르난도의 섭정(1504~1516)과 시스네로스Cisneros의 섭정(1516~1517)이 끝나면서 통합 왕국은 또 한 차례 큰 변화를 겪게 된다. 합스부르크 왕국의 펠리페 왕자와 가톨릭 공동왕의 딸 후아나 사이에서 태어난 카를로스 1세가 통합 왕국의 왕위를 물려받음으로써 스페인과 합스부르크 왕국이 통합되었던 것이다. 스페인 왕위를 물려받은 카를로스 1세는 막대한 비용을 치르고 신성 로마 제국의 황제—카를 5세—로 선출되어 명실상부한 유럽 제1의 군주로 부상했다.[29] 카를 5세는 저지대 국가, 오늘날의 독일과 오스트리아 지역, 스페인 통합 왕국뿐만 아니라 나폴리, 시칠리아, 그리고 서인도 제도 및 아메리카 대륙의 광대한 식민지를 포함한 세계 제국을 통치하게 되었다.

어찌 보면 서유럽 대륙의 절반이 넘는 영토와 그에 따른 인구 및 풍부한 경제적 자원, 무엇보다 귀금속을 공급하는 아메리카 대륙을 수중에 넣은 카를 5세가 유럽에서 패권을 행사하는 것은 당연해 보였다. 그러나 제국을 보유하는 것과 경영하는 일은 엄연히 달랐다. 더욱이 제국이 스페인 경제에 도움이 될 것인지도 불확실했다. 역사가 케이멘Henry Kamen이 지적했듯이 카를 5세의 등극 직후에 이미 스페인 사람들, 특히 카스티야인들은 과연 이 광대한 제국이 그들에게 무엇을 의미하는지, 그리고 그들은 거

기에서 무엇을 얻게 될지 의문을 품고 있었던 것이다.[30]

| 카를 5세(카를로스 1세)

실제로 스페인인들이 당장 감수해야 했던 일은 그들의 왕이 더 이상 스페인에만 머무르지 않을 것이라는 사실이었다. 페르난도와 이사벨의 통치 기간에도 아라곤 연합 왕국의 신민은 그들의 왕 페르난도가 카스티야에 머물러야만 하는 현실에 불만을 품은 바 있었다. 하지만 카를 5세가 왕위에 오른 후 찾아온 변화는 그것과는 차원이 다른 것이었다. 그는 스페인에서 태어나지도 않았고, 처음에는 아예 카스티야 말조차 할 줄 몰라서 저지대 지방과 합스부르크 출신 궁정인들을 측근에 두고 있었다. 이런 상황에서 카스티야인들은 그들의 새로운 국왕이 카스티야가 아니라 제국 내 다른 지역의 이해관계에 더 관심을 쏟으면서 그들에게는 제국에 대한 충성과 경제적 희생만 강요할 것이라 우려했다. 이러한 우려는 1520년 '코뮤네로스의 반란'에서 극적으로 표출되었다.[31] 반란은 카를 5세가 카스티야로 귀국하기 전에 진압되었으나, 이는 앞으로 제국의 여러 지역에서 벌어질 갈등을 예고했다.

카를 5세는 40년의 치세 동안 스페인에는 겨우 16년만 머물렀고, 대부분 제국의 여러 지역을 순회하거나 전쟁터에서 보내야 했다. 이러한 상황에서 제국의 통치가 어떻게 가능할 것인가? 그리고 제국의 신민들을 하나로 묶어 줄 수 있는 구심점은 어디에서 찾을 수 있을 것인가? 카를 5세는 이 근본적인 문제들에 대한 해답을 제시하지 못했다. 그의 제국은 그야말로 기독교 '보편 왕국universal monarchy'의 이상형에 근접할 정도로 광대했지만, 자신의 제국에 속한 왕국들을 바라보는 그의 시선은 페르난도와 이사벨의 시각과 조금도 다르지 않았다.[32] 그 역시 가톨릭 공동왕과 마찬가지로 '세습 재산적 관점'에서 제국을 이해했던 것이다. 따라서 제국을 구성하는 왕국들은 각각의 제도, 법, 관습을 그대로 유지하며 오직 카를 5세와 개별적으로 관계를 맺을 뿐이었다. '보편 왕국'의 보편성이 지역적 특수성들에 의해 지워지고 말았던 셈이다.

물론 제국에 속한 각 왕국들 사이에 잠재된 갈등을 해결하는 일은 중요했다. 이를 위해 카를 5세는 '부왕' 제도뿐만 아니라 각종 '평의회'를 두어 각 왕국의 정치 엘리트를 측근에 배치했고, 이들을 통해 좀 더 적극적으로 각 지역의 고충과 불만을 듣고 해결하려 했다. 이 전략은 분명히 어느 정도 성과를 거두었다. 계속되는 전쟁과 여러 차례의 재정 위기에도 제국은 유지되고 있었으니 말이다. 그러나 근본적으로 문제는 여전히 남아 있었다. 국왕은 제국을 유지하기 위해서 제국의 여러 지역들에서 제기하는 요구들을 면밀하게 검토하고 직접 해결해 주어야만 했다. 물론 이는 엄청난 시간과 노력을 필요로 하는 일로서, 결국 국왕이 자신의 자질에 의존해 해결해야만 하는 것이었다. 게다가 이 수직적 상호 관계는 제국 내 여러 정치체들 간의 통합을 보장할 수 없었다. 다시 말해, 카스티야인들에게 카를 5세는 분명히 그들의 국왕이었고 (흔치 않은 경우이지만) 그들이 속한 스페인 제국의 황제였지만, 그들이 시칠리아 및 네덜란드인들과 제국 신민으로서의 정체성을 공유한 것은 아니었다는 것이다.

만일 제국 내에 평화가 유지되었다면 이런 구조적인 취약성은 심각한 문제가 아니었을지도 모른다. 그러나 카를 5세 치세 기간 동안 평화는 기대할 수 없는 것이었다. 카를 5세 자신은 제국을 '보편 왕국'이라고 하지 않았지만, 광대한 제국에 인접한 지역의 군주들은 자국의 안위를 걱정할 수밖에 없었다. 특히 발루아 왕가의 프랑스는 카를 5세의 영토에 거의 둘러싸여 있었으므로 이 상태에서 벗어나기 위해서라도 스페인 제국과 맞서지 않을 수 없었다. 이미 카를 5세가 왕위에 오르기 전부터 스페인과 프랑스는 이탈리아반도를 놓고 세력 다툼을 벌이고 있었다. 당시 이탈리아의 군소 국가들은 이 두 열강 사이에서 활발한 외교·군사 활동을 펼침으로써 유럽의 질서를 더욱 혼란스럽게 만들었다. 이뿐만이 아니었다. 카를 5세는 유럽으로의 팽창을 모색하던 오스만 제국을 무시할 수 없었다. 오스만 제국은 이탈리아의 도시 국가들과 시칠리아, 오스트리아 지역을 위협하고 있었으므로 카를 5세는 제국의 안전과 기독교 세계의 보호를 위해서 오스만 제국에 맞서야 했다. 이를 더 복잡하게 만든 또 하나의 사건은 종교 개혁이었다. 종교 개혁으로 시작된 개신교 군주들과의 갈등은 전쟁으로 이어졌고, 카를 5세의 제국은 제국 내 종교적 통일성마저 위협받는 지경에 이르게 되었다.[33]

| 카를 5세의 문장

이와 같이 계속되는 전쟁과 종교 갈등의 소용돌이 속에서도 정작 스페인 내부는 평화로워 보였다. 전쟁은 스페인 본토를 비켜 갔으며, 개신교 세력과의 심각한 충돌도 없었다. 그러나 가중되는 제국 경영의 부담은 피해 갈 수 없었다. 특히 카스티야는 카를 5세가 유럽의 다른 지역에서 전쟁을 하는 동안 전시 체제를 유지하며 인력과 자금을 조달해야 했다. 물론 카를 5세는 그가 하는 전쟁이 궁극적으로 스페인 신민의 이익에 부합하는 것이라 주장했다. 실제로 많은 스페인인들이 이교도나 이단 세력에 대항한 카를 5세의 투쟁에 동참하여 레콘키스타 시절의 영광을 맛보기도 했다. 존 엘리엇의 말처럼 이러한 경험이 스페인인들의 자긍심을 고취했을지는 모르지만, 혹독한 사회적·경제적 대가를 요구했다. 전쟁에 따른 재정적·인적 부담 외에도 레콘키스타 전통에서 유래한 전투적 기독교와 정복 활동을 이상화하는 귀족적 가치가 더욱 더 확산되는 결과가 빚어졌기 때문이다.[34] 이와 같은 희생을 감내하고도 스페인인들이 빠르게 변화·팽창하

는 16세기 세계 경제에서 살아남을 수 있을지는 불분명했다.

스페인인들은 아메리카 식민지에서 해결책을 찾았는지도 모른다. 콜럼버스의 항해 이후 대서양 무역의 가능성이 발견되자 스페인은 무역의 이익을 독점하기 위한 일련의 조치를 단행했다. 아메리카 식민지는 카스티야 국왕에게 귀속되었고, 식민지와의 교역은 카스티야인들에게만 허용되었다. 1503년에는 세비야Sevilla에 무역청Casa de Contractacion을 설치하여 식민지 무역선의 항해와 교역 활동을 규제하기 시작했다. 그에 따라 모든 대서양 무역선은 세비야에서 출발해서 세비야로 돌아와야 했다. 하지만 이와 같은 일련의 조치들에도 외국인들은 합법 또는 비합법적인 경로를 통해 대서양 무역에 참여했고, 한때 카를 5세는 외국인들의 무역 활동을 허가하기도 했다. 게다가 세비야의 독점에 대한 불만이 꾸준히 제기되자 1529년 대서양 연안의 여러 항구에서 대서양 무역을 부분적으로 개방하기도 했다. 그러나 1530년대에 이르면 세비야의 독점적인 지위가 확고해져, 세비야는 1680년 카디스Cadiz에 그 지위를 넘겨줄 때까지 스페인 대서양 무역의 중심지 역할을 했다.

카스티야가 대서양 무역의 이익을 독점하기 위해 여러 조치들을 취하는 중에도 아메리카에서는 탐험, 정복, 정착이 계속되었다. 콜럼버스의 목표는 금, 향료, 그리고 선교로 요약할 수 있다. 그러나 금광이나 향료는 발견되지 않았다. 콜럼버스 자신은 원주민, 소량의 귀금속, 몇 가지 열대작물을 싣고 돌아왔을 뿐이었다. 그 후의 탐험가들도 원주민들이 보유한 재화, 그리고 원주민들을 동원해 찾아낸 금을 약탈하는 것으로 일관했다.[35] 이와 같은 약탈—그리고 학살—이 곧 한계를 드러내자 탐험가들은 아메리카 대륙으로 진출하기 시작했다. 그 가운데 레콘키스타 전통이 되살아났다. 그들은 정복 활동을 계속하며 정복 지역에 성읍을 세우고 원주민 노동력을 이용해 금을 찾거나 플랜테이션을 건설해 스페인으로 보낼 작물을 재배하는 동시에 스페인에서 들여온 가축으로 목축업을 시작했던 것이다. 이러한 정복과 정착 과정은 1519년 코르테스의 아스테카 제국 정복, 1531

년 피사로의 잉카 제국 정복으로 이어졌다.

정복 초기 아메리카 대륙에서 수입한 것은 주로 금과 인디고나 코치닐 같은 농산물이었으나, 1540년대에 은광이 발견됨으로써 대서양 무역은 새로운 국면에 접어들었다.[36] 1545년 포토시, 1546년 멕시코에서 대규모의 은광이 발견되어 '은의 사이클'이 시작되었던 것이다. 그 결과, 1540년대 후반에는 연 85톤, 1550~1570년대에는 연 150~160톤, 1580년대 후반에는 연 280톤의 은이 채굴되었고, 그중 1540년대에는 연 18톤, 1560년대에는 연 94톤, 1570년대에는 연 112톤, 1590년대에는 무려 연 271톤이 스페인으로 유입되었다.[37] 아메리카에서 이처럼 은 생산이 빠른 속도로 늘었던 것은, 수은 아말감법을 도입하고 미타mita와 같은 잉카 제국 시대의 노동력 징발 제도를 효과적으로 활용한 덕분이었다.[38] 특히 미타 제도는 스페인 정복자들의 성향과 잘 맞아떨어졌다. 그들에게 있어서 원주민이 채굴한 은은 정복 활동에 따른 전리품, 또는 카스티야의 대귀족이 자신의 토지에 딸린 농민으로부터 수취하는 지대와 같은 것으로 받아들여졌기 때문이다. 그러한 점에서 티머시 파슨스의 말처럼, 스페인 제국의 진정한 보물은 원주민 노동력이었다고도 할 수 있다.[39]

은은 원주민 노동력을 이용해 캐낸 보물이었다. 아메리카 대륙으로부터 유입된 막대한 양의 은이 스페인과 유럽 경제에 미친 영향은 주로 가격 혁명 논쟁을 통해 검토되었다. 간단히 말해, 이 논쟁은 해밀턴Earl Hamilton의 고전적인 연구 성과를 이론적으로나 경험적으로 재검토하는 작업이었다. 해밀턴에 따르면, 스페인을 통해 유입된 아메리카의 은이 인플레이션을 유발했고, 공산품 가격이 곡물 가격이나 임금에 비해 급격하게 상승했으므로 자본이 빠르게 축적되어 유럽 자본주의가 발전했다는 것이다. 오랜 논쟁 결과, 은 유입-공산품 가격 상승-자본 축적으로 이어지는 메커니즘이 해밀턴의 주장처럼 그렇게 단순하지 않으며, 가격 상승의 원인은 인구나 생산 같은 실물 경제의 변동에서 찾아야 한다는 견해가 힘을 얻었다.[40] 그러나 가격 혁명의 메커니즘이나 이론적인 문제들보다 이 책의 논의에서 중요한 것은 은의 유입이 스페인 경제와 재정 상황에 미친 영향이다.

우선, 인플레이션과 더불어 1550년대 이후 스페인에서는 양모 수출이 크게 줄고 목축업의 규모가 축소되었다. 그에 따라 양모업에 이해관계를 갖고 있던 대토지 소유자들의 수입 또한 줄어들었다. 이는 지대 인상 등 농민에 대한 압박으로 이어졌고, 그 결과 소득 불평등이 심화되었다. 양모 생산과 직물 교역이 쇠락하면서 스페인의 교역 조건 역시 전반적으로 악화되었다. 전통적으로 스페인은 양모 등 1차 산업 부문에서 생산되는 원료나 몇몇 작물을 수출하고, 공산품과 곡물을 수입했다. 하지만 교역 조건이 악화됨에 따라 스페인 경제는 점점 더 늘어나는 무역 적자의 부담을 떠안아야 했다. 반면, 은의 유입으로 이익을 얻은 사람들은 수입된 공산품을 더 많이 소비하는 한편, 이익의 상당 부분을 부동산이나 정부 채권에 투자하거나 관직을 사는 데 사용했으므로 생산적인 투자는 늘어나지 않았다. 이러한 구조적인 문제들 때문에 스페인에 유입된 은은 유럽 각지로 빠져나갔다.[41]

아메리카 식민지는 스페인의 무역 적자를 해소하는 데 기여할 수 있었을까? 나중에 살펴보겠지만, 네덜란드나 영국은 대서양 식민지에 공산품과 아시아산 물품을 재수출하여 막대한 이익을 올렸다. 그리고 이러한 이익은 네덜란드나 영국이 고도로 발전한 아시아의 무역 네트워크에 진입하여 향료 등 사치품을 수입함으로써 발생하는 만성적인 무역 적자를 메꿔 주었다. 스페인도 그러한 방식으로 아메리카 식민지에서 교역할 기회가 분명히 있었다. 특히 아메리카에 정착한 스페인인들은 현지의 습속習俗이나 물질문화에 적응하기를 병적으로 꺼려 일상적으로 소비하는 거의 모든 물품을 수입에 의존했다. 이러한 사실은 카스티야 본국의 입장에서 보면, 제조업과 수출을 촉진할 수 있는 가능성을 품고 있었다. 카스티야 또한 이 사실을 잘 알고 있었고 그래서 영국에서 도입된 항해법 체제Navigation System와 같은 시스템을 일찌감치 시행했다. 그에 따라 식민지에서는 본국의 생산자들과 경쟁할 만한 상품 생산을 금지했고, 외국 상인들의 무역 활동을 규제했으며, 무역 창구를 세비야로 단일화했다.

그런데도 스페인의 제조업은 인플레이션으로 인한 가격 경쟁력 문제를 해결하지 못해 식민지 수요를 충족시킬 수 없었다. 스페인 상인들 또한 대규모의 자본과 신용, 그리고 상업 네트워크를 동원하는 외국 상인들과의 경쟁에서 밀려나고 말았다. 더욱이 은 생산이 늘면서 아메리카에 거주하는 스페인 상인들조차 본국의 규제를 피해 유럽 각지나 아시아 지역 상인들과 직접 거래하려는 움직임을 보였다. 그 결과, 스페인 상공업자들이 아메리카 식민지에서 거두는 이익은 점점 더 줄어들 수밖에 없었다.[42] 즉, 스페인 제국은 원료 공급처와 상품 시장으로서 아메리카 식민지의 잠재력을 극대화할 수 있는 경제 체제를 갖추지 못했다. 오히려 확대 재투자 체제를 갖춘 상업 국가 네덜란드와 확대 재투자 체제에서 확대 재생산 체제로의 이행에 성공한 최초의 산업 국가 영국이 성장하는 발판만 마련해 준 셈이었다.

은의 유입은 정치 제도에도 부정적인 영향을 미쳤다. 실제로 은의 유입이 카를 5세와 그의 후손들의 재정에 미친 영향은 뒤에서 좀 더 자세하게 살펴볼 것이므로, 여기에서는 은의 유입으로 국왕의 권한이 전통적인 대의 기관에 비해 더 강화되었다는 점만 언급할 것이다. 아메리카에서 생산된 은의 일부는 국왕, 즉 카스티야 군주의 몫으로 귀속되어 국왕의 재정 상황을 개선하는 데 크게 기여했다. 국고로 귀속된 은은 왕국의 현금 지출의 흐름을 개선했을 뿐만 아니라, 이 수입을 담보로 카를 5세와 그의 뒤를 이은 국왕들은 국채를 발행하거나 유럽의 대은행가들로부터 대부를 받을 수 있었기 때문이다. 왕권을 견제하는 코르테스는 이처럼 중요한 재정 수입원에 대해서 전혀 통제권을 행사할 수 없었다. 본래 카스티야의 코르테스는 아라곤 연합 왕국이나 제국 내 다른 지역의 대의 기관들보다 취약했는데, 여기에 코르테스의 동의 없이도 국왕이 자유롭게 사용할 수 있는 재정 수입원이 등장하면서 그 영향력은 더 약화되었다. 이는 결국 코르테스가 대변하는 상인을 비롯한 도시 상공업 세력의 정치적인 힘을 약화시켜

상업 사회의 발전 가능성을 차단하고 말았다.[43]

이처럼 왕권을 견제하는 제도적 장치가 제 역할을 하지 못하는 상황에서 카를 5세는 수많은 전쟁을 치렀다. 제국의 가장 큰 위협은 영토나 인구 규모, 경제적 자원에서 가장 부유한 프랑스였다. 카를 5세는 신성 로마 제국 황제로 선출되기 위해 프랑스의 프랑수아 1세와 경쟁해야 했고, 이들 사이의 경쟁은 그 역사적인 선거 이후에도 한 세대 이상, 정확하게는 1559년까지 계속되었다. 프랑스의 입장에서 보면, 이는 합스부르크, 스페인, 신성 로마 제국을 포함하는 거대한 제국에 둘러싸인 형국을 깨고 나가는 길고 힘겨운 싸움을 앞두게 되었음을 의미했다. 하지만 이는 전략적인 장점으로 승화될 수도 있었다. 프랑수아 1세와 앙리 2세는 카를 5세가 이탈리아, 네덜란드, 스페인의 세 전선에서 동시에 전쟁을 치르게끔 유도할 수도 있었기 때문이다. 실제로 카를 5세는 다국적군을 동원해 이탈리아, 네덜란드에서 프랑스와 싸우는 한편, 스페인 군대를 동원해 나바라와 카탈루냐를 지켜야 했다.

프랑스와의 전쟁은 대체로 성공적이었다. 카를 5세는 남부 네덜란드에 대한 프랑스의 반복된 공격을 격퇴했고, 네덜란드 북동 지역의 몇몇 요충지를 제국으로 편입할 수 있었다. 게다가 이탈리아에서 나폴리와 밀라노를 안전하게 지켜냄으로써 피아첸차, 만토바 등 주변 국가들로 제국의 영향력을 확대할 수 있었다. 비록 토스카나 지역에서 메디치 가문에게 피렌체를 내주어야 했지만, 대신 토스카나 해안의 주요 요충지들을 나폴리의 영향 아래 복속시켜 통제권을 행사할 수 있었다. 더욱이 카를 5세는 제노바의 실력자 안드레아 도리아를 자기편으로 만들었을 뿐만 아니라(1528), 나폴리의 영지와 상업적인 특권들을 미끼로 제노바의 지배 엘리트를 포섭할 수 있었다. 그 결과, 카를 5세는 제노바의 강력한 함대와 제노바 은행가들의 장기 대부를 확보할 수 있었다. 이렇게 하여 당시 유럽에서 가장 부유했던 이탈리아반도는 대체로 스페인의 영향권 아래 들어가게 되었다.

그러나 프랑스와의 오랜 전쟁으로 카를 5세는 제국의 안전을 위협하는 또 다른 문제들을 해결할 수 없었다. 당시 제국의 동쪽 변방은 튀르크 세력에 노출되어 있었다. 14~15세기에 오스만 제국은 꾸준하게 팽창 정책을 펼쳤다. 그 결과, 1526년에 헝가리의 대부분 지역을 복속했고, 두 차례(1529, 1530)에 걸쳐 오스트리아의 비엔나를 포위하기에 이르렀다. 이렇듯 엄청난 인적·물적 자원을 동원할 수 있었던 오스만 제국을 프랑스와 동시에 상대하기는 버거웠다. 결국 카를 5세는 1547년 휴전으로 이슬람 세력과의 대결을 중단해야만 했다. 이런 와중에도 카를 5세는 종교 개혁 세력과도 맞서야 했다. 카를 5세는 자신이 독실한 가톨릭 신자이기도 했지만, 신성 로마 제국의 황제로서 교회와 기독교 세계를 지켜야 한다고 굳게 믿었다. 그는 종교 개혁에 동참한 독일의 자유 도시와 군주들이 주로 교회 재산과 재정 수입에만 관심이 있다고 믿었다. 그로서는 개혁 세력을 꺾어야 할 분명한 명분이 있었던 셈이지만, 카를 5세에게는 자신의 신념과 의지를 실현할 만한 수단과 방법이 없었다. 그래서 그는 강압보다는 타협을 선택했지만(1530년 아우크스부르크 화약, 1541년 레겐스부르크 타협), 가톨릭 세력과 개신교 세력의 비타협적인 태도로 인해 결국 종교 전쟁에 휘말리게 되었다.

카를 5세의 전쟁에는 엄청난 경제적 희생이 따랐다.[44] 앞에서 언급했듯이 카를 5세의 제국은 중앙 집권적인 통치 기구에 의존하지 않았고, 조세 징수를 비롯한 재정 업무는 제국에 속한 각 지역의 제도와 관행에 따라 시행되었다. 여기에서는 각 지역의 재정 구조와 상황을 자세하게 논의하지 않고 두 가지만 지적하려 한다. 첫째, 카를 5세가 전쟁과 제국의 경영에 필요한 재원을 확보하는 데 있어서 결정적인 변수는 각 지역의 대의 기관들이 가지고 있는 정치적 영향력에 있었다. 따라서 코르테스의 힘이 강력했던 아라곤 연합 왕국 지역이나 각 지방의 의회가 발전했던 네덜란드에 비해 상대적으로 왕권이 강력했던 카스티야의 부담이 더 컸다. 둘째, 제국에 속한 각 지역의 신민들은 수직적—흔히 그들의 의견을 대변하는 궁정인들을 통해서—으로 국왕과 연결되어 있었지만, 카를 5세는 제국 전체를 자신의 재산으로 여겨 제국의 특정 지역에서 거둔 재정 수입을 다른 지역으로 이전하는 것을 당연하게 생각했다. 하지만 재정 수입을 제국 곳곳으로 재분배하는 일은 상당한 정치적인 부담을 수반하는 것이었다. 단적인 예로, 네덜란드의 반란이 바로 이 문제에서 시작되었다. 그런데도 카를 5세의 치세 동안 이 같은 재정 수입의 이전과 재분배는 계속되었다. 이로부터 가장 큰 부담을 지게 된 지역 역시 카스티야 왕국이었다.

카스티야 왕국이 제국의 재정에 어느 정도 기여했는지는 비교적 잘 알려져 있다. 카스티야의 재정 구조에서 국왕의 재정 수입은 크게 정규 세금과 특별 세금 및 부담금으로 구분할 수 있다. 정규 세금에서 가장 큰 비중을 차지하는 것은 매매세인 알카발라, 테르시아스, 각종 소비세, 관세 등이었고, 특별 재정 수입에는 세르비시오, 교회 부담금, 그리고 아메리카 대륙으로부터 들어오는 은 등이 있었다. 카를 5세의 치세 기간에도 매매세의 비중은 여전히 전체 재정 수입의 40~45퍼센트 정도로 가장 높았고, 세르비시오와 교회 부담금의 비중 역시 20퍼센트 정도로 상승했다.[45] 이러한 수입원들을 통해서 국왕이 가져가는 재정 수입은 1522~1560년 사이에 4배 정도 상승한 것으로 추산된다.[46] 1520년대와 1540년대의 연평균 재정 수입을 비교한 또 다른 추계推計에 따르면, 인구 600만 명인 카스티야에서 카를 5세가 거둔 재정 수입은 1520년대에 약 180만 두카트ducat, 1540년대에 227만 두카트였다. 그리고 인구 210만 명인 나폴리에서는 같은 기간에 90만 두카트에서 200만 두카트로, 인구 217만 명인 네덜란드에서는 50만 두카트에서 73만 두카트로 늘었다.[47]

아메리카로부터 유입된 은은 카를 5세의 재정 수입에서 얼마나 중요한 부분을 차지했을까? 우선, 아메리카 대륙에서 생산된 은 가운데 국왕의 몫으로 정해놓은 것, 즉 킨토 레알quinto real은 특별 재정 수입의 일부로 1520년대에는 4만 두카트에 불과했으나 1540년대에는 28만 두카트로 늘었고, 그 비중은 카를 5세 이후 계속 늘어났다. 더욱이 재정 수입에 반영되지 않은 은 수입이 있었다. 국왕은 아메리카에서 들어오는 개인 은 화물을 압수하고 대신 후로juro를 발행해 강제 구입하게 했다. 이 방법은 후에 스페인의 재정 상황이 악화되면서 빈번하게 사용되었으나, 아메리카 식민지에서 들어오는 은의 진정한 가치는 그 액수만으로는 판단할 수 없었다. 왜냐하면 식민지로부터 들어오기 시작한 은은 국제 은행가들에게 매우 매력적인 담보가 되어 주었기 때문이다. 이를 바탕으로 카를 5세는 더 많은 자금을 대부받을 수 있었다.[48]

카를 5세의 부채 규모는 실로 엄청났다. 카를 5세는 카스티야 왕국의 지불 보증을 담보로 1521~1555년에 국제 은행가들로부터 약 2,800만 두카트를 빌릴 수 있었다. 대부를 해준 은행가들은 대부분 외국인들이었는데, 2,800만 두카트 중 64퍼센트 정도가 독일, 제노바 등지의 7개 은행가 가문이 대부해 준 것이고, 스페인인들이 대부해 준 것은 7퍼센트 정도에 불과했다. 사실, 이 금액은 전에 갚지 못한 부채도 포함한 것이므로 매년 새로 대부받은 금액이 얼마였는지는 불분명하다.[49] 더구나 여기에는 은행가들이 부과하는 수수료 등이 누락되어 있으므로, 다른 추계에 따르면 실제 카스티야 왕국이 갚아야 할 대부 총액은 2,800만 두카트가 아니라 3,800만 두카트였다고 한다. 어쨌든 이처럼 엄청난 대부금을 갚기 위해 카를 5세는 조세 수입을 늘리고 국채를 발행하는 등 온갖 노력을 기울였지만, 1557년에도 여전히 1,200만 두카트의 대부 원금이 남아 있었다. 결국 펠리페 2세는 지불 중지라는 극단의 조치를 내리게 되었다.[50]

이와 같이 급격하게 증가하는 재정 부담은 카스티야 경제에 어떤 영향을 미쳤을까? 적어도 1580년까지 스페인의 국내 총생산은 (유럽과 세계 경제의 전반적인 팽창 국면에서) 계속해서 상승했고, 여기에 인플레이션의 효과를 감안하더라도 조세 부담 자체가 카스티야 국민이 감당할 수 없는 수준으로 악화된 것은 아니라고 볼 수 있다.[51] 그러나 이 같은 추계 이면의 징후들을 눈여겨볼 필요가 있다. 앞에서 언급했듯이 카스티야의 사회 구조와 정치 제도는 조세 부담의 형평성을 개선하기보다는 악화시켰으므로, 실제로 농민을 비롯한 생산자 층의 세금 부담과 실질 임금에서 어떤 변화가 있었는지, 그리고 카를 5세의 재정 체제가 그대로 유지되는 펠리페 2세 시대와 그 이후의 상황까지 살펴보아야 한다. 또 연평균 재정 수입의 몇 배에 이르는 막대한 대부금이 대부분 외국 은행가들에게서 나왔다는 점, 즉 외국 은행가들이 카스티야의 재정을 손아귀에 쥐고 있었다는 것도 고려되어야 한다. 물론 카를 5세 치세 기간에 해외 대부금의 규모는 상당히 줄어들기는 했지만, 여전히 카스티야 재정 수입의 6배가 넘는 원금이 남아 있었다. 따라서 카를 5세 치세 시기처럼 전쟁 등으로 제국의 경영비용이 늘어나는 상황이라면 해외 대부에 대한 의존도가 더 커질 수밖에 없었을 것이다.

극도로 취약해진 카스티야의 재정 구조는 1556년 왕위에 오른 펠리페 2세의 치세를 거치며 거의 무너져갔다. 펠리페 2세는 카를 5세와 마찬가지로 스페인 제국을 자신의 재산처럼 취급했고, 제국의 제도 개혁보다 자신이 제국의 각 왕국과 맺는 개인적인 관계에 의존해 통치했다. 그런데 펠리페 2세는 이 수직적인 인적 관계를 유지하는 데 조금 다른 방식을 택했다. 카를 5세가 치세 내내 거의 쉬지 않고 제국 곳곳을 순회하며 지역 통치 엘리트들과 유대를 다졌던 반면, 펠리페 2세는 제국의 중심에 머무르며 제국 전체에서 일어나는 일들을 조망하고 조정하는 방식을 추구했던 것이다. 이를 상징적으로 보여 주는 사건은 1561년, 그때까지 거의 알려지지 않았던 카스티야의 마드리드를 수도로 정한 것이었다. 이는 카스티야 왕국이 제국의 중심이라는 점을 분명히 밝힌 것이지만, 한편으로는 카스티야인들이 제국 경영을 독점할 것이라는 우려를 낳았다. 이는 지금까지 국왕과 긴밀한 관계를 유지했던 제국 각 지역의 통치 엘리트들에게 매우 불길한 일이었다.[52]

하지만 이러한 변화만으로 제국의 재정 구조를 강화하고 통치의 통일성을 높일 수 있을지는 의심스러웠다. 왜냐하면 펠리페 2세 치세 기간에 제국은 기존의 프랑스와 오스만 제국과의 문제 외에도 영국의 위협과 제국 내부의 반란에 직면해 있었기 때문이다.[53] 그나마 프랑스는 1559년 앙리 2세 사망 이후 가톨릭 세력과 개신교 세력의 갈등으로 인해 40여 년 동안 거의 내란에 가까운 상태에 있었기 때문에 좀 더 수월한 상대였다. 그렇다고 해서 안심할 수 있는 상황은 아니었다. 펠리페 2세는 프랑스 내의 갈등을 예의 주시했다. 개신교 위그노파의 승리는 가톨릭 세력의 맹주로 자처했던 스페인 제국에 실질적인 위협이 될 것이고, 설령 가톨릭 세력이 승리하더라도 과연 그 세력이 스페인 제국과 우호적인 관계를 유지하려고 할지 불확실했기 때문이었다. 마침내 펠리페 2세는 1589년 이후 10여 년 동안 자신에게 우호적이었던 프랑스 내의 가톨릭 세력을 지원하며 위그노 세력과 대결하도록 프랑스의 내정에 간섭했고, 위그노의 수장 나바르의 앙리—훗날 프랑스의 앙리 4세—가 세력을 장악하자 직접 프랑스를 침략하는 공격적인 정책을 선택했다.

| 펠리페 2세

그러나 프랑스 문제는 스페인 제국의 경제적 중추 역할을 했던 저지대 지방에서 일어난 반란에 비하면 심각한 것도 아니었다. 저지대 지방, 즉 네덜란드의 반란과 독립 과정은 3장에서 소개할 것이므로 여기에서는 반란이 펠리페 2세의 제국 경영에 미친 영향만 간략하게 살펴보려고 한다. 반란은 여러 가지 요인들이 복합적으로 작용한 결과였다. 하지만 제국을 보호하기 위해 치러야 했던 경제적·재정적 부담에 대한 네덜란드인들의 오랜 불만이 지역 엘리트들과 제국 본국 사이의 갈등으로 인해 폭발했다는 것은 분명하다. 네덜란드의 엘리트들은 펠리페 2세의 등극과 함께 일어난 몇 가지 변화들에 주목했다. 교회와 정부의 요직은 지방 귀족이 아니라 브뤼셀 궁정에 자리 잡은 펠리페 2세의 측근들이 장악했고, 새로운 주교구들을 창설해 교회 조직을 정비·강화하려는 움직임이 일어났으며, 반이단

법에 대한 논의와 종교 재판소 설치에 관한 소문이 신·구교의 갈등을 부추길 것이라는 불안감이 가중되었다. 이러한 상황에서 펠리페 2세는 자신의 정책에 반발하는 지방 귀족을 힘으로 제압하려는 태도를 보였다. 1576년 펠리페 2세는 지방 귀족에 대해서 온건한 태도를 보였던 자신의 이복누이 마르가레테Margaret of Parma 대신 알바 공작을 파견해 이단 혐의자와 자신의 정책에 반대했던 지방 귀족을 체계적으로 탄압하기 시작했던 것이다.[54] 알바 공작은 독일로 피신했던 오라녀 공 빌렘Willem의 용병 부대를 격퇴했으나, 카스티야의 알카발라와 유사한 매매세를 도입해 귀족뿐만 아니라 1571~1572년의 불황으로 고통 받던 상공업자들의 불만을 부추겼다. 그 결과, 반란은 전국적으로 확산되었다. 정치적·종교적 갈등이 재정 정책에 대한 반감과 맞물려 오랫동안 잠재되어 있던 제국 체제에 대한 불만을 폭발시켰던 것이다. 이어진 전쟁에서 펠리페 2세의 제국은 결코 우위를 차지하지 못했다. 오히려 가파르게 상승하는 군비 지출과 군대의 빈번한 반란으로 위기가 제국 전체로 확산되어 갔다.[55]

네덜란드의 반란은 거의 80년 동안 진행되었다. 이처럼 반란과 전쟁이 장기화된 요인 중 하나는, 펠리페 2세가 전쟁 초기에 네덜란드 문제에 모든 역량을 집중할 수 없었다는 점에 있다. 1568년 알바 공작이 빌렘과 나사우Nassau의 부대를 격퇴해 반란의 기세가 한풀 꺾였을 때, 펠리페 2세가 알바 공작을 소환하고 자신이 직접 나서서 지방 귀족과의 관계를 회복하는 동시에 종교 갈등을 봉합했다면 이후의 상황은 크게 달라졌을 것이다. 그러나 펠리페 2세는 1568년 유일한 후계자였던 아들을 잃는 개인적인 불행을 겪은 데다, 그라나다 지역 모리스코인들의 반란을 제압해야 했다. 그 후 1570년대 초까지 펠리페 2세는 네덜란드보다 북아프리카와 지중해 지역 이슬람 세력과의 대결에 관심을 기울였다. 가톨릭 세계의 보호자를 자처했던 펠리페 2세는 이탈리아 도시 국가들과 함께 신성 동맹Holy League을 결성해 베네치아를 침략한 이슬람 세력에 맞서 1571년 레판토 해전을 승리로 이끌었다.[56] 이러한 성과에도 이슬람 세력이 완전히 격퇴된 것은 아니었으므로 펠리페 2세는 1572년에도 지중해 지역의 군사 활동에 재정 수입의 상당 부분을 할애해야 했다. 이는 스페인이 '보편 제국'을 포기하지 않는 한 감당할 수밖에 없는 것이었다.

레판토 해전(1571)

네덜란드의 반란과 이슬람 세력과의 전쟁으로 인한 재정적인 출혈에도 펠리페 2세는 전쟁을 계속했다. 1580년에는 포르투갈을 병합했다. 그는 이를 통해 재정 상황을 개선하고 아시아 무역에서 우위를 차지할 것으로 기대했으나, 통합 무렵 아시아 무역에서 포르투갈의 위상은 이미 추락한 상태였다. 오히려 포르투갈 병합은 스페인의 경제나 재정 상황에 보탬이 되기보다는, 방어해야 할 제국의 범위를 더 확대함으로써 이미 한계에 이른 제국의 재정 부담을 가중시켰다.[57] 더 치명적인 것은 영국과의 대결이었다. 펠리페 2세는 엘리자베스 여왕 즉위 무렵부터 본격화된 영국의 해적 활동이 스페인의 대서양 무역에 큰 피해를 주고 있을 뿐만 아니라 영국이 네덜란드의 반란을 후원하고 있다고 믿었다. 이에 그는 영국과의 전쟁이 불가피하다고 판단해 1580년대 초부터 전쟁 준비에 돌입했다. 이 사실을 알게 된 영국은 브릴Brill을 비롯한 몇몇 전략적 요충지에 원정군을 파견하고, 프랜시스 드레이크의 함대가 스페인의 식민지뿐만 아니라 스페인의 항구를 직접 공격하는 것을 허용했다. 펠리페 2세의 전쟁 준비는 재정적인 부담 때문에 오랜 시간이 소요되어 1588년 7월에야 출정이 시작되었다. 전투는 전술적 오판, 무기 체계의 열세, 태풍과 같은 자연 재해 등이 겹치면서 스페인 무적함대의 참패로 끝났다. 그 후 펠리페 2세는 여러 차례 영국과의 재대결을 계획했지만, 해상에서 스페인 제국의 우위를 되찾는 것은 이미 불가능했다.

펠리페 2세의 대외 정책과 전쟁은 이미 취약해진 제국의 재정 상황을 더욱 악화시켰다. 즉위 초에 펠리페 2세는 정규 재정 수입의 대부분을 선대에 누적된 국가 부채의 이자를 지불하는 데 사용해야 했고, 정규 재정 수입을 늘리기 위해 모든 수단과 방법을 동원했다. 이를 위해 그는 양모 수출에 관세를 부과했고, 카스티야 북부의 무역항에서 거두는 관세를 독차지했으며, 염전을 왕실의 독점 사업으로 전환하기도 했다.[58] 이러한 노력에도 정규 재정 수입만으로는 국가 부채에 대한 이자와 가파르게 상승하는 군비를 감당할 수 없었다. 단적인 예로, 네덜란드의 반란이 본격적으로 진행된 1571~1575년에 플랑드르 지역으로 이전된 군비는 무려 900만 두카트에 달했는데, 이는 당시 아메리카로부터 유입되는 귀금속의 총액 400만 두카트를 훨씬 웃도는 것이었다.[59]

재정 부담이 늘자 펠리페 2세는 결국 카스티야의 코르테스에 도움을 요청할 수밖에 없었다. 코르테스는 이미 1525년에 카스티야 국가 재정의 가장 중요한 몫을 차지했던 알카발라에 대한 통제권을 확보한 바 있었다. 국왕과 코르테스의 계약—엔카베사미엔토encabezamiento라 불림—에 따라 코르테스는 국왕에게 일정 기간 동안 매년 정해진 액수의 수입을 보장하고, 도시들이 알카발라를 징수하게 되었다. 펠리페 2세는 1573년부터 코르테스에 엔카베사미엔토의 증액을 요청했고, 1575년에는 이전보다 거의 3배에 달하는 액수를 확보했다. 따라서 알카발라를 징수해야 하는 도시들은 알카발라의 세율을 대폭 인상해야만 했다. 이는 이미 위축되어 있었던 경제 상황을 더욱 악화시켰다. 메디나 델 캄포Medina del Campo의 경우 이전까지 1.2퍼센트 정도였던 세율을 1575년 이후에 10퍼센트로 인상해야 했는데, 이는 1575년 펠리페 2세의 세 번째 지불 중지 선언과 더불어 도시 정기시의 붕괴 원인이 되었다. 이러한 상황에서 1577년 엔카베사미엔토는 25퍼센트 이상 감액될 수밖에 없었다.

정규 재정 수입을 더 이상 늘릴 수 없게 되자 카스티야 왕국의 재정은 특별 재정 수입에 더 의존하게 되었다.[60] 카스티야 왕국의 재정 파탄을 일시적으로나마 막은 것은 아메리카로부터 유입된 귀금속이었다. 1571년 초에 390만 두카트에 불과했던 귀금속 수입은 1581~1585년에는 900만 두카트로 늘었고, 펠리페 2세의 치세가 끝나는 1596~1600년에는 무려 1,300만 두카트에 달했던 것이다.[61] 그러나 귀금속의 유입으로도 계속되는 전쟁 비용을 감당할 수 없었다. 그 결과, 1590년 펠리페 2세는 다시 한 번 도시들에 손을 내밀게 되었는데, 그때 도입된 세금이 미요네스millones, 즉 상품세였다. 도시들은 향후 6년간 국왕에게 800만 두카트를 납부하기로 합의했고, 구체적인 징수 방법은 도시들이 자율적으로 정하는 것으로 결정되었다. 미요네스는 1596년에 연 130만 두카트로 증액되었고, 1600년에는 육류를 포함한 소비재들에 연 300만 두카트에 달하는 세금이 부과되었다.[62]

온갖 노력을 기울였음에도 1596년 펠리페 2세는 다시 한 번 지불 중지를 선언해야 했다. 이로 인해 메디나 델 캄포 정기시와 같은 상업 중심지는 돌이킬 수 없는 쇠락의 길로 접어들게 되었다.[63] 펠리페 2세 사후 펠리페 3세가 왕위에 오른 1598년에 작성된 재정 보고서들에 따르면, 카스티야 왕국의 재정 상태는 더 이상 회복이 불가능한 것처럼 보였다. 이 보고서들의 예측에 따르면, 1603년까지 매년 160만 두카트의 재정 적자가 예상되었고, 유일한 희망은 아메리카 식민지로부터 유입되는 귀금속이나 교회의 특별 부담금 같은 특별 재정 수입이었다. 그러나 귀금속의 유입 역시 1600년을 정점으로 빠르게 감소했으므로 펠리페 3세는 또다시 코르테스에 도움을 요청할 수밖에 없었다. 코르테스와의 협상이 실패로 돌아가자 1607년 카스티야 왕국은 다시 지불 중지를 선언했고, 전쟁 비용을 원활하게 조달할 수 없었던 스페인 제국은 마침내 1609년 네덜란드와 12년간의 휴전에 합의해야만 했다. 이 휴전 기간은 카스티야 왕국과 제국이 재정 상황을 개선할 수 있는 기회처럼 보였지만, 군비 지출은 기대만큼 줄지 않았고 1623년에 전쟁이 재개되자 군비 지출은 더 빠른 속도로 늘었다.

그 무렵 스페인 제국은 해외 은행가들로부터 무려 1,200만 두카트를 차입하는 성과를 거두었으나, 얼마 지나지 않아 해외 대부의 가장 중요한 원천이었던 제노바 은행가들이 스페인에 대한 대부를 중단했다. 따라서 제국은 발생한 부족분을 충당하기 위해 후로에 대한 세금, 통화 평가 절하, 특권 판매 등 모든 수단을 동원했으나 큰 성과를 거두지 못했고, 심지어 도시들에 '선물' 명목으로 강제 부조를 부과하는 상황에까지 이르게 되었다. 이미 코르테스와의 여러 차례 협상을 통해서 약화된 왕권은 이와 같은 조치로 인해서 더욱 약화되었고, 귀족을 비롯한 특권층의 정치적 입지는 그만큼 강화되었다.[64]

농업 제국의 쇠퇴

카스티야 왕국과 제국 전체의 재정 상황이 회복 불가능한 지경에 이르게 된 직접적인 원인은 제국의 군비 부담이 빠르게 늘어난 데 있지만, 군비 지출을 왜 감당할 수 없었는지는 별도의 설명이 필요하다. 다음에 살펴볼 네덜란드와 잉글랜드는 스페인 제국보다 더 많은 군비 지출을 감당하면서도 재정 구조를 강화하고 지속적인 경제 발전을 이룩했던 것이다. 따라서 스페인 제국의 취약한 재정 상황을 이해하기 위해서는 재정을 뒷받침하는 경제 상황을 살펴보아야 할 것이다. 특히 카스티야의 상황에 주목해야 한다. 앞에서 언급했듯이 카스티야는 제국 재정에서 가장 중요한 역할을 담당했고, 카스티야의 경제 상황 역시 매우 잘 알려져 있기 때문이다. 카스티야의 경제 상황은 1590년대부터 급격하게 악화되었다. 인구는 감소하고 탈도시화가 시작되었으며, 제조업은 위축되고 해외 무역 또한 쇠퇴하고 있었다. 카스티야의 위기는 이른바 '17세기 위기'의 한 단면이지만, 위기는 카스티야와 스페인에 더욱 혹독했던 것으로 보인다.[65]

스페인 경제는 특정 상품의 수출에 대한 지나친 의존, 곡물 생산의 취약성, 조세 부담의 불평등 등 여러 구조적인 문제들이 있음에도 16세기에 빠르게 성장했다. 인구는 16세기 초 600만 명에서 1580년대에 800만 명으로 증가했고, 주요 도시의 인구는 더 빠른 속도로 증가했다. 대서양 무역의 중심지 세비야는 인구 10만 명의 대도시로 성장했고, 제조업의 중심지 코르도바는 1530~1587년에 83퍼센트의 인구 증가율을 기록했다. 가격이 전반적으로 상승하는 가운데 인구 증가는 지대 인상, 이윤 증가를 부추겼으며, 시장 또한 활기를 띠었다. 그 덕분에 제조업과 대외 무역 역시 빠르게 성장했다. 특히 모직업과 견직업의 중심지였던 톨레도, 그라나다, 세고비아, 코르도바 등은 1530년대부터 1580년대까지 국내 시장뿐만 아니라 포르투갈, 이탈리아, 아메리카 시장에서도 경쟁력을 유지할 수 있었다. 스페인의 전통적인 수출품이었던 양모 수출 역시 적어도 1560년대까지는 활력을 유지했고, 직물 수출 또한 1610년대까지는 뚜렷한 쇠퇴 조짐을 보이지 않았다.[66] 이처럼 경제가 활력을 유지하고 있었기 때문에 적어도 1580년대까지는 급격히 늘어나는 조세 부담에도 심각한 사회경제적 위기가 발생하지 않았던 것이다.

성장세는 1590년대에 들어서면서 수그러들었다. 인구는 1580년대부터 출산율이 떨어지면서 이미 감소하기 시작했으나, 결정적으로 1599~1600년에 발생한 흑사병과 기근으로 대폭 감소했다. 이때 카스티야 인구의 10퍼센트 정도가 감소했는데, 그 후에도 여러 차례—1605~1607년, 1615~1616년, 1647년—흑사병과 기근으로 감소했다.[67] 특히 심했던 것은 산업과 상업 중심지에서 일어난 인구 감소였다. 직물 산업의 중심지로 16세기 후반 번성했던 세고비아와 톨레도의 경우, 세고비아는 1580년 무렵 2만 5천 명이었던 인구가 17세기 중반에는 거의 절반 수준으로 감소했고, 톨레도는 1571년 6만 명이었던 인구가 1631년에는 2만 명으로 감소했다. 스페인의 가장 중요한 정기시 소재지였던 메디나 델 캄포의 경우도 사정은 비슷해서, 1561년에 1만 5천 명이었던 인구가 1626년에는 5,373명으로 줄어들었다.[68] 도시 인구의 감소 추세는 흑사병 등으로 인한 절대 인구의 감소뿐만 아니라 제조업과 상업의 위축으로 인해 이주 인구가 늘었기 때문이었다. 따라서 카스티야의 수도가 된 마드리드는 1561~1630년에 인구가 크게 늘었다(3만 명에서 13만 명으로).[69]

농업 부문의 위기는 16세기의 팽창에서 비롯된 결과로 보인다. 16세기에 인구가 증가하면서 곡물을 비롯하여 올리브, 포도 등 농산품에 대한 수요가 꾸준하게 증가했고, 그 결과 경작지 면적이 크게 늘었다. 이러한 스페인의 상황은 농업 사회의 한계를 여실히 드러냈다. 농업 사회에서는 기술 진보에 따른 생산성 향상이 거의 없으므로 생산 증대는 주로 경지 면적을 늘리는 것으로 이루어지는데, 이는 한계지를 경작하고 숲과 목초지를 경작지로 전환하는 방식으로 일어난다. 이로 인해 경작지, 숲, 목초지 면적 사이의 균형이 깨지면서 경작에 필요한 가축의 공급이 감소하고, 그것이 다시 생산성의 하락을 가져온다. 스페인의 경우 여기에 1590년대의 기상 악화가 겹치면서 농업 생산이 더욱 빠르게 감소했다. 17세기 전반에는 카스티야의 농업 생산이 30퍼센트 이상 감소했는데, 인구 감소에도 1인당 곡물 생산이 늘지 않았으므로 생산성 또한 정체되었다.[70] 이러한 현상은 농민과 지주의 권력 관계가 지주에게 유리한 방향으로 바뀌었기 때문인 것으로 보인다. 가파른 지대 인상과 조세 부담 증가로 인해 농민의 수입 중 40퍼센트 이상이 지대와 조세로 유출되었던 것이다. 이와 같이 농민의 부담이 크게 늘자 농민은 토지에서 이탈하기 시작했고, 대지주들은 매매와 공유지 독점 등의 수단을 동원해 보유 토지를 점점 늘려갔다. 네덜란드에서의 전쟁, 스페인 및 이탈리아 직물 산업의 쇠퇴로 인해 16세기 중반부터 감소했던 양모 수요가 17세기 초반 영국 등지에서 모직물 산업이 부활하면서 회복세를 보이자, 대지주들은 서둘러 곡물 경작에 이용했던 토지를 목초지로 전환했다. 이런 추세들이 겹치면서 농촌의 양극화는 더욱 심화되었다.[71]

제조업 부문은 가격 상승으로 인한 경쟁력 약화와 재정 부담의 증가로 인한 국내 수요 감소로 인해 어려움을 겪었다. 국가 재정 구조의 악화는 다른 방식으로도 제조업에 부정적인 영향을 미쳤다. 16세기 중반 이후 국가가 수차례 지불 중지를 선언하면서 민간 부문에서도 신용 위기가 찾아왔고, 이러한 유동성 위기를 해소하기 위해 유통된 동전이 통화 가치를 더욱 불안하게 만들었다. 설상가상으로 상황을 더욱 악화시킨 것은 전쟁이 계속되면서 교역망이 교란되거나 파괴되었던 것이다. 이러한 요인들로 인해 스페인의 제조업 중심지들은 16세기의 활력을 잃어버렸다. 가장 중요한 제조업 부문이었던 모직물 및 견직물업은 17세기 초반 영국과 네덜란드의 '신직물new draperies' 공세에 밀려 경쟁력을 잃어버렸고, 바스크 지역의 제철업은 스웨덴 제철업과의 경쟁에서 패배했다. 조선업도 상황은 비슷했다. 아메리카 식민지 내에서 조선업이 발달하고 다른 국가들의 조선업 경쟁력이 강화되면서 17세기 중반에 이르자, 스페인에서 제작된 함선은 거의 사용하지 않게 되었다.

스페인 제국의 경제 위기를 더욱 가중시킨 것은 아메리카 식민지와의 무역에서 일어난 변화였다. 앞에서 언급했듯이 1580년대의 심각한 재정 위기에서 스페인을 구한 것은 아메리카 대륙으로부터 귀금속의 유입이 급격히 늘었던 것인데, 이 추세가 17세기 초부터 역전되었던 것이다. 귀금속 유입량에 관해서는 여러 추계가 있으나 추세는 분명해 보인다. 해밀턴에 따르면, 귀금속 유입량은 1601~1605년에서 1656~1660년 사이에 8분의 1로 감소했고, 도밍게스 오르티스에 따르면, 1621~1625년에서 1661~1665년 사이에도 비슷한 감소 추세를 보였다.[72] 대서양 무역선의 용적 톤수에 관한 추계도 같은 상황을 보여 준다. 1611~1615년에서 1656~1660년 사이에 용적 톤수는 76퍼센트 감소했고, 1656~1660년에서 1706~1710년 사이에 다시 53퍼센트 줄었다.[73] 아메리카 무역의 감소에는 여러 가지 요인이 복합적으로 작용했다. 귀금속 유입량의 감소 요인은 현지 귀금속 광산의 생산성 하락, 밀무역 증가, 그리고 식민지로부터 '마닐라 선단'을 통해 아시아로 유출되는 귀금속의 증가 등으로 설명할 수 있을 것이다. 무역 전반의 감소에는 영국과 네덜란드 상인들이 스페인의 무역 독점에 도전하며 밀무역을 활발하게 전개했고, 그 과정에서 식민지 내의 토착 상인들의 영향력이 강화되었던 것, 그리고 식민지 내의 농업 및 제조업 생산이 증가하면서 스페인산 농산품과 제조업 제품에 대한 수요가 감소했던 것 등이 복합적으로 작용한 것으로 보인다. 물론 스페인의 제조업 경쟁력이 약화되면서 식민지의 수요를 충족시키지 못했던 것 또한 빼놓을 수 없는 요인이다.[74]

경제와 전쟁의 악순환?: 농업 제국의 역사적 한계

근대 초 유럽의 해상 팽창을 선도하고 로마 제국에 버금가는 광대한 대제국을 건설했던 스페인은 16세기 후반부터 시작된 경제 위기를 끝내 극복하지 못했다. 한때 유럽 대륙의 절반 이상을 통치했던 스페인 제국은 전쟁과 재정 위기의 악순환이 거듭되는 가운데 합스부르크령 오스트리아에 대한 통치권을 자발적으로 양도했고, 장차 세계 경제의 패권국으로 거듭나게 될 저지대 북부 지방을 잃어버렸다. 일시적으로나마 스페인 제국의 재정을 구했던 아메리카 대륙의 식민지들은 더 이상 모국에 귀금속을 공급하지 못했고, 오히려 모국의 안보를 위협하는 경쟁국들과 교역하면서 경제적인 자립을 지향하기 시작했다.

일찍이 스페인 통합 왕국이 합스부르크 왕조와 결합하여 제국으로 거듭날 때, 스페인인들은 과연 새로운 제국이 그들이 처한 상황을 개선하는 데 도움이 될 수 있을지 의심했다. 그들의 우려는 결국 현실로 나타났다. 애당초 왕실 간의 결합으로 탄생한 제국은 계속되는 왕실 간의 결합과 끊임없는 전쟁으로 확대되었으나, 스페인인들의 삶은 제국이 강요하는 재정 부담으로 인해 피폐해져만 갔다. 통합 왕국의 탄생 이전에 한때 지중해 지역의 중요한 해상 세력으로 활약했던 아라곤 연합 왕국의 상공업 세력은 이탈리아, 저지대 지방, 합스부르크령 오스트리아의 상공업자들과의 경쟁에서 금리 생활자로 추락했고, 목양업과 양모 수출에 의존했던 카스티야의 대토지 소유자들과 상인들 역시 해외 무역을 지배하는 제국 안팎의 상인 세력이 그들의 경제생활을 좌지우지하는 것을 무기력하게 지켜봐야 했다. 농민들의 처지는 더욱 딱했다. 토지 소유의 양극화는 심화되었고, 세금은 늘어만 갔으며, 제국의 광대한 영토 그 어디에서도 새로운 기회를 찾기 어려웠다.

얼핏 보면 이것은 매우 역설적이다. 스페인 제국은 본래 농업 사회의 경제 체제의 한계를 극복하기 위한 대안이었다. 이슬람 세력의 오랜 지배로부터 벗어나 기독교 왕국을 재건하려는 레콘키스타가 결국 토지와 인구의 불균형, 즉 체감하는 농업 생산과 증가하는 인구가 만들어 내는 맬서스의 트랩을 극복하기 위한 방편이었던 것처럼, 스페인 통합 왕국의 아메리카 정복 역시 스페인의 지정학적 한계를 돌파해 새로운 땅을 찾아 잉여 인구를 수용하기 위한 필사적인 노력의 산물이었던 것이다. 그러나 스페인은 광대한 제국을 건설하는 데는 성공했으나 스페인의 농업 사회를 유지하지 못했고, 스페인인들에게 새로운 땅을 제공하지도 못했다. 아메리카 대륙으로부터 유입된 막대한 귀금속은 스페인 경제에 새로운 활력을 불어넣기는커녕, 유입되는 즉시 제국 안팎의 상인, 제조업자, 금융가들에게 흘러들어가거나 영토 정복과 소비로 소진되었다.

광대한 제국의 영토가 생산 활동에 필요한 자원, 자본, 그리고 시장을 제공할 수는 없었던 것일까? 스페인인들이 제국이 부여하는 경제적 기회를 충분히 활용할 수 없었던 이유는 여러 가지이다. 애당초 제국이 왕실 간의 결합에 의해 탄생했고, 실질적인 통치의 통합이 이루어지지 않았던 것도 한 가지 요인으로 볼 수 있다. 스페인 제국은 국왕 개인을 중심으로 느슨하게 결합된 여러 국가들의 결합체에 불과했으므로 제국 내의 자유로운 인적·물질적 교류, 그리고 이를 통한 경제 발전을 기대하기 어려웠던 것이다. 그러나 더 근본적인 원인은 스페인의 농업 사회가 제국이 제공하는 새로운 경제적 기회를 활용할 수 있는 역량을 갖추지 못했던 데서 찾아야 할 것이다. 스페인의 통치자들은 제국을 일종의 사유 재산처럼 생각했고, 제국의 확장은 오직 통치자와 그 가문의 권력과 영광을 드러내는 수단으로 이해했다. 또 레콘키스타의 역사적 경험이 있는 스페인의 귀족들은 부의 축적과 재투자보다는, 정복 활동에 참여해 토지와 전리품을 확보하고 이를 통해 비천한 생산 활동이 아니라 귀족으로서의 여유로운 삶을 누리는 데만 관심을 기울였다. 전형적인 농업 사회에서 살았던 스페인의 상공업자들과 농민들은 애당초 자본의 축적과 재투자에 따른 지속적인 잉여의 창출을 경험해 보지 못했으므로, 설령 제국 내의 통합이 진전되었더라도 상업적인 농업과 새로운 상업과 제조업을 발전시켜 광대한 제국 시장이 제공하는 기회를 활용할 수 없었을 것이다.

바로 여기에 농업 제국 스페인의 비극이 있다. 생산이 체감하고 경제성장이 감속하는 농업 사회는 경제 체제의 한계를 극복하기 위해 필연적으로 새로운 영토 확보를 위한 군사 경쟁에 뛰어들어야 했으나, 전쟁을 통한 영토 확장은 일시적인 해결책에 불과했던 것이다. 오히려 새로운 영토에서도 생산은 체감했고, 이를 만회하기 위한 새로운 정복 활동은 더 많은 재정적 출혈을 강요했다. 즉, 경제와 전쟁의 악순환의 등장이었다. 더욱이 상업과 제조업을 통한 자본의 축적과 재투자가 지속적으로 이루어지는 새로운 경제 체제로 무장한 국가들이 등장해 농업 제국 스페인의 패권에 도전하자 스페인 제국은 오래 버텨낼 수 없었다. 새로운 해상 세력 네덜란드와 잉글랜의 부상은 농업 제국 스페인에 이러한 냉엄한 현실에 맞서야만 하는 시련을 안겨 주었던 것이다.

역사가 티머시 파슨스는 스페인령 아메리카를 분석하는 자리에서 유럽, 아메리카, 아시아를 잇는 스페인 제국을 "세계 최초의 진정한 전 세계적global 제국"이라고 불렀다.[75] 스페인 제국은 교통과 통신의 발달로 제국이 한 대륙 (또는 이웃 대륙)에 걸친 한 덩어리의 땅으로 국한되는 상황이 끝나고, 바다를 건너 점점이 흩어진 땅들로 이루어진 새로운 형태의 제

| 스페인 무적함대의 패배

국이 등장했음을 알려 주었다. 그러나 근대 초기에 나타난 이 최초의 해상 세계 제국은 탈집중화된 복합 제국이었다. 그 광대한 땅덩어리가 일관된 원칙으로 통치되기는 어려웠다. 게다가 스페인 제국은 해상 제국임에도 농업 경제의 논리에 철저히 지배되고 있었다. 스페인 제국의 흥망은 환경 변화에도 과거의 원리에 얽매어 있는 제국이 감당할 수밖에 없는 비극적 운명을 잘 보여 준다. 분명 카를 5세 치하의 스페인 제국은 호랑이와 같았다. 그러나 그 호랑이는 바다에서 무기력했다. 우리가 스페인 제국을 바다 위의 농업 제국으로 지칭한 까닭이 바로 여기에 있다.

3

최초의 상업 국가 네덜란드

이 장에서는 네덜란드 경제의 성쇠를 추적한다. 16세기 후반부터 17세기 중반까지 유럽은 물론 세계 경제를 주도한 네덜란드의 기적에 대한 기존의 연구 성과를 바탕으로, 네덜란드의 상업 혁명이 막강한 스페인 제국에 맞서 일어난 네덜란드인들의 투쟁이나 독립 투쟁 가운데 시작된 아시아와 아메리카 진출과 어떻게 연관되어 있었는지 보여 준다.

네덜란드 공화국의 독립은 농업 일변도의 세계에서 새로운 상업 사회의 탄생을 알리는 신호탄이었다. 경제 성장이 감속하는 농업 사회의 틀을 깨고 최초로 성장이 가속하는 상업 사회가 출현한 것은 정말 혁명적인 사건이었다. 물론 스페인을 통해 살펴본 것처럼 농업 사회에서도 상업이 번성하고 거대한 부가 형성되는 경우가 있었지만, 농업 사회의 부는 근대적 의미의 자본 축적으로 이어지지 못하고 영토 확보, 정치권력의 획득, 사회적 신분 상승을 추구하는 데 소진되었다. 하지만 최초의 상업 사회 네덜란드에서는 국내외 교역을 기초로 형성된 '부'가 '자본'으로 축적, 확대 재투자되어 가속적인 경제 성장이 실현되었다. 더욱 놀라운 것은 이 '최초의 자본주의 패권 국가', '최초의 근대 경제'가 척박한 토양, 부족한 자연자원, 비교적 적은 인구와 같은 장애 요인 속에서 형성되었다는 것이다.[1]

이번 장에서 우리는 스페인, 프랑스와 같은 전통적인 강대국들이 아니라 저지대 지방의 한 작은 국가에서 최초의 상업 사회가 탄생한 배경과 그 역사적 의의를 살펴볼 것이다. 네덜란드의 사례가 흥미로운 또 한 가지 이유는 네덜란드의 패권 기간이 아주 짧았다는 사실이다. 당대 최강 스페인 제국으로부터 독립해 세계 최초의 확대 재투자 체제를 구축한 네덜란드는 왜 상업적인 우위를 오랫동안 유지할 수 없었을까? 이 문제를 검토하는 일은 네덜란드 상업 사회의 역사적 의미를 분명히 하는 것일 뿐만 아니라 상업 사회의 확대 재투자 체제의 역사적 한계를 밝히는 길이기도 하다.

네덜란드의 역사적 배경

네덜란드 공화국의 경제적 성공을 이해하기 위해서는 공화국 탄생 이전의 역사, 특히 중세 후기부터 진행된 사회·경제·정치적 변화를 간단하게라도 짚고 넘어갈 필요가 있다. '네덜란드' 하면 제일 먼저 떠오르는 것은 영토의 중심 지역인 해안 지대의 상당 부분이 해수면보다 낮고, 곡물 경작이 아니라 튤립을 비롯한 상업 작물 경작이 주를 이루고 있다는 점이다. 루이 14세 시대의 한 프랑스 외교관은 "이 작은 나라의 바닷가 쪽으로는 아무 데에도 소용이 없는 모래 언덕이 있고, 안쪽으로는 많은 강들과 운하들이 얽혀 있는데 양쪽에서 모두 빈번하게 범람이 일어난다"고 지적한 바 있다(1699). 이처럼 불리한 자연 조건에 맞선 네덜란드인들의 투쟁은 네덜란드의 경제적 진로를 좌우하는 중요한 요인이었다.[2]

중세 네덜란드 지역은 토양이 척박해 곡물 경작에 부적합했고, 고전적 장원 제도의 발원지로부터 멀리 떨어져 있었기 때문에 봉건제가 깊게 뿌리를 내리지 못했다.[3] 르 고프Jacque le Goff에 따르면, 이는 '본질적으로 영주 계급이 농민의 모든 잉여 생산물을 착취하는 체제'가 네덜란드에서 위력을 발휘하지 못했음을 의미한다.[4] 중세 네덜란드 농업 사회의 역사는 유럽의 전형적인 봉건 사회와 다른 방식으로 전개되었던 것이다. 흔히 봉건 사회에서는 영주가 경제외적인 강제력을 행사해 농민의 잉여를 대부분 수취함으로써 생산성 향상의 요인이 없었다고들 말한다. 하지만 인과관계는 오히려 반대로 작용했을 가능성이 더 크다. 기술 진보에 의한 생산성 향상의 가능성이 거의 없는 상황에서 농업 생산은 체감하게 마련이므로, 농민은 점점 줄어드는 소출을 얻기 위해 힘들여 노동을 하기보다는 생존에 필요한 최소한의 노동만을 하려 한다. 반면, 영주는 권력 유지를 포함한 여러 가지 목적으로 농민의 잉여를 수취해야만 했으므로 농민의 잉여 생산을 독려해야 할 이유가 있었다. 따라서 영주 권력이 강했던 일부 지역에서는 일정한 한계 내에서 생산이 증가하기도 했다.

봉건제가 뿌리내리지 못했던 네덜란드 지역에서는 중세 후기 유럽 곳곳에서 진행되었던 '식민화'가 독특한 방식으로 전개되었다. 식민화는 근본적으로 토지에 대한 인구 압력을 해소하기 위해 새로운 토지를 개간—스페인의 경우는 영토 정복—하는 일이었는데, 영주의 속박으로부터 비교적 자유로웠던 네덜란드 지역 농민은 11세기 말까지 자발적으로 개간과 정착을 주도했다. 물론 홀란트 백작이나 위트레흐트 주교가 대규모 간척 사업을 주도하기도 했지만, 이때도 자유로운 농민의 역할은 중요했다. 간척 지대는 항상 범람의 위험에 노출되어 있었으므로 제방을 건설하고 관리하는 일이 중요했는데, 농민의 자율적인 공동체가 이 일을 담당했던 것이다. 또 간척 지대의 배수 사업에서도 농민의 역할은 중요했다. 특히 이탄층을 개간한 경우 경작이 진행될수록 이탄층이 점점 더 조밀해져 토지가 침하하는 현상이 빈번하게 일어났다. 이를 막기 위해 농민들이 자발적으로 모여 배수 시설을 짓고 관리했던 것이다. 이처럼 네덜란드 지역 농민들은 간척 사업과 간척지 관리에 기여함으로써 자율성을 확보했다.[5]

농민의 여러 가지 노력에도 네덜란드 농업은 중세 후기의 인구 증가를 감당할 수 없었다. 기존 토지나 개간지는 곡물 경작에 적합하지 않았고, 토지 관리 비용은 계속 증가했다. 따라서 상대적으로 노동력 비용이 저렴한 목축과 상업 작물 경작이 농업에서 점점 더 큰 비중을 차지하게 되었다. 그 결과, 이미 14세기 초 네덜란드 농민들은 토지를 떠나 도시로 진출하기 시작했다. 이는 물론 네덜란드의 봉건제가 취약했기 때문에 가능한 일이었다. 네덜란드 봉건 사회에서는 농민의 인신에 대한 영주의 구속이 약하거나 없었으므로 이주가 수월했고, 이전의 '식민화' 과정에 내재된 일종의 개인주의적 성향, 즉 영주의 경제외적 강제력이 아니라 농민 개개인의 자발적인 기여에 의존했던 개간과 정착의 경험이 있었다. 이 같은 농민의 이주로 14세기부터 네덜란드 지역에는 수많은 상업 도시들이 형성되어 유럽 다른 지역에 비해 일찍 도시화가 시작되었다.[6]

네덜란드의 도시화는 다른 지역과 다른 방식으로 진행되었다. 잘 알려진 것처럼 유럽의 도시화는 중세 말 해외 무역이 부활하면서 상업 요충지가 도시로 성장하거나 새로운 영토 국가의 필요에 따라 설립된 행정·경제 중심지가 도시로 부상하는 방식으로 일어났다. 이렇게 형성된 무역이나 행정 거점을 중심으로 주변 소규모 성읍들과 농촌 지역이 위계를 이루는 것이 도시화의 일반적인 양상이었다. 하지만 네덜란드의 경우는 특정 도시를 중심으로 위계 구조가 형성된 것이 아니라 다양한 규모의 도시들이 여러 지역에서 자생적으로, 또 동시다발적으로 나타났다. 14세기에 시작된 네덜란드 지역의 도시화는 16세기에 더욱 빠르게 진행되었다. 당시 네덜란드 지역에서는 상업, 해운업, 어업이 빠르게 발전하고 있었고, 목축, 낙농, 상업 작물 경작의 비중이 높아지면서 농업 생산물의 교환이 빠르게 확산되었다. 이는 여러 도시들을 내륙 하천과 바다로 연결하는 운송망이 발달했기 때문에 가능했다. 그 결과, 1600년에 이미 네덜란드 지역의 전체 100만 명의 인구 중 30퍼센트 이상—홀란트의 경우 45퍼센트—이 인구 2,500명 이상의 도시에 거주하게 되었다.[7]

조숙한 도시화는 경제 발전에 유리한 여러 가지 변화를 수반했다. 잘 알려진 것처럼 중세 후기 도시화는 근대적 소유권 개념이 형성·확산되는 데 크게 기여했다. 물론 도시의 문화적인 영향력은 소유권 개념의 정착에만 국한되지 않았다. 르네상스 인문주의가 이탈리아 도시 국가들을 중심으로 꽃을 피운 후 북유럽에서 기독교 인문주의 운동으로 확산된 것도 네덜란드 지역을 비롯한 저지대 지방의 도시화와 밀접하게 연관된 일이었다. 기독교 인문주의를 대표하는 에라스뮈스Erasmus가 저지대 지방 출신이었고, 그의 지식인 네트워크가 저지대 지방 도시들을 중심으로 형성되었던 사실이 이 점을 보여 준다. 가톨릭교회 성직자의 전횡과 타락을 비판했던 기독교 인문주의가 융성했던 저지대 지방에서 개신교 종교 개혁이 큰 공감을 얻었던 것 또한 쉽게 이해할 수 있다. 문맹률이 낮고 일찌감치 출판업이 발달한 저지대 지방의 도시들에서 마르틴 루터의 저서들은 널리 읽혔고, 칼뱅을 비롯한 새로운 개신교 교리가 빠르게 뿌리내릴 수 있었던 것이다.[8]

종교 개혁의 확산, 특히 칼뱅주의가 자본주의의 발전에 결정적인 역할을 했다는 가설은 베버Max Weber의 고전적인 연구로 잘 알려져 있다. 예정설에 입각한 구원론과 소명 의식으로 무장한 칼뱅파가 자본주의 발전을 이끌었다는 베버의 주장은 오늘날 거의 설득력을 잃은 듯하지만, 네덜란드에 한해서는 종교 개혁의 역사적 중요성을 쉽게 무시할 수 없다. 칼뱅파의 교리와 조직은 네덜란드 지역이 스페인 제국과 정치적으로 대립하는 중요한 동기를 제공했을 뿐만 아니라 독립 전쟁에 참여한 7개 주들을 통합하는 구심점 역할을 했기 때문이다. 상공업에 종사하는 네덜란드인들이 일상생활에서 이미 추구해 왔던 합리적인 손익 계산의 중요성, 자기 규율 및 절제와 같은 덕목들을 소명의 교리로 정당화할 수 있었던 것—인과관계를 증명하기는 어렵지만—역시 네덜란드 공화국의 경제 발전에 기여했을 것이다.[9] 좀 더 실제적인 도움도 있었다. 독립 전쟁 초에 몰수된 가톨릭 수도원들의 재산이 도시와 지방으로 이전되어 자선이나 교육 활동과 같은 인적 자원 육성에 투자되었던 것이다.[10]

네덜란드 지역의 도시화는 농업 부문의 변화로부터 시작되었지만, 지속적인 도시화는 상업과 산업이 발전했기 때문에 가능했다. 이 점에서 특히 괄목할 만한 변화는 독립 전쟁 이전에 네덜란드인들이 발트해 운송 무역에서 이루어낸 성과였다. 본래 발트해 주변 국가들은 곡물과 조선업 원자재—판자, 재목, 마스트, 피치, 타르 등—의 주산지였고, 중세 말부터 홀란트, 젤란트의 상인들과 한자 동맹 상인들의 주요 활동 무대였다. 16세기 초에 이르면, 네덜란드 상인들은 발트해 지역의 풍부한 곡물과 원료를 싼 값에 정기적으로 운송해 저지대 지방에 재분배하는 역할을 담당하게 되었다.

1497년에서 1503년 사이에 발트해를 드나들면서 통행세를 지불한 선박의 70퍼센트가 네덜란드의 배였고, 그중 78퍼센트가 홀란트의 것이었다.[11]

이처럼 발트해 무역에서 네덜란드 상인들이 성공할 수 있었던 요인은 그들이 보유한 선단의 규모, 운송 무역에 동원된 배들의 효율성 (따라서 낮은 운송비), 그리고 이를 뒷받침하는 기술적인 우위에서 찾을 수 있다. 운송 무역에 동원되는 선박이 많았던 것은 네덜란드 상인들이 발트해 무역에 진출하던 시기에 어업이 빠르게 성장했기 때문이었다. 특히 대어업great fishery이라 불렸던 청어잡이는 15세기 중반부터 보이센buyssen이라는 선박을 이용하면서 빠르게 성장했다. 이 배는 폭에 비해 길이가 길었는데, 짧게는 5주, 길게는 8주에 이르는 긴 항해를 견딜 만큼 튼튼했고, 18~30명 정도의 어부들을 싣고 나가 선상에서 청어를 잡는 즉시 가공·염장할 수 있었다. 이를 바탕으로 네덜란드의 청어잡이 선단들은 1640년대에 연평균 2만 라스트(약 1만 톤)의 어획량을 기록했고, 그 가치는 300만 길더에 달했다. 또 다른 기록에 따르면, 17세기 전반 청어잡이에 나섰던 어선들은 1,500척에 달했고, 고용된 어부들은 12,000여 명에 이르렀다.[12]

청어잡이는 어획량이나 직접적인 고용 효과만으로 그 가치를 평가할 수 없다. 청어를 잡아 가공·수출하는 과정에서 무역을 비롯한 관련 산업이 더불어 발전했기 때문이다. 청어잡이는 5~6월부터 9월 사이에 집중적으로 이루어졌고, 나머지 기간에는 청어를 중심으로 한 무역이 활기를 띠었다. 네덜란드 상인들은 청어를 수출해 발트해 지역의 곡물을 수입하고, 그것을 다시 서유럽과 이베리아반도 지역에 수출하는 대신, 정제되지 않은 소금과 기타 제조업 제품들을 수입했다. 당시 네덜란드에는 청어 가공에 필요한 소금을 추출하는 정제업이 크게 발전했는데, 소금 정제업에 필요한 원료는 네덜란드 해안과 포르투갈, 프랑스로부터 공급받았다. 특히 포르투갈과의 교역은 독립 이후에도 네덜란드 무역 발전에 중요한 영향을 미쳤다.

어업과 무역의 성장은 조선업을 발전하게 했다. 15세기 저지대 지방 북부에서 무역이 발전한 것은 값싼 노동력과 보이센을 상선으로 빠르게 전환, 활용했던 데서 비롯되었는데, 16세기 말 전장 범선full-rigged ship이 등장해 무역 발전을 이끌었다. 전장 범선은 발트해 지역의 곡물과 원료를 대량으로 운송하는 데 적합했다. 1595년에 개발된 플로이트fluyt 또한 '선체가 견고하고 배의 좌우가 볼록하여 용적량이 크면서도 적은 인원으로 항해가 가능'했으므로 통행료를 적게 내면서 상품을 대량으로 운송할 수 있었다. 네덜란드의 조선소들은 무역량 증가와 기술 발전에 힘입어 1625~1700년에 매년 400~500척의 선박을 건조했고, 1만여 명의 노동자들을 고용했다. 이는 당시 홀란트 성인 남성 공업 노동 인구의 5퍼센트에 해당되었다. 이처럼 조선업은 네덜란드에서 가장 규모가 큰 산업이었다.[13]

조선업의 발전은 관련 산업의 발전으로 이어졌다. 선박용 밧줄 및 각종 항해 용구, 양초, 해도 출판뿐만 아니라 선박 건조에 필요한 엄청난 양의 목재를 공급하는 목재 제재업이 조선업과 함께 성장했던 것이다. 예컨대, 17세기에 전함 한 척을 건조하는 데는 약 2,000그루의 참나무 재목이 필요했는데, 이 정도의 재목은 50에이커의 숲에서 한 세기 동안에나 확보할 수 있는 양이었다. 그러므로 이러한 엄청난 양의 목재를 규칙적으로 공급받는 일은 네덜란드가 조선업과 해상 무역에서 우위를 유지하는 데 반드시 필요했다. 이는 네덜란드가 노르웨이를 비롯한 발트해 연안 국가들과의 무역을 지배함으로써 가능했다.[14]

16세기 중반까지 네덜란드 지역은 청어잡이와 그와 관련된 소금 정제업 및 조선업, 목재 제재업 등을 발전시킴으로써 발트해 지역의 대량 운송 무역에서 큰 성과를 거두었다. 그러나 이 같은 성과도 저지대 남부 지역의 경제적 성공에는 미치지 못했다. 당시 저지대 지방 경제의 중심지는 스페인 제국의 향료 중계 무역을 독점한 안트베르펜Antwerpen이었다. 안트베르펜과 그 주변 지역에서는 유럽 사치품 무역의 주요 품목이었던 직물업이 고도로 발달했다. 안트베르펜은 이베리아반도, 이탈리아, 북서부 유럽의 사치품 교역 네트워크의 중심에 있었고, 암스테르담을 비롯한 저지대 북부 도시들은 안트베르펜의 교역 네트워크에 곡물, 목재, 각종 원료를 공급하는 외항outport과 같은 처지였다. 따라서 암스테르담과 안트베르펜 사이의 격차는 엄청났다. 단적인 예로, 1543~1545년 암스테르담에서 수출된 상품의 가치는 저지대 지방 총 수출의 4퍼센트에 불과했으나, 안트베르펜은 무려 80퍼센트를 차지하고 있었다.[15]

이러한 상황에서 저지대 북부 지역의 경제가 한 단계 더 도약하기 위해서는 발트해 무역에서 축적한 기술적·상업적 노하우를 활용해 부가 가치가 높은 유럽 사치품 시장에 뛰어드는 게 필요했다. 이를 위해서는 안트베르펜과 마찬가지로 사치품 교역의 한 축이라 할 수 있는 직물업과 같은 제조업의 발전도 필요했다. 다시 말해, 이는 저지대 북부가 스페인 제국의 영역 내에서 특권적인 지위를 누리고 있는 안트베르펜의 독주를 어느 정도 저지할 수 있느냐에 따라 이 지역 경제의 운명이 좌우된다는 것을 의미했다. 이러한 이유에서 스페인 제국의 권위에 대항해 시작된 네덜란드 지역의 반란은 결정적인 전환점이 되었다.

네덜란드 독립 전쟁: 황금기의 출발점

네덜란드인들은 1568~1648년의 '80년 전쟁'을 통해 유럽 역사상 최초로 상업 세력이 주축이 된 영토 국가를 건설했다. 이 긴 싸움을 통해 네덜란드인들은 다른 무엇보다 스페인 제국으로부터 벗어나 자유로운 경제 체제를 구축하려 했다. 1580년대 말 스페인 제국의 공세가 특히 거세졌을 때 네덜란드인들은 잠시 프랑스의 앙리 3세나 영국의 엘리자베스 여왕에게 보호를 요청해 볼 궁리까지 했다. 그만큼 스페인 제국의 그늘에서 벗어나는 일은 절박한 문제였다.[16] 결국 그들의 오랜 노력으로 상인의 정치적 지위와 사회적 신분이 보장되고, 상인이 축적한 부가 영토 획득이나 권력 추구가 아니라 더 많은 부를 축적하기 위한 재투자로 이어지는 새로운 경제 체제가 출현했다. 다시 말해, 네덜란드에서 경제 성장이 가속하는 확대 재투자 체제를 갖춘 최초의 상업 사회가 탄생했던 것이다.

독립 투쟁으로 이루어 낸 네덜란드 공화국은 비록 7개 주로 구성된 느슨한 연방이라는 구조적인 문제점을 안고 있었지만, 그 속에서 네덜란드인들은 국내외의 상업, 제조업, 농업을 연결하는 조밀한 네트워크를 유지, 가동할 수 있었다. 왜냐하면 그들은 모두 가속적으로 성장하는 상업 경제에 대한 이해관계를 공유했기 때문이었다. 그 결과, 정치는 분권화되었으나 경제는 고도로 통합된 새로운 사회가 건설되었다. 더욱이 상업에서 축적된 부는 조세뿐만 아니라 금융 시장에서 유통되는 국채 형태로 군사력을 증진하는 데 사용되었다. 그 덕분에 네덜란드 공화국은 스페인 제국은 물론, 영국이나 프랑스와 같은 새로운 유럽의 강자들로부터 독립을 유지하면서 유럽 밖에서 새로운 시장을 개척할 수 있었다. 이는 네덜란드의 확대 재투자 체제가 더욱 발전하는 원동력이 되었다. 이러한 점에서 네덜란드 공화국은 경제와 전쟁의 선순환에 기반을 둔 가속적인 성장을 경험한 최초의 근대 국가였다.

○ 반란

저지대 북부의 몇몇 주들이 왜 당시 가장 강력한 스페인 제국에 맞서 독립을 쟁취하려고 했는지에 대해서는 간단히 설명하기 어렵다. 하지만 상업 사회의 성립·발전이라는 관점에서 볼 때, 반란의 가장 중요한 요인은 역시 스페인 제국에 대한 상업 세력의 태도 변화에서 찾아야 할 것이다. 저지대 남부의 발전사에서 엿볼 수 있듯이 스페인 제국이 제공하는 혜택은 다양했다. 특히 저지대 남부 안트베르펜은 스페인 제국의 영역 내에 속해 있었기 때문에 사치품 무역과 국제 금융업에서 우월한 지위를 유지할 수 있었고, 그 밖의 도시들 또한 제국의 군사적인 보호 아래 교역으로 이익을 취할 수 있었다. 그러나 문제는 점점 늘어나는 조세 부담이었다. 스페인 제국이 제공하는 혜택보다 스페인 제국을 유지하고 황제의 권위를 확대하는 데 따른 비용이 더 빠르게 증가했던 것이다. 저지대 지방의 경우 16세기 초부터 조세 부담이 빠르게 증가하기 시작했고, 16세기 중반에 이르면 이전과는 다른 방식으로 조세를 수취하려는 움직임이 일어났다. 1557년 스페인 제국의 재정 위기는 극에 달했고, 마침내 스페인 제국은 지불 중지를 선언하기에 이르렀다. 그로 인해 조세 정책에 대한 일대 변화가 불가피했다. 따라서 저지대의 상업 세력은 제국의 신민으로서 자신들이 치러야 할 대가에 대해 몹시 부담을 느끼게 되었다.

카를 5세가 다스리던 1540년 무렵까지 저지대 지방에 대한 제국의 재정 정책에는 커다란 변화가 없었다. 이전과 마찬가지로 재정 수요는 왕실 소유의 토지를 담보로 한 차입과 각 주의 대표들과 대총독의 협상에 따라 결정되는 보조금beden으로 충당되었다. 특히 보조금은 재정 수입의 4분의 3에 이를 정도로 중요했는데, 일단 보조금 액수가 정해지면 플랑드르를 위시한 각 주에 차등 배분하고, 다시 각 주 의회가 도시에 일정 금액을 할당하는 방식으로 수취되었다. 그러나 계속된 전쟁으로 국가 부채가 급격하게 늘자 저지대 지방에서 더 많은 세금을 거둬야 한다는 목소리가 높아졌다. 그 결과, 1542년에는 부동산과 개인이 대부로 얻은 수입에 대해서 10퍼센트의 세금이 부과되었고Tenth Penny, 맥주, 와인, 모직물에 대해서도 소비세가 도입되었다.[17] 그러나 이 세금들 역시 스페인 제국의 가파르게 상승하는 재정 지출에는 턱없이 부족했다. 특히 1551년부터 시작된 합스부르크-발루아 전쟁에 따른 군비 지출이 증가하자 1557년 펠리페 2세는 지불 중지를 선언하기에 이르렀다. 앞서 2장에서 언급했듯이 펠리페 2세는 선대부터 누적된 엄청난 부채를 감당해야 했는데, 스페인에서 저지대 지방으로 이전되는 보조금을 줄이는 한편, 저지대 지방으로부터 세금을 더 많이 거두는 방안을 모색했다. 그 결과, 모든 상업 거래에 일률적으로 10퍼센트의 세금을 부과하는 내용을 포함한 세제 개혁이 추진되었다.[18]

스페인 제국 정부로서는 당면한 재정 위기를 벗어나기 위한 불가피한 일이었겠으나, 저지대 지방의 각 주들은 세제 개혁을 극히 위험한 조치로 받아들였다. 이 일을 맡은 알바 공작은 세제 개혁을 통해 매년 1,300만 플로린(약 650만 두카트) 이상의 수입을 거둘 것으로 기대했는데, 이는 카를 5세가 1540년대에 저지대 지방에서 거둔 73만 두카트의 조세 수입과 비교하면 실로 엄청난 규모였다.[19] 게다가 세금을 거둬들이는 방식에 대해서도 불만이 제기되었다. 새로운 세금은 대총독이 직접 통제하는 징수관들이 징수하게 되는데, 이는 재정 문제에 관한 각 주의 자율성을 침해하는 것으로 받아들여졌기 때문이었다. 주 의회들은 자본에 대한 일회성 세금 외에 전통적인 방식으로 특별 보조금을 납부하는 선에서 알바 공작과 타협하고자 했다. 그러나 알바 공작은 1571년 주 의회들의 결의와 관계없이 새로운 조세 정책을 시행하겠다고 선언했고, 심지어 1572년 봄에는 세금 납부를 거부하는 브뤼셀의 상인들과 상점주들의 가게에 병사들을 파견하는 극단적인 방법까지 동원했다. 그런데도 브뤼셀 상인들과 상점주들의 조세 저항은 계속되었다. 플랑드르를 위시한 몇몇 주 의회는 스페인에 특사를 파견해 알바 공작의 전횡에 대해 항의했다.[20]

처음에 종교 재판소의 도입과 개신교도에 대한 박해, 지역 귀족의 특권에 대한 공격으로 시작된 정치적·종교적 저항은 펠리페 2세의 세제 개혁과 알바 공작의 극단적인 조치들로 인해 전국적으로 확산되었다. 원래 상업 세력은 정치적인 변화가 몰고 올 경제적 파장을 두려워하는 경향이 있어서 정치권력에 대한 저항을 극도로 꺼리는데, 세제 개혁은 이 신중한 집단마저도 저항에 가담하게 만들었다. 설상가상으로 세제 개혁이 도입된 시점도 좋지 않았다. 1560년대에 저지대 지방은 극심한 경제 불황을 겪고 있었다. 덴마크와 스웨덴 간의 전쟁으로 인해 발트해 곡물 무역이 일시적으로 중단되었고, 영국의 통상 금지령으로 플랑드르의 직물업이 엄청난 타격을 입고 있었다. 더구나 1565~1566년에는 흉작과 기근이 들었고, 1570년에는 북부 해안 지대에 대홍수가 나서 무려 2만 5천 명이 사망했다. 1571년과 1572년에도 흑사병과 혹한으로 곡물 공급이 부족했고 물가는 급등했다.[21] 이와 같은 경제적 불황기에 도입된 조세 개혁은 제국에 대한 반란이 확대되는 계기가 되었다.

○ 네덜란드 공화국의 성립

1579년 북부의 7개 주가 위트레흐트 연합을 결성하면서 반란은 사실상 네덜란드 공화국과 스페인 제국 간의 전쟁으로 바뀌었다. 전쟁이 본격화된 1560년대 말부터 수십 년 동안 네덜란드군은 고전을 면치 못했다. 1572년 하를렘Haarlem 공성전攻城戰, 1585년 안트베르펜 공성전을 비롯해 크고 작은 전투에서 네덜란드군은 스페인군의 앞선 화력과 스페인 특유의 공격형 방진方陣 대형인 테르시오tercio의 강력한 전투력을 감당할 수 없었다.[22] 전쟁 상황은 1590년대 말에야 바뀌기 시작했다. 1597년에 15개 중대로 구성된 네덜란드의 보병대가 스페인의 정규군에 맞서 처음으로 승리를 거두었다. 또한 1611년 7월부터 1614년 9월까지 계속된 오스텐트Ostende 공성전에서 비록 네덜란드군이 패배하기는 했지만 무려 5만 5천 명의 스페인군을 몰살하는 전과를 올렸다. 이처럼 전쟁 초반의 열세를 극복해 나감으로써 위트레흐트 연합에 가담한 7개 주는 영토를 보전하고, 더 나아가 저지대 남부의 일부 영토를 회복할 수 있었다.

이와 같이 전쟁 상황이 바뀌는 데는 16세기 말부터 17세기 초에 나사우의 마우리츠Mauritz와 형제들이 주도한 군사 개혁이 도움이 되었다.[23] 군사 개혁의 핵심은 총병과 창병이 결합된 스페인의 테르시오를 최신 화기의 압도적인 화력으로 제압하는 것이었다. 그들은 1510년대에 개발된 자동 격발식 소총flint lock musket에서 이러한 생각을 착안해 냈다. 그때까지 소총수들은 창병을 보조하거나 근접전을 보조하는 역할을 했다. 나사우의 형제들은 소총수들을 주력 전투원으로 바꾸기 위해 세 가지 조치를 단행했다.

스페인의 테르시오 진형

첫 번째는, 일제 사격volley fire이었다. 당시 소총은 정확도가 떨어지고 장전에 많은 시간이 소요되었다. 따라서 이러한 소총의 한계를 극복하고 적군에게 한꺼번에 화력을 집중시킬 수 있도록 병사들을 여러 열로 배치하고, 맨 앞의 소총수들이 일제 사격을 마치고 맨 뒤의 열로 이동해 재장전하는 동안 앞 열의 소총수들이 계속해서 사격을 하는 전술을 개발했던 것이다.

두 번째는, 종심縱深이 깊은 스페인군의 방진 대형과 달리 너비를 넓혀 병사들을 배치하는 선형 대형linear formation을 채택한 것이었다. 이로써 네덜란드군은 화력을 극대화하고 적의 대응 사격에 따른 피해를 최소화할 수 있게 되었다. 그러나 선형 대형으로 배치된 병사들은 밀집된 병사들 사이에서 형성되는 심리적인 안정감을 누리지 못했으므로 대형 자체가 적의 대응 사격에 쉽게 무너져 버리는 약점이 있었다. 나사우의 형제들은 이 문제를 해결하기 위해 병사들에게 강도 높은 훈련을 시켰다. 반복된 훈련은 병사들의 화기에 대한 숙련도를 높이고 병사들 사이의 유대와 규율을 확고히 하여 전열에서의 이탈을 방지할 수 있었다.[24]

세 번째는, 장교단의 육성이었다. 반복 훈련과 규율이 강조되면서 장교단의 자질이 중요해졌다. 마우리츠는 군대가 조직적인 통일성에 바탕을 두고 작전을 전개해야 한다고 생각했고, 군대 조직의 통일성과 효율성을 유지하는 일은 전문 지식을 갖춘 장교들의 몫이라고 믿었다. 당시 대부분의 유럽 군대에서는 중세 기사도의 이상을 따르는 귀족층이 장교단을 거의 독점하고 있었다. 반면, 네덜란드 군대는 직업 장교가 주축을 이루고 있었는데, 이들은 개인적인 용기와 명예보다는 조직 내에서의 역할 수행을 중요하게 여겼다. 네덜란드 군대가 그와 같은 장교단의 충성심을 확보할 수 있었던 것은 그들이 전국 의회의 통제 아래 국가가 지급하는 봉급을 받고 있었기 때문이다. 이는 병사들도 마찬가지였다.

군사 개혁을 통해 새로워진 네덜란드군은 영토 확장과 같은 정치적인 목표가 아니라 상업 보호를 최우선 목표로 삼았다. 경제와 전쟁이 선순환을 이룬 최초의 근대 국가 네덜란드에서는 군의 규모 역시 국가의 재정 능력에 따라 제한되었다.[25] 더욱이 네덜란드 육군은 군사 개혁에도 불구하고 전투를 많이 치르지 않았다. 그만큼 사령관 마우리츠는 전투에서 불필요한 병력 손실을 최소화하기 위해 노력했던 신중한 지휘관이었다. 그는 결코 무리한 작전 지시를 하지 않았고, 방어 전략으로 스페인군의 무모한 공격을 여러 차례 물리칠 수 있었다. 마우리츠는 네덜란드군의 최우선 과제가 스페인군의 절멸이나 영토 확장에 있는 것이 아니라 스페인군의 공격을 막아내 네덜란드의 상업 기반을 지키는 데 있다는 점을 항상 염두에 두고 있었던 것이다.

네덜란드 해군의 활약 또한 네덜란드의 안보와 경제 발전에 중요했다. 네덜란드 해군에 대한 역사가들의 평가는 엇갈린다. 네덜란드 해군의 역할과 능력에 대해서 부정적인 평가를 내리는 학자들은, 1652년 이전의 해군은 상비군 체제를 갖추지 못했고 행정의 조율과 통합도 이루어 내지 못했을 뿐만 아니라 해전에 필요한 수만큼 전함도 갖고 있지 못했다고 지적한다. 하지만 기억해야 할 점은, 이런 약점들에도 네덜란드 해군이 1648년까지 당대 최강의 스페인 해군 등에 맞서 버텨냈고, 네덜란드 경제의 중추였던 무역선단을 보호하여 무역로를 확보하는 데 대체로 성공했다는 사실이다. 네덜란드 육군이 영토 확장보다 방어에 주력했던 것처럼 해군 또한 네덜란드의 무역을 보호하는 데 집중했다고 볼 수 있으므로, 이러한 면에서 네덜란드 해군의 역할을 높이 평가할 수 있다는 말이다.

분명 네덜란드 해군의 개혁은 육군의 군사 개혁만큼 가시적인 성과를 거두지는 못한 것으로 보인다. 일찍이 1580년대에 각 주가 독자적으로 운용했던 사략선단privateers과 해군을 통합하려는 시도가 있었지만, 각 주의 이해관계를 조율하는 데 실패하여 해군청admiralty college이 다섯 곳에 분산, 배치되었다. 각 해군청은 사략선단의 운용과 적국과의 교역 허가 업무를 관장했고 과세권을 행사했다. 특이한 점은, 해군청이 예전부터 무역선단의 호위 업무를 맡는 대가로 징수했던 호송 선단세convoy duties 대신 해외 무역에 부과하는 관세를 징수했던 것이다.[26] 네덜란드 해군은 관세를 자금원으로 하여 1620년대에는 3만 톤, 1630~1640년대에는 4만~4만 5천 톤 규모의 함선을 보유할 수 있었다.

네덜란드 해군의 전략은 철저하게 경제적 필요에 부응하는 것으로, 1600년을 전후해 전 세계에 걸친 무역 네트워크의 중심지로 부상한 네덜란드 경제를 뒷받침하는 것이었다. 따라서 해군은 무역, 특히 창고 무역entrepôt trade의 무역로와 무역선단을 적국의 사략선단과 해군으로부터 보호하는 데 역점을 두었다. 우선, 해군의 운용은 네덜란드 공화국 연안과 내륙 수로를 보호하고, 스페인의 해상 봉쇄 시도를 무력화하는 데 집중되었다. 또한 17세기 초반 네덜란드 상인들이 아시아와 대서양 무역에 본격적으로 진출하기 시작하자 해군은 이들의 해외 진출을 돕는 역할도 담당했다. 여기에는 네덜란드 해군의 선박뿐만 아니라 개인의 상선도 동원되었다.[27] 1621년에 휴전이 끝나고 전쟁이 재개된 후 스페인 해군이 네덜란드의 무역선단과 청어잡이 선단을 직접 공격하는 쪽으로 전략을 바꾸자, 네덜란드 해군은 플랑드르 지역의 해상 봉쇄와 호송 선단 및 정찰 함대의 운용에 역점을 두었다.[28]

이러한 목표 아래 네덜란드 해군은 상당한 전과를 올렸다. 예컨대, 1600년 니우포트 전투에서 북부 연합 함대는 됭케르크 항을 습격한 스페인 함대 중 니우포트에 남은 스페인 해군 부대를 격파했다. 1607년 지브롤터 전투에서는 정박 중인 스페인 함대 본부를 공격해서 50여 척의 선박을 격파했으며, 이로 인해 스페인 선원과 수병 4,000여 명이 목숨을 잃었다. 독립 전쟁 기간 중 가장 치열했던 해전은 1635년 10월에 있었던 다운즈 전투였다. 트롬프Maarten Tromp가 이끄는 네덜란드 함대는 영불 해협에서 보충 병력을 싣고 됭케르크로 향하던 스페인 함대를 기습 공격해 함선 75척 중 60여 척을 격파했고, 그 결과 15,200명의 스페인 선원과 수병이 사망했다. 이때 네덜란드 해군이 입은 인명 피해는 1,000명 이하였던 것으로 보고되었다.[29]

네덜란드의 군사적 성공은 재정적인 뒷받침이 있었기 때문에 가능

지브롤터 해전

했다. 앞에서 언급했듯이 스페인 제국이 쇠락한 결정적인 원인은 농업 사회 스페인의 경제 체제가 제국 팽창과 전쟁의 재정 부담을 감당하지 못했던 데 있었다. 따라서 독립 전쟁 기간 동안 네덜란드 공화국이 전쟁의 재정 부담을 견뎌냈다는 사실은 군사 개혁이나 전략적·전술적 성공만큼 중요한 일이었다. 이는 상업 사회 네덜란드에서 경제와 전쟁의 선순환을 효과적으로 뒷받침할 수 있는 재정 체제가 확립되었음을 입증하는 것이다.

반란과 독립 전쟁에는 실로 엄청난 재정 지출이 요구되었다. 육군의 경우 1580년대 말에는 연평균 300만 길더의 비용이 소요되었으나, 1600년대 초에는 900만 길더로 늘어났고, 1609년 이후의 휴전 기간 중에도 매년 700만 길더가 필요했다. 1621년에 전쟁이 재개되자 육군의 지출은 더 빠르게 늘어 1621년 한 해에만 무려 1,400만 길더가 집행되었다. 이처럼 육군에 대한 비용 지출이 가파르게 상승한 것은 공화국 국경을 따라 대규모 축성 사업이 진행되었기 때문이다. 반면, 해군의 경우에는 상대적으로 육군보다 비용이 적게 들었다. 해군의 재정 수요를 포함해 전체 군사비가 예산에서 차지하는 비중은 1641년 예산에서 확인할 수 있다. 그에 따르면, 네덜란드의 군사비는 각 주와 지방의 재정 지출을 제외한 네덜란드 공화국 전체 예산 2,400만 길더 중 무려 87퍼센트나 차지했다. 그러나 행정 등에 할당된 비용은 9퍼센트, 국가 부채의 이자 지출 등에 할당된 비용은 4퍼센트에 불과했다.[30]

군사비 지출이 빠르게 늘어나자 과세 또한 증가했다. 공화국 전체의 재정 수입 중 전국 의회가 징수하는 세금의 비중은 극히 미미—1641년의 경우 1퍼센트에도 미치지 못했음—했지만, 각 주가 인구와 경제 규모에 따라 부담하는 지방세의 비중은 80퍼센트가 넘었다. 그중 1640년대 홀란트의 몫은 60퍼센트에 이를 정도로 컸다.[31] 홀란트의 재정 수입에서 주를 이루는 것은 소비세와 토지세였다. 특히 소비세는 홀란트 재정 수입의 3분의 2에 달했는데, 한 추계에 따르면 홀란트인의 1인당 소비세 부담은 1584년 3길더 미만에서 1630년대에는 10길더로 늘었다. 1550년대부터 1630년대까지 소비세를 포함한 홀란트의 재정 수입은 30배 정도 증가했는데, 이 기간에 인구가 약 2배, 물가가 3배 상승했다고 가정할 때, 1인당 부담은 4배 정도 상승한 셈이었다.[32]

하지만 조세 수입의 증가에도 네덜란드 공화국 역시 스페인 제국처럼 각종 대부에 의존하지 않을 수 없었다. 놀라운 사실은 분권화된 정치 구조임에도 네덜란드 공화국이 스페인보다 낮은 이자로 쉽게 대부를 받았다는 것이다. 파커에 따르면, 네덜란드는 비상시에 거금 100만 플로린을 3퍼센트 이자로 단 이틀 만에 마련할 수 있었다.[33] 물론 이는 공화국의 미래에 대한 투자자들의 신뢰의 표현이었다. 하지만 네덜란드가 처음부터 투자자들의 신뢰를 얻은 것은 아니었다. 공화국의 미래가 불투명했던 1570년대에는 대부를 받기가 어려웠으므로 부채 규모도 작아서 1574년의 경우 대부액이 140만 길더에 불과했다. 전쟁 상황이 다소 호전되었던 1600년에도 공화국의 부채 규모는 500만 길더 정도였고, 이자율은 8퍼센트 정도로 높았다. 그러다가 1620년대부터 부채 규모가 크게 증가했는데, 1621~1647년에 공채 발행을 통해서 조달된 액수는 무려 1억 1,500만 길더에 달했다. 흥미로운 일은 부채가 천문학적으로 증가했음에도 이자율이 계속 하락해서 1640년대에는 4퍼센트까지 떨어졌던 것이다.[34] 이는 농업 사회 스페인과 매우 대조적이다.

네덜란드가 값싸게 전쟁 자금을 조달하는 데는 1550년대에 이미 자리를 잡았던 장기 공채 제도—렌텐renten이라 불림—도 한몫했으리라 짐작할 수 있다. 1515년에 주 의회는 공채 보유자에게 이자 지급에 대한 책임을 공식적으로 인정했고, 1540년대에는 재정 혁명financial revolution의 핵심이라고 할 수 있는 장기 공채에 지급하는 이자를 특정한 세금과 연동시키는 제도 또한 홀란트에 정착되었다. 1550년대에는 강제 공채 제도 대신 채권 시장을 통해 국가가 대부를 받는 관행도 자리를 잡았다. 그러나 반란과 독립 전쟁 초기의 불확실한 상황에서 장기 공채는 시장에서 크게 환영받지 못했고, 따라서 조세 부담이 크게 늘게 되었다. 그러자 징세 청부인들이 발행하는 일종의 약속 어음인 오블리가텐obligaten을 통한 단기 대부가 이용되었다.

단기 대부는 네덜란드인뿐만 아니라 외국 상인들도 가세해 제공했다. 예컨대, 저지대 지역에서 탈출한 피난민들이 모여 살았던 잉글랜드 북부 입스위치Ipswich의 상인들은 5만 파운드를 투자했고, 안트베르펜을 모직물 교역의 거점으로 이용했던 런던의 모험 상인회는 10만 파운드를 투자하기도 했다.[35] 다시 말해, 네덜란드가 재정 혁명을 통해서 전쟁 비용을 효과적으로 조달한 것은 사실이지만, 상인과 투자자를 움직인 궁극적인 힘은 네덜란드 경제가 가속적으로 성장해 투자 수익을 안정적으로 상환할 수 있을 것이라는 확신이었다고 볼 수 있다.

○ 전쟁 중의 성장

스페인 제국과의 전쟁은 분명 네덜란드 공화국에는 시련이었다. 그러나 놀랍게도 오랜 전쟁 기간에도 네덜란드의 경제 성장은 지속되었고, 17세기 초 역사상 최초로 확대 재투자 체제가 완성되었다. 스페인 제국이 경제 성장의 감속과 천문학적 전쟁 비용을 감당하지 못해 쇠퇴의 길을 걷기 시작할 무렵, 네덜란드는 경제와 전쟁의 선순환을 뒷받침하는 제도적 기틀을 마련했다. 앞에서 언급했듯이 군사 및 재정 부문에 도입된 혁신적인 조치들은 네덜란드의 무역 활동을 보호하고 상공업 세력의 경제 활동을 독려하는 데 초점이 맞추어져 있었다. 이를 바탕으로 전쟁 기간에 네덜란드 경제는 도약했다. 1580년대부터는 저지대 남부 지역과 잉글랜드에 뒤처져 있던 모직물, 리넨 등 직물업이 빠르게 성장했고, 조선업, 목재 제재업, 양조업의 성장세도 두드러지게 빨라졌다. 무역 부문에도 많은 변화가 있어 이전에 주로 발트해를 중심으로 부가 가치가 적은 대량 운송 무역에 의존했던 것과 달리, 네덜란드 상인들은 사치품 무역에 관심을 갖기 시작했다. 따라서 그들은 이탈리아, 포르투갈, 스페인, 잉글랜드 상인들이 지배했던 지중해, 레반트, 동아시아, 대서양 지역에 공격적으로 침투하기 시작했다. 그러한 네덜란드의 새로운 활력을 가장 뚜렷하게 보여 준 것은 17세기 초에 설립된 네덜란드 동인도 회사였다. 동인도 회사의 설립은 네덜란드 상인들이 대량 운송 무역과 조선업에서 축적한 기술과 경험을 토대로 사치품 무역까지 장악하는 계기가 되었다. 또 이는 네덜란드의 확대 재투자 체제의 완성을 알리는 사건이었다.

네덜란드가 전쟁 기간 중에 어떻게 성장할 수 있었는지에 대해서는 이미 많은 연구 자료가 있으므로 여기에서 자세한 설명은 생략할 것이다. 다만, 주목해야 할 사실은 전쟁 자체가 네덜란드의 경제 성장과 구조 변화에 기여했다는 점이다. 우선, 네덜란드가 전쟁 초기의 열세를 과감한 군사 개혁과 재정 혁신을 통해서 극복해 공화국의 독립을 유지했다는 사실 자체가 네덜란드의 경제 도약을 가능하게 했다. 전쟁의 효과는 이뿐만이 아

| 레이덴의 구제

니었다. 전쟁은 스페인 제국의 경제적 중추였던 안트베르펜의 몰락을 가져왔고, 이는 네덜란드가 수출 지향적 제조업의 기반 위에 대량 운송 무역과 사치품 무역을 동시에 하는 진정한 창고 무역 중심지로 부상하는 결정적인 계기가 되었기 때문이다.

잘 알려진 것처럼 안트베르펜 경제는 1575년 스페인 제국의 지불 중지 선언과 1584~1585년 공성전을 거친 후 몰락했다. 안트베르펜의 몰락으로 네덜란드는 제조업과 상업에 새로운 인력과 자본을 풍부하게 공급할 수 있었다. 반란이 시작된 1560년대부터 저지대 남부에서 북부로 이주하는 사람들이 생겼고, 스페인군이 안트베르펜을 점령한 후에는 이민의 규모와 속도가 눈에 띄게 달라졌다. 이때 안트베르펜을 떠난 인구수가 10만 명 정도라고 한다. 그들 중 숙련공들과 상인들은 홀란트와 젤란트의 무역과 제조업 중심지에 정착했다. 많은 숙련공들이 네덜란드에 정착하면서 1580년대까지 열세였던 수출 지향적 제조업이 본격적으로 발전했다. 당시

레이덴은 모직물 산업의 중심지였는데, 이민이 유입되면서 불과 20년 만에 인구가 2배 이상 증가—1581년 약 12,000명에서 1600년 26,000명—했고, 이민이 들여온 '신직물new draperies'의 주산지로 탈바꿈했다. 하를렘은 1570년대에는 인구가 14,000여 명이었는데 1622년에는 39,000명으로 늘었다. 이는 플랑드르 지방의 숙련된 표백공들의 이주로 인해 리넨 산업이 빠르게 성장한 결과였다. 또한 암스테르담은 무려 3만여 명에 이르는 이민자들을 받아들였는데, 이는 1600년경 암스테르담 인구의 3분의 1에 해당하는 것이었다. 이들 중 주목해야 할 집단은 상인이었다. 브로델에 따르면, 저지대 남부에서 이주한 상인들은 1580~1630년에 암스테르담 상인 공동체의 3분의 1을 차지할 정도였다. 그들은 유럽의 남부와 북부, 나아가 유럽과 나머지 세계를 연결하는 상인 네트워크에 대한 지식과 인적 기반을 제공했을 뿐만 아니라 대규모 상업 자본을 공급했다. 이는 암스테르담의 상인 자본의 규모를 50퍼센트가량 증가시켰는데, 특히 암스테르담 은행과 동인도 회사의 자본 형성에 크게 기여했다.[36]

그렇다면 저지대 남부에서 북부로의 이민은 당연한 것이었을까? 실제로 안트베르펜을 떠났던 대상인들과 숙련공들 중 상당수는 네덜란드보다 사치품 무역과 제조업의 경험이 축적되어 있던 개신교를 따르는 북서부 독일 지역에 먼저 정착했다. 그러나 그들을 비롯해 저지대 남부 출신 이민자 대다수가 결국 네덜란드 공화국에 정착하게 되었다. 그 이유는 다양했다. 우선, 네덜란드 공화국이 대량 운송 무역을 장악하고 있었기 때문에 식량 공급이 원활했고, 바다와 내륙의 수로를 연결하는 발달된 운송 네트워크를 통해 주택 건설에 필요한 자재들을 수월하게 공급받을 수 있었으며, 1590년대에 이르자 네덜란드 공화국이 스페인의 공세에도 결국 살아남을 것이라는 믿음이 확산되었던 것 등을 꼽을 수 있다. 그러나 가장 큰 요인은 네덜란드 공화국의 정책적인 지원이었다. 네덜란드 공화국의 도시들은 이민을 유치하기 위해 경쟁적으로 여러 가지 특혜를 제시했다. 그 내용은 면세, 길드 규제로부터의 자유, 아동 노동력의 공급, 대부, 판매

보장 등이었다.[37]

이처럼 안트베르펜의 몰락과 상공업자들의 대규모 이주 덕분에 네덜란드 제조업 중심지들은 신직물, 리넨, 면직물 등 고급 직물을 생산할 수 있는 자본과 기술을 확보했으며, 저지대 남부 상인들이 구축해 놓은 무역 네트워크를 활용할 수 있게 되었다. 게다가 펠리페 2세가 네덜란드를 압박하기 위해 외국 선박에 대해 이베리아반도 항구들을 폐쇄하는 조치를 취했지만, 이는 오히려 네덜란드 상인들이 향료 무역에 눈을 돌리는 계기를 제공했다. 당시 네덜란드 상인들은 러시아와 레반트 지역에 진출할 기회를 엿보고 있었는데, 이를 계기로 아시아 항로를 개척하는 데 적극적으로 관심을 갖게 된 것이었다. 그 결과, 1595년 암스테르담 상인들이 공동 출자한 선단이 아시아로 떠났고, 1602년에는 동인도 회사가 출범했다.

이는 1590년대 네덜란드 공화국이 세계 경제의 패권 국가로 도약할 채비가 되었음을 보여 주는 사건이었다. 신생 공화국 네덜란드는 당대 최강의 군사력을 자랑하던 스페인 제국에 맞서 독립을 지켰을 뿐만 아니라, 15세기부터 축적된 자본, 상업적인 토대, 발달된 조선업을 기반으로 운송 무역에서의 우위와 제조업에서의 경쟁력, 사치품의 교역망까지 두루 갖추게 되었다. 게다가 네덜란드가 앞으로 더욱 공격적으로 경제적 패권을 추구할 것임을 예견케 하는 사회적 변화가 한창이었다. 전통적인 농업 사회에서 정치권력으로부터 소외되었던 상인들이 네덜란드의 정치 엘리트로 성장했던 것이다. 1590년대에 등장한 상인 엘리트는 그 이전까지 네덜란드의 정치경제를 지배했던 상공업 가문 출신의 도시 관직 보유자들—리젠트regents—과 여러 면에서 달랐다. 새로운 상인 엘리트는 이전의 엘리트보다 훨씬 더 많은 재산을 보유하고 있었다. 그들은 사치품 무역에 관심이 있었고, 새로운 무역 경쟁에서 성공하기 위해 시장을 독점적으로 지배하려고 했다. 바로 이들이 아시아 진출에 필요한 초기 자본을 제공하고, 해외 식민지 무역의 거점인 동인도 회사의 설립을 주도했다.[38]

확대 재투자 체제의 완성: 네덜란드 동인도 회사

포르투갈은 아시아 항로를 개척하고 향료 무역을 독점하는 데 가장 먼저 관심을 기울였다. 포르투갈의 아시아 진출은 2장에서 살펴본 스페인의 아메리카 정복과 사뭇 다르게 진행되었다. 두 가지 역사적 상황이 포르투갈의 해상 팽창 유형을 결정했다. 우선, 아시아 경제는 최근에 세계사 연구자들이 강조하듯이 이미 서구 세력의 진출 이전에 유라시아 대륙과 인접한 대양을 포괄하는 광대하고 조밀한 국제적 무역 네트워크를 보유하고 있었다. 또한 이 국제적 무역 네트워크를 뒷받침하는 도시들이 발달했고, 그 배후에 몇몇 강력한 제국이나 국가가 존재했다. 이러한 정치경제적 힘은 포르투갈이 어느 정도 우위에 있었던 특정한 군사 기술—포르투갈의 함대에 탑재된 대포[39]—만으로는 극복할 수 없는 것이었다. 따라서 포르투갈은 고도로 발전된 아시아 무역 네트워크에 참여하는 기회를 잡는 데 주력할 수밖에 없었다. 이를 위해 포르투갈은 기존 무역 네트워크상의 몇몇 거점들을 무력으로 장악하고, 현지 상인들과의 협력을 통해 향료와 같은 교역 물품들을 확보하는 한편, 이 거점을 통과하는 상선이나 지역 배후의 통치자들로부터 공납을 수취하는 전략을 택했다. 바로 이 점에서 포르투갈의 아시아 진출은 광범위한 영토 지배에 근거한 스페인의 아메리카 정복과 달랐다.

하지만 포르투갈의 아시아 진출과 스페인의 아메리카 정복에는 근본적으로 유사한 측면이 있다. 그것은 포르투갈의 해상 진출 역시 농업 사회의 고유한 경제 성장 유형을 벗어나지 못했다는 점이다. 스페인의 정복자들이 중세 레콘키스타의 연장선상에서 체감하는 농업 생산과 감속하는 경제 성장의 한계를 극복하기 위해 아메리카로 건너간 것처럼, 포르투갈 역시 경제외적인 강제력을 바탕으로 영토를 장악하고 이를 토대로 잉여를 수취하려는 의도를 가지고 있었다. 다만, 아시아의 환경이 아메리카와 달랐을 뿐이었다. 따라서 향료와 같은 사치품의 교역은 아시아 상인들과 유럽 각국 상인들의 몫으로 남았다.

이에 비해 네덜란드의 아시아 진출은 철저히 상업 사회의 논리에 따라 진행되었다. 그렇다고 해서 네덜란드 상인들이 군사력을 동원하지 않은 것은 아니었다. 동인도 회사 설립 이전에도 네덜란드 선단은 국가의 군사력에 의존했으며, 동인도 회사 역시 향료 원산지의 원주민 사회를 무력으로 무너뜨렸고 유럽 상인 집단들을 폭력으로 제압했다. 다른 점이 있다면 경제외적 강제력을 사용한 목적에 있었다. 1590년대 네덜란드의 새로운 상인 엘리트는 기존의 엘리트와 달리 아시아 무역에서 독점적인 위치를 구축하기 위해 좀 더 적극적으로 국가의 군사적·제도적 지원을 확보하려고 했다. 다시 말해, 이들에게 중요한 것은 영토와 약탈이 아니라 상업과 이윤이었으며, 국가의 지원은 어디까지나 상업적 목적을 달성하기 위한 보조적인 도구였다.

1590년대부터 네덜란드 상인들은 포르투갈과 스페인이 장악했던 아시아 무역에 관심을 기울였다. 이전까지 향료는 포르투갈을 거쳐 수입되었고 안트베르펜에서 독점적으로 거래되었다. 따라서 네덜란드 상인들은 안트베르펜에서 필요한 향료를 구입해 북유럽 시장에 배분했다. 그러나 1580년대 북부의 독일 상인들이 북유럽 향료 시장에서 네덜란드 상인들과 경쟁하기 시작했다. 더욱이 이 시기에 유럽 시장에서는 향료 수요가 지속적으로 늘어나고 있었는데 포르투갈을 통해 공급되는 향료의 양은 제한되어 있었으므로 가격이 상승했다. 이러한 상황에서 네덜란드와 스페인 제국과의 전쟁이 격화되고 안트베르펜을 중심으로 형성되었던 향료 무역 체제가 무너지자 유럽 향료 시장의 경쟁은 치열해질 수밖에 없었다. 따라서 네덜란드 상인들은 경쟁에 곧장 뛰어들지 않으면 아예 시장에서 영원히 배제될 수도 있다는 위기감을 느꼈다. 그 결과, 상인들은 1590년대에 아시아로 직접 선단을 파견하게 되었다.

1590년대 네덜란드 상인들의 아시아 진출은 선구先驅회사voor-compagnien 형태로 진행되었다. 선구회사는 자본을 출자하는 순수한 상업 조직이었다. 이러한 형태의 사업 조직을 택한 이유는, 아시아로의 항해가 유럽 내에서의 교역에 비해 위험 부담이 크고 항해 기간이 길어 상인 개인이 독자적으로 그 일을 추진하기 어려웠기 때문이다. 하지만 무엇보다 선구회사의 사업이 성공하려면 국가의 지원이 필요했다. 예컨대, 최초로 아시아 무역에 뛰어들었던 암스테르담 상인들의 원거리 회사Compagnie van Verre는 대상인과 소액 주주들의 출자로 형성되었는데, 국가로부터 무기를 대여 받고, 관세를 면제 받았으며, 향후 회사가 아시아에서 주장하게 될 권리를 법적으로 인정받는 등의 특혜를 확보했다.[40]

비록 원거리 회사의 항해가 큰 성과를 거두지는 못했지만 그로 인해 네덜란드 상인들의 아시아 진출이 활발해지는 계기가 되었다. 1602년까지 모두 15개의 선단, 65척의 배가 아시아로 떠났다. 하지만 회사들은 큰 이윤을 얻지 못했다. 왜냐하면 많은 회사들이 경쟁적으로 아시아에 진출하면서 상품의 현지 가격은 오르고 유럽에 공급하는 가격은 하락했기 때문이다. 더욱이 스페인과의 전쟁이 계속되고 있었으므로 아시아에서 스페인·포르투갈의 사략선이나 무역선으로부터 공격을 받을 가능성도 높았다. 그래서 선구회사의 관리자들 사이에서는 기존 회사들을 통합해 경쟁을 제한하고 좀 더 강력한 국가 지원을 확보해야 한다는 인식이 형성되었다. 그 결과, 선구회사 관리자들과 전국 의회 사이에 본격적인 협상이 시작되어 1620년에는 통합 동인도 회사가 탄생했다.[41]

네덜란드 동인도 회사의 구조와 경영 방식은 독특했다. 동인도 회사는 어떤 면에서는 근대적인 주식회사의 형태를 띠고 있었다고 볼 수 있다. 회사는 항해가 끝날 때마다 이윤 배당과 함께 원금까지 모두 상환하던 전통적인 관행을 깨고 초기 자본을 10년간 묶어두는 방식을 택함으로써 사업의 연속성을 보장했고, 유한 책임제를 도입해 투자자들의 위험 부담을 덜어주었다. 또한 동인도 회사는 오늘날의 공기업과 비슷한 면모도 갖고 있었다. 회사의 주주들은 관리자들이 계약을 준수하는 한 회사 경영에 직접적으로 관여할 수 없었는데, 이는 마치 정부와 정부 채권 소유자의 관계와 같았다. 채권 소유자들이 채권을 사고팔 수는 있지만 정부의 정책 결정에 직접 관여할 수 없는 것과 마찬가지로, 동인도 회사의 주주들 역시 회사 경영에 개입할 수 없었다. 이와 같이 주식회사와 공공 기관의 성격을 함께 갖고 있었던 네덜란드 동인도 회사는 1601년에 설립된 잉글랜드 동인도 회사에 비해 무려 10배가 넘는 대규모 자본을 조성해 규모상의 우위를 확보했으며, 국가의 지원과 전문 관리자의 경영 수완을 효과적으로 결합할 수 있었다. 그 결과, 동인도 회사는 네덜란드의 확대 재투자 체제가 성립하는 데 핵심적인 역할을 할 수 있었다. 그리고 여기에서 축적된 자본은 네덜란드가 가속하는 경제 성장을 기반으로 경제적 패권을 차지하는 데 기여했다.

네덜란드 동인도 회사는 자본과 국가 권력이 성공적으로 결합한 최초의 사례였고, 그것의 혁신적인 성향은 군사력 동원 방식에서도 잘 드러났다. 앞에서 언급했듯이 네덜란드와 포르투갈의 공통점은 모두 군사력을 앞세워 아시아에 진출했다는 것이다. 그리고 차이점은 포르투갈은 무역을 통한 약탈 자체가 이윤의 원천이었고, 네덜란드는 상업적인 이윤을 추구하기 위해 군사력을 동원했다는 것이다. 네덜란드 동인도 회사가 동아시아 지역에서 군사력을 행사할 수 있었던 근거는 회사 설립을 허가하는 특허장에 명시되어 있었다. 특허장의 35조에 동인도 회사가 전국 의회를 대신해 조약 체결, 전쟁 선포, 요새와 상관 건설, 군인 충원 등 국가 기능을 대신할 수 있다고 규정해 놓았던 것이다. 이러한 권한을 바탕으로 네덜란드 동인도 회사는 자체의 군사력을 보유, 동원할 수 있었다.[42]

네덜란드 동인도 회사는 막대한 자본 동원 능력과 자체 군사력에 바탕을 두고 향료 무역을 독점하기 시작했다. 향료는 동인도 회사 무역의 주요 품목이었다. 특히 후추의 경우 1619~1621년에는 전체 교역액 중 56퍼센트, 1648~1650년에는 50.3퍼센트를 차지할 정도였다. 게다가 정향, 육두구 등까지 합하면 17세기 전반 향료가 차지하는 비중은 회사의 수입 총액 중 70~75퍼센트나 되었다. 이처럼 중요한 사업 품목의 현지 조달과 유

| 암본 학살 사건 – 고문 장면

럽 내의 공급을 독점하기 위해 네덜란드 동인도 회사는 무력을 사용하는 것도 주저하지 않았다. 후추는 원산지가 여러 곳이었으므로 공급을 규제하는 것이 불가능했지만, 다른 향료들은 달랐다. 대표적인 예가 1623년에 일어난 암본Ambonia 학살 사건이었다.

암본은 정향의 주산지였는데, 본래 네덜란드와 잉글랜드 동인도 회

| 말라카 지역을 정복한 네덜란드

사 간의 협정으로 그곳에 잉글랜드의 상관이 설치되어 있었다. 그러나 네덜란드인들은 암본에 대한 잉글랜드의 통제를 약화시키기 위해 반란 음모를 구실 삼아 잉글랜드인, 일본인, 포르투갈인을 포함하여 20명을 처형했다.[43] 이 사건으로 인해 잉글랜드인들은 향료 무역에서 제외되었다. 1641년 네덜란드인들은 포르투갈인들마저 말라카(믈라카의 옛 이름)에서 쫓아냈다. 그 결과, 1650년대에 네덜란드는 향료 제도에서 확실한 우위를 차지했고, 이를 통해 반다 제도의 육두구와 암본 및 몰루카 제도의 정향을 독점할 수 있었다.

향료 무역의 독점 외에도 네덜란드 동인도 회사가 수익을 유지하기 위해서는 또 하나의 문제를 해결해야 했다. 아시아 시장에서는 유럽에서 생산된 상품에 대한 수요가 거의 없었기 때문에 향료 수입이 증가할수록 무역 적자가 누적되었던 것이다. 이를 해결하기 위해서 네덜란드 동인도 회사는 동아시아 내부 무역에 뛰어들었다. 이 일에는 향료 무역을 위해 건

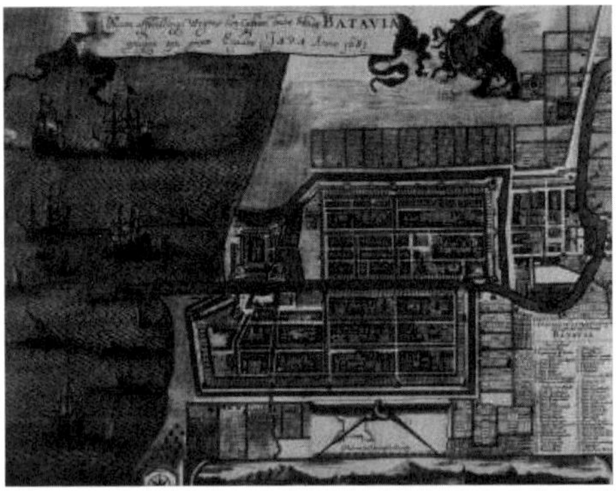

| 17세기 초 바타비아에 설치된 네덜란드의 요새형 상관

설한 상관들이 중요한 역할을 했다. 동인도 회사는 1605년 암본 점령을 시작으로 17세기 중반까지 20여 곳에 상관을 설치했고, 이 상관들을 연결하는 조밀한 네트워크를 구축했다. 같은 시기에 잉글랜드 동인도 회사가 주로 아시아와 영국 간의 직교역에만 치중했던 반면, 네덜란드 동인도 회사는 명실상부한 아시아 내부의 무역 세력이 되었던 것이다. 네덜란드는 인도 남부의 면을 인도네시아로, 중국의 비단을 대만에서 일본으로 운송하고, 나가사키에서 인도네시아의 향료와 일본의 은·구리를 교환하는 방식으로 큰 이익을 거두었다.

동인도 회사의 발전은 네덜란드가 세계 무역에서 우위를 차지하게 된 계기였을 뿐만 아니라 네덜란드의 재정 혁명을 뒷받침하는 기반이 되었다. 암스테르담 자본 시장에 양도 가능한 동인도 회사의 주식이 등장하면서 투자자들이 유동성의 손실 없이 투기적인 이윤을 추구할 수 있는 가능성이 열렸고, 주식 시장이 활성화되면서 1609년부터는 공채 시장도 함께 성장했다. 물론 아시아 진출 이전에도 자본 시장은 존재하고 있었다. 그러나 앞에서 언급했듯이 아시아 진출은 유럽 내부나 대서양 무역에 비해서 적게는 2배, 많게는 4배에 이르는 초기 자본을 필요로 했다. 더욱이 아시아로의 항해는 위험 부담이 크고 시간도 오래 걸렸다. 선구회사 시기에 아시아로 떠났던 선박들 중 20퍼센트가 귀환하지 못했고, 항해 기간은 적어도 2년 이상 걸렸던 것이다. 이처럼 초기 자본의 규모가 크고 위험 부담이 큰 사업을 추진하기 위해서 동인도 회사는 유한 책임 제도에 근거한 주식회사의 형태를 취했고, 그 결과 설립 당시의 자본금 640만 길더 중 절반을 주식 발행을 통해 조성할 수 있었다. 이 주식들이 시장에서 자유롭게 거래될 수 있는 제도적인 틀이 마련됨으로써 자본 시장은 빠르게 성장했

고, 네덜란드는 유럽의 다른 어느 나라보다도 먼저 재정 혁명을 이룩할 수 있었던 것이다.[44]

가속성의 상실

17세기 전반기는 네덜란드 경제의 황금기로 동인도 회사가 아시아에서 향료 무역과 역내 무역을 장악했다. 네덜란드는 대규모 운송 무역에서 출발해 독립 전쟁 기간에 유럽 내 사치품 무역을 장악한 데 이어 가장 부가 가치가 높았던 아시아와의 무역 역시 지배했으며, 재정 혁명의 성과를 기반으로 군사력을 유지해 세계 경제의 패권국으로 우뚝 섰다. 그러나 황금기는 짧았다. 이미 1670년대부터 네덜란드의 경제 성장은 둔화되기 시작했고 국가의 재정 상황 역시 악화되어, 1715년에는 국가 부채의 이자를 지불하는 것조차 버거운 상황이 되었다.[45] 그 밖에도 쇠퇴의 징후는 여러 가지로 나타났다. 1670년대 이후 인구 성장이 멈추었다. 1670년대의 인구 수준은 1815년까지 유지되었으나, 떠오르는 강자 영국의 인구 성장과 비교하면 네덜란드의 인구는 상대적으로 감소하고 있는 셈이었다. 영국 인구 대비 네덜란드 인구는 1715년경 35퍼센트였으나, 1815년에는 21퍼센트로 감소했던 것이다. 네덜란드의 도시화 수준 또한 1670년대에는 45퍼센트를 기록했는데 1815년에는 37퍼센트로 떨어졌고, 명목 임금 수준과 에너지 소비 역시 1670년대 이후 오르지 않았다. 그 결과, 인구의 정체에도 1670년대부터 1800년대까지 네덜란드의 1인당 국민 총생산은 늘지 않았다.[46]

네덜란드의 황금기는 왜 지속될 수 없었을까? 이 문제는 오랫동안 역사가들의 관심사였는데, 이번 장에서 강조할 것은 17세기 중·후반 네덜란드 공화국에서 경제와 전쟁의 선순환이 깨지는 양상이 나타났던 일이다. 이는 여러 가지 복합적인 원인이 작용한 결과였다. 우선, 네덜란드 경제는 근본적으로 상업에 의존했는데, 상업 사회의 확대 재투자 체제에 의한 가치 창출에는 태생적으로 한계가 있었다. 게다가 17세기 중반 이후 치열해진 중상주의적 경쟁 속에서 영국을 비롯한 경쟁국에 군사적인 우위를 내줌으로써 네덜란드는 독립 전쟁 기간에 누렸던 경제와 전쟁의 선순환으로부터 이탈하기 시작했다. 네덜란드 공화국의 정치 구조는 이 위기를 타개하는 데 도움이 되지 못했다. 중세와 근대의 경계에서 탄생한 네덜란드 공화국의 느슨한 연방 구조는 각 주의 이해관계를 떠나 사회경제적 위기를 극복할 혁신적인 대안을 제시하거나 실천할 수 없었다. 이러한 상황에서 네덜란드는 1672년 프랑스의 침략으로 다시 한 번 전쟁에 휘말리게 되었고 회복하기 어려운 타격을 입었다. 그 결과, 네덜란드의 경제적 패권 역시 사라지게 되었다.

과연 네덜란드의 확대 재투자 체제는 어떠한 한계에 부딪쳤을까? 세 가지로 그 문제점을 지적할 수 있다. 첫째, 상업 사회의 주요 상품은 농업, 광업, 수공업의 산물이었고, 그것은 대개 생산이 체감하는 성향을 가지고 있었다. 예컨대, 17세기 초반에 네덜란드의 가장 중요한 교역 품목은 향료였다. 향료는 17세기 후반에 공급 과잉 상태에 이르러 이전처럼 높은 부가가치를 보장하지 못했고 그것을 대체할 만한 새로운 고부가 가치 상품도 발견되지 않았다. 둘째, 상업 사회의 발전은 운송 수단의 발전에 크게 의존하는데 여기에서도 네덜란드는 어려움에 부닥쳤다. 해상 수송의 경우 조선업의 기술적인 한계로 인해 선박의 크기와 속도가 제한되어 있었고, 육상 수송의 발전은 철도의 등장 이전까지는 발전 자체가 매우 더뎠다. 더욱이 무역로를 확보하더라도 그것을 유지하기 위해서는 막대한 군사비가 소요되었던 반면, 당시의 기술적인 수준으로 볼 때 조선 기술, 항해술, 무기 제조 기술 등은 경쟁국이 쉽게 모방할 수 있었다. 이는 네덜란드가 직면한 세 번째 한계에서 비롯된 문제였다. 상업 사회의 확대 재투자 체제는 주로 기술 혁신이 주도하는 공급 부문의 혁신에 의존한 체제가 아니었으므로 상업 사회 시대의 기술적인 우위는 오랫동안 유지되지 못했다. 다시 말해, 기술 수준이 낮았으므로 특정한 제조업에 대한 기술 개발이 이루어지더라도 쉽게 경쟁자들에 의해 모방, 침해될 수 있었던 것이다.

이러한 한계들이 복합적으로 작용해 네덜란드 경제를 지탱해 온 무역의 우위가 흔들리기 시작했다. 우선 모무역mother trade이었던 발트해 무역이 정체 또는 쇠퇴했다. 여기에서 주목할 점은 발트해 무역에서 네덜란드 공화국이 차지하는 상대적인 비중에는 큰 변화가 없었다는 것이다. 적어도 1730년대까지 네덜란드 공화국은 여전히 발트해 지역에서 서유럽으로 운송되는 곡물의 70퍼센트를 장악하고 있었다. 변화는 무역의 전체적인 규모에서 일어났다. 17세기 전반에 발트해 무역의 규모는 연평균 68,500라스트였는데 17세기 후반에는 연평균 55,800라스트로 줄어들었다. 하락세는 18세기 전반에 더욱 뚜렷하게 나타나 무역량이 연평균 31,800라스트로 줄었다. 이는 유럽의 인구 증가 속도가 둔화되어 전반적으로 수요가 하락했고, 잉글랜드를 비롯한 새로운 곡물 수출국이 등장했기 때문에 나타난 현상이었다.[47]

하지만 그보다 더 네덜란드 경제를 심각하게 위협했던 것은 아시아 무역의 구조 변화였다. 17세기 전반까지 네덜란드 동인도 회사가 거의 독점하다시피 했던 향료 무역은 수익성이 지속적으로 악화되었다. 반면, 잉글랜드 동인도 회사를 비롯한 경쟁국들이 주력했던 직물 교역 등의 비중은 상대적으로 빠르게 늘었다. 동인도 회사가 세워질 무렵에도 후추는 유럽에서 여전히 사치품이었지만, 유럽의 상업 세력이 아시아 무역에 앞다투어 뛰어들면서 유럽으로의 공급량이 폭발적으로 증가했다. 그 결과, 공급 과잉 사태가 벌어져 1680년대에 이르면 후추는 더 이상 사치품이 아니었다. 이러한 상황에서 정향을 비롯한 기타 향료 수입도 인구 감소로 인한 향료 소비의 전반적인 위축 문제에 부닥쳤다. 예컨대, 정향 소비는 1620년에 45~50만 파운드였는데 1655년에는 40~42만 5천 파운드, 1740년대에는 30만 파운드로 감소했다.

이처럼 네덜란드의 향료 무역은 쇠퇴하고 있었지만 대신 직물 교역의 비중은 크게 늘었다. 앞에서 언급했듯이 17세기 초반에 향료는 네덜란

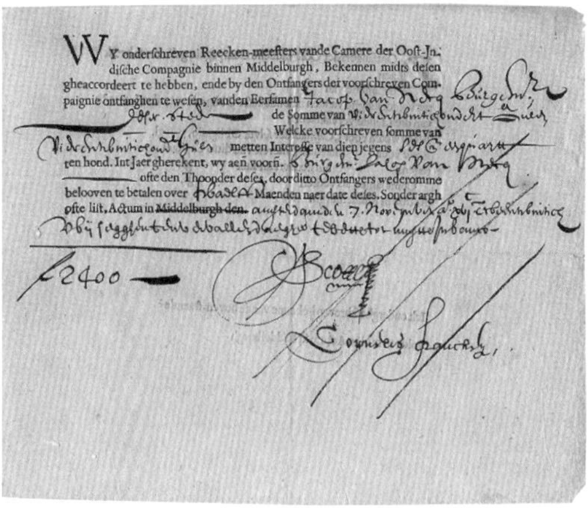
WY onderschreven Reecken-meesters vande Camere der Oost-Indische Compagnie binnen Middelburgh, Bekennen midts desen gheaccordeert te hebben, ende by den Ontfangers der voorschreven Compaignie ontfanghen te wesen, vanden Eersamen Jacob van Dorp ... de Somme van ... Welcke voorschreven somme van ... metten Interesse van dien jegens ... ten hond. Int Jaer gherekent, wy aen voorn. ... ofte den Thoonder deses, door ditto Ontfangers wederomme belooven te betalen over ... Maenden naer date deses. Sonder argh ofte list, Actum in Middelburgh den. ...

f 2400

| 네덜란드 동인도 회사의 주식(2,400플로린짜리)

드 동인도 회사의 수입 총액의 약 70퍼센트를 차지했으나, 17세기 후반부터 점차 비중이 감소하고 면직물을 비롯한 직물 교역의 비중이 증가했다. 그 결과, 18세기 중반 직물 교역의 비중은 수입 총액의 40퍼센트를 차지할 정도로 커졌다. 차, 커피 등의 비중 또한 증가했다. 네덜란드 동인도 회사가 직면한 문제는 이처럼 성장하는 새로운 무역 부문에서는 향료 무역에서처럼 독점적인 지위를 구축할 수 없다는 데 있었다. 향료는 생산지가 몇몇 지역에 국한되어 있었지만 직물 등의 생산지는 여러 지역에 분산되어 있었고, 게다가 상품의 생산과 분배에 아시아 현지의 생산자, 중개인, 국가가 깊이 개입되어 있었기 때문이다. 이처럼 변화하는 무역 환경에 네덜란드 동인도 회사는 적절하게 대응하지 못했다.

네덜란드 동인도 회사의 독점적인 지위가 흔들리는 사이 잉글랜드 동인도 회사는 빠르게 성장했다. 이러한 현상은 차 무역에서 뚜렷하게 나타났다. 네덜란드는 차 무역에서 향료 무역과 같은 방식의 독점적인 교역을 추구했다. 네덜란드는 향료 제도의 약소국가나 부족들에게 썼던 방법을 아시아의 거대 제국 중국에도 그대로 적용하려 했던 것이다. 그러자 중국 정부는 네덜란드 동인도 회사가 차 무역에 참여하는 것을 금지해 버렸다. 그러는 사이 잉글랜드 동인도 회사는 1717년부터 중국의 정크 선단들이 광둥廣東으로 운송한 차를 직접 수입하기 시작했다. 그 결과, 차 수입량이 폭발적으로 늘었다. 그제야 네덜란드 동인도 회사는 잉글랜드 동인도 회사의 방식을 받아들이려 했으나 이미 시장에서 주도권을 빼앗긴 상태였다. 차 무역에서의 실패는 더 광범위한 경제적 손실로 이어졌다. 차 무역에서 성공한 잉글랜드 동인도 회사는 인도의 면직물과 중국의 차, 아편을 맞교환하는 새로운 무역 방식을 창출해 막대한 이윤을 얻었다. 그 사이 네덜란드 동인도 회사는 점점 더 경쟁에서 뒤처지게 되었던 것이다.

아시아 무역에서 네덜란드와 잉글랜드 동인도 회사가 추구한 전략의 차이는 장차 네덜란드 공화국과 잉글랜드(후에는 영국)의 세력 균형에서 나타날 변화를 예고하는 것이기도 했다. 네덜란드 공화국이 새로운 고부가가치 상품을 찾지 못하고 경제 성장이 둔화되고 있던 차에 잉글랜드라는 강력한 경쟁자를 만나면서 그 한계를 더 분명하게 드러내기 시작했던 것이다. 궁극적으로 두 국가 사이의 전쟁은 네덜란드가 경제와 전쟁의 선순환에서 이탈하는 결과를 가져왔다.

잉글랜드와의 전쟁과 그 결과

1650~1690년에 네덜란드는 잉글랜드와 세 차례의 전쟁을 치르게 된다. 이는 근본적으로 네덜란드의 경제적 패권에 대한 잉글랜드의 도전이었다.[48] 네덜란드인들은 그들만의 확대 재투자 체제를 구축하기 위해 스페인과 오랫동안 전쟁을 치러야 했는데, 이제 경쟁국들의 도전 또한 방어해야 하는 처지가 되었다. 네덜란드 공화국은 잉글랜드, 스웨덴, 프랑스 등과 전쟁을 치러야 했고, 이 전쟁으로 인해 네덜란드의 경제적 우위를 잠식당하게 되었다.

잘 알려진 것처럼 잉글랜드와의 전쟁은 크롬웰Oliver Cromwell이 집권한 직후 시작되었다. 내란기의 격변을 평정하고 집권한 크롬웰은 치열해지는 중상주의적 경쟁에서 잉글랜드를 지키고 종교 개혁을 완수하기 위해서는 상업과 해군의 힘을 키워야 한다고 믿었다. 이는 곧 네덜란드와의 경쟁을 의미했다. 이미 16세기 말부터 네덜란드 상업 세력은 전통적으로 잉글랜드가 우세했던 레반트 지역 등에서 잉글랜드의 세력을 잠식하고 있

| 올리버 크롬웰(1599~1658)

었고, 아시아 무역에서도 잉글랜드의 팽창을 적극적으로 저지하고 있었기 때문이다. 따라서 잉글랜드는 새로운 공화국의 안전과 체제의 경제적 기반을 다지기 위해서 네덜란드와 경쟁할 수밖에 없었다. 그 결과, 항해법 체제가 도입되었고 그것이 시행되면서 두 나라의 경쟁은 전쟁으로 확산되어 두 차례의 전쟁(1652~1654, 1665~1667)을 치르게 되었다. 더욱이 1672년에 시작된 3차 전쟁에는 프랑스까지 가세해 네덜란드의 경제적 패권을 위협했다.

이 세 차례의 전쟁에서 양국은 우열을 가리기 어려웠다. 장기적인 관점에서 볼 때, 중요한 문제는 각 전쟁의 승패보다 장기적인 소모전으로 인해 네덜란드와 잉글랜드 모두 해군력에 큰 손상을 입었다는 것이다. 예컨대, 2년여에 걸쳐 진행된 1차 전쟁에서 네덜란드는 약 1,500척의 상선을 잃었고, 잉글랜드의 해군력 역시 영국 해협을 지키는 것도 벅찰 만큼 약화되었다.[49] 동아시아에서의 충돌로부터 시작된 3차 전쟁에서 네덜란드는 2차 전쟁 이후 해군력을 대폭 강화한 잉글랜드뿐만 아니라 프랑스까지 상대해야 했다. 프랑스군은 위트레흐트를 포함하여 48개의 도시를 점령했지만, 네덜란드는 홀란트와 젤란트의 제방을 끊어내는 극단적인 방법까지 동원해 프랑스군에 맞서야 했다. 그러한 가운데서도 네덜란드 함대는 인도와 북아메리카에서 영국과 프랑스 식민지를 공격해 상당한 성과를 거두었다.[50]

네덜란드가 압도적인 경제력에도 세 차례의 전쟁에서 군사적인 우위를 차지하지 못했던 이유는 몇 가지로 요약할 수 있다. 가장 큰 요인은 네덜란드 공화국의 독특한 정치 구조에 있었다. 연방에 속한 각 주들의 이해관계의 차이 및 연방 의회와 군사 지도자들 간의 긴장 관계가 전쟁을 효과적으로 치르는 데 걸림돌이 되었다. 예컨대, 연방에서 가장 부유했던 홀란트 의회는 상인 가문 출신의 리젠트가 지배해 주와 도시의 자율성을 강조하면서 지방 분권주의와 무역 우선주의를 표방했다. 반면, 네덜란드군을 이끄는 오라녀 가문 출신의 총독Stadhouder들은 통일된 네덜란드를 지향했다. 이미 독립 전쟁 때부터 리젠트와 총독 간에 이러한 논쟁이 시작되었는데 잉글랜드와 전쟁을 치르는 기간에도 지속되었다. 이처럼 네덜란드 공화국의 두 핵심 정치 세력이 국가의 정책 방향에 대해서 일관된 결정을 내리지 못했으므로 전쟁 수행에서도 효율성을 기대하기 어려웠던 것이다.

특히 연방 각 주들의 이해관계의 차이가 빚어낸 불협화음은 잉글랜드와의 전쟁에서 중추적인 역할을 했던 해군의 전쟁 수행에 차질을 빚게 했다. 앞에서 언급했듯이 연방의 정치 구조 아래 해군은 각 주 의회의 통제를 받았다. 네덜란드의 함대들은 각 주의 예산으로 건조되었고, 인사권 또한 각 주가 쥐고 있었다. 다시 말해, 네덜란드 해군은 각 주의 연합 함대로 조직, 운용되었던 것이다. 따라서 각 주 사이에 발생하는 이해관계의 충돌은 연합 함대의 운용에서 그대로 재현되어 연합 함대의 전력에 영향을 미쳤다. 단적인 예로, 2차 전쟁 기간에 잉글랜드와의 해전이 한창 진행 중인 상황에서 연합 함대의 일부가 지방 정부의 호출을 받고 전체 대열에서 이탈하는 사태가 벌어졌다. 이는 각 주의 함대가 연방 전체의 이익보다 각 주의 이익을 우선시한다는 것을 보여 주는 것이다.

네덜란드 해군이 부닥뜨린 또 다른 문제점은 기술적인 우위에서의 변화였다. 네덜란드 해군은 주로 근해에서 활동했으므로 아랫부분이 짧은 선박을 이용했다. 이 배는 포를 80~90문밖에 탑재할 수 없었고, 바람에 맞서 항해하는 데도 어려움이 있었다. 만일 화력을 극대화하기 위해 배에 포를 더 많이 장착할 경우에는 배의 상부 구조가 무거워진다. 따라서 적의 포격 등으로 배에 손상을 입어 침수가 일어날 경우 복원력을 빠르게 상실하는 약점을 안고 있었다. 반면, 영국 해군은 이미 3층 갑판에 100문 이상의 포가 탑재된 전함을 확보하고 있었고, 1660년대 이후에는 1천 톤 이상의 대규모 전함을 보유하게 되었다. 이러한 상황에서 네덜란드 해군은 선박에 꼭대기 돛과 삼각돛을 추가해 기동력을 개선했다. 그러나 이것만으로는 막강한 화력의 전함을 보유한 영국이나 프랑스 해군에 맞설 수 없었다.

이처럼 상업 도시들의 연합체로 출발해 국가로 발전한 네덜란드 공화국의 약점은 전쟁과 같은 위기에 분명하게 드러났다. 강력한 중앙 집권화의 길을 걷고 있던 유럽 국가들과 달리 네덜란드의 취약한 중앙 정부는 각 주와 도시들을 통제할 수 없었다. 심지어 당장 눈앞에 닥친 전쟁에 필요한 해군 증강 비용을 마련하는 데도 어려움을 겪었다. 애당초 네덜란드 해군이 보유한 선박은 군사적 목적을 위해 건조된 전함이 아니라 상선을 개조한 것이었다. 그러한 점에서도 알 수 있듯이 네덜란드인들은 눈앞의 이익을 쫓느라 장기적인 군비 투자에 소홀했고, 그 결과 그들의 한계가 잉글랜드와의 대결에서 적나라하게 드러났던 것이다.

사실, 네덜란드 공화국의 경제적 패권에 대한 도전은 네덜란드의 독립이 인정된 1648년에 이미 시작되고 있었다. 당시 스페인이 잃어버린 영토 탈환을 포기하고 유럽의 패권 경쟁에서 물러났을 때, 네덜란드는 평화를 찾은 것처럼 보였다. 그러나 이러한 네덜란드의 상업적 우위는 주변국, 특히 잉글랜드와 프랑스의 견제를 야기했고, 발트해 지역에서도 덴마크와 스웨덴의 산발적인 공격을 초래했다. 이러한 상황에서 네덜란드 공화국은 국부의 상당 부분을 국경 방어와 해외 거점, 영토, 무역 네트워크를 보호하는 데 사용하지 않을 수 없었다. 그에 따라 세금은 지속적으로 증가해 1659~1713년에 홀란트의 1인당 실질 조세 부담은 2배로 늘어났다. 각 주의 부채는 조세 부담보다 더 빠른 속도로 늘어났다. 세 차례에 걸친 잉글랜드(나중에는 프랑스까지)와의 대결 이후에도 조세와 부채 부담은 줄어들지 않았다. 오히려 오라녀 공이 명예혁명으로 잉글랜드의 왕위에 오른 직후 네덜란드 공화국은 잉글랜드와 함께 스페인 왕위 계승 전쟁에 뛰어들었고, 전쟁이 끝날 무렵 홀란트의 연간 부채 상환 비용은 보통세 총액을 넘어섰다.

이와 같이 국가 부채가 늘어나면서 네덜란드 공화국의 투자 및 생산 능력은 심각한 상황에 빠졌다. 1659년에 이르자 네덜란드는 육군이나 해군을 강화하는 데 사용할 조세 수입의 상당 부분을 이자 비용 등으로 지출해야 했던 것이다. 그 결과, 1713년 공화국의 국가 부채는 국민 소득의 2배로 늘어났다. 이러한 사실들은 네덜란드에서 경제와 전쟁이 선순환에서 이탈했음을 보여 준다. 물론 계속되는 전쟁으로 인한 전쟁 비용이 증가한 것은 비단 네덜란드만의 문제가 아니었다. 하지만 주목할 점은 네덜란드의 경쟁자인 잉글랜드가 17세기 말부터 시작된 재정 혁명을 통해 대규모 전쟁 비용을 효과적으로 조달할 방법을 찾아냈던 반면, 네덜란드는 이러한 노력에 실패했다는 것이다.

역사가들은 이러한 차이를 잉글랜드(1707년 이후 영국)와 네덜란드의 재정 체제가 다른 데서 온 결과라고 설명했다. 1660년 왕정복고 이후 잉글랜드는 점진적으로 재정 체계를 개혁해, 특히 조세 부담을 평가하고 징수하는 데 그 어떤 국가보다도 중앙 집권적이고 효율적인 제도를 구축했다. 이를 통해 잉글랜드 전체에 보편적으로 적용되는 간접세를 비롯한 조세 징수 체제가 마련되었고, 잉글랜드 은행을 중심으로 한 국채 시장 또한 활성화되었다. 반면, 네덜란드의 재정 체제는 여전히 7개 주에 맡겨져 있었다. 조세의 결정과 징수는 물론, 세수 분배 역시 각 주가 자율적으로 결정하는 체제를 유지하고 있었던 것이다.

이처럼 '탈집중화된decentralized' 네덜란드 공화국의 재정 조직은 독립 전쟁 시기만하더라도 공화국의 영토를 방어하고 시민의 경제 활동을 보호하는 데 충분했다. 하지만 그러한 체제로는 17세기 말부터 더욱 치열해진 중상주의적 경쟁을 감당해 낼 수 없었다. 왜냐하면 담세 능력 범위 내에서 적정 수준의 세금을 자율적으로 거두는 체제는 개개인에게는 효과적인 체제였지만, 천문학적으로 늘어나는 전쟁 비용은 중앙 정부의 체계적인 조세 체제와 강제력 없이는 조달할 수 없었기 때문이다. 이는 궁극적으로 네덜란드 상인들이 그들의 활력을 더 이상 보여 주지 못하리라는 것을 의미했다. 다시 말해, 잉글랜드 상인들이 전 세계적인 무역에서 해군의 강력한 지원을 받으며 빠르게 사업을 확장했던 것과 달리, 네덜란드 상인들은 더 이상 국가의 보호를 기대할 수 없게 되었던 것이다. 그 결과, 세계 경제의 패권은 네덜란드인들의 손을 떠나고 말았다.

네덜란드 확대 재투자 체제의 역사적 한계

네덜란드는 역사상 최초로 확대 재투자 체제에 근거한 성숙한 상업 사회를 건설했다. 그러나 네덜란드 공화국의 황금기는 짧았다. 17세기 중반 유럽 각국이 종교 갈등과 내란의 위협을 뒤로하고 국가 형성에 박차를 가하기 시작했던 것이다. 본격화된 중상주의적 경쟁에서 네덜란드는 인구, 영토 규모, 군사력에서 훨씬 막강했던 잉글랜드와 프랑스의 거센 도전에 효과적으로 대응할 수 없었다. 그러나 네덜란드의 쇠퇴는 농업 제국 스페인의 쇠락과 달랐다. 네덜란드의 황금기를 이끌었던 상인들에게는 여전히 고도로 발전된 상업 네트워크와 사업 기반이 있었으며 막대한 자본도 보유하고 있었다. 17세기 중반 네덜란드에는 투기 열풍이 불었는데 17세기 말부터 네덜란드인들의 자본이 런던의 금융 시장으로 대거 빠져나갔다. 이는 네덜란드의 쇠퇴가 결코 국부의 소진에서 비롯된 것이 아니라는 점을 말해 준다. 이를 뒷받침하는 또 다른 증거는 상업과 제조업이 부진했음에도 적어도 18세기 말까지 네덜란드인들의 임금 수준이 세계 최고 수준이었다는 점이다.[51]

이와 같이 부유한 네덜란드의 상공업자들에게 문제가 되는 것은 자본이나 경험 부족이 아니라 불투명한 미래였다. 불과 몇 세대 전, 세계 최강 스페인 제국과 맞서 싸울 때만 해도 네덜란드 공화국의 7개 주는 농업 제국 스페인에 비해 훨씬 효율적으로 전쟁을 치렀다. 당시 스페인은 경제 성장이 감속하는 가운데 기하급수적으로 증가하는 군사비를 조달하기 위해 모든 것을 희생해야 했지만, 네덜란드는 국부의 원천인 상업을 보호하는 데 힘을 집중해 전쟁이 오히려 경제 성장의 밑거름이 되는 경제와 전쟁의 선순환을 이룩했던 것이다. 그러나 17세기 중반의 전쟁 상황은 달랐다. 잉글랜드와 프랑스는 전쟁의 승패가 결국 국가의 경제력에 달려 있다는 것을 잘 알고 있었고, 따라서 자국의 상공업을 보호하기 위해 모든 수단을 동원했다. 잉글랜드는 네덜란드의 재정 체제보다 더 효율적인 '재정-군사국가fiscal-military state'를 건설하고 있었던 것이다. 이러한 상황에서 전쟁에서의 패배는 곧 경제적 영향력의 상실을 의미했고, 네덜란드는 재정적인 부담에도 전쟁에 더 많은 자원을 투입할 수밖에 없었다. 이에 따라 네덜란드가 패권국이 될 수 있었던 전쟁과 경제의 선순환을 유지하기가 점점 더 어려워졌다.

만일 네덜란드의 확대 재투자 체제가 17세기 초반의 활력을 계속 유지했더라면 상황은 분명 달라졌을 것이다. 그러나 그것 또한 쉽지 않았다. 앞에서 언급했듯이 네덜란드 확대 재투자 체제의 성공 비결은 대량 운송 무역과 사치품 무역을 결합해 세계적인 창고 무역의 중심지를 구축한 데 있었다. 하지만 17세기 중반부터 중상주의적 경쟁이 치열해졌고 이는 네덜란드가 확고한 우위를 차지하고 있었던 무역 부문에서 제로섬 게임zero-sum game(영합 경쟁 관계)이 시작되었음을 의미했다. 경쟁국의 상인들은 네덜란드 상인들의 독점적인 지위를 무너뜨리기 위해 더 공격적으로 자국 정부의 군사력을 활용했고, 더 적극적으로 새로운 상품과 시장을 찾아 나섰다. 게다가 경쟁국의 상인들과 정부들은 네덜란드 상인들의 침투로부터 자국과 식민지 시장을 보호하기 시작했다. 잉글랜드의 항해법이 보여 주듯 네덜란드 상인들의 시장 진입은 통제되었고, 그들이 네덜란드 상인들로부터 공급 받았던 수입품을 대체할 국내 제조업 제품을 육성하려는 노력이 시작되었다.

이러한 가운데 상업 사회의 확대 재투자 체제에 의존했던 네덜란드 경제의 약점과 한계가 여실히 드러나기 시작했다. 네덜란드는 전 세계적인 무역 네트워크를 일시적으로 장악하는 데는 성공했으나, 이 무역 네트워크에 자국의 제조업 제품을 공급하는 데 게을렀다. 물론 안트베르펜 몰락 이후 고급 직물 제조업을 비롯한 몇몇 제조업 분야에 대한 투자가 활발하게 일어났고, 이를 통해 유럽 사치품 시장에서 네덜란드의 제품이 두각을 나타낸 것은 사실이다. 하지만 점점 중요한 소비층으로 부상하게 될 중간 부류와 하층민의 일상생활용품들의 생산과 개발에 대한 투자는 상대적으로 부진했다.

만일 네덜란드에서 사치품뿐만 아니라 제조업 전반에 대한 투자가 활발하게 이루어져 네덜란드의 제조업 제품이 품질과 가격 경쟁력에서 경쟁국들을 능가했다면 유럽 각국의 중상주의적 규제를 돌파하고 아시아와 대서양 시장에 진입할 수도 있었을 것이다. 이 같은 사실은 곧 네덜란드의 확대 재투자 체제가 공급 부문의 혁신에 바탕을 둔 확대 재생산 체제로 발전하는 데 실패했음을 의미한다. 바로 이 점이 네덜란드의 쇠퇴를 설명할 때 가장 중점을 두어야 할 요인이다. 이는 산업적 기반이 결여된 상업 사회에 숙명적으로 무슨 일이 일어날지를 암시하고 있다.

이런 일이 왜 발생했을까? 그리고 네덜란드의 상업적 우위를 위협한 잉글랜드는 어떻게 확대 재투자 체제에서 확대 재생산 체제로의 이행에 성공했을까? 이 질문들에 대해서는 영국 상업 사회의 형성 과정과 특징에서 답을 찾을 수 있을 것이다.

4

상업 사회에서 산업 사회로: 18세기 영국

이 장에서는 근대 초 영국에서 완성된 확대 재투자 체제에 대해서 살펴본다. 상업 혁명, 특히 국제 무역에서 거두는 이윤을 다시 투자해 더 큰 이윤을 확보하는 확대 재투자 체제 덕분에 영국은 엄청난 상업 이윤을 거두었다. 그것은 다시 재정 및 군사 역량을 강화해 치열한 국제 경쟁에서 영국의 상업과 식민지를 보호함으로써 영국이 유럽에서 패권을 확보하는 밑거름이 되었다.

잉글랜드는 근대 초 최초로 확대 재투자 체제를 구축한 네덜란드의 상업적 우위를 무너뜨리고 전 세계에 걸쳐 제국을 건설했다. 17세기 중반의 정치적 위기를 극복한 후 잉글랜드는 네덜란드, 프랑스와 치열한 상업적·군사적 경쟁을 거치며 성숙한 상업 사회의 면모를 갖추었을 뿐만 아니라, 해외 무역과 국내 제조업의 발전을 동시에 추진함으로써 상업 사회의 한계를 극복하고 산업 사회로 진입하는 데 성공했다.[1]

영국이 상업 사회를 완성할 수 있었던 것은 패권 형성에 가장 중요한 경제와 전쟁의 선순환을 이룰 수 있었기 때문이었다. 17세기 말부터 18세기 초 반세기 동안 재정·금융 제도, 조세 징수 제도, 군사 전략 등에서 영국은 세계 최강의 제국이자 무역국으로 떠오르는 데 필요한 조치들을 완수했다. 더욱이 영국은 네덜란드와 달리 중계 무역 중심의 확대 재투자 체제를 유지하는 데 머무르지 않고 확대 재생산 체제의 산업 사회로 진입하는 데 성공했다. 산업 사회의 확대 재생산 체제는 상업 사회의 확대 재투자 체제에 공급 부문의 혁신을 더한 것으로, 영국은 자국의 상인들이 전 세계에 구축한 무역 네트워크에 국내에서 생산된 제조업 제품을 공급하면서 산업 사회를 향한 첫 걸음을 내딛을 수 있었다.

18세기에 영국이 거둔 성과에 대해서는 수많은 연구 결과가 있으므로 여기에서 자세한 설명은 생략할 것이다. 애당초 경제 발전과 패권 형성의 유형을 설명하려는 이 책의 의도대로 영국에서 형성된 확대 재투자 체제에 바탕을 둔 경제와 전쟁의 선순환 구조의 특징들을 살펴보고자 한다. 그렇게 함으로써 영국이 근대 초의 격렬한 중상주의 경쟁에서 승리할 수 있었던 까닭과, 영국에서 확대 재투자 체제에서 확대 재생산 체제로의 이행이 일어난 배경을 좀 더 명확하게 조명할 수 있을 것이다.

상업 사회의 형성

잉글랜드가 상업 사회로 도약한 때는 내란(1642~1651)에서부터 명예혁명(1688)에 이르는 정치적 격변기였다. 이 시기를 살펴보기 전에 우선, 중세부터 근대 초에 일어난 역사적 변화들 가운데 17세기 잉글랜드에서 상업 사회가 자리 잡는 데 도움이 된 몇몇 요인들을 점검해 볼 필요가 있다. 여기에는 특히 두 가지 역사적인 변화가 중요했다.

첫째, 잉글랜드에서는 일찌감치 상업적인 농업이 발전해 귀족과 젠트리가 경제외적인 강제력보다 시장을 통해 경제적 잉여를 수취하는 데 익숙해졌다는 점이다.[2] 이 과정에서 특히 중요한 변화는 젠트리 층의 성장이었다. 백년 전쟁과 장미 전쟁으로 많은 귀족 가문들이 몰락하면서 젠트리의 지위가 상대적으로 중요해졌다. 이들은 15세기 말부터 인클로저enclosure를 주도하는 등 상업적인 농업에 관심을 기울였고, 헨리 8세의 종교개혁으로 대거 매각된 교회와 수도원의 토지를 헐값에 사들였다. 젠트리는 귀족과 달리 혈통보다 보유 토지의 규모와 지대 수입에 따라 정해지는 집단이었고, 잉글랜드의 독특한 장자 상속제 아래 상인, 관리, 전문직 종사자들과 혈연 등으로 긴밀하게 연결되어 있었다. 이들이 주요 사회 세력으로 등장하면서 잉글랜드에서는 재산이 사회적 지위를 결정하는 가장 중요한 요소가 되고, 시장 지향적 농업이 재산 증식을 위한 수단으로 자리 잡게 되었다.

둘째, 잉글랜드에서는 일찍이 양모 산업이 발달했다는 점이다. 이미 13세기에 국왕이 목양업자, 상인들과 협정을 맺고 세금을 거두어들일 만큼 양모 수출은 잉글랜드의 주요 산업이었다.[3] 양모 산업은 튜더 시대에 더욱 빠르게 발전했다. 일찍이 모어Thomas More가 『유토피아』에서 개탄했듯이 1차 인클로저로 목양지가 크게 늘었다. 인클로저로 토지에서 쫓겨난 농민 중 상당수는 양모를 가공하는 농촌 공업에 흡수되었다. 이는 잉글랜드 경제가 스페인과는 다른 길을 걷게 되는 중요한 계기가 되었다. 스페인에서는 양모업 발전이 곡물 경작과 제조업 쇠퇴로 이어졌으나, 잉글랜드에서는 상업적 농업과 농촌 공업이 동시에 발전해 스페인과 같은 상황이 일어나지 않았던 것이다. 잉글랜드 모직물 상인들은 양모 수출에만 매달리지 않고 농촌 공업에 원료를 공급하면서 생산도 통제했다. 양모와 모직물 수출은 잉글랜드 교역량의 80~90퍼센트를 차지할 정도로 중요했으므로 이를 통제하는 상인들의 영향력도 커졌다. 가령, 런던 모직물 상인들은 일찍이 1407년에 모험 상인회Company of Merchant Venturers를 설립해 런던의 정치뿐만 아니라 국왕의 경제 정책 결정에도 깊숙이 관여했다.[4]

이런 두 가지 변화는 장기적으로 영국의 경제 발전 유형에 중요한 영향을 미치기는 했지만, 당장 성숙한 상업 사회를 낳은 것은 아니었다. 튜더 시대 초기까지 경제 성장을 이끌었던 직물 수출은 1550년대부터 인플레이션과 네덜란드 독립 전쟁으로 크게 줄었다. 그러면서 실질 임금이 빠르게 감소하여 빈민의 수가 대폭 증가해 잉글랜드 경제를 깊은 침체에 빠뜨렸다. 잉글랜드 상공업자들은 위기를 벗어나기 위해 여러 방면으로 노력을 기울였다. 신직물과 퍼스티언fustian—두껍고 질긴 면직물—을 도입, 생산하기 시작했고, 연료비를 절약하기 위해 석탄을 본격적으로 사용하기 시작했다. 무역에서도 북유럽 시장에만 의존하지 않고 새로운 시장을 찾으려 했다. 잉글랜드 상인들은 아프리카와 러시아, 또 지중해와 대서양으로 진출하기 시작했다.[5] 상인들의 이 같은 팽창 의지는 1588년 잉글랜드 해군이 당대 최강 스페인 무적함대와 싸우는 계기가 되기도 했다.

무적함대와의 대결에서 천신만고 끝에 승리는 했지만, 당시 잉글랜드는 스페인 제국이나 네덜란드 공화국처럼 상업적인 팽창에 군사력을 체계적으로 동원할 여유가 없었다. 전쟁은 오히려 재정 지출을 크게 늘려 경기 침체를 지속시켰다. 엎친 데 덮친 격으로 내란까지 겹쳐 정치적으로도 혼란했다. 물론 네덜란드도 오랫동안 일종의 내란 상태에 있었으므로 정치적인 혼돈이 잉글랜드에만 해당되는 일은 아니었다. 그러나 두 나라에서 내란의 경제적 영향, 특히 상업에 미치는 영향은 달랐다. 이는 두 나라 상인들의 정치적 영향력의 차이와 연관이 있었다. 내란을 거치면서 네덜란드 공화국의 상인들은 연방 의회와 각 주 의회의 정책 결정 과정에 활발하게 참여해 자신들의 상업적인 이해관계를 정책에 반영함으로써 국가 전체의 상업적인 힘을 강화했다. 반면, 잉글랜드의 정치 엘리트는 종교와 헌정 질서 문제를 두고 심각하게 분열했다. 여기에 모험 상인회를 중심으로 한 기존 상인 엘리트와 식민지 상인과 같은 새로운 상인 집단 간의 갈등이 겹치면서 국가의 힘은 분산될 수밖에 없었다.[6]

이러한 차이가 경제에 어떤 영향을 미쳤는지는 두 나라 동인도 회사의 초기 역사에서 잘 드러난다. 잉글랜드 동인도 회사(1600년 설립)는 네덜란드 동인도 회사(1602년 설립)보다 먼저 설립되었다. 하지만 잉글랜드 동인도 회사는 초기 자본의 규모나 운영 방식에서 네덜란드 동인도 회사를 따라갈 수 없었다. 잉글랜드 동인도 회사는 네덜란드 동인도 회사보다 10배나 적은 설립 자본으로 출발했고, 항해가 끝날 때마다 그때그때 투자 자본과 이윤을 돌려주는 방식을 택해 사업의 연속성을 지키지 못했다. 더 중요한 차이점은 잉글랜드 동인도 회사가 네덜란드 동인도 회사에 비해 국가로부터 체계적인 지원을 받지 못했다는 것이다. 네덜란드 동인도 회사는 오늘날의 공기업처럼 무기를 비롯해 무역에 필요한 각종 지원을 국가에 쉽게 요청할 수 있었다. 반면, 잉글랜드 동인도 회사는 국가의 체계적인 지원은커녕 무허가 상인들로부터 독점권을 지키는 일조차도 많은 시간과

| 잉글랜드 동인도 회사 본사

노력을 기울여야 했다. 탄탄한 국가 지원 아래 네덜란드 동인도 회사는 막대한 자본과 (암본 학살 사건(1623)에서 잘 드러나는) 무자비한 군사력을 활용해 주요 무역 거점을 빠르게 정복했다. 그 사이 잉글랜드 동인도 회사는 별다른 성과를 거두지 못하고 지지부진했다.[7]

잉글랜드 정부와 의회가 상업 경쟁에 본격적으로 관심을 기울이기 시작한 것은 1649년 찰스 1세가 처형되고 둔부 의회가 구성될 즈음이었다. 그때에야 비로소 내란기의 경제적인 혼란과 피해를 수습할 여유를 찾은 것이다. 일단 국왕 처형에 대한 왕당파의 저항과 유럽 열강 및 스코틀랜드, 아일랜드의 위협을 일시적으로나마 수습하자 의회는 즉시 상업 문제에 관심을 돌렸다. 정치적인 격변 속에 분열되었던 상인들 또한 자신들의 경제적 이해관계를 정부와 의회를 통해 보호, 증진해야만 한다는 것을 깨닫게 되었다. 그 결과, 둔부 의회에서 무역을 비롯하여 잉글랜드 경제의 여러 문

제에 관한 토론이 활발하게 이루어졌다.[8]

특히 중요한 토론은 네덜란드의 경제적 위협을 어떻게 할 것인가를 두고 벌어졌다. 당시 네덜란드는 동인도 회사를 중심으로 수익성이 높은 향료 무역을 독점하고 있었을 뿐만 아니라 값싸고 효율적인 운송 체제를 기반으로 발트해 무역을 지배하고 있었다. 더욱이 네덜란드인들은 잉글랜드 내란기에 식민지에 대한 통제가 허술해진 틈을 타 서인도 제도와 북아메리카 대륙의 잉글랜드 식민지인들과 활발하게 교역했다. 더욱 기가 막힌 사실은 네덜란드인들이 브리튼섬 인근에서도 청어잡이를 활발하게 하고 있던 일이었다. 네덜란드의 발트해 무역과 청어잡이는 경제적 이익 면에서뿐만 아니라 전략적으로도 중요했다. 3장에서 언급했듯이 네덜란드는 어선이나 상선을 유사시에 군함으로 전환했고, 게다가 발트해 지역은 해군 물자의 주산지였기 때문이었다. 이처럼 잉글랜드는 경제적으로나 전략적으로 중요한 무역 네트워크에서 제외되고, 심지어 식민지 무역에서도 밀려나는 상황을 더 이상 두고 볼 수 없었다.

따라서 잉글랜드는 네덜란드 세력을 봉쇄하고 잉글랜드 상인의 무역 활동을 보호하기 위한 일련의 조치들을 취하기 시작했다. 잉글랜드 의회는 1650년 10월에 '무역 금지법'을 제정하고 외국인들이 의회나 국무회의의 허가 없이 잉글랜드령 아메리카 식민지들과 교역하는 것을 금지했다. 이 법은 표면적으로는 바베이도스, 버지니아 등 내란 기간 중 왕당파를 지지했던 식민지들에 대한 보복적인 성격을 띠었으나, 실제적으로 식민지들과 네덜란드와의 무역을 겨냥한 것이었다. 같은 달에 의회는 '호송법'을 제정했는데, 이 법은 해군이 무역선을 호송하는 비용을 관세에서 충당해 국가가 모든 상인들의 안전을 보장함을 밝히고 있었다. 이어 1651년 10월에 저 유명한 '항해법'이 제정되었다. 이 법의 주요 내용은 두 가지로 볼 수 있다. 첫째, 잉글랜드나 잉글랜드의 식민지로 상품을 들여갈 때 잉글랜드의 선박을 이용하거나 상품 생산국의 선박을 이용해야 한다. 둘째, 외국산 제품을 수송할 때 잉글랜드의 선박이 아닌 경우에는 반드시 상품 생산국의 선박이나 상품이 맨 처음 선적된 항구의 선박을 이용해야 한다. 잘 알려진 것처럼 이러한 규정들은 운송비가 싸고 효율적인 네덜란드의 선박을 이용하는 것을 막고, 세계 무역의 창고 역할을 했던 네덜란드의 중계 무역에 타격을 주려는 것이었다.[9]

항해법은 그동안 국가가 상업적 이익을 보호하는 데 소홀했던 점을 인정하고 상인들의 이해관계를 적극적으로 보호하겠다는 의지를 표현한 것이었다. 이로써 잉글랜드는 네덜란드와의 마찰을 피할 수 없게 되었다. 사실, 네덜란드의 부상은 잉글랜드만의 걱정거리가 아니었다. 30년 전쟁(1618~1648)이 끝난 후 주요 열강들은 국가 건설에 힘을 쏟기 시작했고, 결국 국력은 강력한 군사력과 이를 뒷받침하는 국가의 경제력, 특히 상업에 달려 있다는 생각이 널리 퍼졌다. 다시 말해, 중상주의 시대가 열린 것이었다.[10] 킨들버거Charles Kindleberger를 비롯한 여러 연구자들은 전쟁이 패권국의 교체에 중요한 전환점이 되었고, 잉글랜드와 네덜란드의 전쟁이 바로 이러한 전환점이었다고 주장한다.[11] 세 차례의 전쟁을 치르며 잉글랜드는 대서양 식민지와 아프리카 무역에서 네덜란드와 경쟁했고, 잉글랜드의 패권에 가장 중요한 역할을 하게 될 해군력을 강화하는 성과를 올렸다.[12] 다시 말해, 이 세 차례의 전쟁을 통해 잉글랜드에서 경제와 전쟁의 선순환에 바탕을 둔 확대 재투자 체제가 모습을 드러내기 시작했던 것이다.

잉글랜드와 네덜란드의 전쟁은 20여 년 동안 세 차례에 걸쳐 일어났고, 이는 근본적으로 상업적 이익을 둘러싼 갈등이었다.[13] 1차 전쟁(1652~1654)은 1654년 4월 웨스트민스터 조약이 체결되면서 끝이 났다. 이 조약에 따라 네덜란드는 잉글랜드의 항해법을 받아들여야만 했다. 2차 전쟁(1665~1667)은 세 차례의 전쟁 중 가장 치열했다. 1차 전쟁 이후 네덜란드는 스페인과의 무역, 레반트 및 아시아 무역에서 활발하게 활동했고, 잉글랜드는 포르투갈, 서인도 제도 및 서아프리카 무역에서 두각을 나타냈다. 전쟁 초기에는 네덜란드가 우세했으나, 이 우세는 오래가지 못해 2차 전쟁은 결국 1667년 브레다 조약으로 마무리되었다. 이로써 잉글랜드는 뉴암스테르담(훗날 뉴욕)을 비롯한 북아메리카 동부 해안 지대에 대한 통제권을 확보했다. 3차 전쟁(1672~1674)은 바다와 육지에서 동시에 벌어졌다. 네덜란드는 육지에서 프랑스, 바다에서 잉글랜드와 맞서 싸워야 했는데, 공화국의 영토를 직접적으로 위협하는 프랑스와의 싸움에 집중하기 위해 잉글랜드와 휴전—1674년 2차 웨스트민스터 조약—하지 않을 수 없었다. 이렇게 세 차례 전쟁을 치렀지만 잉글랜드와 네덜란드 중 어느 한 편이 일방적으로 승리를 거두지는 못했다. 그래도 전쟁을 통해 분명해진 사실은 네덜란드가 점점 과열되는 중상주의적 경쟁에서 오래 버티기 어려울 것이라는 점이었다. 반면, 잉글랜드는 네덜란드의 무역 패권에 맞서는 동시에 군사력을 강화하는 성과를 거두었다. 해군력을 키운 것, 특히 상선을 군함으로 전환해 쓰는 대신에 표준화된 전열함ship of the line을 해군 주력으로 삼은 것이 중요했다. 잉글랜드 해군 전열함은 해적을 소탕하고 상선을 보호하는 호송 체제를 확립해 운송비와 보험료를 절감하는 경제적 효과를 낳았다.[14]

잉글랜드 동인도 회사 문장

네덜란드와의 경쟁이 전쟁으로 치달을 무렵 잉글랜드는 아시아와 대서양 식민지에 좀 더 관심을 보이기 시작했다. 앞에서 언급했듯이 잉글랜드 동인도 회사는 설립 후 반세기 동안 네덜란드 동인도 회사와의 경쟁에서 뒤져 있었다. 하지만 이러한 상황은 크롬웰이 동인도 회사의 구조와 운영 방식을 개편하면서 달라지기 시작했다. 가장 큰 변화는 이윤과 원금을 활용하는 방식에서 일어났다. 잉글랜드 동인도 회사는 항해 때마다 매번 원금과 이익을 분배하고 새로 자본을 모집하곤 했는데, 방법을 바꿔 이윤만 배당하고 투자 원금은 남겨 두었던 것이다. 이렇게 해서 사업의 연속성이 보장되었다. 또한 동인도 회사는 소속 선박들을 보호하기 위한 군사비 투자를 늘렸고, 1657년에 새로운 특허장을 받아 근대적인 주식회사 형태를 갖추기 시작했으며, 크롬웰 사후 1665년에는 유한 책임제를 도입해 근대화 과정을 마무리했다. 이러한 일련의 조치들이 17세기 중반에 일어난 아시아 무역 구조의 변화와 맞물려 들어가면서 잉글랜드 동인도 회사가 빠르게 성장할 수 있었다. 그 무렵 향료 무역의 수익성이 떨어지기 시작한 반면, 면직물 같은 새로운 상품에 대한 수요가 늘기 시작했다. 본래 향료 무역에서 열세였던 잉글랜드 동인도 회사는 새로운 구조와 사업 방식을 바탕으로 면직물 시장에 뛰어들었던 것이다.[15]

당시 크롬웰이 동인도 회사에 관심을 기울였던 것은 무역이 더 이상 개인의 문제가 아니라 국가 전체의 이해관계와 직결된다는 인식에 공감했기 때문이었다. 그의 이러한 관심은 '대서양 계획Western Design'에서도 잘 나타난다. 네덜란드와의 1차 전쟁이 끝난 직후 크롬웰은 서인도 제도에 함대를 파견해 스페인령 에스파뇰라를 공격했다. 비록 크롬웰은 서인도 제도를 정복하지는 못했지만, 자메이카를 제국에 포함시켜 잉글랜드가 '설탕 혁명sugar revolution'의 최대 수혜자가 되는 길을 열었다. 게다가 크롬웰은 스페인 제국의 통치 아래 있던 플랑드르 지방의 관문인 됭케르크 항을 확보하는 등 잉글랜드의 상업 팽창에 크게 기여했다.

이처럼 크롬웰이 권력을 쥐고 있던 시기에 잉글랜드에서는 경제와 전쟁의 선순환이 서서히 나타나기 시작했다. 어느 역사가의 말처럼 "크롬웰의 계획은 그의 시대를 앞서 나가 있었다." 종교적 신념이 투철했던 크롬웰이 아들을 신앙인으로 키우기보다 "사업을 이해하게 하고 역사를 좀 읽게 하고 수학과 천문학을 공부하게 할 것"이라고 한 것은 의미심장하다. 그는 상업적인 성공에 잉글랜드의 미래가 달려 있다고 믿었던 것이다.[16]

확대 재투자 체제의 확립

○ 재정 혁명

공화정 시대에 서서히 모습을 드러낸 잉글랜드 확대 재투자 체제는 제임스 2세 시대에 또다시 위기를 맞았다. 과거, 내전에 이르는 반세기 동안 잉글랜드가 네덜란드의 상업적 우위에 눌려 침체되었던 상황과는 달리 왕정복고 시대 잉글랜드 경제는 상업 사회의 완성을 향해 빠르게 가고 있었다. 여전히 농업이 압도적으로 큰 비중을 차지하고 있었지만 도시화는 빠르게 진행되었고, 농촌 공업, 도시 공업, 그리고 무엇보다 국내외의 교역이 빠르게 성장하고 있었다. 상공업 발전을 가능하게 하는 교통 통신 또한 개선되어 17세기 후반에 이미 유료 도로와 운하 건설이 시작되었고, 잉글랜드 전 지역을 연결하는 우편 서비스도 시작되었다. 하지만 이러한 긍정적인 변화들 속에서도 잉글랜드인들은 미래를 낙관할 수 없었다. 잉글랜드가 네덜란드와 대결하고 있는 사이 유럽에서는 프랑스라는 새로운 강자가 무서운 기세로 성장하고 있었기 때문이었다. 당시 프랑스의 루이 14세는 종교적 확신과 절대 국가 건설을 향한 집념이 대단했는데, 그의 권력이 날로 강화되자 잉글랜드인들은 과연 잉글랜드가 경제적 활력과 종교적 자유를 유지할 수 있을지 의심했다. 이러한 의심은 가톨릭교도 제임스 2세가 왕위에 올라 프랑스식 절대주의 국가를 건설하려는 열망을 드러내자 더욱 커졌다. 그 결과, 국가 간 세력 균형의 변화와 잉글랜드의 미래에 관한 토론이 긴박하게 진행되었다.

| 제임스 2세(1663~1701)

잘 알려진 것처럼 이는 결국 명예혁명으로 이어졌다. 오랫동안 명예

혁명은 왕권을 강화하려는 제임스 2세에게 대항해 국민의 자유를 보장하는 입헌 군주제를 확립한 정치적 사건으로 해석되었다. 그러다 최근에는 종교적인 측면이 좀 더 부각되고 있다. 그에 따르면, 명예혁명은 가톨릭 보편 왕국을 건설하려는 루이 14세의 야망으로부터 기독교 세계를 구하려는 잉글랜드와 네덜란드의 의지가 결합한 결과였다는 것이다.[17] 여기에서 주목할 것은, 명예혁명이 어떻게 시작되었는지에 대한 다양한 해석이 아니라 혁명과 상업 사회 발전 사이의 연관성이다. 이를 위해서 자유와 입헌 군주제가 잉글랜드인들의 경제 활동과 어떻게 관련되어 있었는지, 또 잉글랜드인들이 가톨릭 보편 왕국의 위협을 왜 그처럼 두려워했는지를 이해해야 한다.

명예혁명은 가톨릭 보편 왕국에 대한 공포, 그리고 제임스 2세가 루이 14세의 종교적 신념뿐만 아니라 절대주의 정치 철학을 따르고 있다는 의심에서 비롯된 결과였다. 루이 14세가 지향했던 가톨릭 보편 왕국은 전 세계를 프랑스식 가톨릭교회와 프랑스 국왕을 중심으로 한 프랑스의 통치 체제로 종속시키는 일종의 제국주의적 기획이었다. 물론 보편 왕국의 위협은 이미 카를 5세와 펠리페 2세 치세 기간에 스페인 제국에서도 있었으나, 프랑스의 위협은 더욱더 현실감 있게 다가왔다. 왜냐하면 스페인 제국은 전성기에도 수차례 지불 중지를 선언하는 등 취약한 모습을 보였지만, 프랑스는 막강한 군사력, 넓은 영토와 많은 인구, 공격적인 중상주의 정책 덕분에 점점 더 강력해지고 있었기 때문이다.

잉글랜드인들은 프랑스의 위협을 당시에 유행하던 정치경제와 국제 질서에 관한 새로운 논리에 비추어 해석했다. 30년 전쟁이 끝나고 국가 간 체제inter-state system가 성립되자 국민국가가 유럽 정치의 기본 단위가 되었다. 게다가 종교 전쟁과 같은 재난을 막기 위해서는 각국의 주권이 존중되어야 한다는 생각이 확산되었다. 국가 간의 경쟁 속에서 국민 국가는 기본적인 경제 단위이기도 했으므로, 개별 국가의 주권을 침해하는 것은 국가의 생존 면에서 더욱 허용할 수 없는 일이었다. 잉글랜드의 경우 이러한 논리가 더 설득력을 얻을 수 있었다. 왜냐하면 잉글랜드는 내란부터 공화정, 그리고 왕정복고로 이어지는 혼란을 거쳐 어렵게 통일 국가를 이루었으므로 이를 위협하는 어떤 행동도 무심히 지나칠 수 없었기 때문이었다.[18]

이처럼 프랑스에 대한 공포가 널리 확산되고 있는데도 제임스 2세는 오히려 이를 부추기는 정책을 펼쳤다. 제임스 2세는 크롬웰이 이룬 공화정 대신 프랑스식 중앙 집권적 절대 군주 체제를 세우려 했다. 이러한 방법만이 네덜란드 공화국처럼 정치가 국민의 의견에 휘둘리는 일 없이 안정되어 새로운 국제 질서 속에서 잉글랜드의 지위를 유지·향상시킬 수 있다고 믿었던 것이다. 이를 위해 제임스 2세는 자신의 종교를 때로 무력을 동원해서라도 신민 모두에게 강제하고, 신민의 경제 활동을 국왕의 필요에 따라 조직·규제하려 했다. 하지만 제임스 2세의 이러한 생각은 경제적 자유와 국가의 역할에 관한 새로운 생각들과 충돌했다. 이미 17세기 중반부터 잉글랜드의 경제는 교역에 근간을 두고 있다는 생각이 지배적이었고, 국왕의 권위에 의존해 독점권을 행사해 온 특권 회사를 비판하고 교역 활동의 자유를 요구하는 움직임이 확산되고 있었다. 이러한 움직임의 이면에는 국부를 늘리려면 생산 활동에 투입되는 국민의 노동이 늘어야 하고, 따라서 노동의 결과물을 자유롭게 교환하도록 해주어 생산적인 노동을 활성화하는 것이 필요하다는 새로운 생각이 자리 잡고 있었다. 그에 따라 국가는 마땅히 생산적인 노동을 장려하고, 자유로운 경제 활동을 방해하는 낡은 법이나 관습을 없애 교역을 확대하는 정책을 취해야 했다.[19]

명예혁명은 이 같은 전망이 현실이 되는 중요한 첫걸음이었다. 혁명의 성과는 권리 장전으로 재산권을 비롯한 국민의 기본권을 확립한 것에 국한되지 않는다.[20] 어찌 보면 더 중요한 성과는 국왕의 권한을 제한하면서 의회, 특히 하원이 예산과 조세에 대한 통제권을 쥐고 입법을 통해 국민의 경제 활동 전반에 관여하기 시작했다는 사실이다. 잘 알려진 것처럼 명예혁명으로 국왕의 자의적인 의사 결정과 관계없이 정기적으로 의회의 소집과 해산이 이루어져야 한다는 원칙이 정해졌다. 그 결과, 의회는 3년

(나중에 7년)에 한 번씩 재구성되었다. 그와 더불어 의회 회기가 점점 길어지고 하원의 업무량이 늘기 시작했다. 이는 혁명 이후 영국인들은 의회의 입법권을 빌려 여러 문제를 해결하는 데 점점 익숙해지기 시작했다는 것을 의미한다. 특히 상인과 제조업자들이 자신들의 경제적 이해관계를 보호·증진하기 위해 의회를 적극적으로 활용하기 시작했다.[21]

명예혁명으로 하원이 예산과 조세에 대한 통제권을 행사하고, 상공업자들이 하원을 통해 경제적 이해관계를 보호받을 수 있었던 것은 혁명 후 체제 안정을 유지하는 데 도움이 되었다. 잘 알려진 것처럼 혁명 직후 잉글랜드는 프랑스와 9년 전쟁을 시작했다. 그리고 이때부터 1815년까지 잉글랜드(영국)는 모두 여섯 차례에 걸쳐 프랑스와 전쟁을 치렀다. 흔히 '2차 백년 전쟁'이라 불리는 이 기간에 전쟁 비용은 기하급수적으로 증가했고, 영국인들은 전쟁 상황이 악화되거나 전쟁이 끝날 때마다 국가의 파산을 걱정해야 했다.[22] 하지만 그러한 걱정과 달리 국가는 건재했고, 거듭되는 전쟁에도 영국의 국내외 교역은 오히려 빠르게 성장했다. 심지어 제조업 부문에서는 산업 혁명이 시작되었다. 다시 말해, 18세기 영국에서는 경제와 전쟁의 선순환 구조에 따른 확대 재투자 체제가 완성되었을 뿐만 아니라 확대 재생산 체제로의 이행이 일어났던 것이다. 그 결과, 영국은 명실상부한 경제적 패권 국가가 되었다.

근대 초 모든 열강은 국가의 재정과 경제 기반을 무너뜨리지 않으면서도 막대한 전쟁 비용을 효율적으로 마련할 방법을 찾느라 고심하고 있었다. 앞에서 언급했듯이 네덜란드 공화국이 스페인 제국으로부터 독립해 패권 국가로 성장할 수 있었던 요인 중 하나는 네덜란드가 스페인 제국보다 훨씬 효율적으로 전쟁 비용을 조달할 수 있었기 때문이었다. 특히 중요한 것은 공화국 정부에 대한 시장의 신뢰를 바탕으로 장기 공채 제도를 도입한 데 있었다. 이는 초기 투자 자본을 조성하듯 공채를 발행해 거두어들인 자금을 우선 전쟁 비용에 충당하고, 전쟁을 통해 확보하는 경제적 기회를 활용해 장기간에 걸쳐 투입된 자금을 갚아나가는 방식이었다. 이러한 제도적인 혁신 덕분에 네덜란드는 재정 지출 부담을 줄이면서 전쟁을 효율적으로 치를 수 있었다. 영국인들은 이러한 네덜란드의 사례로부터 큰 교훈을 얻었다. 영국인들은 장기 공채 제도를 비롯한 여러 제도들을 네덜란드에서 빌려와 '재정 혁명financial revolution'에 성공했고, 여기에서 한 걸음 더 나아가 이를 뒷받침하는 조세 체제를 발전시켜 '재정-군사 국가fiscal-military state'를 이룩했다.

재정 혁명의 핵심 내용은 단기 대부에 의존하지 않고 장기간에 걸쳐 이자와 원금을 갚아나가거나 원금 상환 부담 없이 우선 이자만 지불하고 대규모 자금을 조달하는 일이었다.[23] 일찍이 네덜란드는 공채를 매입하는 사람들에게 평생 연금 형식으로 이자를 지불하는 대신 원금은 상환하지 않는 제도를 이루어 냈는데, 잉글랜드는 명예혁명 직후 이 제도를 받아들였다. 또한 잉글랜드 정부는 복권을 발행해 자금을 마련할 계획을 세웠다. 복권은 소액권으로 발행되었고, 상금을 여러 종류로 나누어 당첨자 수를 늘렸다. 대신 상금은 몇 년에 걸쳐 나누어 주는 방식으로 운용—예컨대, 1694년 발행된 '백만 파운드 복권The Million Lottery'은 모든 복권 구매자들에게 16년 동안 매년 1파운드씩의 상금을 보장했음—되었다. 게다가 잉글랜드는 주식회사들을 통해 자금을 조달하는 방법도 도입했다. 물론 정부가 주식회사에 특권을 부여하고 그 대가로 대부를 받는 것은 잘 알려져 있는 관행이었지만, 잉글랜드의 경우에는 특이한 점이 있었다. 조달되는 자금 규모가 크게 늘었을 뿐만 아니라 정부에 대부해 주는 회사들의 주식이 시장을 통해 활발하게 거래되었던 것이다. 이 제도가 정착하는 데 가장 크게 기여했던 것은 잉글랜드 은행이었다.

잉글랜드 은행은 '9년 전쟁'의 전쟁 비용을 마련하기 위해 국가와 상인들이 거래를 맺어 설립했다. 상인들은 120만 파운드를 대부하는 조건으로 주식회사를 설립했고, 이를 통해 시장에 각종 금융 서비스를 공급하는 특권을 부여받았다. 이로써 잉글랜드 은행은 환어음 할인, 개인 대출, 은행권 발행 등을 통해 수수료 수익을 거둘 수 있었고, 주식을 발행해서 조성한

| 남해 회사

120만 파운드를 정부에 제공하는 대신 8퍼센트의 이자와 매년 일정 취급 수수료를 챙길 수 있었다. 의회는 입법을 통해 특정한 물품 소비세와 관세 수입을 잉글랜드 은행에 지불하는 이자로만 사용하도록 하여 지불을 보증했다. 잉글랜드 은행의 주식 소유자는 배당금을 받았고, 필요할 경우 주식 시장에서 주식을 팔아 투자 원금과 수익을 회수할 수 있었다. 잉글랜드 은행과의 거래처럼 남해 회사South Sea Company, 왕립 아프리카 회사, 동인도 회사 등도 같은 방식으로 정부에 필요한 자금을 대부했다.

이렇게 해서 국가는 원금 상환의 부담을 최소화하면서도 전쟁 비용을 조달할 수 있었다. 더욱이 자금이 주식회사를 통해 조성됨으로써 주식 시장이 활성화되었고, 각종 금융 서비스가 발전하는 부수적인 효과를 거둘 수 있었다. 그 결과, 공공 부문에 자본이 집중되어 민간 부문의 투자가 위축되는 구축 효과crowding-out의 위험을 줄일 수 있었다. 또한 잉글랜드 은행을 비롯한 주요 투자자들은 장기 대부는 물론, 유동성 흐름의 불균형을 없애는 데 필요한 정부의 단기 자금 수요를 충족시켜 주었다. 이처럼 영국 정부는 명예혁명 이후 한 세대 동안 도입된 일련의 혁신적인 조치들을 기반으로 18세기에 계속해서 단기 채무를 장기 채무로 전환하고, 이미 발행된 장기 또는 영구 공채를 이자율이 낮은 새로운 공채로 전환하려 했다.[24] 스페인 제국이나 프랑스가 전쟁 비용을 조달하기 위해 8~10퍼센트의 높은 이자를 지불했던 것과 비교하면 영국이 거둔 성과가 얼마나 놀라운 것인지는 쉽게 짐작할 수 있다.[25]

그렇다면 영국에서 재정 혁명이 성공을 거둘 수 있었던 요인은 무엇이었을까? 영구 공채를 비롯한 여러 제도들이 성공을 거두기 위해서는 무엇보다 시장의 신뢰가 필요했다. 이를 얻기 위해 정부와 의회가 먼저 할 일은 재정 압박이 심해질 때마다 지불 중지를 선언—스페인 제국이나 1672년 잉글랜드 정부—했던 과거 관행과 분명히 결별하는 것이었다. 따라서 국가 부채의 이자는 반드시 지불될 것이며, 공채 및 주식 소유자들은 본인이 원할 때 언제든지 투자 원금을 회수할 수 있다는 믿음을 주어야 했다. 채권자들이 원금을 회수하는 방법은 금융 시장의 발달과 밀접하게 관련되어 있었다. 앞에서 언급했듯이 잉글랜드 은행의 설립은 국가 부채 체제의 형성과 런던 금융 시장의 발전이 동시에 진행되었음을 보여 준다. 국가가 장기 부채 이자를 반드시 지불할 것이라는 믿음은 의회가 장기 부채를 조성할 때마다 그 부채에 대한 이자를 특정 조세 수입으로 충당할 것을 보증함으로써 확보되었다.[26]

그러나 의회가 입법을 통해 특정 세금과 부채의 이자를 연동시키는 것과 실제 법으로 정한 액수를 거두어들이는 것은 별개의 문제였다. 하지만 조세 수취 면에서도 18세기 영국은 탁월한 성과를 거두었다. 조세 수입은 빠르게 증가해 1715년 이후 한 세기 동안 경상 가격 기준으로 10배, 인플레이션을 감안한 실질 가격 기준으로 4배가 상승했다(〈그림 1〉 참조). 이를 1인당 조세 부담액으로 환산해 프랑스와 비교해 보면, 영국인들은 프랑스인들보다 18세기 중반에는 2배, 세기 말에는 3배 더 많이 세금을 납부한

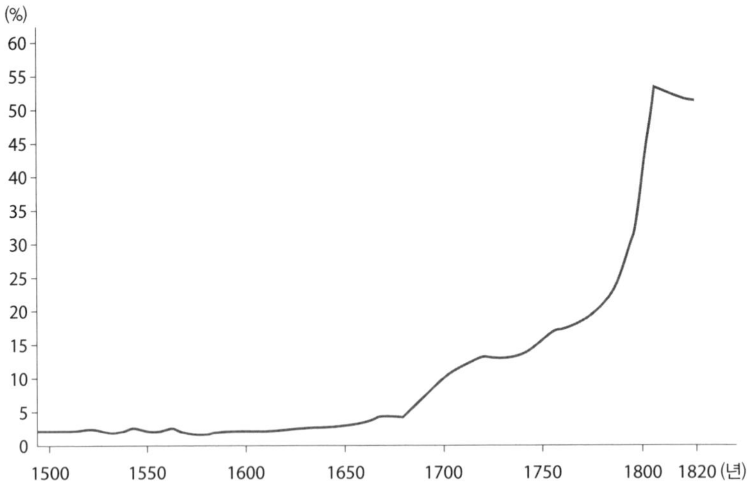

출처: Patrick K. O'Brien, "The Nature and Historical Evolution of an Exceptional Fiscal State and Its Possible Significance for the Precocious Commercialization and Industrialization of the British Economy from Cromwell to Nelson", *Economic History Review* 64: 2 (2011), p. 428.

〈그림 1〉 18세기 영국의 총 조세수입(1490~1820)

것으로 나타난다.[27] 이는 18세기에 영국 조세 수취 기구의 효율성이 높아졌음을 보여 준다.

흔히 영국은 작은 국가의 전형처럼 알려져 있다. 그러나 규모가 작다는 것이 곧 국가의 통치 역량이 약했음을 의미하지는 않는다. 더욱이 명예혁명 이후 영국에서는 적어도 조세 수취와 재정 업무를 담당하는 행정 부서의 힘이 대폭 강화되기도 했다. 이전까지 행정부의 중심은 추밀원Privy Council이었는데 그 역할이 줄고 재무부Treasury의 영향력이 확대되었다. 이런 재무부의 지휘 아래 관세 위원회와 물품 소비세 위원회가 정비되었고, 특히 현장에서 세금을 징수하는 징세원의 수가 대폭 늘었다.[28] 이러한 변화는 프랑스가 여전히 징세 청부 제도에 의존하고 있었던 것과 분명히 다른 것으로, 영국 정부는 징세 청부 제도가 갖고 있던 부패 가능성으로부터 비교적 자유로울 수 있었다.

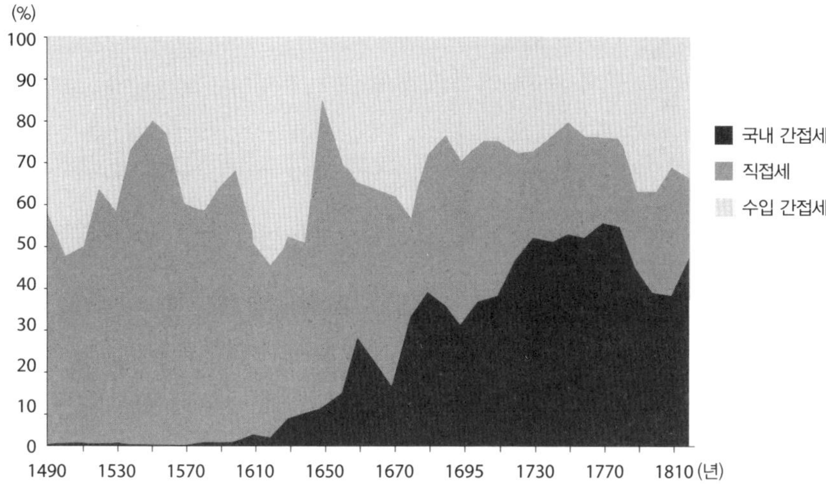

출처: Patrick K. O'Brien, "The Nature and Historical Evolution of Exceptional Fiscal State and Its Possible Significance for the Precocious Commercialization and Industrialization of the British Economy from Cromwell to Nelson", *Economic History Review* 64: 2 (2011), p. 429.

〈그림 2〉 영국 중앙 정부에서 부과한 직·간접세(9년 평균)

조세 기구의 정비 외에 또 다른 변화는 조세 구조에서 간접세의 비중이 빠르게 늘었던 것이다(〈그림 2〉 참조).[29] 조세 수입 중 가장 비중이 높은 것은 물품 소비세와 관세였는데 이러한 간접세는 소득이나 재산에 부과하는 직접세에 비해 눈에 잘 띄지 않았다. 이 세금들은 소비자가 아니라 생산자와 수출입 상인들로부터 징수되었으므로 대다수 소비자의 눈에 잘 띄지 않았고, 그만큼 조세 저항의 가능성도 낮았던 것이다. 물품 소비세와 관세는 재정 수입은 물론 무역과 산업 구조에도 크게 영향을 미칠 수 있었다. 예컨대, 1722년 월폴의 관세 개혁에서 단적으로 드러나듯, 수입 대체 효과가 있거나 수출 증진에 도움이 되는 원료나 생산품에 대한 관세는 폐지하고, 국내 제품과 경쟁하는 수입 상품에 대해서는 높은 관세를 부과하는 방식으로 특정 산업과 무역 부문을 육성할 수 있었던 것이다. 그런데 물품 소비세와 관세는 모든 상품에 일률적으로 부과되는 것이 아니었으므로 상인과 제조업자가 관세 및 소비세 위원회, 재무부, 하원 등을 통해 특정 세금의 개정, 폐지, 도입 과정에 활발하게 관여할 수 있었다.[30] 따라서 특정 세금에 대한 저항이 있더라도 그것이 확대되어 조세 제도 자체의 신뢰가 무너지는 일은 일어나지 않았다.

명예혁명 이후 재정 혁명 덕분에 영국 정부와 의회는 막대한 국가 부채를 동원할 수 있었다. 국가 부채는 1688년 100만 파운드 정도에서 10여 년 만에 1,500만 파운드로 증가했고, 1750년에는 7,800만 파운드, 1790년에는 2억 4,400만 파운드로 증가했다. 이와 같이 부채가 늘어나게 된 것은 제해권, 교역로, 상권 등을 확보하기 위한 전쟁 비용 때문이었다. 국가 부채는 전시와 평화 시에 크게 달라지는 재정 지출을 균등하게 재분배하고, 평상시에 조세 수입 등으로 전쟁 비용을 나누어 갚을 수 있도록 하는 장치였다. 만일 재정 지출이 경제적 이해관계와 무관하게 영토 확장이나 왕권을 강화하기 위한 전쟁 때문에 발생했다면 영국은 스페인 제국처럼 일찌감치 쇠퇴의 길을 걸었을 것이다. 그러나 영국은 '이윤이 되는 전쟁profitable war', 즉 경제와 전쟁의 선순환을 가능하게 하는 전쟁을 통해서 상업 시대의 정치적·경제적 패권을 다져 나갔다.

물론 영국인들이 막대한 국가 부채와 당시 유럽에서 가장 높았던 조세 부담을 견딜 수 있었던 것은 영국 상업 경제가 가속적으로 성장하고 있었기 때문이었다. 그러므로 18세기 영국의 패권 성립을 경제와 전쟁의 선순환으로 설명하려면 영국 경제의 상황을 전체적으로 조감해 볼 필요가 있다.

◦ 상업의 발달

근대 초 영국 자본주의의 성장을 논의할 때, 한 가지 쟁점은 성장 동력이 영국 내부의 변화에 있었는지, 아니면 해외 무역과 식민지 팽창에 있었는지에 있다. 이 논쟁은 아직도 진행 중이지만 한 가지 분명한 사실은 17, 18세기에 영국에서 상업적 부의 축적이 가히 혁명적이라 할 만큼 빠르게 일어났고,

그 결과 확대 재투자 체제가 견고하게 자리 잡았다는 것이다. 앞에서 네덜란드가 최초의 상업 국가가 될 수 있었던 요인으로 상인이 정치권력과 사회적 신분을 확보해 경제적 잉여를 자본으로 축적, 재투자할 수 있었기 때문이라고 지적한 바 있다. 영국의 경우는 네덜란드와 달리 토지에 기반을 둔 사회 세력, 즉 귀족과 젠트리가 여전히 의회와 정부를 장악하고 있었다. 하지만 이들에게도 이미 이윤 추구가 경제 활동의 근본 목표가 되어 생산적 투자가 일상화되었다는 사실이 중요했다. 이러한 토대 위에서 영국의 상업이 번성해 확대 재투자 체제가 성숙하고, 더 나아가 확대 재생산 체제로의 이행이 일어날 수 있었다.

물론 많은 연구자들이 강조하듯 상업에서 축적된 자본은 총 자본에서 큰 비중을 차지하는 것도 아니었고, 많은 경우 산업 자본으로 전환되지도 않았다. 예컨대, 영국의 상업 활동이 성숙했던 1760년에도 농업 부문의 자본이 총 자본의 74퍼센트를 차지하고 있었고, 상공업은 7퍼센트에 불과했던 것이다.[31] 그러나 영국의 경제 발전을 설명하기 위해서는 상업 자본이 어느 정도 비중을 차지하고 있었는지보다 상업이 얼마나 빠르게 성장하고 있었는지 살펴보는 것이 필요하다. 앞에서 누차 강조했듯 상업의 가속적 성장이 사회 전체의 수요를 증가시키고, 그것이 곧 농업과 산업 생산의 비약적인 증가를 낳기 때문이다. 또한 상업 발전이 경제 인프라의 발전을 견인했던 일도 간과해서는 곤란하다. 17, 18세기를 거치면서 영국인의 경제생활에 깊이 파고들어가 있던 은행, 어음 교환소, 보험 회사, 증권 거래소, 우편 제도 등이 제공하는 서비스는 상업은 물론 농업과 산업의 발전에 기여했다. 상업에서 축적된 경험과 지식, 인적 자본이 다른 산업 부문으로 이전된 것 역시 빼놓을 수 없다.[32]

18세기 영국에서는 국내 교역이 양적·질적으로 크게 확대되었을 뿐만 아니라 해외 무역과의 긴밀한 연관 속에서 성장했다. 여기에는 상인merchant, 즉 해외 무역에 종사하던 이들의 역할이 결정적으로 중요했다. 당시 영국의 상인들은 유럽뿐만 아니라 아시아, 아프리카, 아메리카를 연결하는 전 세계적인 상업 네트워크에서 우위를 차지하고 있었다. 따라서 세계 곳곳에서 생산되는 원료와 소비재들이 영국 상인들을 통해 다른 지역으로 유통되었고, 영국 상인들이 수입한 각종 원료와 소비재들 덕분에 국내 교역과 제조업이 활기를 띠었다. 게다가 상인들의 네트워크를 통해 영국의 제조업 제품이 유럽뿐만 아니라 세계 시장으로 수출되기 시작했고, 그 결과 산업화가 진행될 수 있는 기반이 마련되었다.[33]

영국의 해외 무역의 변화를 살펴보기 전에 국내 교역이 발전하는 데 도움을 주었던 요인들을 다시 일별해 보려고 한다. 우선, 시장이 농업 부문에서 압도적으로 중요했다는 사실을 되새겨 보는 일이 필요하다. 시장 지향적인 농업 생산은 중세 말부터 시작되었지만, 17, 18세기에 도시화가 빠르게 진행되고 국내 시장의 규모가 커지면서 더욱 발전했다. 특히 농업의 지역적 특화가 확실하게 자리를 잡았다. 예컨대, 잉글랜드의 동부와 남부는 곡창 지대로 곡물을 생산했고, 스코틀랜드 고지와 웨일스는 소와 양을 식육 시장에 공급했으며, 서부의 여러 주는 목초지가 많아 축산과 낙농에 특화하고 있었다. 이처럼 지역적 특화가 발전할 수 있었던 것은 기후와 토질의 영향도 있었지만, 농업 생산물이 지역 간 경계를 넘어 자유롭게 유통될 수 있는 전국적인 시장이 존재했기 때문이다. 따라서 지역적 특화가 발전했다는 것은 산업 혁명 이전에 이미 영국에는 내부 관세나 통행료가 없는 진정한 의미의 전국 시장이 형성되어 있었음을 입증하는 것이다.[34]

물론 영국은 섬나라이므로 연안 항구들을 연결하는 수송망이 비교적 일찌감치 발전했고, 연안 항구들과 이어진 하천들이 내륙 시장들을 연결함으로써 전국적인 시장이 형성되기에 유리한 조건을 갖추고 있었다. 그러나 이러한 자연적인 조건이 갖추어졌다고 해서 항구, 하천, 시장이 저절로 연결되는 것은 아니었다. 그러므로 17세기 초에 이미 잉글랜드인들이 수로를 고치고 수문을 설치하고 운하를 건설하는 등 교통망을 개선하기 위해 노력하고 있었던 사실을 기억할 필요가 있다. 비슷한 시기에 유료 도로와 레일을 이용한 운송 설비도 등장했다. 이와 같은 영국의 교통 인프라에 대한 투자는 18세기에 더욱 확대되어 '교통 혁명transportation revolution'을 가져왔고, 그 결과 18세기 영국은 다른 어떤 나라보다 촘촘하게 연결된 전국 시장을 갖추게 되었다.[35]

또 잉글랜드에서는 일찌감치 중세적인 동업 조합 체제에서 벗어난 제조업이 발전했다. 특히 모직물 산업이 발전했다. 앞에서 언급했듯이 양모 산업과 모직물 산업은 중세 때부터 국왕의 보호 아래 성장했으나, 잉글랜드가 상업 사회에 진입하던 시기에는 상인이 농촌 가내 수공업자들에게 원료와 도구를 제공하는 선대제가 모직물 제조업에 확산되었다. 농촌의 값싼 노동력을 이용하는 선대제 생산 방식은 동업 조합의 규제로부터 자유롭게 소비자 취향의 변화를 비롯한 시장 상황에 더 유연하게 대처할 수 있는 장점이 있었다. 선대제가 확산되면서 모직물 생산은 주요 농촌 공업으로 성장해 17세기 후반부터 18세기에 걸쳐 양모 소비는 10년마다 13퍼센트씩 증가했다.[36]

농업과 상공업의 발달은 잉글랜드인들의 소득을 끌어올렸다. 18세기 중반 이전의 한 세기 동안 임금이 꾸준히 상승해 산업 혁명이 시작되는 18세기 후반에 이르면, 잉글랜드 노동자의 임금 수준은 전 세계적으로도 가장 높은 수준에 도달했다.[37] 상업 발전과 더욱 긴밀하게 연관된 변화는 중간 부류middling sort의 구매력이 크게 향상된 것이었다. 18세기 소비 혁명에 관한 최근의 연구에서 알 수 있듯이 도시화의 진전, 국내외 교역 팽창, 정기시의 쇠퇴와 소매상점의 발전, 신문을 비롯한 정기 간행물 시장의 성장 등으로 중간 부류가 소비하는 상품의 종류와 소비량은 전례 없이 증가했다. 이전에 귀족과 같은 특권층만 소비했던 상품들을 중간 부류가 소비하기 시작했는데, 이는 다시 하층민의 소비 욕구를 자극했다. 이로 인해 국내 시장이 더욱 활성화되었을 뿐만 아니라 소비 수요를 충족시키기 위해 생산 활동에 더욱 박차를 가하는 '근면 혁명industrious revolution'—새로운 소비 상품을 살 소득을 늘리기 위해 노동자들이 더 오랜 시간 동안 일하고 더 강도 높은 노동을 받아들이는 현상—이 일어났다.[38]

국내 상공업이 성장하고 소비 활동이 활발해진 데는 18세기에 가장 빠르게 성장했던 해외 무역이 크게 기여했다. 18세기 해외 무역은 아주 활발해서 1699~1701년부터 1772~1774년 사이에 잉글랜드 인구는 33퍼센트 증가한 반면, 수출입은 132퍼센트 성장할 정도였다. 이처럼 인구의 증가 속도에 비해 수출입 물량의 증가 속도가 더 빨랐던 것은 국내 소비자의 구매력이 상승했던 이유도 있었지만 수입 상품의 재수출이 활발하게 이루어졌기 때문이다. 오랫동안 널리 사용된 딘과 콜의 추계에 따르면, 1700~1800년에 수입은 523퍼센트, 수출은 568퍼센트, 재수출은 906퍼센트 증가했다. 더욱이 1700~1770년 잉글랜드의 경우 수출 물량 중 재수출이 30~37퍼센트를 차지했고, 스코틀랜드의 경우는 50~68퍼센트에 달했다. 물론 재수출이 이처럼 증가할 수 있었던 것은 식민지로부터 설탕, 차, 담배, 커피 등을 수입할 수 있었기 때문이다. 또 해외 무역의 성장은 수출지향적인 제조업의 붐을 가져왔다. 그 결과, 1700년대 전반기 동안 국내 산업은 7퍼센트 성장하는 데 그친 반면, 수출 산업은 70퍼센트의 성장세를 기록했다. 1750~1770년에도 국내 산업은 동일한 수준의 성장에 그쳤으나 수출 산업은 80퍼센트나 증가했다.[39]

이러한 수치들은 18세기 해외 무역의 중요성에 대한 비판적인 견해들에도 불구하고, 해외 무역이 국내 상업은 물론 제조업의 성장과 직접적으로 연관되어 있었음을 말해 준다. 홉스봄Eric Hobsbawm에 따르면, 산업 혁명에 불을 붙일 불꽃이 필요했다면 해외 무역은 '그 불꽃이 나온 곳'이었다.[40] 바로 이 점에서 18세기 영국의 해외 무역이 17세기 네덜란드의 무역 활동과 어떻게 달랐는지 알 수 있다. 재수출 무역은 17세기 네덜란드가 패권국이 될 수 있었던 원동력이었다. 앞에서 살펴보았듯이 네덜란드의 패권은 독립 전쟁 이전에 우위를 차지하고 있었던 대량 운송 무역에 향료 등의 사치품 무역을 결합한 창고 무역 체제에 바탕을 둔 것이었다. 그런데 18세기 영국은 네덜란드가 독점하고 있던 아시아 무역뿐만 아니라 대서양 무역과 유럽 내의 교역을 결합하는 전 세계적인 무역 네트워크를 장악했고, 이를 통해 영국의 제조업 제품을 수출함으로써 국내 산업 발전까지 동시에 이루었던 것이다. 다시 말해, 18세기 영국인들은 고도로 발전된 확대 재투자 체제에서 확대 재생산 체제로 이행하는 동력을 찾아냈던 것이다.

18세기 영국 해외 무역의 성장에는 영국과 비유럽 세계의 교역이 중요한 역할을 했다. 재수출에 관한 추계들이 보여 주듯 영국과 유럽 사이의 교역, 특히 수출 무역은 비유럽 세계로부터의 수입이 증가했기 때문에 성장할 수 있었다. 수출 무역의 변화를 살펴보면, 1701년에 영국 국내에서 생산된 수출품의 82퍼센트가 유럽 시장으로 나갔는데 1772~1773년에는 그 비중이 40퍼센트로 감소했다. 수입 무역의 경우에는 1713~1717년의 수입 품목 중 유럽에서 생산된 제품의 비중이 74퍼센트였는데 1803~1807년에는 33퍼센트로 감소했다. 해외 무역 총액을 기준으로 살펴보면, 1713~1803년에 유럽 무역의 비중이 74퍼센트에서 33퍼센트로 감소했다.[41] 따라서 18세기 영국 해외 무역의 성장을 이해하기 위해서는 비유럽 시장, 즉 아시아, 아메리카, 아프리카와의 교역에서 일어난 변화를 살펴보아야 한다.

영국의 아시아 무역에서 가장 중요한 주체는 동인도 회사였다. 앞에서 언급했듯이 잉글랜드 동인도 회사는 17세기 후반 향료 수요는 감소하고 면직물, 차, 커피 등의 수요가 증가하면서 네덜란드 동인도 회사와의 경쟁에서 점차 우위를 확보할 수 있었다. 우선, 차 수입은 1710년대부터 본격적으로 시작되었다. 18세기 초만 해도 차의 비중은 동인도 회사 수입 총액의 1퍼센트에 불과했으나 1720년에는 10퍼센트, 1747년에는 20퍼센트, 1760년에는 40퍼센트 이상으로 늘었다. 수입량과 그 가치로 환산했을 때, 차는 1721~1730년에 880만 파운드(61만 파운드 스털링) 분량이 수입되었는데, 1751~1760년에는 3,700만 파운드(169만 파운드 스털링)가 수입되었다. 총량 면에서 수입이 4배 이상 늘어난 것이다.[42] 그러나 이 수치는 당시 영국에 수입된 차의 총량과 가치를 정확히 보여 주지 못한다. 차 수요는 영국뿐만 아니라 영국의 식민지에서도 폭발적으로 증가했고, 수입된 차를 재수출할 경우 관세 환급금을 받을 수 있었기 때문에 동인도 회사를 거치지 않고도 차를 수입하려는 동기가 강했다. 이로 인해 밀무역이 성행하자 동인도 회사는 차에 대한 관세 인하, 관세 환급 절차 폐지 및 엄격한 시행 등을 요구하는 것으로 대응했다. 그런데도 합법적으로 수입된 차의 가격이 밀수한 차의 가격에 비해서 비쌌기 때문에 영국 내에서나 아메리카 식민지에서 밀수 차를 근절하기가 불가능했다.[43]

하지만 차보다 더욱 중요했던 수입품은 직물, 특히 면직물이었다. 동인도 회사의 면직물 수입은 그 자체로도 중요했지만, 영국 시장에서 면직물 수요를 창출해 국내 면직물 산업의 성장을 자극했다는 점에서 중요했다. 다시 말해, 면직물 수입은 애당초 전형적인 사치품 무역이었지만, 국내 산업의 발전을 이끌어 영국 경제 발전에 긍정적으로 기여했던 것이다. 17세기에도 면직물은 여전히 새로운 상품이었다. 일찍이 15세기부터 베네치아를 통해 면과 아마를 섞어 짠 퍼스티언이 생산되었지만, 순수한 면직물 제품은 없었다. 17세기 후반 잉글랜드 동인도 회사가 인도에서 생산된 캘리코를 수입하기 시작했을 때, 소비자들의 반응은 '캘리코 열풍'이라는 말이 생길 정도로 폭발적이었다. 인도산 면제품은 가볍고 흡습성이 뛰어나고 내구성이 탁월했으며, 무엇보다 다양한 색깔로 염색할 수 있었다. 게다가 가격까지 리넨에 비해서 훨씬 저렴했다. 캘리코 열풍이 일어나자 잉글랜드 직물업을 오랫동안 지배해 왔던 모직물업자들은 캘리코 수입과 소비를 금지하는 법 제정을 요구했다(1700, 1720). 하지만 면직물, 특히 고급 면직물은 계속 유입되었고, 그 결과 대중적인 값싼 면직물 제품을 국내에서 생산하려는 움직임이 일어났다.

영국의 확대 재투자 체제의 완성과 확대 재생산 체제로의 이행 과정에서 일어난 또 다른 변화는 대서양 무역의 성장이었다. 17세기 초 잉글랜드인들이 아메리카에 관심을 기울이기 시작했을 때, 그들의 목적은 스페인인들처럼 귀금속을 비롯한 사치품을 확보하는 것이었다. 그러나 버지니아 회사의 경우에서 드러나듯 귀금속의 원산지는 이미 스페인인들이 장악하고 있었고, 잉글랜드인들이 정착한 북아메리카와 서인도 제도에서 얻

| 항구로 실려 나가는 인도산 원면

을 수 있는 상품은 없었다. 오히려 원주민과의 갈등과 풍토병으로 인해 초기 식민지 정착자들 중 소수만 본국에서 보내는 식량과 생필품에 의지해 겨우 살아남았다. 이러한 절박한 상황에서 설탕, 담배를 비롯한 새로운 작물 경작과 어업은 북아메리카와 서인도 제도 식민지의 운명을 바꾸어 놓았다. 특히 설탕이나 담배 같은 플랜테이션 작물의 경제적인 잠재력이 발견되면서 식민지 정착 초기의 거듭되는 실패에 실망해 등을 돌렸던 잉글랜드 상인과 지주의 자본이 다시 식민지로 흘러들어갔고 17세기 후반 식민지와의 교역이 급격하게 증가했다.[44] 1699~1701년에 이르자 설탕과 담배는 수입 총액 기준으로 비유럽 세계로부터의 수입 총액 중 첫 번째와 세 번째를 차지할 정도였다(두 번째는 캘리코).

플랜테이션 농업의 발전은 그야말로 혁신이었다. 이는 새로운 무역로를 열었을 뿐만 아니라 수백만 명의 사람들을 영국과 아프리카에서 북아메리카와 서인도 제도로 이주시켰다. 또한 자본과 신용이 빠르게 이동했으며, 영국과 식민지에서 새로운 상인, 지주, 제조업자 집단이 성장하는 밑거름이 되었다. 초기에 담배와 설탕에 국한되었던 플랜테이션 농업은 18세기에 쌀, 인디고, 커피 등으로 확대되었는데, 플랜테이션 작물을 특화할 수 없었던 북아메리카 북부와 중부의 식민지에서는 어업, 곡물 경작, 광업, 제조업이 성장했다. 이 같은 경제 성장은 인구 증가로 이어졌다. 서인도 제도의 경우 열악한 기후 조건 때문에 대부분 흑인 노예의 수입에 힘입은 인구 증가였고, 북아메리카 식민지들의 경우 자연 증가와 이민으로 백인 정착민의 인구가 빠르게 증가했다. 그 결과, 1650~1651년 55,000명(북아메리카), 59,000명(서인도 제도)에 불과했던 인구가 1770~1771년에는 각각 228만 명과 48만 명으로 늘었다.[45]

대서양 식민지의 성장은 영국의 경제 성장에 여러 방식으로 기여했다. 식민지는 영국인들이 수입에 의존해야 했던 각종 원료—철, 해군 물자 등—와 설탕 등 새로운 상품을 공급했으며, 상업 경험의 축적과 해양 운송업의 발전을 이끌었다.[46] 그 결과, 식민지 무역에 종사했던 상인들이나 서인도 제도에서 영국으로 돌아왔던 수많은 플랜테이션 지주들은 개인적으로 막대한 부를 축적했고, 그들의 사회적·정치적 영향력이 확대되었다. 또한 식민지에서 수입된 상품들은 영국인들의 소비 생활을 풍요롭게 했다. 제조업자들은 식민지에서 수입된 상품을 가공해 영국과 유럽 시장에 공급하거나 식민지에서 수입된 상품의 소비에 필요한 각종 제품들을 생산하는 사업 기회—브리스틀과 런던에서 발달한 설탕 정제업, 담배 파이프 제조업, 도자기 산업 등—를 얻었다.

더욱이 대서양 식민지는 영국산 제조업 제품의 훌륭한 시장이 되었다. 인도, 아프리카와 달리 대서양 식민지는 영국이나 유럽에서 이주한 이민이나 그 후손들의 정착지였고, 그들은 본국의 관습과 생활 방식대로 살고자 했다. 항해법 체제는 본국 제조업과 경쟁이 될 만한 식민지 제조업을 금지했으므로 식민지인들이 유럽식 생활 방식을 유지하려면 본국에

<표 1> 영국의 제품 수출 (단위: 천 파운드)

구분	1699~1701	1722~1724	1752~1754	1772~1774
모직물 제품				
유럽 대륙	2,745	2,592	3,279	2,630
아일랜드 및 채널 제도	26	19	47	219
아메리카 및 아프리카	185	303	374	1,148
인도 및 아시아	89	72	230	189
그 밖의 제품				
유럽 대륙	456	367	647	987
아일랜드 및 채널 제도	60	40	168	280
아메리카 및 아프리카	290	376	1,197	2,533
인도 및 아시아	22	15	408	501

출처: Ralph Davis, "English Foreign Trade, 1700-1774", *Economic History Review*, 2nd ser., 15 (1962), p. 291.

서 물품을 수입하지 않을 수 없었다. 설령 중상주의적 규제가 없었더라도 상황은 크게 달라지지 않았을 것이다. 항해법 체제는 적어도 7년 전쟁(1756~1763) 이전까지는 엄격하게 시행되지 않았고, 식민지인들의 경제적인 이해관계에 심각한 위협이 될 만한 규정들은 의회나 정부와의 협상을 통해 수시로 수정되었기 때문이다.[47] 오히려 식민지인들은 경쟁력이 없는 제조업보다 농업과 어업에 집중하면서 영국 상품을 수입하는 편을 택하고 있었다.[48] 그 결과, 18세기 중반에 대서양 식민지는 모직물을 제외한 영국 제조업의 가장 중요한 시장으로 부상했다(〈표 1〉 참조).

〈표 1〉에서 우선 눈에 띄는 점은 영국 제조업의 중심이었던 모직물 산업이 유럽 시장에서의 상대적인 부진을 대서양 시장에서 만회했던 일이다. 하지만 영국의 장기적인 경제 발전에서, 특히 네덜란드의 경우와 비교할 때 눈여겨 볼 점은 모직물업 이외의 제조업 분야의 발전과 비유럽 시장의 확대가 긴밀하게 관련되어 있었다는 것이다. 물론 절대적인 비중으로 볼 때, 수출 산업 중 모직물업이 차지하는 비중은 여전히 가장 높았다. 그

러나 1699~1701년과 1772~1774년의 수출 가치로 보면, 모직물업의 상대적인 비중이 급격히 감소(78퍼센트에서 49퍼센트로)한 반면, 기타 제조업의 비중은 상대적으로 크게 증가했다. 그렇게 해서 제조업 전체에서 아메리카와 아프리카 시장이 차지하는 비중은 같은 기간에 12퍼센트에서 43퍼센트로 늘었다. 이러한 양적인 변화만큼 흥미로운 사실은 아메리카 식민지에 수출되는 상품 종류가 무척 다양했다는 점이다. 가령, 1770년대에 뉴욕의 신문들은 무려 9,000여 종의 제조업 제품에 대한 광고를 실을 정도였다. 이 제품들이 모두 영국산은 아니었다 하더라도 영국에서 수출되는 제조업 제품이 얼마나 다양했는지 쉽게 짐작할 수 있을 것이다.[49] 이는 18세기 영국의 제조업이 전통적인 모직물 산업에서 다양한 산업 분야로 변화되고 있었고, 여기에는 식민지 시장의 역할이 컸음을 말해 준다. 다시 말해, 식민지 무역은 확대 재투자 체제의 완성에만 기여한 것이 아니라 확대 재생산 체제로 가는 길을 열어 주었던 것이다.

이와 같이 식민지 경제가 빠르게 성장하는 데 필요한 노동력의 상당 부분은 아프리카로부터 온 노예 노동력이 제공했다. 원래 식민지를 개척할 때, 잉글랜드 식민 사업가들은 본국의 노동력을 활용하려 했다. 이는 식민지가 본국에서 정치적·종교적으로 분란을 일으켰던 집단이나 본국의 잉여 노동력을 흡수해야 한다는 생각 때문이기도 했지만, 근본적으로 원주민 노동력을 활용하기 어려웠던 탓이었다. 그래서 도입된 것이 '연기年期 계약 노동자indentured servant 제도'였다. 이 제도는 식민 사업가들이 식민지로 이주를 희망하는 사람들의 이주비용을 먼저 지급해 주고, 나중에 식민지 플랜테이션 지주들이 식민 사업가들에게 그 비용을 납부하는 대가로 일정 기간 이주민의 노동력을 이용—주로 4, 5, 또는 7년—하는 것이었다. 하지만 연기 계약 노동자 제도는 노동력 공급 문제를 근본적으로 해결해 주지는 못했다. 계약 노동자는 일정 기간이 지나면 법적으로 독립했을 뿐만 아니라 백인 정착민으로서 지방 법원 등을 통해 자신들의 권리를 행사하려 했기 때문에 지주 마음대로 부릴 수 없었다. 더 근본적인 문제는 이

| 플랜테이션 농장의 연기 계약 노동자

민을 희망하는 사람들의 절대적인 수가 점점 줄어들었던 데 있었다. 그것은 17세기 후반 본국 인구의 성장세가 멈추면서 영국 내에서도 노동력 수요가 크게 늘었던 까닭이었다.[50]

바로 그 무렵 노예제가 대안으로 각광을 받았다. 지역에 따라 다소 차이는 있지만 18세기 초에 연기 계약 노동자 제도가 거의 노예제로 바뀌게 되었다. 그만큼 노예 무역이 활발해졌던 것이다. 15세기 중반 포르투갈 상인들이 시작한 노예 무역은 1880년대까지 약 1,200만 명의 아프리카인들을 아메리카 각지로 실어 날랐다. 영국 상인들은 포르투갈이나 다른 나라 상인들에 비해 비교적 늦게 노예 무역에 진출했지만, 일단 사업에 뛰어들자 무서운 기세로 사업 규모를 키워 나갔다. 1662년부터 노예 무역이 폐지되는 1807년까지 영국 상인들은 약 330만 명의 노예를 북아메리카 남부와 서인도 제도 각지에 공급했다. 그 규모가 노예 무역 초기인 1662~1670년에는 연간 6,700명 정도였으나 1760년대에는 42,000명 정도로 커졌다. 노예 무역은 다른 무역 활동에 비해서 특별히 수익성 높은 사업은 아니었다. 한 연구에 따르면, 1770~1792년 동안 브리스틀 노예 상인

영국의 노예 무역

들의 평균 수익률은 7.6퍼센트였고, 18세기 후반 반세기 동안 리버풀 상인들은 평균적으로 8~10퍼센트의 수익을 올렸다. 비슷한 시기 레반트 무역에 종사했던 상인들이 수익률 10퍼센트를 적정 수준으로 여겼다는 사실로 미루어 보면, 노예 무역의 수익률은 높지 않았다. 그런데도 노예 무역은 대서양 식민지와 영국을 경제적으로 연결하는 중요한 한 축으로 엄청난 규모의 투자를 끌어들였다. 가령, 브리스틀 상인들은 1710~1711년에 연간 5~6만 파운드, 1730년대에는 연간 15만 파운드, 1788~1792년에는 연평균 28만 파운드를 투자했고, 리버풀 상인들은 1750년대에 연간 20만 파운드, 1800년 무렵에는 무려 100만 파운드를 투자했다.[51]

노예 무역과 노예제가 영국의 경제 발전에 어떻게 기여했는지는 오랫동안 논쟁거리가 되었다. 노예 무역과 노예제로부터 얻은 수익이 직접적으로 산업 혁명에 필요한 자본으로 전환되었고, 따라서 영국의 근대적인 경제 성장은 아프리카인들의 피와 땀 덕분이었다는 고전적인 설명은 오늘날에는 그다지 설득력이 없다. 하지만 아프리카와 대서양 식민지가 여러 방식으로 영국의 경제 성장에 기여했던 일은 부정할 수 없는 사실이다.[52] 물론 아프리카로의 상품 수출 규모는 18세기 잉글랜드 해외 무역의 1퍼센트에도 미치지 못했으나, 대서양 삼각 무역을 지속시키는 데 결정적인 역할을 했다. 당시 영국이 아프리카에 수출했던 주요 품목은 직물류였다. 흥미로운 점은 1750년대를 기점으로 아프리카로 수출된 직물류의 원산지가 바뀌었다는 것이다. 이전에는 동인도 회사 등을 통해서 수입된 직물이 재수출되었는데 1750년대 이후에는 잉글랜드, 특히 랭커셔 지방에서 생산된 면직물 등이 더 큰 비중을 차지했던 것이다. 이미 여러 차례 언급했듯이 영국의 대서양 무역은 이처럼 상업뿐만 아니라 제조업의 발전을 이끌었다.[53]

어쨌든 노예 무역과 대서양 식민지에서 축적된 부가 영국의 경제 성장에 기여한 것은 틀림없다. 영국이 노예 무역으로부터 얼마나 큰 부를 축적했는지에 대한 정확한 추계는 없으나, 18세기 중반 경제 저술가 포슬스웨이트Malachy Postlethwayt가 1750년에 노예 무역으로부터 영국이 얻은 이익이 168만 파운드에 달한다고 지적했던 일은 노예 무역으로 축적된 부가 상당했으리라는 점을 짐작케 한다. 한편, 노예 제도에 바탕을 두고 있던 식민지들에서 축적된 부의 규모에 대해서는 좀 더 자세한 추정치를 얻을 수 있다. 특히 인상적인 것은 서인도 제도의 경우이다. 한 추계에 따르면, 1774년 자메이카 백인 정착민의 자산 규모는 무려 2,800만 파운드에 달했고, 영국령 서인도 제도 전체의 자산은 5,100만 파운드 정도였다. 다시 말해, 백인 정착민 1인의 자산이 1,000파운드가 넘었다는 것이다. 이는 북아메리카 남부 식민지의 백인 정착민의 1인당 평균 자산 규모의 10배가 넘는 수준이었다. 당시 북아메리카 식민지인들의 1인당 소득이 전 세계적으로 가장 높은 수준이었음을 감안하면 서인도 제도 백인 정착민이 얼마나 부유했는지 짐작할 수 있다. 더욱이 자메이카를 비롯한 서인도 제도의 플랜테이션 지주들은 식민지에서 축적한 부를 본국으로 이전했다. 그들은 기후와 여러 사회적 요인들 때문에 식민지에 정착하기보다는 식민지에서 재빨리 부를 축적한 후 본국으로 돌아가고자 했다. 가령, 1775년 자메이카의 경우 지주들 중 40퍼센트가 부재 지주이거나 연소자였으며, 노예 무역 폐지 이후 그 비중은 80퍼센트를 넘을 정도였다. 이처럼 막대한 자산을 보유한 이들이 토지, 채권 등의 형태로 직접 이전한 부와 플랜테이션 경영 및 자신들의 소비를 위해 본국 상인들에게 치렀던 비용이 영국의 경제 성장에 기여했으리라는 점은 명백해 보인다. 그 규모를 가늠케 하는 한 추계에 따르면, 서인도 제도의 수요는 1748~1776년에 영국의 총 수출 증가분의 35퍼센트를 차지했고, 미국 혁명 전 사반세기 동안 영국의 산업 생산 증가분의 12퍼센트를 차지했다.[54]

이와 같이 18세기에 영국인들의 상업 활동은 아시아와 대서양 지역에서 빠르게 확장되었으며, 거래 규모나 상품의 다양성에서 전성기 네덜란드인들의 활동을 넘어섰다. 앞에서 여러 차례 언급했듯이 이렇게 완성된 영국의 확대 재투자 체제는 네덜란드와 달리 제조업 부문까지 포괄하고 있었다. 영국인들은 전 세계 대륙을 잇는 상업 네트워크를 구축했고 그 안에서 자신들의 제조업 물품을 대량으로 수출할 수 있었던 것이다. 그 결과, 확대 재투자 체제의 규모가 커질수록 영국 내의 제조업 생산도 함께 성장했고, 제조업 부문의 기술 혁신 또한 활발하게 일어났다. 이렇게 해서 중계 무역에 바탕을 둔 확대 재투자 체제를 발전시키는 데 그쳤던 네덜란드와 달리 영국은 확대 재투자 체제에서 확대 재생산 체제로 이행해 갈 수 있게 되었다.

근본적으로 영국과 네덜란드가 서로 다른 발전 과정을 걷게 된 또 다른 요인은, 네덜란드와 달리 영국은 18세기의 수많은 전쟁에서 국가의 경제적 이익을 보장, 증진하는 데 성공했기 때문이었다. 어찌 보면 명예혁명 이후 정치 체제의 개편과 완성, 재정 혁명의 도입과 완성, 개별 상인들과 여러 회사들의 활발한 상업 활동은 근본적으로 영국이 수많은 전쟁에서 국토를 온전하게 보전했고 경쟁국들의 강력한 도전으로부터 영국민의 상업적인 이익을 보호할 수 있었기 때문에 가능했다. 이는 다시 말해, 영국의 성공은 군사력에 대한 투자를 통해 강력한 해군력을 보유할 수 있었고 또 군사력을 효율적으로 동원할 수 있는 재정 체제가 있었기 때문이라는 말도 된다.[55] 물론 전쟁 비용을 효과적으로 조달하는 재정 체제가 중상주의적 경쟁과 전쟁에서의 승리를 보장하는 것은 아니었다. 따라서 18세기 영국의 성공에는 재정 체제와 경제 활동이 유기적인 관계를 유지하고, 그에 따라 효과적으로 영토와 국민의 안전을 보장했던 영국 정부의 군사적·외교적 노력이 있었던 것이다.

○ 재정-군사 국가

앞에서 언급했듯이 영국과 프랑스는 명예혁명이 일어난 1688년부터 나폴레옹 전쟁이 끝나는 1815년까지 전 세계적인 패권을 두고 경쟁했다. 이 경쟁에서 비롯된 각 전쟁들의 원인과 결과는 다루지 않을 것이다. 여기에서 관심의 초점은 18세기 영국에서 어떻게 확대 재투자 체제가 완성되었고, 그것이 어떤 조건에서 확대 재생산 체제로 이행했는지 살펴보는 데 있기 때문이다. 이를 위해서는 프랑스와의 2차 백년 전쟁에서 드러난 영국의 군사력은 어떤 특징이 있고, 영국의 군사·외교 전략이 영국의 상업·제조업 발전과 어떻게 연관되었는지 확인하는 일만으로도 충분하다.

영국의 군사력 발전에서 빼놓을 수 없는 것이 해군이었다. 물론 스페인 왕위 계승 전쟁 시기의 말버러 공작이나 나폴레옹 전쟁 시기의 웰링턴 공작처럼 육군이 주요 전쟁의 승패를 좌우했던 경우도 있었다. 하지만 육군은 가능한 한 유럽 대륙의 전쟁에 직접 관여하는 것을 피했고, 육군에 대한 투자 역시 해군에 비해 충분하지 않았다. 여기에는 물론 내란의 경험이 크게 작용했다. 18세기 정치 사상사가 보여 주듯 강력한 육군은 국민의 자유를 위협하는 폭정tyranny의 도구가 될 수 있다는 우려가 급진 휘그파와 지방 토리파가 따르던 '국민country' 이데올로기에 생생하게 남아 있었다. 반면, 해군은 국민의 자유에 직접적인 위협이 되지도 않았고 영국인의 종교적·상업적 자유를 절대주의의 도전으로부터 지키는 가장 중요한 수단으로 환영받았다. 더욱이 영국인들은 절대주의 군주 아래 영토 확장에 집착했던 스페인 제국이나 프랑스와 달리 자기 조국이 상품, 인력, 지식의 자유롭고 평화로운 교환을 추구하는 상업 국가라고 믿었다. 그러므로 상업의 자유를 지키는 해군의 존재는 영국인들에게 소중했다.[56]

물론 이것이 곧 18세기 영국이 '청해 정책blue-water policy', 즉 대륙에서의 군사 활동이나 복잡한 국제 정치에 관여하지 않고 해군력을 기반으로 유럽 밖, 특히 식민지에서의 영향력을 확대해 상업적인 이익을 보호·증진하는 정책만 추구했다는 말은 아니다. 군주의 이해관계로 보나 유럽 대륙 내에서 프랑스가 차지하는 지위로 보나 영국은 유럽 대륙의 상황을 무시할 수 없었고, 식민지의 이해관계를 보호하기 위해서라도 유럽 대륙 내의 국제 정치에 관여해야 했다. 문제는 어떻게 해야 유럽 대륙에서의 지나친 군사 개입에 따른 비판적인 여론을 무마하면서도 유럽과 제국의 이분법을 넘어 국가와 국민의 다양한 이해관계를 효과적으로 보호할 수 있는지였다. 이러한 목표는 특정 정책을 맹목적으로 고집해서는 이룰 수가 없었다. 따라서 18세기 영국의 외교·군사 정책은 다른 어떤 나라보다 탄력적이고 실용적인 면모를 보였다.[57]

영국의 군사·외교 정책이 성공을 거두었다면 그것은 대륙에서의 군사 활동을 최소화하면서도 세력 균형을 유지하고 식민지와 상업적 이익을 보호할 수 있었다는 것이다. 이러한 성과는 두 가지 전략을 효과적으로 운용함으로써 이룰 수 있었다. 첫째, 동맹 체제를 활용해 유럽 대륙에서 가장 위협이 되는 국가의 힘을 봉쇄하는 전략이었는데, 이를 위해 경쟁국인 프랑스와의 일시적인 동맹도 마다하지 않았다. 둘째, 유럽 대륙에서 프랑스를 비롯한 주요 경쟁국의 힘을 약화시키면서 해군력과 제한된 육군의 힘을 기반으로 식민지와 그 밖의 지역에서 공격적으로 상업적 패권을 추구하는 전략이었다. 영국은 유럽에서 군사적인 개입이 불가피할 경우 최소한의 원정군을 보내 항상 동맹 세력의 일부로 참여했다. 이처럼 영국이 직접적인 군사적 참여를 최소화하면서도 동맹 체제를 이끌 수 있었던 요인은, 효율적인 재정 체제 덕분에 용병을 고용하거나 동맹국에 경제 원조를 제공할 수 있었기 때문이다. 단적인 예로, 7년 전쟁 초기에 영국 정부는 프로이센의 프리드리히에게 매년 67만 5천 파운드를 지원했다. 이 전쟁을 승리로 이끌었던 피트William Pitt가 "아메리카는 독일에서 정복되었다"라고 했던 것은 해상 세력인 영국이 제국을 유지하고 상업적인 이익을 확보하기 위해서는 유럽에서 동맹이 반드시 필요하다는 것을 염두에 둔 말이었다.

프로이센의 프리드리히 2세

물론 프랑스 등의 경쟁국들로 하여금 유럽 대륙에서 전쟁에 힘을 쏟게 하는 데는 비용이 많이 들었다. 하지만 프랑스가 해군에 집중 투자해 영국의 식민지와 무역로, 영국 본토를 위협할 가능성을 최소화하는 데는 효과적이었다. 비록 재정 지출이 많았지만 영국은 해군에 투자해 상업 활동을 보호하고, 다시 그 덕분에 효율적으로 전쟁 비용을 조달하는 선순환을 누릴 수 있었다. 이는 상업 사회에서 경제와 전쟁이 선순환하며 국가가 발전하는 전형적인 모습이었다. 농업 사회의 전쟁이 직접 싸워서 무너뜨린 후 점령하는 것이 목적이었다면, 상업 사회의 전쟁은 경제적 이익이 우선이었으므로 제3국을 지원해 대리전을 치르는 데 아무런 문제가 없었던 것이다. 실제로 7년 전쟁 기간에 영국의 상업과 제조업은 사략선단의 활동 등으로 무역 활동이 방해받았음에도 크게 성장했다. 이는 영국에서 효과적인 재정 체제, 군사 전략이 경제와 완전하게 선순환을 이루는 확대 재투자 체제가 완성되었음을 말해 준다.[58]

물론 이 모든 발전의 배후에는 영국만이 갖고 있던 특별한 조건들이 있었다. 영국에서는 명예혁명 이후 의회를 통로로 하여 국가와 국민의 소통이 원활했다. 따라서 정책 결정이 강제가 아니라 동의에 의해서 이루어졌으며, 이를 통해 사적인 이윤을 추구하는 개인의 경제 활동과 국가의 이익이 조화를 이루었던 것이다. 이는 같은 시기에 영국보다 넓은 영토와 많은 인구를 보유했던 러시아나 프랑스가 그 경제적인 잠재력에도 국력을 모으는 데 비효율적인 모습을 보여 준 것과 대조적이다.

이러한 차이는 근본적으로 프랑스나 러시아 경제가 농업에 기반을 두고 있었고, 영국 경제가 상업에 기반을 두고 있었던 데서 비롯되었다. 농업 생산이 체감해 증산 의욕이 없는 농민들에게는 강제적인 세금 수취가 증산을 가능하게도 했지만, 이를 통한 증산 효과 역시 체감하게 마련이었다. 설령 전쟁에서 승리해 영토가 넓어진다고 하더라도 전쟁 비용을 부담한 농민들에게 돌아오는 혜택은 거의 없었다. 따라서 러시아나 프랑스처럼 강압적이고 강제적으로 국력을 동원하는 것은 결코 효율적일 수 없었다. 반면, 상업은 부가 가치가 증가하기 때문에 상인들 스스로 더 큰 이윤을 찾아 움직이게 마련이었다. 물론 전쟁은 상업 네트워크를 흔들어 놓기도 했지만, 근대 초 치열한 중상주의적 경쟁에서는 오히려 상권 확대와 더 큰 이윤을 보장했기 때문에 상인들은 전쟁 비용 부담을 수익성 높은 투자로 여겼다. 따라서 영국 정부는 의회를 통해 상인들을 설득하고 그들의 동의와 협력 아래 효율적으로 국력을 모으고 동원할 수 있었던 것이다. 이는 상업 국가 영국이 거대한 농업 제국들을 제압하고 패권국의 지위에 오를 수 있었던 원동력이었다.

상업 사회에서 산업 사회로

7년 전쟁에서 승리함으로써 영국의 패권은 확실하게 자리 잡은 것처럼 보였다. 이 전쟁의 승리로 인해 북아메리카와 인도에서 영국에게 도전하던 프랑스의 위협은 완전히 사라진 것처럼 보였고, 경제적인 면에서도 프랑스 해외 무역의 가장 중요한 수입원이었던 서인도 제도의 설탕 식민지들을 제국에 포함시킬 수 있었던 것이다. 그러나 승전의 기쁨도 잠시, 불과 10여 년 만에 식민지와 전쟁을 치르게 되었다. 영국은 7년 전쟁으로 인해 엄청나게 늘어난 국가 부채를 해결하고 식민지에서의 전략적인 우위를 확고하게 다지기 위해 개혁 조치들을 취했는데, 그것이 북아메리카 식민지의 반발을 불러일으켰다. 그 결과, 당대 최강의 해군과 막대한 재정 자원을 보유했던 영국은 예상을 뒤엎고 식민지를 잃어버리게 되었다. 여기에는 여러 가지 요인들이 복합적으로 작용했다. 영국 정부가 식민지인들의 독립 의지를 과소평가했다는 점, 광대한 북아메리카 대륙에서 게릴라전으로 벌어지는 새로운 전쟁 양상에 효과적으로 대응하지 못했다는 점, 무려 3천 마일이나 떨어진 전장에 군수품과 인력을 효율적으로 보급하는 데 어려움을 겪었다는 점, 그리고 무엇보다도 영국이 동맹국의 도움 없이 여러 열강과 동시에 전쟁을 치러야 했다는 점 등을 꼽을 수 있다.[59]

1781년 영국이 요크타운에서 패배하자 북아메리카 식민지의 독립이 불가피하게 되었다. 이때 영국인들은 영 제국이 과거 스페인 제국이나 네덜란드 공화국처럼 쇠퇴의 길로 접어든 것은 아닌지 우려했다. 앞에서 살펴보았듯이 18세기 중반에 이미 북아메리카는 영국 제조업 제품의 주요 시장으로 영국의 가장 중요한 교역 상대였다. 따라서 이처럼 중요한 식민지를 잃고서 과연 영국이 7년 전쟁 직후에 누렸던 상업적 우위를 유지할 수 있겠느냐는 의문이 생기는 것도 당연했다. 그러나 역설적이게도 북아메리카의 독립은 오히려 영국의 경제 발전을 돕는 결과가 되었다. 독립 이후 영국과 미국 간의 무역은 더 빠른 속도로 증가했다. 1781~1792년에 수출은 141퍼센트나 증가했고, 이 같은 증가 추세는 그 후에도 계속되어 미국은 여전히 영국 제조업 제품의 가장 중요한 시장으로 남았다.[60]

이러한 일이 어떻게 가능했을까? 해답은 물론 산업 혁명에서 찾을 수 있다. 북아메리카 독립 전쟁 때부터 한 세대 동안 영국에서는 산업 혁명이 본격적으로 진행되어 직물업, 제철업을 비롯한 주요 공업이 미국 시장에서 막강한 경쟁력을 확보하게 되었던 것이다. 바로 이 점에서 영국과 네덜란드의 차이를 다시 한 번 언급하지 않을 수 없다. 앞에서 살펴보았듯이 네덜란드는 17세 중반 이후 영국, 프랑스와의 전쟁을 거치며 빠르게 쇠퇴의 길을 걸었다. 반면, 영국은 북아메리카 식민지라는 중요한 시장과 원료 공급원을 잃었음에도 쇠퇴가 아니라 더 빠른 경제 성장을 이룩했다. 두 나라는 모두 발달된 상업 사회를 건설했지만 한 나라는 전쟁에서 패한 이후 상업 사회로서의 활력을 잃었고, 다른 한 나라는 오히려 상업 사회에서 산업 사회로의 이행을 성공적으로 이루어 낸 것이었다. 이러한 차이는 왜 생겼을까?

우선, 17세기 중반 네덜란드와 잉글랜드의 관계는 18세기 말 영국과 미국의 경제적인 관계와 근본적으로 성격이 달랐다. 네덜란드와 잉글랜드는 같은 상업 국가로서 치열한 경쟁 관계였지만, 영국과 미국은 각각 상업국과 농업국으로서 보완 또는 동반자 관계였다. 네덜란드는 항해법과 세 차례의 전쟁을 통한 중상주의적 경쟁에서 잉글랜드에 대서양 무역에서의 우위를 빼앗기고 말았다. 또한 아시아 무역에서도 네덜란드는 후추를 대체할 새로운 상품을 발견하는 데 실패했다. 하지만 잉글랜드는 차와 면직물 시장을 발견함으로써 상업적인 패권을 차지할 수 있는 기반을 마련했다. 따라서 이 두 나라의 관계는 부를 나누어 가질 수 없는 제로섬 게임zero-sum game 관계의 전형적인 모습이었다. 반면, 영국은 북아메리카 식민지의 독립을 인정해야 했으나 그로 인해 식민지에 대한 정치적인 통제권만 잃었을 뿐이었다. 상업 제국 영국의 제해권과 무역권은 침해받지 않았다. 왜냐하면 원자재와 농산품에 특화된 미국 경제는 영국의 제조업 제품을 필요로 했기 때문이다. 오히려 오랫동안 영국의 제조업 제품에 익숙했던 미국인들은 독립 전쟁의 후유증에도 불구하고 영국과의 교역을 더욱 확대할 수밖에 없었다. 다시 말해, 영국 경제와 이를 소비하는 미국 경제는 이해관계를 함께하는 포지티브섬 게임positive-sum game 관계였던 것이다.

또한 위기를 극복할 수 있는 국가의 경제적 역량에서도 네덜란드와 영국은 달랐다. 만일 네덜란드가 영국과의 경쟁에서 승리하고 프랑스의 침공을 효율적으로 막아냈더라면 네덜란드의 쇠퇴는 더욱 늦추어졌을 것이다. 그러나 네덜란드는 위기를 이겨내지 못했고 영국은 위기를 기회로 삼았다. 그 내적 차이는 무엇일까? 이에 대한 근본적인 해답은 네덜란드와 영국의 확대 재투자 체제가 달랐던 데 있었다. 영국은 확대 재투자 체제를 확대 재생산 체제로 발전시켰지만 네덜란드는 그러지 못했던 것이다. 네덜란드가 확대 재투자 체제에서 확대 재생산 체제로 이행하는 데 실패한 요인은, 간단하게 몇 마디로 설명하기 어렵지만 몇 가지 중요한 요인들을 생각해 볼 수 있다. 앞에서 언급했듯이 가장 중요한 요인은 네덜란드가 창고 무역에 기반을 두고서 국내 제조업의 생산 기반을 발전시키지 않았다는 데 있다. 여기에도 여러 가지 요인들이 작용했다. 우선, 네덜란드는 다른 어떤 나라보다도 도시화가 일찍 진행되었을 뿐만 아니라 도시 동업 조합들의 영향력이 컸던 것을 생각해 볼 수 있다. 따라서 네덜란드에서는 기술적인 혁신을 도입하고 생산 단가를 낮출 수 있는 농촌 산업이나 동업 조합의 규제로부터 자유로운 새로운 산업이 발전하기 어려웠다. 특히 네덜란드의 높은 임금 수준은 네덜란드 산업이 17세기 중반 이후 국제적인 가격 경쟁에서 경쟁력을 잃어버리게 된 원인이 되었다. 반면, 영국은 상대적으로 높은 임금을 싼 에너지를 이용한 기술 혁신으로 대체할 수 있었다. 하지만 네덜란드는 이 같은 이점을 누릴 수 없었던 것이다.

게다가 네덜란드와 영국은 시장의 규모에서도 달랐다. 네덜란드는 1인당 소득으로 볼 때 18세기에도 여전히 유럽에서 가장 부유한 나라였지만, 근본적으로 영토 면적이 좁았고 인구수도 적었다. 1700년경 네덜란드의 인구는 190만 명에 불과했고, 영국은 500만 명이 넘었다. 18세기에 줄곧 네덜란드의 인구 성장은 정체되었지만 영국의 인구는 18세기 중반 이후 빠르게 증가했다. 시장의 규모를 이야기할 때 또한 고려해야 할 것은 식민지였다. 네덜란드는 1650년대 이후 아메리카 대륙에서 영향력을 잃었고, 동인도 회사 또한 17세기 후반 이후 교역 구조의 변화와 동인도 회사의 독점에 대한 현지의 반발이 거세지면서 경쟁력을 잃었다. 반면, 영국은 17세기 말부터 인도에서 동인도 회사의 영향력이 강화되었을 뿐만 아니라 북아메리카와 서인도 제도에서 원료와 상품은 물론, 매우 빠르게 성장하는 시장을 확보할 수 있었다. 이와 같이 비교적 자유롭게 통제할 수 있는 식민지 시장은 영국 제조업 제품의 활로가 되었고, 앞에서 언급했듯이 이미 18세기 중반에 영국 제조업 제품 수출의 가장 중요한 시장이 되었던 것이다. 영국의 상품과 영국의 상인들이 제공하는 신용과 서비스에 익숙해진 북아메리카 식민지인들은 독립 전쟁이 끝날 무렵 이미 전쟁 기간에 지원을 아끼지 않았던 프랑스와 프랑스 상인들에게 등을 돌리고 영국의 제조업자들과 상인들에게 되돌아갔다. 이는 식민지 시장의 중요성을 다시 한 번 일깨워 준다.

네덜란드가 대서양 식민지 경쟁에서 실패했던 것은 공화국 정부의 정치적 실패가 공화국 경제의 쇠퇴의 또 다른 요인이었음을 말해 준다. 네덜란드 연방을 구성했던 7개 주는 스페인 제국과의 전쟁에서 정부 채권을 비롯한 각종 재정 조치들을 통해 전쟁 비용을 효율적으로 마련했고, 이를 기반으로 영토 보전에는 성공했다. 하지만 각 주의 이해관계의 차이로 인해 해군청이 여러 주에 설치되었던 사실에서 드러나듯 강력한 해군력을 보유하는 데 실패했다. 네덜란드의 연방 의회는 각 주의 이해관계를 조율하지 못했으므로 강력한 중앙 집권적인 권력 기구에 바탕을 두고 있는 프랑스의 위협이나 국가 전체의 이해관계를 조율하는 의회와 작지만 효과적인 중앙 정부를 발전시킨 영국과의 경쟁에 효과적으로 대처할 수 없었던 것이다. 특히 네덜란드처럼 상업 사회였던 영국은 의회와 정부, 그리고 민간의 금융 시장이 유기적으로 연결되어 있어 기하급수적으로 상승하는 전쟁 비용을 장기 채권과 조세 수입으로 충분히 조달할 수 있었다. 하지만 네덜란드는 18세기에도 여전히 각 주가 재정 문제를 통제했기 때문에 외국의 침입으로부터 영토를 보전하는 것 자체가 불확실한 상황에 직면했다.[61] 그 결과, 네덜란드 공화국은 1795년 프랑스 혁명군이 침입했을 때 순식간에 무너져 버리고 말았다.

중상주의적 경쟁이 치열해지기 시작한 17세기 중반부터 19세기 초까지 어떤 한 나라가 유럽뿐만 아니라 전 세계적으로 경제적인 패권을 장악하기 위해서는 여러 가지 조건을 갖추어야 했다. 영국은 네덜란드와 마찬가지로 상업 사회를 지향했지만 네덜란드와 달리 상업화와 제조업을 동시에 발전시켰으며, 영국민의 상업적 이해관계를 정책에 반영하는 제도적인 틀을 완성했다. 이를 토대로 경쟁국의 군사·외교적 위협과 상업적인 도전으로부터 자신들의 이해관계를 보호, 증진할 수 있는 재정적인 기반과 군사적인 힘을 갖출 수 있었다. 영국보다 먼저 공화국을 건설했던 네덜란드의 경우에서 볼 수 있듯이 재산권을 비롯한 시민의 권리를 보장하는 정치체제는 그 자체로 지속적인 경제 발전을 가져오지 않았다. 어찌 보면 더 중요한 것은 국민의 권리를 보장할 수 있도록 국가의 힘을 길러 영토와 재산을 안전하게 보호하는 일로, 그것이 경제 성장의 밑거름이 된다. 바로 이 점에서 영국은 다른 어떤 나라보다도 큰 성과를 거두었던 것이다.[62] 다시 말해, 강한 국가가 강한 경제를 키웠고, 강한 경제가 강한 국가의 조건이 되었다고 할 수 있다. 또한 영국인들이 상업적 우위를 산업적 기반 위에서 지속시키고 확대할 수 있었던 것도 영국 패권의 중요한 비밀이었다. 그러한 점에서 18세기 중반 이후 시작된 영국의 산업 혁명은 상업 사회의 확대 재투자 체제가 산업 사회의 확대 재생산 체제로 이행하는 결정적인 전환점이었다. 이제 영국에서의 상업 사회에서 산업 사회로의 이행 과정과 그것이 영국의 패권 행사 방식에 미친 영향을 살펴볼 것이다.

5

영국
산업 사회의
완성과 쇠퇴

이번 장에서는 영국이 19세기 중 · 후반에 패권을 차지하게 된 원동력이 영국의 경제 체제가 확대 재투자 체제에서 확대 재생산 체제로 성공적으로 이행했던 데 있었고, 이러한 이행의 전환점은 산업 혁명이었음을 밝힌다. 하지만 영국 경제는 19세기 말부터 20세기 초 미국과 독일의 거센 도전에 밀려 패권을 잃어가기 시작한다.

1851년 런던 하이드 파크에서 세계 최초로 만국 박람회가 열렸다. 이는 '세계의 작업장workshop of the world'으로서 영국의 위상을 유감없이 드러낸 사건이었다. 이 박람회에는 무려 1만 4천 개의 기업이 10만 점에 달하는 물품을 전시했는데 자발적으로 조직된 300여 개의 지방 위원회가 후원했다. 이처럼 세계 각국에 문호를 개방해 영국이 이끄는 새로운 시대가 자유로운 교역에 기반을 둔 조화와 협력의 시대임을 과시했던 것이다.[1] 당시 산업 강국이었던 영국의 위상은 이러한 자신감을 뒷받침하기에 충분했다. 산업 혁명을 이끌었던 영국의 면직물업은 1840년대에 매년 200~300만 톤의 원면을 소비했고, 1850년 무렵 영국의 연간 석탄 생산량은 4,900만 톤에 달했으며, 산업화의 동력인 증기 기관은 매년 129만 마력의 에너지를 공급했다. 이러한 활발한 산업 활동 덕분에 1850년 인구가 2,100만 명이었던 영국인들의 1인당 국내 총생산은 독일인들에 비해 64퍼센트, 미국인들에 비해 30퍼센트나 높았다.[2]

물론 영국이 이와 같이 압도적인 경제력을 갖게 된 것은 산업 혁명 덕분이었다. 앞서 4장에서 18세기 말에 이미 영국에서는 상업 사회의 확대 재투자 체제에서 산업 사회의 확대 재생산 체제로의 이행이 시작되었다고 언급한 바 있다. 네덜란드와 달리 영국에서는 대서양 무역에 필요한 제품을 공급하고 아시아로부터 수입되는 고급 제조업 제품을 대신할 대체 상품을 생산하는 국내 제조업이 발달해 기술 혁신을 이끌었다. 이러한 점에서 산업 혁명을 '공급 부문에서의 기술 혁신과 새로운 에너지원의 이용에 기반을 둔 확대 재투자 체제에서 확대 재생산 체제로의 진화'로 규정했다. 또한 확대 재생산 체제에서 경제 성장이 지속적으로 가속화하는 것은 두 가지 특징 때문이라고 지적했다. 첫째, 수요 면에서 확대 재투자 체제의 성장이 자본 축적과 소득 증대에 따른 수요 증가에 바탕을 두고 있다면, 확대 재생산 체제의 성장은 축적된 자본이 새로운 상품을 생산하게 하고 그것이 다시 새로운 수요를 창출하는 과정이 반복되면서 더욱 가속된다. 둘째, 공급 면에서 확대 재투자 체제의 성장은 농업과 수공업에 기반을 두고 있고, 확대 재생산 체제의 성장은 화석 연료를 동력원으로 하고 기술 혁신에 의존하는 공장제에 바탕을 두고 있다.

따라서 19세기 중반 영국의 경제적 패권을 이해하기 위해서는 산업 혁명의 과정과 영국에서 확대 재생산 체제가 자리 잡게 된 배경을 살펴볼 필요가 있다. 물론 산업 혁명에 관해서는 이미 많은 연구 성과가 있다. 숱한 연구 성과들을 일일이 참조하는 대신, 여기에서는 확대 재생산 체제로의 이행이라는 관점에서 영국 산업 혁명이 일어날 수 있었던 요인들을 판별하는 데 주력할 것이다. 이렇게 함으로써 산업 혁명의 시작부터 19세기 후반에 진행되는 후발국들의 추격 과정, 뒤이은 영국의 상대적인 쇠퇴까지를 체계적으로 설명할 수 있기 때문이다. 특히 주목해야 할 것은 국가의 역할이다. 종래의 연구들은 주로 재산권의 확립과 자유로운 시장 환경의 조성에 의회가 미친 영향 등 간접적인 역할만을 단편적으로 언급했다. 하지만 국가의 역할은 이보다 좀 더 적극적으로 평가할 필요가 있다. 산업 혁명을 이끈 상업 사회의 확대 재투자 체제가 국가의 보호주의 정책 아래 탄생했듯이, 산업 혁명 자체도 국가의 선별적인 보호주의 정책의 영향 아래 제조업의 육성과 기술 혁신의 결과로 가능했기 때문이다. 이는 영국의 산업 혁명뿐만 아니라 독일이나 일본과 같은 후발국의 발전 과정을 이해하는 데도 도움이 된다. 어찌 보면 후발국이 국가 주도의 산업 정책에 관심을 기울인 것은 우연이 아니었다.

산업 혁명의 요소들

산업 혁명이 시작되는 데 가장 중요한 선결 조건은 확대 재투자 체제의 완성이었다. 만일 경제적인 잉여가 자본으로 축적되어 상업에 투자되고, 이를 통해 경제 전체가 성장하는 확대 재투자 체제의 선순환 구조가 없었다면 애당초 생산 및 공급 부문의 혁신을 기대할 수 없었기 때문이다. 하지만 확대 재투자 체제의 성립 그 자체가 확대 재생산 체제로의 이행을 보장하는 것은 아니었다. 확대 재투자 체제에서 항상 공급 부문의 혁신이 일어났던 것은 아니었기 때문이다. 앞에서 살펴보았듯이 네덜란드의 경우가 이 점을 잘 말해 준다. 네덜란드가 17세기 중반의 경제적 우위를 계속 유지할 수 없었던 것은 전쟁과 경제의 선순환에서 이탈해 더 이상 국가가 시장의 보호·확대에 기여하지 못했고, 창고 무역 체제 아래 교역 체제가 국내 제조업의 발전을 이끌지 못했기 때문이다. 다시 말해, 확대 재투자 체제의 성립은 산업 혁명의 필요조건이기는 하지만 충분조건은 아니었던 것이다. 그러므로 영국의 산업 혁명을 설명하기 위해서는 우선 영국의 확대 재투자 체제의 어떤 면이 산업 혁명에 기여했는지 확인할 필요가 있다.

거듭 강조하거니와 확대 재투자 체제의 핵심은 상업 발전이다. 특히 주목할 것은 18세기 영국의 상업이 다른 유럽 국가들보다 앞서 있었고, 국내 제조업과 긴밀하게 연결되어 있었다는 점이다. 산업 혁명을 이끈 면직물업이 그 예이다. 면직물업은 18세기 후반부터 본격적으로 발전하기 시작해 19세기 초에는 총 수출에서 차지하는 비중이나 생산 가치에서 영국의 주요 산업이 되었다. 1784~1786년부터 1814~1816년 사이에 면직물의 수출 가치는 무려 20배 이상 성장했다. 이는 같은 기간 영국의 해외 수

| 산업 혁명 시대의 공장

출 증가분의 절반 이상을 차지하는 것이었다. 면직물업이 창출하는 부가가치 또한 크게 상승했다. 면직물업의 경우 1770년에는 2.6퍼센트에 불과해 직물업 전체에서 최하위에 머물렀는데, 1831년에는 22.4퍼센트로 상승해 기존의 핵심 직물 산업이었던 모직물업의 비중을 10퍼센트나 웃돌았다.[3] 면직물업의 이러한 급격한 성장 이면에는 기술 혁신을 자극하는 해외 무역의 성장이 있었다. 처음 면직물이 국내 소비자에게 소개된 것은 동인도 회사의 무역 활동을 통해서였다. 이에 대한 소비자들의 호응이 높고 그로 인해 외국산 면직물이 물밀듯이 들어오자, 이에 대응한 보호 무역 정책의 방편으로 국내산 면제품 생산에 눈을 돌리게 되었다. 결과적으로 이것이 성공할 수 있었던 요인은 영국의 제조업자들이 18세기에 급성장한 대서양 무역을 통해 북아메리카에서 원면을 수월하게 공급받을 수 있었고, 아프리카 및 아메리카에서 완성된 제품을 판매할 수 있는 시장을 확보할 수 있었기 때문이다. 이는 국내 면직물업 발전에서 빼놓을 수 없는 연결고리였다.[4]

확대 재투자 체제의 성장은 특정 제조업 분야의 발전을 넘어 국내 수요를 늘어나게 했다. 확대 재투자 체제가 성숙하면서 영국민의 소득 수준이 전반적으로 높아졌고 도시화가 가속되어 시장을 통한 교환이 국민의 일상생활에 자리를 잡게 되었던 것이다. 특히 런던은 상업과 금융업 및 제조업의 중심지로 잉글랜드 인구의 4분의 1이 사는 대도시가 되었다. 당시 런던에서는 중간 부류뿐만 아니라 빈민까지도 시장에서 생필품을 구입하는 것을 자연스럽게 받아들였다. 이렇게 시작된 상설 시장, 소매상점, 정기 간행물 등 유통 부문의 혁신은 교통 통신의 발전에 힘입어 지방으로 빠르게 확산되어 갔다. 그로 인해 국내 수요는 더 빠르게 성장할 수 있었다. 4장에서 언급했듯이 이러한 변화들은 18세기 영국에서 '소비 혁명'을 일으켰다.[5] 소비 혁명이 가져온 중요한 변화는 면직물을 비롯한 직물 소비에서 유행이 자주 바뀌었고 그것이 사회적으로 중요한 관심사가 되었다는 것이다. 오랫동안 영국 소비자들은 무겁고 거칠며 칙칙한 빛깔의 모직물에 익숙해 있었는데 형형색색의 리넨, 실크, 그리고 면제품이 등장하자 열광했다. 그 덕분에 직물에 대한 기존 수요가 공급 부문의 혁신을 이끌게 되었고, 새로운 기술로 만든 신제품이 새로운 수요를 창출하는 선순환이 시작되었다.[6]

수요 증가는 분명 제조업자들의 모험 정신에 불을 질렀을 것이다. 그러나 이보다 중요한 사실은 이미 제조업자들이 새로운 사업에 뛰어들 수 있는 환경이 마련되어 있었다는 점이다. 이 점 또한 확대 재투자 체제의 발전과 긴밀하게 연관되어 있었다. 상업의 발전은 영국의 중세적인 동업조합 체제를 약화시켰고 상품 및 금융 시장을 발전시켜 자본 조달을 쉽게 만들었다. 상업과 금융업에서 축적된 자본이 산업 자본으로 직접 전환된 경우—제철업이나 광업처럼 초기 자본이 큰 비중을 차지하는 사업 부문에는 상인이나 금융업자들이 직접 자본을 투자하는 경우도 있었음—는 많지 않지만, 고정 자본보다는 유동 자본의 비중이 훨씬 컸던 산업 혁명 초기에 제조업자들은 상인이나 도매업자들이 제공하는 신용, 친인척이나 지인들로부터 받는 후원, 자신들의 저축과 유보 이익을 가지고 쉽게 사업에 뛰어들 수 있었다.[7] 게다가 제조업자들이 반드시 기술 지식을 가지고 있어야 하는 것도 아니었다. 와트James Watt의 동업자였던 볼턴Matthew Boulton처럼 다른 사람의 기술적인 재능을 발견하고 이를 자신의 사업 수완과 결합하기만 해도 성공을 거둘 수 있었던 것이다.[8]

이와 같이 영국의 사업가들이나 기술자들은 사업의 성격에 맞게 다양한 방법으로 자본을 조성할 수 있었고, 게다가 통합된 시장에 쉽게 진입할 수 있었기 때문에 기존 제품을 개량하거나 신제품을 만들어 선보이는 데 전념할 수 있었다. 증기 기관의 역사가 보여 주듯 산업 혁명 시기의 중요한 발명품들은 기존 발명품의 경제적·기술적 효율을 높이려는 수많은 사람들의 지속적인 노력이 빚어낸 결과였다. 새로운 기술이 반드시 영국인에 의해 개발될 필요도 없었다. 다시 한 번 증기 기관을 예로 든다면, 영국인들은 해외에서 개발된 기술을 받아들이고 이를 완성시키는 데 주저하지 않았다. 왜냐하면 확대 재생산 체제는 기술에 경제적 가치를 부여하고 기술 개량으로 더 큰 이윤을 얻을 수 있는 가능성을 제공했기 때문이다. 1712년 뉴커먼Thomas Newcomen이 발명한 증기 기관의 원천 기술은 1691년 프랑스의 파팽Denis Papin에게서 나왔다. 르블랑Leblanc의 소다 제조 공정이나 염소 염색법, 판유리 제조 공정 등도 역시 프랑스 등지에서 들여와 영국에서 실용화되었다.[9]

기술 혁신은 임금 수준과도 관련이 있었다. 임금 상승은 노동 절약적 기술 개발을 부추겼고 소비자의 구매력을 향상시켜 신제품 소비를 늘게 함으로써 수요와 공급 두 측면에서 기술 혁신을 자극했던 것이다. 중세부터 19세기까지 런던을 포함한 세계 주요 도시 건축 노동자들의 임금을 비교한 한 추계에 따르면, 16세기 초 무렵부터 임금 수준의 격차가 벌어지기 시작했다. 그 결과, 1775년 런던 노동자들의 임금은 비엔나 노동자들의 4배, 암스테르담 노동자들의 1.25배가 되었다. 이렇듯 영국 노동자의 임금 수준이 오르자 임금 비용을 줄이려는 노력이 일어났다. 또 임금 수준이 오르면서 식품, 연료, 피복 등 기본적인 생필품 외에도 기호품이나 심지어 사치품까지 구매하는 일이 흔해지면서 수입 상품은 물론 국내 제조업 제품에 대한 수요가 늘었다. 게다가 임금이 상승하자 노동자 스스로 교육과 훈련에 더욱 관심을 갖게 됨으로써 사회 전체의 지적 수준이 높아졌다. 그로 인해 기술 혁신을 지속시키는 지적 기반이 확대되었다.[10]

요컨대, 확대 재투자 체제의 발전은 국내외 시장의 확대, 자본량 증가, 임금 수준 향상, 소비 혁명 등을 이끌어 제조업 부문의 기술 혁신을 자극했다. 하지만 증기 기관과 같은 새로운 동력원과 이를 활용한 새로운 기계류를 움직이기 위해서는 막대한 양의 연료도 필요했다. 이뿐만이 아니었다. 도시화—특히 런던 인구의 빠른 성장—가 빨라지면서 가정 연료 수요도 크게 늘었다. 따라서 이 연료 문제가 해결되지 않는 한 산업 혁명도 진전될 수 없었다. 이 문제를 해결해 준 것이 석탄이었다. 영국의 석탄 생산은 17세기부터 빠르게 늘어나 1700년에 연간 250~300만 톤에 이르렀고, 1800년에는 무려 1,000~1,300만 톤에 달했다. 석탄 생산이 증가하자 전통적인 연료 공급원이었던 목재를 얻기 위해 남겨 두었던 삼림 지역을 농업이나 공업에 이용할 수 있었다. 이처럼 석탄은 연료비를 크게 낮추고 도시화를 빠르게 진행시켰으며 생산을 증가시키는 원동력이 되었다. 더욱이 기존의 인력이나 축력과는 비교할 수 없는 동력을 제공하는 기계가 널리 보급되는 길을 열어 주었다. 이로 인해 생산 요소의 투입량에만 의존하던 생산 방식에서 생산의 효율성에 바탕을 둔 근대적인 경제 성장의 가능성이 나타났다.[11]

영국의 풍부한 석탄 자원이 자연의 선물이었다면, 프랑스 혁명부터 나폴레옹 전쟁까지의 정치적 격변은 예기치 못한 방식으로 산업 혁명에 도움을 주었던 역사의 선물이었다. 앞에서 언급했듯이 영국의 확대 재투자 체제는 국가가 적극적으로 무역 활동을 보호하고 해외 시장을 개척, 보호하며 영토의 안전을 유지해 전쟁과 경제의 선순환을 이루었기 때문에 성공할 수 있었다. 프랑스 혁명이나 나폴레옹 전쟁은 전쟁의 규모나 비용

면에서 이전의 전쟁들을 훨씬 능가했지만, 궁극적으로 확대 재투자 체제 아래 발전된 영국의 재정 체제가 승패를 갈랐다는 점에서는 마찬가지였다.[12] 전쟁은 두 가지 점에서 산업 혁명에 기여했다. 첫째, 프랑스 혁명과 나폴레옹 전쟁은 미국 시장에 대한 영국의 지배력을 강화했다. 프랑스는 영국 재정에 압박을 가하기 위해 대륙 봉쇄를 택했고, 영국은 해상 봉쇄를 통해 프랑스를 대륙에 묶어두려 했다. 이로 인해 프랑스는 물론 전쟁에 참가한 유럽 국가들과 미국 간의 교역이 크게 위축되었고, 따라서 미국 시장에 의존했던 대륙의 제조업자들은 큰 타격을 입었다. 반면, 영국의 제조업은 더 활력을 얻었다.[13] 둘째, 프랑스 혁명과 나폴레옹 전쟁은 대륙의 자본이 더욱 활발하게 영국으로 흘러들게 했다. 18세기 중반 영국의 금융 시장에 유입된 외국 자본, 특히 네덜란드 자본량은 엄청났는데, 그 이유는 프랑스 혁명과 나폴레옹 전쟁으로 대륙의 정세가 극도로 불안정해지면서 영국이 자본의 피난처가 되었기 때문이다. 나폴레옹의 강력한 대륙 봉쇄 정책은 유럽의 경쟁국들로 영국 자본이 들어가는 것을 막는 데는 어느 정도 성공했지만, 반대로 대륙 자본이 영국으로 흘러드는 것을 막지는 못했던 것이다. 이렇게 유입된 자본은 국채 시장에 투입되어 영국이 전쟁에서 승리하도록 도왔고, 제철업을 비롯한 제조업과 운하, 항만, 유료 도로 등의 간접 시설 확충에도 기여했다.[14]

영국 확대 재생산 체제의 발전 과정에서 국가의 역할은 안보와 재산 보호 및 전쟁으로 인해 발생하는 경제적 이익을 발생시키는 데 국한되지 않았다. 이미 언급했듯이 명예혁명 이후 영국 의회와 정부는 상공업자들의 경제적 고충을 해결해 주고 그들 간의 이해관계를 조정하는 데 지속적으로 관심을 보였다. 물론 당시 영국 의회와 정부는 후발 산업국들처럼 산업화 과정에서 적극적으로 산업 정책이나 경제 개발 계획을 제시하지는 않았다. 이로 인해 산업 혁명에 대한 이론이나 역사 해석에서 국가의 역할이 상대적으로 경시되었던 것이 사실이다. 그러나 실제 역사 기록을 좀 더 자세하게 살펴보면, 영국 의회와 정부 모두 다양한 방식으로 경제 문제에

관심을 갖고 경제 발전을 촉진하는 역할을 수행했음을 알 수 있다.[15]

우선 눈여겨 볼 문제는 중상주의적 보호주의가 산업 발전에 미친 영향이다. 잘 알려진 것처럼 영국 의회와 정부는 꾸준하게 제조업을 지원하는 정책을 펼쳤다. 이러한 보호주의 전통은 일찍이 헨리 7세가 잉글랜드의 모직물업을 육성하기 위해 저지대 지방에서 기술자들을 끌어 모으고 모직물업 특화 지역을 선정한 것이나 높은 관세를 부과해 양모 수출을 규제한 데서 찾아볼 수 있다.[16] 또한 17세기 말 양모법으로 식민지에서 생산된 모직물의 해외 수출을 금지해 식민지에서 제조업이 성장하지 못하도록 막았던 것도 국내 제조업을 보호하려는 취지였다.[17] 이러한 보호주의 전통은 18세기에도 계속되었다. 1721년 월폴Robert Walpole의 관세 개혁은 국내 제조업 제품의 수출을 장려하고 완제품 수입을 억제하기 위해 수입 원료에 대해서는 관세를 낮추고 영국산 공산품 수출에 대해서는 관세 환급금drawback, 수출 보조금bounty을 지급해 수출 경쟁력을 높였다.[18] 이 같은 조치들의 경제적 효과도 중요하지만 상공업자들이 특정 관세의 도입, 폐지, 조정 결정에 깊이 관여했다는 사실 또한 중요하다. 경제 정책에 관한 숱한 정기 간행물과 팸플릿이 보여 주듯 이러한 논의에 심지어 시민들도 참여했다. 이와 같이 항해법 등 여러 가지 보호주의 조치들은 경제 상황, 국가 재정 상태, 상공업자들의 이해관계에 따라 끊임없이 토론, 협상, 조정되었다.[19]

영국 의회와 정부는 기술 혁신을 장려하는 데도 관심을 기울였다. 산업 혁명은 몇몇 기술 혁신의 성과가 아니라 혁신과 개량이 지속적으로 이루어져 기술적 성과가 사회적으로 확산, 상품화되는 데 달려 있었다. 이러한 점에서 유용한 지식을 생산하고 확산시키는 문화, 또 이를 뒷받침하는 제도들은 산업 혁명에 꼭 필요한 것으로서 확대 재생산 체제의 형성에 결정적으로 기여했다고 볼 수 있다. 특히 주목할 것은 영국의 특허 제도이다. 특허 제도는 1624년에 시작되었으나 18세기 중반까지는 그다지 활용되지 않았다. 그러다가 산업 혁명이 본격화되면서 특허 신청 건수가 급증하기 시작했다. 이는 기술자나 발명가들이 특허를 받으면 수익이 되는 데다 발명에 쏟는 노력이 경제적인 이익이 될 수 있다는 믿음이 널리 퍼져 있었기 때문이었다. 물론 산업 혁명 시대의 기술 혁신 가운데는 특허를 받지 않은 것도 많았다. 일부에서는 특허가 오히려 산업 혁명에 방해가 된다는 의심을 품은 이들도 있었다. 그럼에도 특허 제도 아래 발명가 개인이 일정 기간 보유하는 독점권이 혁신에 대한 관심을 확산시켰음은 부정하기 어렵다. 이에 더해 의회와 정부는 특정 발명가에게 현상금을 지급하는 방식으로 기술 혁신을 장려하기도 했다.[20]

더욱이 영국 의회와 정부는 기술 유출 방지에도 관심을 기울였다. 영국산 공산품이 국제적으로 명성을 얻으면서 각국에서 영국의 기술을 도입하려는 움직임이 활발해졌다. 당시 산업 스파이의 활동이 눈에 띄게 늘었던 것도 그러한 움직임의 일부였다. 영국 의회는 이에 맞서 일련의 법을 제정했다. 그에 따라 숙련공들의 이민이 엄격하게 규제되었고, 그들의 이민을 돕는 것 또한 불법으로 규정했다. 만일 이를 어기다 잡힌 숙련공들은 벌금이나 징역형에 처해졌고 시민권을 박탈당했으며 전쟁 중에는 심지어 반역죄로 다스려졌다. 기계류도 규제 대상이 되었다. 특히 미국으로의 직물 기계 수출이 주요 관심사였다. 1783년과 1799년 두 차례에 걸쳐 맨체스터와 버밍엄의 제조업자들은 기계 수출을 금지하는 법 제정을 청원하기도 했다.

이 일과 관련해 전해 오는 일화가 하나 있다. 19세기 초 미국 보스턴에 직물 공장—'월섬-로웰 체제'로 알려짐—을 설립한 한 기업가는 이러한 영국의 엄격한 기계류 수출 규제 때문에 최신 기계 구조를 머릿속에 담아올 수밖에 없었다는 것이다. 그러나 이러한 조치들은 그다지 효과가 없었다. 이민에 대한 규제는 행정 자원의 한계와 이민이 비교적 수월했던 시대적 상황 때문에 실제적으로 효과를 거두지 못하다가 1824년에 폐지되었다. 기계류 수출에 대한 규제 또한 기계 제작업자들의 이해관계와 충돌하고 자유 무역 담론을 거스르는 행위로 받아들여져 엄격하게 시행되지 못

했다. 하지만 직물업자들의 끈질긴 요구로 인해 기계류 수출 금지는 1843년까지 지속되었다.[21]

이처럼 확대 재투자 체제는 산업화의 전제 조건이었으나 그것만으로 산업화가 보장되는 것은 아니었다. 그렇다면 왜 유독 영국에서만 확대 재투자 체제가 확대 재생산 체제로 이행될 수 있었는지에 대한 의문이 생긴다. 그래서 영국 확대 재투자 체제가 산업 혁명과 어떻게 연관되어 있었는지 간단하게 검토해 보았다. 이로써 영국 확대 재투자 체제가 국내외 시장 확대, 자본량 증가, 임금 상승, 기업가 정신과 기술 혁신의 동기 부여 등의 역할을 했음이 확인되었다. 게다가 영국의 풍부한 석탄 자원과 18세기 말 전쟁을 치르면서 잡은 경제적 기회 역시 확대 재생산 체제로의 이행에 한몫을 담당했음도 지적되었다.

그뿐만 아니라 그동안 제대로 주목받지 못했던 확대 재투자 체제에서 축적된 국가의 역량도 강조되었다. 만일 열강과의 치열한 경쟁에서 시장을 확보하고 보호했던 영국 의회와 정부의 의식적인 선택과 정책적인 노력이 없었다면 확대 재투자 체제의 성숙이 불가능했을 것이다. 더욱이 영국 의회와 정부는 교역뿐만 아니라 국내 제조업에도 의존했던 확대 재투자 체제 아래 국내 제조업을 보호·육성하고 기술 혁신을 장려하는 '조숙한' 산업 정책을 펼쳤다. 만일 이 같은 산업 정책이 없었더라면 풍부한 석탄 자원이나 전쟁도 무의미했을 것이다. 그러한 점에서 영국 정부가 광산 개발을 추진하고 석탄 유통에 필요한 교통망을 구축하는 정책적 노력을 하지 않았다면 석탄은 귀중한 '흑진주'가 아니라 단순한 광물 덩어리에 불과했을 것이다. 프랑스 혁명과 나폴레옹 전쟁이 제공한 기회도 국가의 역량을 모아 전쟁을 승리로 이끄는 영국 정부의 정책적 역량이 없었다면 단순한 변란에 불과했을 것이다. 따라서 영국의 산업 혁명에서 국가의 역할은 반드시 고려되어야 한다.

산업 제국 영국의 전성기(1840~1870)

○ 자유 무역

나폴레옹 전쟁이 끝났다는 것은 영국이 프랑스와의 오랜 대결에서 승리해 패권 국가가 되었음을 의미했다. 이는 또한 영국이 세계 제1의 무역 국가에서 '세계의 작업장'으로 발전해 가고 있음을 보여 주는 것이기도 했다. 유럽 대륙의 경쟁국들이 혁명의 물결 속에서 힘을 소모하고 있는 사이 영국의 무역과 산업은 성장을 거듭했다. 영국의 경제적 활력은 실로 놀라웠다. 단적인 예로, 나폴레옹의 병사들이 입고 있었던 군복은 대부분 영국으로부터 수입된 것이었다. 영국은 산업 혁명을 통해 확보한 기술적·경제적 우위를 기반으로 나폴레옹 전쟁 이후 한 세기 동안 중상주의 체제 대신 자유 무역 체제를 구축하려 했다. 이는 국가의 보호 아래 성장했던 영국의 상업과 제조업이 이제 무한 경쟁 속에서도 충분히 우위를 차지할 수 있다는 자신감이 생겼음을 의미했다. 따라서 영국은 유럽 주변 국가들에 자유 무역의 원리를 받아들이도록 설득했고, 상대적으로 약한 비유럽 세계 국가들에 대해서는 강압적인 문호 개방 정책을 펼쳤다. 이는 영국의 지배 엘리트가 중상주의 시대처럼 식민지 통치에 필요한 재정 부담을 줄이면서도 자유 무역을 통해 확대 재투자 및 확대 재생산 체제의 선순환을 이룰 수 있다고 확신했음을 입증한다.

잘 알려진 것처럼 자유 무역 담론은 이미 18세기 후반에 완성되었다. 예컨대, 7년 전쟁 시기에 터커Josiah Tucker는 무역을 위한 전쟁은 불합리하며 국부는 무역을 통해 유입되는 금은이 아니라 국민의 생산적인 노동에서 나온다고 주장했다. 따라서 그는 국민의 생산 활동을 진작하는 국내 산업과 시장의 발전이 해외 시장 개척보다 중요하며, 무역에서의 우위는 궁극적으로 영국산 제품의 품질과 가격 경쟁력에서 비롯된다고 강조했다.[22] 터커와 마찬가지로 스미스Adam Smith 역시 국부의 원천에 관한 중상주의 체제의 전제를 비판했고, 이를 지지해 온 상인과 정부 세력을 공격했다. 그

| 애덤 스미스(1723~1790)

에 따르면, 상인 세력은 자신들의 독점적인 이익을 지키기 위해 정부 세력과 결탁해 국내 생산자와 소비자를 희생시켰다. 그들은 자신들의 이익이 마치 국민 전체의 이익인양 무역의 이익을 위해서는 전쟁도 불사해야 한다고 떠들어댔다. 이는 국가 간, 국민 간 적대감을 부추겼다. 이 같은 상인들의 독점 의지는 모국과 식민지와의 관계도 악화시켰다. 영국은 상인들의 이익을 보호하기 위해 식민지인들의 경제적인 자유를 억압하는 일련의 조치들을 취했고, 그 때문에 누적된 식민지인들의 불만이 결국 북아메리카의 독립 선언과 같은 사태로 이어졌다. 자유로운 인적·물적 교류와 협력을 진작해야 할 상업이 상인 세력의 이해관계 때문에 갈등의 원천이 된 셈이었다. 이러한 까닭에 스미스는 일방적인 중상주의 정책들을 폐기하고 식민지와의 불필요한 갈등을 중단하는 것만이 상업 본연의 기능을 회복시키고, 궁극적으로 인류 평화와 발전에 기여하는 길이라고 주장했다.[23]

이처럼 자유 무역 담론의 윤곽은 18세기 후반에 완성되었으나 곧바로 정책에 반영되지는 못했다. 『국부론』의 내용이 아무리 이론적으로 치밀하고 철학적으로 심오하다 해도 그 주장이 실현되기 위해서는 상공업 집단들의 이해관계, 국제 경쟁, 군사력 상황 등 여러 요인들이 고려되어야 했던 것이다.[24] 이 모든 요인들을 검토한 후에도 자유 무역이 받아들여지려면 궁극적으로 영국의 상업과 제조업이 경쟁국의 보호 정책에 대해서도 경쟁력을 유지할 수 있을 정도가 되어야만 했다. 그때에야 비로소 정책 결정자들과 상공업 세력은 자유 무역이 영국에게 유리하다고 확신하고 스미스의 자유 무역 담론을 실천에 옮길 수 있었던 것이다.

이렇게 볼 때 면직물 제조업자들이 자유 무역 체제의 도입에 앞장섰던 것은 우연이 아니었다. 그들은 이미 18세기 말부터 원료 및 식품 수입의 자유화와 영국산 면제품의 자유로운 수출을 요구했다.[25] 그들의 주장은 자유 무역 체제가 되면 생산 비용이 하락하고 해외에서의 소비가 자연히 증가하게 된다는 것이었다. 그들의 이러한 주장에는 분명 새로운 국제 분업 구조에 대한 전망이 담겨 있었다. 다시 말해, 원료와 식량을 생산하는 국가들은 자유롭게 원료와 식량을 영국에 수출해서 소득을 올리고 이 소득을 다시 영국산 공산품을 구매하는 데 사용할 것이므로 그만큼 국제 분업이 성숙하고 무역 규모가 확대될 것이라는 전망 말이다.[26] 결국 영국의 제조업자들이 기대했던 것은 자신들이 이 같은 국제 분업의 최대 수혜자가 되는 것이었다. 왜냐하면 무역 규모가 커질수록 원료와 농산품을 수출하는 나라의 생산자들은 수확이 체감하는 농산물 생산에 매달리면서도 영국산 공산품에 대한 의존에서도 벗어나지 못할 것이었기 때문이다. 마치 영국의 제조업자들은 산업의 성장은 가속하고 농업의 성장은 감속하기 때문에 농업 국가들에 대한 영국의 경제적 우위가 점점 더 확고해질 것이라는 점을 알고 있는 것 같았다.

그렇지만 이론으로서의 자유 무역과 현실에서의 자유 무역은 엄연히 달랐다. 자유 무역을 요구하는 집단들은 정치경제학자들의 이론에 충실하지 않고 철저하게 자신들의 실제적인 이해관계를 추구했다. 단적인 예로, 자유 무역을 가장 강력하게 지지했던 면직물 제조업자들은 면제품 수출과 원료 수입에 관해서는 자유화를 주장했으나, 면직 기계류의 수출이나 숙련공의 이민에 대해서는 강력한 규제를 요구했다. 이미 언급했듯이 영국 정부와 의회 역시 기술과 인력의 유출을 우려했으므로 관련된 규제들을 가능한 한 오래 유지했다. 그러나 기계류를 제작하는 제조업자들의 입장은 달랐다. 물론 국내 면직물 제조업자들이 그들의 가장 중요한 고객이었지만, 그렇다고 해서 기계류 수출 금지를 환영할 수는 없었다. 기계 공업 부문의 생산성이 향상되어 생산이 급속히 늘어나는 상황에서 국내 수요만으로는 늘어나는 기계 생산량을 모두 소화해 낼 수 없었던 것이다. 따라서 기계류 수출에 대한 법적 규제는 불황 때마다 수출 자유화 요구를 불러왔다.

하지만 산업 집단들 간의 이해관계 차이보다 더 큰 장애물은 지주층의 반대였다. 상업과 제조업의 빠른 성장에도 19세기 초반 영국 정치는 여전히 대토지 소유자들이 지배하고 있었다. 18세기에 귀족과 젠트리가 상업과 제조업의 발전을 지지했던 것은 상공업의 발전, 인구 증가, 도시화가 결국 그들의 경제적인 이해관계와 맞아떨어졌기 때문이었다. 토지와 농산물 수요가 늘어나면서 지주층의 수입과 재산이 늘었고, 상공업 활동에 부과되는 조세 수입이 재정 수입의 대부분을 차지하면서 토지세 부담이 상대적으로 줄어들었던 것이다.[27] 그러나 자유 무역은 또 다른 문제였다. 외국의 값싼 곡물이 자유롭게 영국으로 유입되는 것은 그들의 이해관계와 정면으로 충돌하는 것이었고, 따라서 지주층은 곡물법 체제를 유지하고자 했다.

지주층의 거센 반발에도 1846년 곡물법이 폐지되었다. 이는 여러 요인들이 복합적으로 작용한 결과였다. 벤담Jeremy Bentham, 밀James Mill, 리카도David Ricardo 등 정치경제학자들의 이론과 자유 무역의 도덕적·신학적 정당성을 강조하는 담론이 곡물법 폐지에 기여했다.[28] 그러나 스미스의 담론이 그 이론적인 치밀함에도 즉시 받아들여지지 않았던 것처럼, 곡물법 폐지를 요구하는 담론 또한 경제적인 현실의 변화 없이는 설득력을 가질 수 없었다. 곡물법 폐지는 농업에 대한 정치적 보호를 불가능하도록 만든 총체적인 정치경제적 변화의 산물이었던 것이다.

이러한 변화들 가운데 가장 근본적인 변화는 산업 부문에서 일어났다. 농업 인구의 규모는 1600~1800년에 거의 변동이 없었으나, 전체 인구에서 농업 인구가 차지하는 비중은 1700년 55퍼센트에서 1820년에는 40퍼센트로 감소했고, 1851년에는 25퍼센트 이하로 감소했다. 반면, 공업과 광업에 종사하는 인구는 1801년에 약 30퍼센트로 증가했고, 1841년에는 40퍼센트로 증가했다. 직업별 인구 구성의 변화는 도시화와 함께 진행되었는데, 총인구 중 인구 5,000명 이상의 도시 거주 인구의 비중은 1750년

21퍼센트에서 1800년에는 28퍼센트, 1850년에는 45퍼센트로 늘었다.[29]

이 같은 구조적인 변동으로 인해 분명해진 한 가지 사실은 영국의 농업이 더 이상 증가하는 인구를 감당할 수 없었다는 점이다. 물론 17세기부터 진행된 '농업 혁명'으로 생산성과 생산량은 증가했지만, 1750년 무렵부터 생산 증가 속도는 떨어지기 시작했고, 게다가 인구가 급격히 증가함으로써 1인당 생산과 소비가 하락하기 시작했다. 만일 곡물 수입이 중단되었더라면 1인당 소비의 하락은 더욱 심각했을 것이다. 그 결과, 곡물 가격이 상승했다. 곡물 가격의 상승은 18세기 3분기까지는 단속적으로 일어났으나, 그 후 급속하게 진행되어 프랑스 혁명과 나폴레옹 전쟁 시기에는 두 세 배로 상승하기도 했다.[30] 곡물 가격이 가파르게 상승하자 이미 1815년에 밀에 대한 관세가 폐지되었음에도 불구하고 곡물법이 여전히 곡물 가격을 올려 제조업자들과 노동자들의 희생을 강요하고 있다는 주장이 제기되었다. 예컨대, 자유 무역 지지자였던 흄Joseph Hume은 1829년 곡물의 완전한 자유 무역을 제안하면서, "세계의 상당 지역이 우리의 공산품에 의존하고 있다"는 점을 고려할 때 영국의 공산품과 외국산 곡물의 자유로운 교환만이 공산품 수출을 늘리는 길이라고 주장했다.[31]

이와 같은 인구 구성의 변동과 곡물 가격의 상승은 정치적인 위기를 불러일으켰다. 18세기 말부터 곡물 가격이 가파르게 상승하면서 토지 가격과 지대 역시 크게 상승했는데, 1796년부터 1815년까지는 지주층 소득의 일부가 소득세 형태로 국가에 이전될 수 있었다. 하지만 소득세는 1816년에 폐지되었다. 따라서 프랑스 혁명과 나폴레옹 전쟁 기간 동안 늘어난 부채를 갚기 위해 이전과 마찬가지로 물품 소비세와 관세에 의존해야 했다. 이는 자연히 지주층에 대한 심각한 반발로 이어졌다. 간접세 이외에 지주층이 납부했던 토지세는 1694년의 재산 평가 기준을 따랐으므로 부담이 적었던 데다가 소득세마저 폐지되자 지주층의 부담은 더욱 줄어들게 되었다.

반면, 제조업자와 노동자들의 재정 부담은 더욱 커졌다. 그 결과, 18세기 후반부터 제기되었던 지주층 중심의 정치 구조에 대한 개혁 요구가 다시 거세게 일어났다. 지주층이 의회를 독점하고 있는 한 곡물법과 같은 지주층의 이익을 보호하는 조치는 계속될 것이고, 제조업자와 노동자들의 희생이 계속되리라는 생각이 확산되었던 것이다. 이른바 '낡은 부패 세력 Old Corruption'에 대한 이러한 비판은 1832년 선거법 개정으로 어느 정도 수그러들었다. 하지만 노동자들이 선거법 개정으로 아무런 혜택을 받지 못하게 되자 노동 운동이 격렬해졌고, 게다가 완전한 자유 무역을 지향하는 급진주의자들이 가세해 비판의 목소리를 높이자 지주들 또한 곡물법을 더 이상 유지하기 어렵게 되었다.[32]

그 결과, 1846년에 곡물법이 폐지되었고 2년 후에는 중상주의 체제의 상징이었던 항해법까지 폐지됨으로써 자유 무역은 영국 경제 정책의 근간이 되었다. 이와 같이 자유 무역이 영국 경제 정책의 근간이 되기까지는 오랜 시간이 필요했다. 이는 이론적인 담론이 확산되어 정책적 설득력을 얻기까지 시간이 걸리기도 했지만, 영국 경제가 자유 무역을 감당할 수 있을 정도로 성장하는 데 그만큼의 시간이 필요했다는 의미이기도 하다. 따라서 흔히 자유 무역을 이상적이라고 믿는 경제 성장 이론가들의 주장과 달리 영국에서조차 자유 무역의 도입은 경제 성장의 선결 조건이 아니었다. 자유 무역은 오히려 이미 산업 제국이 된 영국이 자국의 기술적·경제적 우위를 확고하게 하기 위해 내세운 방패였지, 영국이 산업 국가로 발돋움하기 위해 휘두른 창은 아니었던 것이다. 더욱이 1840년대의 개혁으로 코브던Richard Cobden 같은 급진주의자들이 요구한 완전한 '자유방임'이 실현된 것도 아니었다.

19세기 전반에 영국의 평균 관세율이 프랑스에 비해 높았다는 최근한 연구가 보여 주듯, 자유 무역은 영국의 경제적 이익에 맞아떨어지는 범위 내에서 선별적으로 시행되었던 것이다.[33]

○ 자유 무역 제국주의

자유 무역의 도입은 제국에 대한 접근 방식에도 영향을 미쳤다. 앞에서 언급했듯이 터커와 스미스는 제국의 경제적 가치에 의문을 제기하면서 식민지에 대한 규제가 인류의 물질적 진보와 도덕적 개선을 방해한다고 비판했다. 그러나 이러한 도덕적 비판과는 상관없이 스미스는 역사상 어느 나라도 식민지를 스스로 포기한 예가 없다고 관찰했다. 영국은 어쩔 수 없이 북아메리카 식민지를 포기한 이후 인도에 대한 통제를 공식적으로 강화했다. 이러한 상황에서 식민지 지배에 대한 새로운 논리가 필요하다는 생각이 점점 설득력을 얻기 시작했다. 특히 자유 무역론자들은 아직까지 스스로 통치할 수 없는 식민지인들에게 자유의 관념과 이를 뒷받침하는 영국의 제도를 이식해 그들을 문명화해야 한다고 주장했다. 이 '문명화' 기획에 따르면, 영국과의 자유로운 교역을 통해서 식민지인들은 근면한 노동의 가치를 체험하고 경제적으로 자립하는 법을 배워 궁극적으로 자치를 수행할 만한 능력을 기를 수 있게 될 것이었다.

이렇게 등장한 자유 무역 제국주의는 중상주의 시대의 식민지 정책이나 1870년대 이후의 '신제국주의'와 구분되기도 한다. 하지만 제국주의 정책의 본질이나 목표 면에서 큰 변화가 있었던 것은 아니다. 경제적인 면에서 영국 제국주의는 근본적으로 확대 재생산 체제의 선순환을 유지하는 수단으로서만 의미가 있었던 것이다. 나폴레옹 전쟁이 끝난 후 유럽 각국이 국내 문제에 관심을 돌리기 시작하고 산업화에 착수하면서 식민지는 원료 공급원이나 제조업 제품 시장으로서 이전보다 더욱 중요한 의미를 갖게 되었다. 이러한 상황에서 자유 무역은 분명 식민지를 효과적으로 활용하는 방법으로 이해되었다. 따라서 교역에 바탕을 둔 평화로운 국제 질서를 지향했던 자유 무역 이론가들의 담론이 무색할 정도로 영 제국은 자유 무역 시대에 더 빠르게 팽창했다.

변화가 있었다면 그것은 제국의 목적이 아니라 팽창과 통치 방식에서 나타났다. 팽창 방식에서는 공식적인 영토의 지배와 정치적인 통제보다는 무역을 통한 경제적 침투가 주된 방법이 되었다. 갤러거와 로빈슨의 고전적 연구에 따르면, 영국 정부는 영국 상공업 세력이 자유롭게 교역할 수 있도록 개항 등 각종 특권을 확보하는 데 주력했지만, 일단 이 같은 목표를 달성하고 나면 식민지에 대한 정치적 개입을 최소한으로 줄였다. 이때 가장 널리 쓰인 수단이 자유 무역 조약이었다.

코브던을 비롯한 급진적인 자유 무역주의자들은 자유 무역 조약의 협상 과정에서 특정 집단의 이해관계가 반영될 수 있다는 이유로 쌍무雙務 조약을 통한 자유 무역 확대를 반대하고 무조건적인 시장 개방을 주장했지만, 그것은 현실적으로 받아들여지기 어려웠다.[34] 영국의 경쟁국들은 자유 무역이 결국 영국의 이해관계만 반영할 뿐이라 여겼으므로 영국의 '모범'을 따르려 하지 않았다. 비유럽 지역에서는 영국인들이 시장에 진입하는 데도 많은 어려움이 있었으므로 무역 대상 국가의 보호 없이는 무역을 시작할 수 없었다. 그 결과, 영국은 일련의 자유 무역 조약을 맺게 되었다. 영국은 1836년과 1857년에 페르시아와 조약을 맺었고, 1836년과 1861년에는 튀르크, 1858년에는 일본과 조약을 체결했다. 인도는 1813년에 자유 무역을 도입했고, 중국과도 1833년에 자유 무역에 관해 합의했다. 잘 알려진 것처럼 이 조약들의 핵심 조건은 최혜국 조항이었다.[35] 이 조항 덕분에 영국은 외교적인 노력을 최소화하면서도 자유 무역의 확산에 따른 혜택을 누릴 수 있었다. 이처럼 자유 무역은 최소한의 비용으로 특정 지역이 영국의 확대 재생산 체제에 도움이 되게끔 만드는 효율적인 방법이었다.[36]

통치 방식에서는 군사적·행정적 자원에 의존하지 않고 종속국의 정치적·사회적 구조를 바꿈으로써 영국의 경제적 우위를 유지하는 방법이 널리 이용되었다. 가령, 남아메리카의 경우 19세기 초에 영국이 이 지역을 강제로 개항한 후 무역이 늘어났고, 이를 통해 경제적인 이익을 얻은 토착민들이 지역의 정치 엘리트로 성장해 영국과의 무역이 지속될 수 있도록 영향력을 행사했다. 물론 이 같은 통치 방식이 효과를 거두려면 종속국의 토착 엘리트가 영국과의 관계에서 경제적인 이익을 얻어야 하고, 영국의 영향력에 반대하는 세력을 제압할 만한 권력을 유지해야 했다. 만일 토착 상업 세력이 영국 상인들에게 저항할 만큼 강할 경우에는 군사력을 포함한 국가의 힘을 동원했다.[37] 따라서 자유 무역 제국주의는 영국이 무역에만 의지하고 공식적인 지배를 완전히 포기했다거나 무역 우위만으로 영국의 의지를 종속국에 강요할 수 있었다는 뜻은 아니다. 그것은 다만 19세기 중반 영국인들이 공식적인 지배가 아니어도 자유 무역만으로 식민지에서 충분히 이익을 확보할 수 있고, 종속국 신민들도 영국과의 무역으로 혜택을 입을 것이라 낙관했음을 의미한다.

이러한 낙관적인 믿음의 이면에는 자국의 기술적 우위에 대한 영국인들의 확신이 자리 잡고 있었다. 19세기 중반 영국인들은 스스로를 '기술의 거인'이라고 할 만큼 자국의 기술력을 자부했다.[38] 실제로 산업 혁명을 주도한 면직물업 분야의 기술적인 성취뿐만 아니라 제철업, 기계 공업 분야의 기술 혁신과 운하, 유료 도로, 그리고 철도로 이어지는 교통 통신 부문의 성과는 제국의 팽창에 기술적인 기반을 마련해 주었다. 19세기 중엽부터 본격적으로 확산된 증기선, 전신, 철도는 모두 1차 산업 혁명에서 축적된 기술적인 노하우와 지식이 현실화된 것으로 영국 상업과 해운업의 발전을 뒷받침하고 식민 통치의 효율성을 높였다. 19세기 말의 저명한 역사가 실리J. R. Seely에 따르면, 증기 기관은 '정치적 유기체'에 '새로운 혈액 순환망'을 부여했고, 전신은 '새로운 신경 시스템'을 제공해 '대영 제국'이 살아 움직이게 만들어 주었던 것이다.[39]

아편 전쟁의 역사가 보여 주듯 증기선은 범선과 달리 하천을 따라 내륙 지방으로 이동할 수 있었기 때문에 영국 상인들의 활동 범위를 크게 확대했다. 철도는 비유럽 세계에서 내륙의 도시·읍내와 항구를 연결해 시장 통합에 기여했다. 전신은 철도망의 발전과 긴밀하게 관련되어 있었다. 전신은 여러 철도 회사들이 운영하는 수많은 열차들의 일정을 조정해 사고를 방지하는 데 필수적인 수단을 제공했기 때문이다. 더욱이 1950년대부터 해저 전선이 부설되어 대륙 간 통신이 가능해졌으므로 전신은 정치적·군사적 기능도 담당하기 시작했다. 짧게는 몇 주에서 길게는 몇 달이 걸리는 우편에 의존해야 했던 이전 제국의 통치 방식과 몇 시간 내에 모국에서

| 아편 전쟁 기록화

식민지로 소식이 전달되는 새로운 제국 통치 방식 간에는 큰 차이가 있었던 것이다.[40]

영국 상공업자들은 새로운 기술과 발명이 식민지 경영과 식민지에서의 사업에 얼마나 도움이 될지 누구보다도 먼저 파악하고 있었다. 인도에서 이 점이 가장 잘 드러난다. 인도로의 면직물 수출은 19세기 초부터 빠르게 늘었지만 열악한 도로 사정 때문에 어려움이 있었다. 이에 면직물을 수출하는 맨체스터 상인들은 1834년부터 인도 식민지 정부에 도로 상황에 대한 불만을 제기했고, 1840년대에는 철도 부설을 요청했다. 이 요청은 1857년 인도 항쟁 이후 동인도 회사가 해체되고 인도에 대한 영국 정부의 직접적인 통제가 강화되면서 정책에 반영되었다. 철도 부설 사업이 본격화된 것이었다. 1860년에 총연장 1,000마일 정도에 그쳤던 인도 철도망은 1870년대 초에 5,000마일로 확대되어 봄베이(뭄바이의 옛 이름)와 델리,

캘커타와 마드라스를 연결하는 대륙 횡단 철도망으로 발전했다. 인도에서의 철도 건설은 영국의 기술 수준을 전 세계에 과시하며 인도의 환금 작물과 영국의 공산품을 교환하는 분업 구조를 더욱 발전시켰다. 식민지 정부도 철도와 전신망을 이용해 병력 이동이나 정보 전달 면에서 통치의 효율성을 한층 높일 수 있었다.

인도의 철도 건설은 영국인들에게 새로운 투자처를 제공했다. 19세기 중반 호황기에 축적된 영국 자본은 5퍼센트의 안정된 수익을 보장하는 인도 철도 부설 사업에 몰려들었다. 물론 영국인의 해외 투자는 식민지에만 국한되지 않았다. 비슷한 시기에 미국에서도 대규모 철도 투자 붐이 일어났고, 엄청난 규모의 영국 자본이 미국으로 흘러들어갔다.[41] 1860년대 이후 영국인들의 대미 투자는 더욱 늘어 1865~1914년 사이에 영국인의 해외 투자 중 미국 시장이 차지하는 비중은 거의 35퍼센트에 이르게 되었다. 이와 같이 1850년대부터 해외 투자가 빠르게 늘었다. 1850년에 순 국부 총량의 6.8퍼센트 정도를 차지했던 해외 투자는 1870년에는 14.4퍼센트로 늘었고, 제1차 세계 대전 직전에는 무려 35.2퍼센트에 달할 정도가 되었다.[42]

19세기 중반 영국은 산업 혁명의 성과를 바탕으로 세계 경제에서 패권을 행사할 수 있었다. 영국은 자유 무역을 전면에 내세우며 인도를 비롯한 기존 식민지와의 교역을 강화했을 뿐만 아니라, 영토 정복과 공식적인 지배 없이도 새로운 지역을 영국의 영향권 아래 복속시킬 수 있었다. 그 결과, 영국은 산업 활동에 필요한 원료를 더 안정적으로, 더 싼 값에 확보할 수 있었고, 그만큼 자국의 공산품을 수출할 수 있었다. 이러한 확대 재생산 체제의 선순환 구조를 유지하기 위해 영국은 철도와 전신 등 사회 간접 자본 시설에 활발하게 투자했다.

이처럼 자유 무역 시대의 영국과 제국, 영국과 세계의 관계는 영국의 확대 재생산 체제가 운용되는 데 아주 이상적으로 결합되어 있었던 것처럼 보였다. 그러나 영국의 우위는 지속되지 못했다. 1873년부터 시작된 대불황 속에 영국 경제의 약점들이 하나 둘씩 드러나기 시작했고, 영국의 산업적 우위는 미국과 독일의 거센 도전에 부닥치게 되었다. 상업 제국에서 산업 제국으로 화려하게 변신한 영국 경제에 과연 어떤 문제점들이 있었던 것일까?

산업 시대 영국의 쇠퇴

대불황은 1873년 오스트리아 비엔나의 증권 거래소에서 주가가 폭락하면서 시작되어 20여 년 동안 간헐적으로 계속되었다. 이 기간 동안 물가가 지속적으로 하락했는데, 이는 근본적으로 생산력 향상에 의한 공급 과잉에서 비롯했다. 또 중화학 공업이 발전해 유동 자본에 대한 고정 자본의 비율이 높아지고 이윤율이 떨어지는 현상이 일어났다. 따라서 영국을 비롯한 유럽과 미국의 기업들은 지속적인 이윤율 하락 문제에 대처해야 했다. 일반적으로 대불황에는 공급을 통제해 가격 하락을 막고 물가를 안정시킬 필요가 있었는데, 이는 시장 독점 추구로 나타났다. 이 같은 문맥에서 보면, 19세기 후반의 '신제국주의'도 결국 위기 대처 방법 중의 하나였고 이 시기에 국가 간, 기업 간 경쟁은 더욱 치열해졌다고 할 수 있다.

대불황은 영국 기업들에 더욱 혹독했다. 영국에서의 가격 하락은 다른 국가들보다 더 심각해서, 1871~1875년의 도매 물가를 100으로 봤을 때 1876~1880년에는 92, 1881~1885년에는 83.5, 1886~1890년에는 70.6, 1891~1895년에는 68.3까지 하락했다. 게다가 가격 하락 속도가 생산비 인하 속도보다 빨랐기 때문에 영국 기업들은 이윤율 하락을 더욱 실감하지 않을 수 없었다.[43] 사실, 영국의 경제 성장은 19세기 중반부터 빠르게 산업화하고 있던 미국과 독일에 비해 상대적으로 느렸다. 더군다나 대불황 시기에 성장 속도가 더 느려졌으니 상황은 더욱 심각해 보였던 것이다. 1890년대 영국의 1인당 국내 총생산은 절대 규모로는 역사상 최고 수준에 달했지만, 국내 총생산의 증가율은 1870년 2.4퍼센트에서 1913년에는 1.4퍼센트까지 떨어졌다. 확대 재생산 체제의 건전성을 평가하는 가장 중요한 잣대가 기술 혁신에 의한 생산성 향상이라고 본다면, 이 시기 영국의 경제 상황은 더 심각해 보인다. 총 요소 생산성의 성장률은 1820년 0.4퍼센트에서 1870년에 0.75퍼센트로 상승했으나, 1913년에 이르자 0.45퍼센트로 떨어졌던 것이다.[44]

이러한 상황은 대불황이 끝난 뒤에도 크게 달라지지 않았다. 영국의 국내 총생산 증가율은 1890~1900년에 2.1퍼센트, 1900~1907년에 1.5퍼센트, 1907~1913년에 1.6퍼센트를 기록했다. 반면, 독일은 같은 기간에 각각 3.5퍼센트, 2.7퍼센트, 3.3퍼센트의 성장을 경험했다. 미국의 성장은 더 빨라서 국내 총생산은 각 시기에 3.9퍼센트, 5.23퍼센트, 2.8퍼센트 증가했다. 확대 재생산 체제에서 가장 중요한 공업 생산만 떼어놓고 보면 독일과 미국의 추격 기세는 더 맹렬해 보인다. 1870년대 각국의 공업 생산을 100으로 봤을 때, 1900년과 1913년에 영국의 공업 생산은 199, 249로 성장하는 데 그쳤다. 반면, 독일은 같은 기간에 321, 526으로 늘었고, 미국은 401, 730으로 늘었다.[45]

1840년대부터 본격적으로 시작된 독일의 산업화는 처음에 영국의 기술과 제품을 모방하는 데서 시작되었다. 그 무렵 독일 제조업자들은 영국 상품을 본뜬 조악한 제품들을 영국산으로 속여 팔기도 했는데, 이에 대해 영국 제조업자들이 불만을 터트려 원산지 표시제가 등장할 정도였다. 1850년대에 독일 정부의 강력한 보호 무역 정책 아래 독일의 제조업자들은 그때까지 영국에서 수입하던 기계, 증기 기관차 등 각종 제품들을 국산품으로 대체하기 시작했다. 더 나아가 국가의 지원 아래 중화학 공업이 본격적으로 발전하면서 1870년대에는 강철, 화학, 전기 등의 부문에서 오히려 영국보다 앞선 기술과 제품을 보유한 국가로 성장했다.[46]

미국의 산업화도 영국의 기술과 제품을 모방하면서 시작되었지만 산업화의 조건은 독일과 달랐다. 미국은 방대한 국내 시장과 풍부한 천연자원의 혜택을 누릴 수 있었지만 만성적으로 노동력 및 자본 부족에 시달렸다. 그래서 미국은 영국을 포함한 유럽 각국으로부터 엄청난 수의 이민을 받아들여 노동력 부족을 해결하면서 풍부한 천연자원과 대규모 해외 자본을 생산에 투입하는 자원 및 자본 집약적 기술 혁신을 이루어 냈다. 특히 남북 전쟁 이후 철도망 부설 작업이 전국적으로 시작되고 연방 정부의 정책이 기업에 우호적인 방향으로 바뀌면서 산업화 속도가 눈에 띄게 빨라졌다. 대불황기에는 경영 구조 개편과 경영 방식 혁신, 철도와 전신망을 이용한 새로운 마케팅 기법의 도입 등을 통해 '규모와 범위의 경제'를 실현하는 대기업이 등장했다. 이에 힘입어 미국은 강철, 화학, 전기, 전자, 자동차 등 새로운 산업 부문에서 강자로 부상하면서 영국의 패권을 위협했다.[47]

미국과 독일의 산업화 과정은 모두 보호 무역 체제 아래 진행되었지만 각각 시장 중심적 방식과 국가 주도적 방식을 따르는 차이를 보였다. 그러나 과학 기술의 개발과 발명에 의존하고 대규모 설비 투자를 통한 '규모와 범위의 경제' 달성을 특징으로 하는 2차 산업 혁명을 수행했다는 점에서는 같았다. 반면, 같은 시기에 영국은 1차 산업 혁명 시기의 산업에 의존하면서 기술 혁신에서 뒤처지고 있었다. 이 점은 수출 무역 상황에서 잘 드러난다. 대불황 직전인 1865~1874년 영국의 수출은 매년 4.5퍼센트 성장을 기록했으나, 대불황이 시작된 1874~1883년에는 3.3퍼센트, 1890~1901년에는 1.3퍼센트 성장하는 데 그쳤다. 그래도 영국이 세계 공산품 시장에서 차지하는 절대적인 비중 자체는 크게 줄어들지 않았다. 1880년에 영국은 세계 공산품 무역의 41.4퍼센트를 차지해 독일(19.3퍼센트), 미국(2.8퍼센트)을 여전히 앞지르고 있었다. 1890년에도 상황은 달라지지 않아서 영국은 40.7퍼센트를 기록한 반면, 독일은 20.1퍼센트, 미국은 4.6퍼센트에 그쳤다.

그러나 문제는 수출 규모가 아니라 수출 상품의 구성에 있었다. 영국의 수출 무역을 주도한 것은 여전히 직물, 철, 기계, 석탄이었다. 반면, 미국과 독일은 석유, 가공 식품, 전기·전자 제품, 강철, 비철금속을 포함하는

2차 산업 혁명 시기의 제품을 수출했다. 이 점은 어느 경제사 연구자가 제시한 영국 제조업 수출 품목 분석에서도 확인된다. 1899년 영국 제조업 수출에서 새로운 산업 부문은 17.7퍼센트에 그친 반면, 시장의 규모가 작아지고 있는 전통 산업 부문은 62.9퍼센트를 차지했다. 즉, 영국이 직면한 문제는 새로운 산업, 특히 자본 집약적인 산업 발전이 매우 부진했던 일이었다.[48]

이 문제는 어떻게 설명할 수 있을까? 먼저 거론할 수 있는 문제점은 영국의 해외 투자가 아주 빠르게 늘어난 반면, 국내 투자가 부진했던 일이다. 투자 가능한 자본량을 가늠하게 하는 저축률로 보면, 영국의 저축률은 1871~1913년에 11~15퍼센트를 유지해 독일이나 프랑스와 거의 비슷했다. 하지만 국민 총생산 중 국내 투자가 차지하는 비중은 7퍼센트에 불과해 미국과 독일에 비해 5퍼센트 정도 뒤처져 있었다. 그런데다가 해외 투자가 빠르게 늘었다. 1865~1872년에 영국의 해외 자본 투자는 국내 총생산의 5퍼센트 수준이었고, 해외 자본 투자로부터 얻는 수입은 1870년대 초 국민 총생산의 5퍼센트를 차지했다. 1875년에 10~12억 파운드 정도였던 자본 수출은 제1차 세계 대전 직전에는 40억 파운드로 증가했다. 그 결과, 1850년 국부의 6.8퍼센트에 불과했던 해외 자산은 1913년에 35.2퍼센트로 상승했다.[49] 영국의 상대적 쇠퇴가 뚜렷하게 보였던 제1차 세계 대전 직전에도 런던 자본 시장은 국내 제조업 투자 자본의 10퍼센트에 해당되는 500만 파운드를 공급하는 데 그쳤다. 이는 같은 시기 해외 투자 자본 총액의 3퍼센트에 불과했다.[50]

하지만 설령 해외 자본 투자를 규제했다 하더라도 영국에서 2차 산업 혁명이 반드시 성공했을 것이라고 장담하기는 어렵다. 왜냐하면 해외 투자 자본이 국내 투자로 전환되었다 하더라도 자본 투자 자체가 생산성 향상과 새로운 산업 부문의 발전을 보장하지는 않기 때문이다. 기술 변화에 바탕을 둔 경제의 질적 성장이 수반되지 않은 채 자본 투자에 의한 경제의 양적 성장만으로는 한계 생산성을 크게 높일 수는 없는 것이다.[51] 따라서 영국이 2차 산업 혁명에서 부진했던 것을 지나친 해외 자본 투자 탓으로 돌리려면 영국 제조업 기업들이 심각한 자본 부족에 시달려 신기술 개발에 실패했음을 증명해야 한다. 그러나 19세기 말 영국에서는 미국이나 독일이 겪고 있던 만성적인 자본 부족 현상은 없었다.

그렇다면 국가든 민간 기업이든 간에 새로운 기술과 산업 분야를 개척하려 노력했는지 살펴볼 필요가 있다. 만일 그러한 노력이 있었다면 그곳에 자본이 투입되었을 것이기 때문이다. 그러나 당시 영국의 산업 지도를 보면, 산업의 입지나 지역 분포가 이전에 비해 크게 달라지지 않았을 뿐만 아니라 '규모와 범위의 경제'를 달성한 대기업도 드물었음을 알 수 있다. 그러므로 영국의 금융 기관들도 독일이나 미국에서처럼 투자 은행investment bank이나 겸업 은행universal bank 같은 새로운 제도에 관심을 기울이지 않았다. 어찌 보면 그럴 필요가 없었다는 말이 맞을 것이다. 즉, 민간 자본이 불확실한 새로운 기술보다 높거나 안정된 수익을 보장하는 해외 투자에 몰리지 않을 이유가 애당초 없었으니 말이다.

따라서 영국의 상대적 쇠퇴는 해외 자본 투자나 금융 제도만의 문제였다고 볼 수만은 없다. 이는 오히려 1차 산업 혁명 시기의 자유 경쟁 속에서 형성된 각종 제도와 관행이 왜 기술 혁신과 새로운 자본 투자를 방해하게 되었는지를 이해해야만 설명할 수 있다.[52] 이는 매우 큰 주제이지만 적어도 몇 가지 중요한 요소들은 짚고 넘어갈 필요가 있다. 우선, 시장의 규모가 미친 영향이다. 특히 미국과 비교하면 이 점은 분명하게 드러난다. 영국의 전체 영토는 미국의 뉴욕, 펜실베이니아, 오하이오 3개 주를 합친 것보다 작다. 하지만 인구 밀도는 영국이 훨씬 높았다. 이러한 지리적·인구학적 특징의 차이로 인해 영국의 기업들은 기업의 최적 규모 자체가 미국보다 작았다. 이처럼 영국 국내 시장의 규모나 성장 잠재력이 작았다는 것은 영국의 기업들이 19세기 말 미국의 기업들과 달리 생산과 유통에서 그만큼 상대적으로 압박을 덜 받았음을 의미한다. 그렇기 때문에 영국 기업의 경영 방식에서도 큰 변화가 일어나지 않았다. 챈들러가 영국 산업 자본주의를 가족 기업이 우세한 '개인적 자본주의personal capitalism'라고 하면서 지적했듯이 영국의 기업은 여전히 가족 경영에 의존하고 있었던 것이다. 따라서 전문 경영인을 영입하고 경영 조직의 계서제階序制를 구축하기 위한 투자는 활발하게 이루어지지 않았고, 당연히 소유와 경영 또한 분리되기 어려웠다. 물론 가족 중심의 기업은 창업이 수월하고 유보 이익留保利益을 재투자하는 데 유리해 고정 자본 비중이 상대적으로 낮았던 1차 산업 혁명 시기에는 적합했으나, 기술이 복잡해지고 생산의 최적 단위가 훨씬 컸던 2차 산업 혁명 시기에는 부적합했다.[53]

시장 규모가 작은 것은 19세기 말 독일의 경우가 보여 주듯 해외 시장을 확대함으로써 극복할 수도 있었다. 잘 알려진 것처럼 독일은 좁은 내수 시장의 한계를 일찌감치 깨닫고 수출에 주력해 19세기 말에는 미국 시장을 제외한 전 세계 시장에서 경쟁력을 확보했던 것이다. 사실, 영국이 1차 산업 혁명에 성공하는 데 수출 시장이 크게 기여한 바도 있다. 그렇다면 19세기 말 영국은 왜 해외 시장에서 독일을 압도하지 못했는가? 그 해답은 영국이 이미 제국이라는 손쉬운 시장을 가지고 있었다는 데 있었다. 식민지 경쟁에 뒤늦게 뛰어들었던 독일의 경우는 제국 권력이 부여하는 보호와 특혜를 기대하기 힘든 상황이었으므로 오직 상품의 경쟁력으로 해외 시장을 개척해야 했다. 반면, 영국의 기업들은 여전히 제국의 영향권 아래에 있는 세계에서 가장 넓은 식민지를 독점 시장으로 보유하고 있었던 것이다. 이처럼 국제적으로 경쟁이 점점 더 치열해지는 가운데 영국이 1차 산업 혁명 시기의 기존 제품들을 판매하며 제국 내부 교역에 만족하고 있는 동안 세계 시장에서 영국 기업들의 경쟁력은 점점 더 약화되었다.[54]

어찌 보면 기업 구조와 경영 방식을 바꾸어야 할 동기가 부족하고 세계 시장에서의 경쟁을 피할 수 있는 손쉬운 대안이 있는 상황에서, 영국의 기업가들에게서 장기적인 전망이나 창의적인 발상을 기대하기는 어려운 일이었는지도 모른다. 심지어 영국의 기업가들은 영국이 이미 기술적인 우위를 확보하고 있던 분야에서조차도 새로운 기술의 산업 잠재력을 실현하지 못하고 경쟁국의 기업들에게 선두 자리를 내주었다. 철강 산업이 그

대표적인 예이다. 영국 산업의 전성기인 19세기 중반까지 영국의 철 생산은 세계 제일이었다. 그러나 철 산업의 중심이 강철로 바뀌면서 영국의 철강 산업은 미국과 독일에 곧 추월당했다. 예컨대, 강철 생산에서 가장 중요한 혁신 중 하나였던 베서머Bessemer 공법은 영국에서 개발되었다. 하지만 이 공법의 중요성을 알아차리고 대규모 설비 투자를 통해 그 잠재력을 극대화한 것은 카네기스틸 등 미국의 기업들이었다. 게다가 19세기 중반에 등장한 전신 기계의 경우도 영국에서 먼저 개발되었으나, 그 기술적인 완성도를 높여 유럽과 대륙 간 전신망 부설 사업에서 가장 큰 이익을 거두어들인 것은 지멘스 등 독일의 기업들이었다.[55]

장기적으로 더 심각한 문제는 과학 기술과 산업의 관계가 더욱더 중요해지는 시기에 과학 기술 교육이 경시되었다는 점이다. 잘 알려진 것처럼 1차 산업 혁명을 이끈 사람들은 산업 현장의 수많은 장인, 숙련공, 아마추어 발명가들이었다. 이 전통이 깊게 뿌리내리고 있던 영국의 기업들은 체계적인 과학 기술 연구나 경영 기법에 대한 연구를 등한시했고, 정규 교육을 받은 과학자들이나 전문 기술인을 고용하는 일도 흔치 않았다. 당시 영국에서는 미국이나 독일과 달리 공학 교육이 대학에서조차 이루어지지 않았기 때문에 영국의 엔지니어는 대개 현장에서 경험을 쌓은 사람들이었다. 한때 영국 철강 산업의 중심지였던 셰필드의 한 철강업체의 젊은 간부가 "젊은 엔지니어는 현장 경험이 부족한 데다가 이론적인 문제에 너무 많은 시간을 허비해 비효율적"이라고 이야기했다는 에피소드가 있다. 이는 19세기 말, 20세기 초에 과학 기술이 영국의 기업에서 차지하는 위치를 단적으로 보여 주는 예이다. 하지만 독일 기업에서의 상황은 달랐다. 한 회사의 간부가 "우리가 최대의 이윤을 얻을 수 있는 것은 우리 회사의 탄탄한 과학적 환경과 직원들의 높은 과학 기술 수준 덕분이다. 모든 간부는 회사 비용으로 2년 이상 기술 교육을 받는다"라고 자랑스럽게 이야기했다는 것이다. 이는 두 나라의 차이를 분명히 보여 준다.

이와 같이 19세기 말, 20세기 초 영국에는 2차 산업 혁명이 자생적으로 일어날 수 있는 조건들이 갖추어지지 않았다고 볼 수 있다. 따라서 영국이 미국과 독일의 추격에 성공적으로 대응하기 위해서는 독일처럼 국가가 정책적으로 새로운 산업 부문을 지원하고 기술 혁신을 이끄는 역할을 적극적으로 수행했어야만 했다. 만일 이러한 정책적인 노력이 있었다면 영국이 보유한 막대한 자본이 기술 혁신에 투입되어 2차 산업 혁명이 시작되었을 수도 있었다. 설령 정부가 적극적인 산업 정책을 펴지는 않더라도 국내 투자만 유도했어도 어느 정도 효과를 거둘 수 있었다. 한 연구에 따르면, 해외로 투자된 자본을 국내 투자로 전환했다면 1인당 자본 투입량이 증가해 영국의 국내 총생산이 제1차 세계 대전 직전에 실제보다 38.8퍼센트가량 높았을 것이라고 추정된다. 또 다른 추계에 따르면, 영국이 독일 정도의 투자율을 유지했을 경우 1911년 1인당 투자가 25퍼센트가량 높았을 것이다.[56] 그렇다면, 만일 영국 정부와 의회가 해외 자본 투자를 규제하고 보호주의 정책으로 국내 시장을 보호하고 새로운 산업에 정책적인 지원을 했더라면 영국 산업의 경쟁력은 결코 쇠퇴하지 않았을 것이다. 하지만 영국 정부와 의회는 산업 정책은커녕 자유 무역 체제를 고수했다. 다시 말해, 영국 산업의 상대적 쇠퇴는 국가가 제 역할을 하지 못한 결과였다.

이런 일이 왜 발생했을까? 가장 큰 요인은 정치 엘리트의 경제적 기반과 정치적 성향에 있었다. 1차 산업 혁명 시기만 해도 영국 정치 엘리트의 경제적 기반은 토지였으나, 곡물법 폐지와 자유 무역 확대로 농업 부문이 위축되면서 토지 재산의 중요성이 점차 줄어들었다. 대신 금융 자산의 중요성이 점점 커졌다. 18세기에 빈번한 전쟁을 통해서 발전된 런던 금융 시장은 나폴레옹 전쟁 때까지 국가 부채가 증가하면서 규모가 더 커졌다. 이어 19세기 자유 무역 시대에 영국이 세계 무역의 중심이 되면서 런던 금융 시장이 제공하는 각종 서비스에 대한 수요가 크게 늘었다. 게다가 그 무렵부터 해외 투자가 크게 증가하기도 했다. 이러한 가운데 여러 나라의 정부와 기업이 발행하는 채권과 주식에 투자해 얻는 수익을 주 수입원으로 하는 집단이 등장했다. 이들은 자본주의 시장 경제를 통한 이윤 획득을 지향했지만, 생산 활동에는 참여하지 않았고 자신들의 부를 기반으로 마치 이전의 토지 귀족들처럼 여가를 즐기며 의회, 정부, 교회, 지역 고위직을 장악했다. 역사가들이 '신사 자본가gentleman capitalist'라 명명한 이 새로운 자본가들은 19세기 말 영국 자본주의의 방향을 결정했다.[57]

'신사 자본가'들은 직접 생산과 관련된 활동에 관여해 수입을 얻는 것을 그야말로 신사답지 못하다 여기면서 영국 제조업 현실에 관심을 보이지 않았다. 이들이 주로 다녔던 명문 사립 학교들의 교육 과정 역시 산업이나 기술 문제와는 거리가 멀었다. 19세기 중반 럭비 스쿨 등에서 교육 개혁이 이루어졌는데도 응용과학은 물론 자연과학조차도 경시되었다. 애당초 사립 학교는 제국을 다스릴 인재들이 갖추어야 할 덕목과 자질을 교육하는 곳으로 인식되었으므로 거기서 산업 기술 같은 '실무적'인 교육을 하리라고 기대하는 것 자체가 무리였다.[58] 이처럼 산업이나 기술과는 무관한 교육을 받고 금융업에 종사하거나 금융 소득으로 살아갔던 신사 자본가들이 지배 엘리트로서 지위를 굳히게 되자, 이들의 가치관과 태도가 사회 전반에 확산되었다. 심지어 산업계 종사자들조차도 어느 정도 성공을 거두고 나면 현장에서 은퇴해 신사처럼 살아가고자 했던 것이다. 그 결과, 1차 산업 혁명 시기에 수많은 제조업자, 숙련공, 기술자, 발명가들이 보여주었던 모험 정신은 점차 사라졌다. 그 대신 주기적인 배당금 소득이 가져다 주는 안정성이나 단기적인 금융 거래로부터 얻는 일확천금에 대한 허황된 꿈이 지배했다.

이와 같이 제조업에 무관심한 신사 자본가들이 지배하는 한, 영국 산업의 상대적 쇠퇴를 극복할 만한 적극적인 정책적 노력을 기대하기가 어려웠다. 오히려 그들은 자신의 경제적 이해관계에 도움이 되는 정책들을 추진함으로써 19세기 중반까지 지속된 확대 재생산 체제의 선순환을 깨뜨리는 데 한몫했다. 영국의 기업가들은 경쟁국 기업들의 급격한 성장과 그들 국가의 보호주의 정책에 직면하자 영국 정부와 의회에 자유 무역 체제를 재검토해 줄 것을 요청했지만, 이 같은 요청은 받아들여지지 않았다. 금융 소득이 주 수입원이었던 신사 자본가들에게 자본과 재화의 자유로운 이동은 결코 포기할 수 없는 일이었으며, 영국 정부와 의회 또한 해외 자본 투자에서 얻는 무역 외 수지를 포기하는 데 주저했다. 결국 자유 무역은 계속 유지되었고, 영국의 산업 기업들은 보호 무역 체제 아래 성장하고 있던 다른 나라 기업들과 불리한 경쟁을 피할 수 없었다. 그러므로 산업 기업들도 영국이 경쟁력을 상실하고 있던 선진국 시장보다 제국의 테두리 안에서 상대적으로 독점적인 지위를 유지할 수 있는 식민지 시장 공략에 더욱 열의를 보이게 되었다. 이로 인해 제국의 유지비용은 증가했다.

하지만 식민지 시장이 선진국 시장을 대신하기 위해서는 제국의 운영 방식을 바꾸어야만 했다. 실제로 1890년대부터 영국에서는 제국을 하나의 시장으로 통합하고 식민지 시장에 대한 경쟁국들의 경제적 침투를 막으려는 움직임이 일어났다. 이른바 '건설적 제국주의constructive imperialism'라 불리는 이 같은 노력의 주요 쟁점은 바로 식민지와의 관세 협정이었다. 영국 정부는 주요 경쟁국들이 높은 관세로 자국의 시장을 보호하고 있는 상황에서 제국에 같은 원리를 적용한 것이었다. 그 결과, 관세 개혁 운동이 일어났다. 1903년 관세 개혁의 내용을 보면, 제국 무역은 영국과 식민지 간의 관세 특혜를 강조하고 있다. 식민지들은 영국의 제조 수입품에 특혜를 주고, 영국은 식민지 농산품에 특혜를 주어, 영국은 제조업자의 위치를, 식민지는 식량 및 원료 공급자의 위치를 확고히 하는 것이었다. 이는 19세기 중반 영국이 세계 제1의 제조업 국가였을 때 자연스럽게 형성된 본국과 식민지의 국제적 분업 관계가 이제는 정책 수단을 동원하지 않으면 안 될 만큼 영국의 경제적 지위가 하락했음을 보여 주는 예였다. 그러나 이 시도 또한 실패하고 말았다. 왜냐하면 관세 개혁을 받아들이기에는 자유 무역에 대한 영국인의 신념이 여전히 뿌리 깊었고, 식민지들과 영국 간의 경제적 통합 역시 자유 무역 체제 아래 느슨해져 있었기 때문이다. 더욱 큰 요인은 도시 금융가들의 반발에 있었다. 체임벌린이 관세 개혁을 추진하자 도시 은행가들이 반대하고 나섰던 것이다.[59]

영국 정부가 산업에 우호적인 정책을 펼치지 못했다는 것은 19세기 말 복본위제bimetalism 논쟁에서도 드러난다. 앞에서 살펴보았듯이 대불황의 한 가지 특징은 지속적인 물가 하락이었다. 이를 해결하기 위한 대책으로 복본위제가 제안되었다. 영국이 금본위제를 고집할 경우 시중 통화량을 늘리는 데 한계가 있으므로 금과 함께 은을 기축 통화로 정해 좀 더 탄력적으로 통화 공급을 조절하자는 취지였다. 복본위제는 제조업자들에게도 매력적인 것이었다. 당시 금에 비해 상대적으로 낮게 평가되어 있던 은을 기축 통화로 사용하는 나라의 소비자들이 은화로 표시된 영국산 제품을 좀 더 쉽게 대량으로 구매할 수 있을 것이라 판단했던 것이다. 그래서 인도처럼 은본위제를 택하고 있던 지역 시장에 기대고 있던 랭커셔 산업가들이 이 제안을 환영했다. 그러나 신사 자본가들은 복본위제 도입을 강력하게 반대했다. 이는 신사 자본가들의 주요 사업이었던 보험업이 근본적으로 생산자들의 불안정에서 이득을 취하는 것인 데다, 가격 하락과 금 가격의 상대적인 상승으로 그들 자신이 많은 혜택을 보고 있었기 때문이다. 금과 맞바꿀 수 있는 채권을 보유하고 있던 이들에게 금 가격의 상승은 곧 소득의 상승을 의미했던 것이다. 이처럼 19세기 말, 20세기 초 산업계와 금융계의 이해관계는 분명하게 대립하고 있었다. 금융업에 이해관계가 있던 신사 자본가들이 정책 결정권을 쥐고 있던 상황에서 산업계의 입장을 개선할 수 있는 정책들은 성공하기 어려웠다.[60]

국가 정책과 산업 사회

관세 개혁과 복본위제 논쟁이 큰 성과 없이 끝난 것은 영국의 패권이 저물어 가고 있음을 말해 준다. 그 사이 미국은 강력한 보호 정책을, 독일은 국가 주도의 산업 정책을 바탕으로 영국을 무섭게 추격했다. 영국은 조숙한 경제 발전의 성과에 취해 기술 혁신과 제조업 경쟁력 향상에 정책적인 관심을 기울이지 않았다. 마치 자유 경쟁이 언제나 영 제국의 영광을 보장하기라도 할 듯 자유 무역 체제를 고수했다. 그러는 동안 산업 혁명부터 자유 무역 제국주의 시대까지 축적된 자본은 국내 제조업이 아니라 해외 시장에 투자되었다. 막대한 무역 외 수지 흑자는 도시 금융가들을 포함해 수많은 투자자들에게 이익을 가져다 주었으나, 산업 제국 영국의 쇠퇴를 막는 데는 큰 도움을 주지 못했다. 그 후 일어난 두 차례 세계 대전에서 패권국가 영국은 온 힘을 다해 싸웠지만, 결과적으로 패권 국가로서의 지위를 더 이상 지키기 어려운 처지에 빠졌다. 제1차 세계 대전이 끝난 후 영국은 미국에 세계 제1의 채권국 자리를 넘겨주어야 했고, 제2차 세계 대전 때는 미국의 무기와 대부로 겨우 버틸 수 있었다. 영국이 자랑했던 막대한 해외자산은 대부분 사라졌고, 더 이상 제국을 유지할 힘도 부족했다.

앞에서 산업 혁명의 시작과 관련해 종래의 연구 성과들이 산업 혁명이 "국가의 '중상주의적' 정책에도 불구하고" 일어났다고 평가하거나 의회체제와 재산권 확립의 의미에만 관심을 한정했다고 지적했다. 이에 대해 이 책은 산업 혁명이 확대 재투자 체제에서 확대 재생산 체제로의 이행이었고, 이 확대 재생산 체제가 선순환하기 위해서는 적절한 정부 개입이 필수적이었다고 주장했다. 영국의 산업 혁명은 17, 18세기 유럽 경쟁국들과의 치열한 상업 경쟁 가운데 정부와 의회의 보호주의 및 조숙한 산업 정책을 통해 국내 제조업을 적극적으로 지원하지 않았다면 불가능했을 것이었다는 말이다. 19세기 초·중반에 영국 제조업이 주변 경쟁국들을 압도하자 정부와 의회는 자유 무역 체제를 도입해 영국과 외부 세계 간의 분업 구조를 뒷받침했다. 이로써 영국은 적어도 한동안 확대 재생산 체제의 선순환을 최소한의 비용만으로 유지할 수 있었던 것이다.

하지만 이 같은 상황은 계속 이어지지 않았다. 정부와 의회가 영국 산업의 우위를 유지하는 데 필요한 적절한 정책을 시행하지 못했기 때문이다. 미국과 독일의 근대 대기업이 2차 산업 혁명에 힘을 쏟고 있는 동안, 영국의 제조업 기업들은 기존 산업 분야에 만족하거나 치열한 경쟁을 피할 수 있는 제국 시장에 의존했다. 자유로운 자본과 재화 이동의 수혜자였던 금융 세력과 노동 계급은 자유 무역 체제를 폐지하는 데 반대했다. 대중 민주주의 시대에 투표권을 행사하게 된 노동 계급도 무시할 수 없는 존재였지만, 도시 금융 세력이야말로 자유 무역 체제의 버팀목이었다. 금융 자산에서 부를 얻으며 전통적인 가치관을 실천하던 신사 자본가들이 정부의 정책 결정에 영향력을 행사하는 동안, 영국 정부와 의회는 산업의 쇠퇴를 되돌릴 만한 건설적인 대안을 제시하지 못했다.

이러한 정책적 실패는 영국이 패권을 유지하는 데 필수적이었던 경제와 전쟁의 선순환을 위태롭게 했다. 앞에서 언급했듯이 영국이 치열한 중상주의적 경쟁에서 전 세계에 걸친 상업적 이익에 바탕을 둔 확대 재투자 체제를 구축할 수 있었던 원동력은 강력한 해군이었다. 자유 무역의 신조에 따라 '영광스러운 고립splendid isolation'을 내세웠던 19세기에도 영국은 '2배수의 원칙'에 따라 가장 강력한 두 경쟁국의 해군력을 능가하는 수준으로 해군력을 유지했다. 이로 인해 영국은 제1차 세계 대전이 일어날 때까지 유럽 내부의 열강 간 분쟁을 최소화하고, 비교적 적은 군비로 비유럽 세계에서 영국의 상업적 이익과 제국을 보호·확대할 수 있었다. 그러나 통일 이후 독일이 산업화의 성과를 군사력으로 전환하면서 상황이 크게 달라졌다. 독일군은 발전된 철도, 전신망과 새로운 화기로 무장하고 오스트리아군과 프랑스군을 차례로 격파하며 위세를 떨쳤다. 이어 독일이 해군력 증강에 나서자 영국은 이에 맞서 '건함 경쟁'을 벌이며 막대한 재정 지출을 감수해야 했다. 이제 영국은 오랜 고립을 깨고 나와 동맹을 찾아야 할 처지가 되었다.

이 새로운 경쟁에서 영국은 패권 국가에 걸맞은 모습을 보여 주지 못했고, 압도적인 우위를 확보할 수 없었다. 19세기 말부터 나타나기 시작해 제1차 세계 대전에서 완전히 드러난 새로운 총력전은 과학 기술과 중화학 공업의 발전, 즉 2차 산업 혁명의 성과에 바탕을 둔 것이었던 만큼 영국이 군사력 면에서 독일이나 미국과 맞서기에는 버거웠다. 결과는 냉혹

했다. 제1차 세계 대전의 역사가 보여 주듯 영국은 국가의 모든 역량을 동원해 최초의 총력전에서 승리했지만, 이는 사실상 패권국으로서의 지위를 미국에게 넘겨주고 얻은 것이었다. 영국이 패권국으로 부상할 무렵 전쟁은 영국 경제의 성장을 이끄는 원동력이었으나, 제1차 세계 대전에서 영국이 얻은 것은 자산 손실과 시장 경쟁력 약화뿐이었다. 더 이상 경제와 전쟁의 선순환은 없었던 것이다. 상황은 제2차 세계 대전으로 더욱 악화되었다. 전쟁 초기 추축국樞軸國의 엄청난 기세에 홀로 맞서야 했던 영국은 미국의 지원 없이는 더 이상 버틸 수 없는 지경에 이르렀던 것이다. 이렇게 영국의 시대는 가고 미국의 시대가 시작되었다. 한때 영국의 식민지였던 미국이 이제 영국으로부터 패권국의 지위를 넘겨받은 것이었다.

6

미국 산업 사회의 형성

19세기 중반 영국이 누리던 경제적 패권에 가장 강력한 도전장을 내민 것은 미국이었다. 이를 살펴보기 위해 이번 장에서는 남북 전쟁 직전까지 미국이 성취한 경제 성장의 기원을 검토한다. 독립 직후 미국의 경제적 성취를 설명하는 요인으로 흔히 풍부한 부존자원이 거론되지만, 여기서는 식민지 시대 미국 경제가 영국의 확대 재투자 체제의 테두리 안에서 발전했음에 주목한다.

오늘날 미국은 인류 역사상 가장 강력한 초강대국이다. 고대 로마, 중국, 그리고 앞에서 살펴보았던 스페인과 영국조차도 지난 한 세기 동안의 미국만큼 강력한 경제적·군사적·정치적 영향력을 행사하지 못했다. 이는 제도적·이념적·문화적인 면에서도 마찬가지이다. 더욱이 이전의 패권 국가들의 영향력은 세계의 일부에만 한정되어 있었지만, 미국의 영향력은 전 지구적인 범위에서 그 힘을 발휘했다. 바로 그 점에서 미국은 역사상 최초의 전 세계적인 제국이라고도 볼 수 있다.[1] 오늘날의 미국과 가장 근접한 경우는 영국이었다. 19세기 말 영국은 세계 영토의 4분의 1, 세계 인구의 3분의 1을 공식적으로 지배했고, 세계 산업 생산의 20퍼센트, 세계 제조업 제품 교역의 40퍼센트를 차지하고 있었다. 이는 실로 놀라운 수치이다. 하지만 미국의 경우는 어떠한가? 미국의 영향력이 최고조에 달했던 제2차 세계 대전 직후는 물론, 세계 경제에서 미국의 영향력이 꽤 줄어든 지금도 미국은 세계 영토의 6퍼센트, 세계 인구의 5퍼센트만으로 세계 산업 생산의 30퍼센트를 차지하고 있지 않은가?[2]

오늘날 미국이 행사하고 있는 영향력의 근간은 미국의 압도적인 경제력에 있다. 미국의 경제 발전은 어느 면으로 보나 놀랍다. 1860년대만 해도 미국은 인구 대부분이 농촌에 거주하는 농업 중심 국가였다. 영국에서는 이미 1750년에 인구 4분의 1이 도시에 거주할 정도로 도시화가 진전되었지만, 미국은 1870년에야 비슷한 수준에 도달했다. 19세기 중엽에 미국은 산업 혁명의 핵심 산업이었던 면직업에서 영국보다 17년 정도 뒤처져 있었고, 선철 생산에서는 27년이나 뒤져 있었다. 바로 그 무렵부터 미국의 산업화가 본격적으로 시작되어 곧 영국을 맹렬하게 추격했다. 그 결과, 선철 생산은 1890년에, 면직물 생산은 1910년에 영국을 추월했고, 제1차 세계 대전 직전 미국은 세계 산업 생산의 30퍼센트 이상을 차지하는 산업 국가로 발돋움했다.[3]

미국의 경제 발전은 미국만이 가지고 있었던 몇 가지 유리한 조건들 때문에 당연시되거나 예외적인 경우로 간주되곤 했다. 그 첫 번째가 영토와 천연자원이다. 미국의 비옥하고 광대한 토지와 풍부한 자원은 독립 이후 영토가 계속 확장되면서 더 풍부해졌다. 또 미국이 중세 이래 유럽의 근대화·산업화를 지연시켰던 사회적·정치적 장애물로부터 자유로웠다는 점도 거론된다. 즉, 미국인들은 봉건제를 겪지 않았다는 것이다. 이러한 견해에 따르면, 애당초 미국에는 개인의 자유를 제한하는 각종 정치적·사회적·문화적 규제가 없었기 때문에 능력에 따른 경쟁이 처음부터 미국 사회를 지배할 수 있었고, 따라서 기업가 정신이 일찌감치 뿌리내릴 수 있었다는 것이다. 그런 만큼 개인의 자율성, 사유 재산의 불가침성, 법의 지배를 근간으로 하는 자유주의 체제도 먼저 자리 잡았다.[4] 사실, 미국이 근본적으로 구세계 유럽과 다르며 무한한 경제 발전 가능성을 가지고 있다는 믿음은 식민지 시대까지 거슬러 올라간다. 18세기 중엽, 7년 전쟁 시기에 프랭클린Benjamin Franklin은 미국의 광대한 토지와 풍부한 자원, 매 세대마다 2배씩 늘어나는 인구, 활기차고 모험적인 식민지인들의 태도로 미루어 볼 때, 영 제국의 중심은 대서양 너머 미국 식민지로 이동할 것이라고 단언한 바 있었다.

그렇다고 해서 미국의 경제 발전이 '명백한 운명manifest destiny'이었다는 주장은 선뜻 받아들이기 어렵다. 넓은 영토와 풍부한 자원은 분명히 경제 발전에 유리한 조건이지만, 그 자체가 경제 발전을 보장하지는 않는다. 미국과 비교될 만큼 넓은 영토를 갖고 있는 중국, 러시아, 인도의 역사를 보면 이 점은 쉽게 이해가 된다. "자원의 저주"라는 말처럼 풍부한 자원은 때때로 경제 발전을 방해하기도 했기 때문이다. 미국의 자유주의 체제와 경제 발전의 관계도 단순하지 않다. 애당초 미국에는 자유주의 외에 다른 이념이 뿌리내릴 수 없었다는 주장은, 식민지 시대 미국인들이 갖고 있던 사회적 계서제에 대한 애착이나 개인의 이해관계보다는 공동체 전체의 복리를 우선시하는 공화주의 전통을 감안할 때 받아들이기가 어렵다.[5] 더욱이 영국의 사례에서 알 수 있듯이 경제적 자유주의는 산업화와 경제 발전의 원동력이 아니라 결과였다. 따라서 미국의 경제 발전도 경제적 자유주의의 진전이 낳은 자연스러운 결과로 단정하기 어려운 듯하다.

오히려 미국의 경제 발전은 미국만의 고유한 특징들이 아니라 경제 발전의 일반적인 유형 속에서 이해하는 편이 낫다. 이미 앞에서 근대 초 이래 세계 경제의 패권이 농업 제국에서 상업 제국으로, 다시 상업 제국에서 산업 제국으로 이행했으며, 이는 각 경제 사회가 갖고 있는 고유한 경제 체제의 특성으로 설명이 가능하다고 지적했다. 역사적으로 미국은 광대한 영토와 풍부한 천연자원을 보유한 농업 제국의 면모를 보이기도 했고, 실제로 미국의 미래를 농업 제국에서 찾으려는 시도도 있었다. 이 같은 특징은 19세기 말에도 여전히 남아 있어서 미국은 마치 농업·상업·산업 제국의 강점을 모두 갖추고 있는 독특한 나라처럼 보이기도 한다. 하지만 20세기 미국의 경제력을 뒷받침한 원동력은 결국 2차 산업 혁명을 거쳐 형성된 확대 재생산 체제였다는 점을 잊어서는 안 된다. 왜냐하면 같은 시기에 미국의 농업과 상업이 보인 활력 역시 확대 재생산 체제가 창출한 기술 혁신과 시장 확대에 기반을 두고 있었기 때문이다. 바로 이러한 점에서 미국의 경제 발전 과정을 예외적인 사례가 아니라 일반적인 발전 유형 속에 나타난 하나의 사례—다소 극단적인 사례—로 이해하는 것이 타당하다고 생각한다. 이를 통해 미국 경제의 역사적 발전을 공정하게 평가하고, 또 경제 발전의 일반적 유형을 알아내는 길도 찾을 수 있을 것이다.

앞 장에서 영국의 경우를 상업 사회의 완성과 산업 사회의 발전 및 쇠퇴로 나누어 살펴본 것처럼, 미국의 경우도 두 시기로 나누어 살펴보는 것이 합리적일 듯하다. 우선, 6장에서는 미국의 확대 재투자 체제의 성립과 발전을 살펴보려고 한다. 1776년 독립을 선언할 때까지 미국에는 근대적인 의미의 '국민 경제'가 존재하지 않았다. 13개 식민지들은 영 제국의 확대 재투자 체제의 일부였고, 각 식민지의 경제 성장 경로는 영 제국의 경제 체제 아래 각 지역이 맡고 있는 기능에 따라 결정되었다. 따라서 독립은 미국이 새로운 주권 국가로서 영 제국의 확대 재투자 체제의 규제와 보호로부터 벗어난 것이었다. 이 시기부터 몇 세대 동안 미국인들은 미국 경제의 미래에 대한 상충하는 전망들 속에서 진로를 모색해야 했다. 하지만 이 기간에 미국의 확대 재투자 체제는 빠르게 발전했고, 영국과의 새로운 갈등을 계기로 제조업 발전에 기반을 둔 확대 재생산 체제로의 이행이 탐색되기 시작했다.

그 결과, 미국의 산업화가 시작되었으나 이는 농업에 기반을 둔 남부와 상업과 제조업에 기반을 둔 북부 사이의 갈등을 심화시켰다. 다시 말해, 세계 시장을 겨냥한 환금 작물 경작에 주력하고 이를 위해 끊임없는 영토 확장과 자유 무역을 요구하던 남부 농업 사회와, 미국의 독자적인 상업 및 산업화를 요구하며 보호 무역을 추구하던 북부 산업 사회가 갈등했던 것이다. 이는 결국 내전으로 이어졌고 궁극적으로 미국 사회의 통합이라는 큰 과제가 남았으나, 지난 몇 세대 동안 농업 제국의 비전 아래 확장한 영토를 확대 재생산 체제의 발전에 활용하는 계기 또한 마련되었다. 북부의 산업 자본이 남부와 중서부의 방대한 농업 지역의 값싼 농산물, 원료, 그리고 제조업 제품 시장을 충분히 활용할 수 있게 된 것이다. 그 덕분에 미국의 확대 재생산 체제는 앞서 비슷한 발전을 경험한 영국보다 훨씬 넓은 국내 시장에 기반을 두고 더 빠르게 발전할 수 있었다. 6장에서는 이러한 변화의 출발점이라고 할 수 있는 남북 전쟁의 시작까지를 살펴보고, 7장에서는 남북 전쟁 이후 미국 확대 재생산 체제가 발전·성숙하는 과정을 되짚어 볼 것이다.

식민지 시대 미국 경제

1607년 4월, 105명의 이민자들이 체서피크Chesapeake만에 도착해 제임스타운Jamestown을 건설하면서 영국인들의 북아메리카 식민지 개척이 시작되었다. 스페인과 포르투갈의 선례를 따라 귀금속과 향료가 안겨 주는 일확천금을 꿈꾸며 식민지로 이주했던 수많은 영국인들에게 식민지 정착은 생각보다 훨씬 더 험난했다. 제임스타운을 세운 정착민들의 수는 9개월 만에 38명으로 줄어들었다. 당시 식민 사업을 총괄했던 런던 버지니아 회사는 1616년까지 5만 파운드의 자본을 투입해 1,700명이 넘는 이민자들을 보냈지만, 일확천금은커녕 식민지를 유지하는 일조차 버거웠다. 하지만 식민지에 대한 영국인들의 열망은 수그러들지 않았다. 버지니아에서 전해지는 우울한 소식에도 영국인들은 대서양 연안 곳곳으로 진출하기 시작했다. 그와 더불어 식민지 건설의 목표도 바뀌었다. 이제 식민지는 정착과 농경의 공간이 되었다.[6] 높은 사망률, 투자 자본과 노동력의 부족 등 숱한 어려움에도 식민지 정착은 17세기 중반부터 빠르게 진행되었다. 그 결과, 105명의 정착민으로 시작된 식민지는 독립 직전에 13개 식민지와 235만 명이 거주하는 거대한 공간으로 바뀌었다.

식민지의 성장 속도는 폭발적이었다. 일찍이 프랭클린이 지적했듯이 식민지 인구는 매 세대마다 2배씩 증가했다.[7] 식민지 인구는 1650년부터 1770년까지 120년 동안 매년 평균적으로 2.8퍼센트씩 늘어 무려 25배 증가—같은 시기에 영국의 인구는 연평균 0.2퍼센트씩 늘었음—했고, 비슷한 기간에 국민 총생산은 약 90배 증가했다.[8] 물론 기술 혁신이 더디고 농업이 압도적인 비중을 차지했던 식민지 시대의 경제 성장은 토지의 확대와 인구 증가에 따른 것이었다. 반면, 생산 기술, 조직, 구성에서의 변화를 기반으로 하는 진정한 의미의 '발전development'은 조선업과 해양 운송업과 같은 몇몇 분야에 한정되었다. 하지만 식민지 경제의 성장 속도와 규모는 전례를 찾아볼 수 없을 만큼 놀라운 것이었다.

존 스미스 선장(제임스타운에 북아메리카 최초의 영국 식민지 건설)

독립 이전의 식민지들은 단일한 경제 체제나 통합된 시장이라 볼 수 없었다. 식민지들은 이민의 흐름이나 기존 식민지인들의 개척 운동에 따라 정착·팽창했는데, 영국 정부와 의회는 식민지 경제 발전에 정책적으로 개입하지 않았으므로 이러한 과정은 자생적으로 진행되었다. 오히려 영국 정부는 식민지들의 통합을 우려했다. 통합된 식민지가 본국의 권위를 위협하는 세력이 될 수도 있다고 보았기 때문이다. 영국 정부가 관심을 기울인 일이 있다면, 그것은 각각의 식민지가 항해법 체제 아래 영국의 경제 발전에 기여해야 한다는 것이었다. 이는 식민지에 관한 영국인들의 오랜 관념을 반영한 것이다. 영국인들은 식민지가 본국이 필요로 하는 원료와 농산물—특히 수입에 의존했던 상품들—의 공급처 역할을 하고, 본국의 재정적인 지원 없이 자생해야 한다고 생각했다. 그러므로 각 식민지는 본국이 필요로 하는 상품을 찾아내고, 그것이 불가능할 경우 어떻게든 본국의 상품을 구입하는 데 드는 비용을 마련할 방도를 강구해야 했다.

특히 대륙 남부의 식민지들이 영국인들의 이 같은 기대에 부응했다. 남부 식민지들은 영국이 그동안 수입에 의존했던 상품 작물을 공급하는 한편, 본국의 제조업 제품을 대량으로 수입했다. 잘 알려진 것처럼 남부 식민지의 플랜테이션 농업은 버지니아에서 시작되었다. 정착 초기에 버지니아 식민지인들은 거의 모든 생필품을 본국에서 수입했다. 그러나 1612년 담배 종자가 서인도 제도로부터 들어오면서 상황이 달라졌다. 담배 농사는 덥고 습한 버지니아 기후에 적합했고, 지역 원주민의 경작 및 건조 기술도 활용할 수 있었다. 1616년부터 시작된 버지니아의 담배 수출은 시간이 지나면서 빠르게 늘었다. 버지니아에서 생산된 담배의 총량에 관한 추계는 없으나 영국의 관세 기록에 따르면, 버지니아를 비롯한 체서피크 지역의 담배 수출량은 1630년에 연간 40만 파운드에 이르렀고, 1700년에는 3천만 파운드, 1760년대에는 1억 파운드에 달했다.[9]

담배 농사가 성공하려면 노동력 공급 부족 문제—버지니아뿐만 아니라 다른 모든 식민지들이 겪어야 했음—가 해결되어야 했다. 정착 초기 버지니아 회사는 이민을 끌어 모으기 위해 정착민과 그 식솔에게 1인당 50에이커의 토지를 제공하는 '인두권 제도headright system'를 도입했다. 이 제도의 혜택을 누리며 담배 플랜테이션을 개척한 농장주들에게 필요했던 추가 노동력은 연기 계약 하인indentured servant 제도를 통해 공급되었다. 이 제도는 1620년에 도입되었는데, 자비로 이민을 떠날 수 없는 사람들에게 이주 비용을 대납해 주는 대신 농장주가 일정 기간 그들의 노동력을 이용할 수 있게 한 것이었다.[10] 이는 영국 내의 인구 감소에 따른 노동 조건의 변화, 아프리카 노예 가격 하락, 계약 하인을 둘러싼 식민지 간의 경쟁 등으로 인해 공급이 현저히 줄어드는 1690년대 이전에는 백인 계약 하인 대 흑인 노예의 비율을 4 대 1 정도로 유지해 주었다. 그러나 1690년대 초 아프리카 노예가 빠르게 백인 노동력을 대체하면서 이 비율은 1 대 4로 역전되었다.[11]

사우스캐롤라이나의 성장 과정도 버지니아와 비슷했다. 사우스캐롤라이나인들은 원래 서인도 제도 바베이도스에 식량과 목재를 공급해 이익을 취했지만, 17세기 말 설탕 플랜테이션 농업이 정체되자 모피 교역과 각종 상품 작물 경작에 관심을 돌리게 되었다.[12] 그 돌파구가 된 것은 1690년대에 시작된 벼농사였다. 극도로 노동 집약적인 벼농사는 아프리카 노예의 노동력에 전적으로 의존했다. 아프리카 노예들은 노동력은 물론 아프리카의 벼농사 기술도 전해 주었다. 그 결과, 1730년에 사우스캐롤라이나의 쌀 수출량은 연간 2천만 파운드에 이를 정도로 늘었다. 사우스캐롤라이나는 또한 1705년부터 1729년까지 많은 보조금을 받으면서 해군 물자 생산에 필요한 각종 작물들을 경작, 수출했다. 게다가 사우스캐롤라이나에서는 영국 직물업계가 필요로 하는 염료 인디고가 재배되기도 했다.[13]

뉴잉글랜드의 발전 과정은 남부 식민지들과 크게 달랐다. 버지니아에 이어 정착이 시작된 뉴잉글랜드는 종교의 자유를 찾아 떠난 청교도들이 세운 식민지였다. 이들은 영국에서와 마찬가지로 자영농 중심의 가족 경제 체제를 이루고 싶어 했다. 따라서 이민 역시 가족 단위로 이루어져 이민 초기 남녀의 성별 비율은 6 대 4—버지니아는 4 대 1—였다. 뉴잉글랜드는 춥고 토양이 척박해서 담배나 쌀 같은 상품 작물을 재배하는 데 적합하지 않았다. 그런데도 정착민들은 고향의 생활 양식을 그대로 유지하려 했으므로 각종 물품을 본국에서 수입했다. 따라서 수출입의 불균형은 불가피했다. 물론 정착 초기에 뉴잉글랜드인들은 모피, 어류, 목재를 영국에 수출해 보기도 했는데, 심한 경쟁과 높은 운송비 때문에 큰 성과를 거두지 못했다. 또 본국에서 수입하는 각종 제조업 제품을 뉴잉글랜드 내에서 직접 생산하려는 움직임도 있기는 했으나, 노동력과 자본 부족, 그리고 무엇보다 자영농이 되기를 희망했던 뉴잉글랜드인들의 무관심 때문에 성과를 거두지 못했다. 17세기 초 어느 식민지인이 말했듯이 그들은 옷감을 짜는 것보다 소를 비축하고 곡식을 길러 옷을 사 입는 것이 이익이라 여겼던 것이다.[14]

따라서 뉴잉글랜드인들이 만성적인 무역 적자를 해소하는 길은 무역과 운송업뿐이었다. 네덜란드와 마찬가지로 어업이 그 출발점이 되었다. 영국이 내란으로 혼란한 틈을 타 뉴잉글랜드인들은 영국 어부들이 장악하고 있던 대구잡이에 뛰어들었고, 이를 기반으로 서인도 제도와 교역했다. 1640년대 보스턴, 1660년대 세일럼Salem, 뉴포트 등지의 상인들은 뉴잉글랜드 지역의 어류, 가금류, 목재와 영국산 제조업 제품을 재수출하고, 서인도 제도의 설탕을 재수출하기 시작했다. 이를 계기로 뉴잉글랜드의 풍부한 목재를 활용한 조선업도 발전하기 시작했다. 그 결과, 무역과 조선업이 17~18세기 뉴잉글랜드 경제 발전의 원동력이 되었다. 가령, 매년 보스턴 항에서 해외로 출발한 선박의 톤수는 1714~1717년 20,927톤에서 1772년 42,506톤으로 증가했고, 매사추세츠 조선업의 생산은 1697~1704년부터 1769~1771년 사이에 150퍼센트 성장했다.[15]

이처럼 플랜테이션 농업에 기반을 둔 남부 식민지 경제와 무역과 조선업에 기반을 둔 북부 식민지 경제의 발전 과정은 사뭇 달랐다. 그래도 두 지역의 성장에 무역이 결정적으로 중요했다는 점은 마찬가지였다. 비슷한 상황은 중부 식민지들에서도 나타났다. 예컨대, 펜실베이니아와 뉴욕에서 경제의 중심은 가족노동에 기반한 자영농 체제였다. 그러나 18세기 중반부터 인구 증가와 흉작 등으로 유럽의 곡물 수요가 급증하면서 이 지역의 곡물 생산도 빠르게 증가했다. 항해법 체제에서도 곡물은 직교역이 가능했으므로 펜실베이니아와 뉴욕의 상인들은 도시 인근의 농촌에서 생산된 밀을 가공해 남유럽 등지로 수출했다. 그 결과, 무역업과 운송업이 성장했다. 밀 수출은 담배나 쌀과 달리 제분 과정과 정교한 포장 과정을 거쳐야 했으므로 제조업의 발전도 이끌었다.[16]

이와 같이 무역은 식민지의 경제 성장에 매우 중요한 요소였다. 그리고 식민지인들의 무역은 영 제국의 발전된 확대 재투자 체제가 있었기에 성장할 수 있었다. 다시 말해, 식민지인들은 영국의 확대 재투자 체제에 '무임승차'해 경제 발전에 들어설 수 있었다는 것이다. 남부 식민지는 항해법 체제의 보호 아래 영국 상인들이 공급하는 신용과 상업 서비스를 이용하고, 값싸고 품질 좋은 제조업 제품을 공급받을 수 있었다. 중부 식민지는 항해법의 규제로부터 자유로운 곡물 교역으로 이익을 취했다. 북부 식민지는 비록 영국 시장이 요구하는 상품 작물이나 원료를 공급할 수는 없었으나, 서인도 제도와의 교역을 통해 이익을 취할 수 있었다. 예컨대, 항해법 체제는 제조업에 대한 규제와 특정 상품에 대한 수출입 규제를 통해 식민지인들의 경제적인 자유를 어느 정도 제한하기는 했지만, 식민지인들은 그 속에서 영국의 군사적인 보호와 방대한 시장을 제공받은 셈이었다.[17]

이러한 상황은 1768~1772년의 경상 수지 추계에서 잘 드러난다. 상품 무역만 떼어놓고 보면, 미국 식민지들은 영국과의 무역에서 매년 150만 파운드 정도의 적자를 기록하고 있었다. 그러나 서비스 수지와 이전 수지를 합해 살펴보면 상황은 조금 다르다. 보스턴을 비롯한 뉴잉글랜드 도시들과 필라델피아, 뉴욕 등지에서 토착 상인층이 성장해 운송업을 발전시켰고, 그 덕분에 미국 식민지들은 운송료와 각종 서비스를 통해 72만 파운드의 서비스 수지 흑자를 기록했다. 더 흥미로운 것은 이전 수지 상황이다. 미국 식민지인들이 세금으로 본국에 납부한 금액은 4만 파운드에 불과했던 반면, 군사비(40만 파운드) 및 공직자의 봉급(4만 파운드) 등으로 이전받은 금액은 44만 파운드에 달했다. 따라서 서비스 수지와 이전 수지까지 포함해 독립 직전 미국 식민지들의 경상 수지는 거의 균형을 이루고 있었다.[18] 이는 영 제국이 미국 식민지 경제에 얼마나 크게 기여했는지를 잘 말해 준다. 영 제국은 식민지인들에게 시장뿐만 아니라 신용과 상업 서비스, 값싼 제조업 제품, 군사적 보호를 제공했던 것이다.

미국 혁명에서 헌법 제정까지

영 제국이 제공하는 이점이 제국에 속함으로써 감수해야 하는 비용보다 컸는데도 식민지인들은 왜 영 제국의 권위에 도전하게 되었을까? 잘 알려진 것처럼 미국 식민지와 영국 간의 관계에 중요한 변화가 일어나게 된 계기는 7년 전쟁이었다. 5장에서 살펴보았듯이 7년 전쟁은 영국과 프랑스 간의 중상주의적 경쟁이 절정에 이른 사건이었다. 두 나라의 무력 충돌은 미국 식민지와 프랑스령 캐나다의 변경에서 시작되어 서인도 제도, 인도, 유럽으로 확산되었다. 영국은 이 전쟁에서 승리를 거둠으로써 프랑스에 대한 우위를 확고하게 차지하게 되었다. 이 전쟁은 미국 식민지인들에게도 중요한 의미를 갖고 있었다. 그들은 변경에서 인디언 부족들과 동맹을 맺고 수시로 자신들을 괴롭혔던 프랑스 세력을 몰아낼 수 있게 되었던 것이다. 게다가 그들은 대륙 남부에서 식민지를 위협했던 스페인 세력의 기세도 꺾을 수 있었다. 식민지는 이제 외부의 위협으로부터 안전한 것처럼 보였다.

그러나 7년 전쟁은 미국 식민지에 대한 본국의 태도에 중요한 변화를 불러일으켰다. 영국 정부와 의회는 오랫동안 버크Edmund Burke가 "유익한 방치salutary neglect"라 불렀던 태도를 유지하고 있었다. 미국 식민지는 본국의 원조 없이도 자생하고 있었고, 본국에 필요한 원료와 상품을 공급하면서 영국 상품의 소비자 역할 또한 충실히 하는 것 같았기 때문이다. 그래서 본국 정치인들은 미국 식민지를 식민지 관리에 대한 임명권을 행사함으로써 자신들의 권력 기반을 다지는 수단 정도로 여겼다. 그러나 7년 전쟁이 시작되면서 식민지를 더 이상 '방치'해서는 안 된다는 견해가 힘을 얻기 시작했다. 북아메리카 대륙에서 일어난 식민지인들, 인디언 부족들, 프랑스 식민지인들 간의 갈등이 열강 간의 전면전으로 확대되면서 본국의 대규모 군사적 · 재정적 지출이 불가피해진 탓이었다. 그러자 영국 정부와 일부 의회 의원들이 식민지들의 상황을 면밀히 검토해야 한다는 의견을 내놓았다.[19]

실제로 7년 전쟁은 이전의 그 어떤 전쟁보다도 큰 재정 지출을 필요로 했다. 이를 충당하기 위해 영국 정부와 의회는 물품 소비세와 토지세를 인상했고, 그것으로도 부족한 부분은 국가 부채를 조성해 해결했다. 그 결과, 국가 부채는 전쟁 기간에 무려 70퍼센트가 늘어 그 총액이 1억 2,600만 파운드에 이르게 되었다. 그러나 식민지인들의 재정 상황은 전혀 달랐다. 식민지인들이 부담한 세금은 본국 국민의 부담에 비해 아주 약소했고, 전쟁 기간 중에 식민지 정부들이 납부한 부담금조차도 대부분 본국 정부로부터 되돌려 받았다. 게다가 식민지에 머물고 있던 본국의 육군과 해군은 현지에서 직접 물자를 조달해야 했으므로 식민지 경제가 큰 호황을 누렸다. 심지어 식민지인들은 적국의 군대와 적국의 식민지인들에게까지 물자를 공급해 상당한 이익을 거두고 있었다.[20]

이러한 상황이 본국에 알려지면서 정책 결정자들뿐만 아니라 영국 국민도 제국의 상황에 주목하기 시작했다. 미국 식민지가 영국 경제는 물론 전략적인 이해관계에도 중요하다는 점은 분명했다. 따라서 시급한 당면 과제는 최소한의 비용으로 북아메리카와 서인도 제도 식민지의 안정을 회복하고, 나아가 7년 전쟁으로 인해 악화된 재정 상황의 개선 방법을 찾는 것이었다. 정책 결정자들은 여러 해법을 내놓았다. 우선, 대규모 재정 지출을 피하기 위해 식민지에서 일체의 무력 충돌 가능성을 차단하려 했다. 이는 1763년 국왕 포고령과 1774년 퀘벡 법에 반영되었다. 포고령은 식민지인들이 애팔래치아 산맥 너머로 진출하는 것을 불법으로 규정했다. 이는 무분별한 개척으로 인해 인디언 부족들과의 무력 충돌 가능성을 최소화하고, 동시에 식민지인들의 정착 범위를 대서양 연안으로 제한해 본국 상업에 계속 의존하도록 하려는 것이었다. 퀘벡 법 역시 대륙 서부의 방대한 영토를 퀘벡 정부에 귀속시킴으로써 미국 식민지인들이 서부로 진출하는 것을 억제하려는 취지였다.

정책 결정자들은 무역 문제에도 관심을 기울였다. 5장에서 살펴보았듯이 18세기 영국의 재정 수입에서 물품 소비세와 관세는 절대적인 비중을 차지하고 있었다. 7년 전쟁으로 인해 늘어난 국가 부채를 감당하기 위해서는 재정 수입이 늘어야 하지만 영국 내에서는 수입을 늘리기가 어려웠다. 이미 물품 소비세는 오를 만큼 오른 상황이었다. 전후에 사과주cider 소비세가 도입되자 영국 서부 곳곳에서 폭동이 일어났던 일이 이 점을 잘 보여 주었다. 바로 그 무렵 대안으로 떠오른 것이 식민지에서 거두는 관세 수입이었다. 이를 위해 의회는 1764년 설탕법—공식 명칭은 '무역법'—을 제정해 미국 북부의 식민지들(특히 뉴잉글랜드)과 서인도 제도의 외국 식민지들 간의 교역을 규제해 북부 식민지 상인들이 영국령 서인도 제도와의 교역에 주력하게 했다. 이 같은 취지의 목표를 달성하기 위해 의회는 미국 식민지에 해사 법원admiralty court을 설치했다. 1767년에 도입된 타운센드Townshend 관세와 1772년의 차 법Tea Act 역시 식민지에서 관세 수입을 늘리려는 취지였다. 타운센드 관세는 그때까지 항해법이 적용되지 않았던 몇몇 품목들을 항해법의 규제 범위에 포함시킨 것이고, 차 법은 동인도 회사를 통해 수입되는 차의 관세를 낮추어 밀수입된 차의 소비를 줄이려는 것이었다.[21]

식민지인들은 거세게 반발했다. 1763년 포고령을 발효하자 식민지인들은 영국 정부가 식민지의 성장을 억지로 막으려 한다고 비난했다. 그들은 캐나다에서 프랑스 세력을 몰아냈으므로 북아메리카는 식민지인들의 자유로운 공간이 되어야 하며, 인디언 부족들과의 마찰은 '문명화' 과정에서 생길 수밖에 없는 작은 소란에 불과하다고 주장했다. 식민지 인구가 빠르게 증가해 기존 식민지들만으로는 더 이상 늘어나는 인구를 수용할 수 없는 지경에 이르렀다는 주장도 제기했다. 식민지인들은 무역에 대한 규제도 불합리하다고 주장했다. 식민지인들이 다른 나라의 식민지나 유럽 국가들과 직접 교역하는 것은 그들뿐만 아니라 본국의 영국인들에게도 이득이 되었기 때문이다. 특히 영국 시장에 공급할 만한 농산물이나 원료가 없었던 북부 식민지인들로서는 다른 지역들과의 무역으로부터 이윤을 얻어야만 영국산 제조업 제품을 수입해 소비할 수 있었다. 만일 이러한 순환이 본국의 불합리한 규제로 막혀 버린다면 식민지인들로서는 그때까지 본국에서 수입했던 물품들을 직접 생산하는 수밖에 없다고 위협했다. 이 같은 생각은 1765년과 1767년, 1774년에 일어난 영국 상품 수입 금지non-importation 및 영국 상품 소비 금지non-consumption 운동으로 드러났다.[22]

식민지인들의 불만은 무역 규제에만 한정되지 않았다. 그들은 무역 규제가 식민지들의 발전을 억제하고 궁극적으로 식민지인들의 자유를 억압하려는 일부 세력—궁정 세력과 금권 세력monied interest—의 체계적인 음

| 보스턴 차 사건(석판화, 1846년 작)

모에서 비롯했다고 믿었다. 이러한 시각으로 볼 때, 1763년 포고령은 이주의 자유뿐만 아니라 처녀지를 인간의 노동으로 개척해 재산으로 전환하는 자연권에 대한 명백한 침해였다. 자유의 억압은 여기에서 그치지 않았다. 가령, 1764년에 제정된 통화법Currency Act은 식민지에서 지폐 발행을 금지하고 조세 납부나 영국 상인에 대한 채무 변제에 지폐를 이용하지 못하도록 했다. 이는 본국 상인들의 이익을 위해 식민지인들의 희생을 강요하는 것이었을 뿐만 아니라 경제 활동을 스스로 규제해 왔던 식민지인들의 자유를 위협하는 것으로 비쳐졌다. 하지만 그것보다 이런 자유의 위협이 더 논란을 일으킨 것은 인지세법Stamp Act을 둘러싼 논쟁에서였다. 식민지인들은 '대표 없이 과세 없다no taxation without representation'라는 구호 아래 인지세법이 영국인으로서 자신들이 누려야 할 기본권을 박탈하는 일이라며 본국 의회의 과세권을 전면 부정했다.[23]

영국인의 권리를 요구하는 식민지인들과 의회 주권의 원칙을 고집하는 영국 정부와 의회가 대립하면서 갈등은 빠르게 고조되었다. 결국 1773년 보스턴 차 사건에 대응한 본국 의회의 징벌 조치들은 무력 충돌을 불러일으켰고, 이는 곧 전면전으로 치달았다. 전쟁이 시작되었을 때, 누구도 식민지들이 승리하리라고 예상하지 못했다. 막강한 영국 해군이 대서양 연안을 봉쇄하고 식민지의 주요 항구들을 언제라도 공격할 수 있었다. 영국 육군에는 참전 경험이 풍부한 장교들과 잘 훈련된 병사들이 있었다. 막강한 군사력 뒤에는 당시 기준으로 가장 효율적인 영국 정부의 재정 체제가 버티고 있었다. 반면, 식민지는 전면전을 치를 만한 조직과 인력을 갖추지 못했다. 애당초 해군은 없었고, 육군에도 경험이 부족한 민병대와 소수 장교들뿐이었다. 식민지인들에게는 영국의 재정 체제에 맞설 만한 제도도 없었다. 게다가 개별 식민지들 간의 관계도 불분명했다. 13개 식민지들은 본국과 일대일 관계 속에서 개별적으로 발전해 왔으므로 과연 당대 최강 영국과의 싸움에서 버텨낼 수 있을지, 그리고 더 나아가 하나의 국가를 구성할 수 있을지 미지수였다.[24]

이 같은 악조건 속에서도 식민지가 승리를 거둘 수 있었던 요인은 여러 가지이다. 우선, 식민지인들은 영국 정규군과의 결전을 피해 게릴라 전술을 효과적으로 구사했다. 또 미국인이라는 국민 의식이 희박한 병사들을 하나로 뭉치게 한 워싱턴George Washington의 리더십도 중요한 요인이었다. 영국의 외교적인 고립 역시 미국 식민지들의 승리에 도움이 되었다. 이전까지의 전쟁과 달리 영국은 유럽에서 동맹국을 찾을 수 없었다. 반면, 식민지들은 프랑스, 스페인, 네덜란드의 군사적·재정적 지원을 받았다. 특히 1777년 영국이 새러토가Saratoga 전투에서 패배하고 그 직후 프랑스가 참전하면서 전쟁은 국제전으로 확산되었다. 그때부터 영국은 식민지와의 전쟁보다는 유럽, 서인도 제도, 인도에서 전략적·경제적 이해관계를 지켜야 하는 수세에 몰리게 되었다. 그 사이 미국 식민지는 프랑스 등의 재정 지원을 받으며 영국군을 본토로부터 몰아내는 데 주력할 수 있었다.[25]

어찌 보면 승리의 가장 근본적인 요인은 식민지를 지키려는 영국인들의 의지보다 독립을 향한 식민지인들의 의지가 더욱 강했던 때문인지도 모른다. 독립을 향한 식민지인들의 굳은 의지 이면에는 경제적 이해관계가 다양함에도 독립이 곧 자신들의 경제적 처지를 개선하는 기회가 되리라는 낙관이 있었을 것이다. 이는 성장이 감속하는 농업 사회의 한계를 벗어나기 위해 종속국에 끊임없이 희생을 강요했던 농업 제국 스페인에 맞섰던 네덜란드인들의 투쟁과 비슷하다. 물론 독립 전쟁 당시 식민지인들은 네덜란드인들처럼 발전된 확대 재투자 체제를 갖추지도 못했고, 그들이 맞선 영 제국은 농업 제국이 아니라 산업 제국으로 진입하는 단계에 있었다는 차이는 있었다. 하지만 결정적으로 유사한 점은 네덜란드인들처럼 미국 식민지인들도 독립을 하지 않고는 제국이 강요하는 재정적 부담으로 인해 더 이상 경제 발전을 이룰 수 없을지도 모른다고 두려워했던 것이다.

| 조지 워싱턴(독립 전쟁 당시 포지 계곡에서)

하지만 군사적 승리가 식민지의 재정 위기를 해결해 주지는 않았다. 위기의 원인은 여러 가지였지만, 근본적인 것은 13개 식민지 대표로 구성된 대륙 회의가 효율적인 재정 체제를 만들어 내지 못한 데 있었다. 2차 대륙 회의에서는 전쟁 비용을 조달하기 위해 관세 도입이 논의되었으나 받아들여지지 않았다. 따라서 대안은 식민지 시대처럼 각 주가 자발적으로 전쟁 비용을 분납하는 것뿐이었으나, 1777년까지 단 한 개 주도 분담금을 납부하지 않았다. 결국 전쟁 비용은 화폐를 찍어내 충당해야 했다. 1775년부터 4년 동안 무려 2억 2,500만 달러나 되는 '대륙 화폐continental'가 발행되었다. 이 신용 화폐는 발행 순간부터 가치가 떨어졌다. 식민지인들은 1777년 말까지 전쟁 비용의 90퍼센트를 이것으로 충당했는데, 유통량이 급증하자 액면가의 20퍼센트 수준으로 그 가치가 하락했다. 그 후 상황

은 더 악화되었다. 영국이 미국 남부 식민지를 집중적으로 공격하면서 전쟁 상황이 불투명해지자 대륙 화폐의 발행이 급증했고 이는 다시 급격한 화폐 가치 하락과 물가 상승으로 이어졌다. 게다가 각 주가 자체적으로 지폐를 발행하고 영국이 위조 화폐를 대량으로 유통시키면서 시장은 극도로 혼란에 빠졌다. 이러한 위기를 벗어나기 위해 몇몇 주는 임금과 가격 통제 방안을 모색했고, 대륙 회의는 결국 물자 강제 징발이라는 극단적인 조치를 취하기에 이르렀다.[26]

전시의 극심한 경제 혼란도 큰 문제였다. 식민지 시대에 미국 경제가 그처럼 빠르게 성장할 수 있었던 원동력은 영국의 확대 재투자 체제였는데, 전쟁이 시작되면서 미국 식민지인들은 영국 시장에서 배척당했다. 그러자 식민지는 1776년 4월 모든 국가에 시장을 개방했다. 그 결과, 프랑스나 서인도 제도의 유럽 식민지들과의 교역은 늘었지만, 영국 시장의 폐쇄가 준 경제적 충격을 만회할 정도는 아니었다. 1778년 이후 영국의 전략이 서인도 제도 중심으로 바뀌면서 북아메리카 대륙에 대한 영 해군의 해상 봉쇄가 조금 느슨해졌다. 하지만 전쟁이 국제전으로 확산되어 미국과 유럽 및 서인도 제도 간의 무역은 오히려 더 위기에 빠져들었다. 수출이 극심한 타격을 입고 있는 상황에 통화량 증가로 인한 인플레이션이 겹치면서 미국인들의 경제 상황은 더 나빠졌다.[27]

독립 이후에도 경제 상황은 좀처럼 회복되지 않았다. 최근 한 추계에 따르면, 1인당 국민 총생산은 1790년까지 804달러(1980년 불변 가격 기준)에서 437달러로 하락했다. 1인당 부의 수준을 추정한 또 다른 자료에 따르면, 1805년 미국인들의 부의 수준은 1774년에 비해 105퍼센트나 떨어졌다.[28] 전쟁 중에는 한때 물가 상승, 교역 위축, 군비 수요 증가로 인해 가내 제조업이 활기를 띠어 화약, 직물, 철 같은 제품의 생산이 상당히 늘었는데, 전쟁 직후 영국산 제품의 수입이 재개되면서 그나마 축적된 제조업 생산 역량이 다시 위축되었다. 무역 상황도 악화되었다. 전쟁이 끝날 무렵 미국인들은 영국과 영국령 서인도 제도 시장에서 무역을 재개할 수 있을 것으로 기대했지만, 영국 정부는 1783년 7월 영국령 서인도 제도와 미국 간의 교역을 금지해 버렸다. 스페인과 프랑스가 다시 중상주의적 보호주의로 돌아선 것도 상황 악화에 한몫했다. 미국 상인들은 중국과 인도 시장에서 활로를 모색했지만 역부족이었다. 미국의 무역은 1780년대 말까지도 전쟁 이전의 수준을 회복하지 못했다.[29]

재정 상황도 나아지지 않았다. 1777년에 제정된 연합 헌장Articles of Confederation은 주권이 각 주에 속함을 분명히 하면서 중앙 정부의 권한을 외교와 전쟁, 그리고 주들 간의 분쟁 해결로 한정했다. 과세권 역시 각 주에 귀속되어 중앙 정부의 재정은 각 주가 인구 규모에 따라 분담하는 재정 지원금에 의존해야 했다. 경제 규제에 대한 권한은 연합 헌장에 아예 언급되어 있지도 않아 중앙 정부는 주들 간의 교역이나 해외 무역에 아무런 영향을 미칠 수 없었다. 그 후 재정 상황이 극도로 악화되자 중앙 정부가 재정 수입원을 확보하려는 움직임을 보였으나 모두 실패했다. 1781년에 제안된 모든 수입품에 대한 5퍼센트 관세안과 같은 시도가 몇 차례 반복되었으나 결실을 맺지 못했던 것이다. 그래서 중앙 정부는 여전히 차관에 의존해야만 했다.[30]

무력한 중앙 정부는 재정 상황뿐만 아니라 미국과 유럽의 무역 관계에도 악영향을 끼쳤다. 전쟁 전과 마찬가지로 미국 경제의 핵심은 농업과 무역이었다. 따라서 전후 재건과 경제 성장은 신생 독립국 미국이 유럽 열강과 맺는 무역 관계에 달려 있었다고 해도 틀린 말이 아니었다. 특히 영국과의 관계가 중요했다. 미국 상인들은 서인도 제도 시장에서 미국을 배제한 영국 정부의 일방적인 결정에 대해 격렬하게 반발했지만 아무런 소용이 없었다. 상업 조약 체결을 희망했던 미국 정부에 대해 영국 정부는 영국 상인들에 대한 미국인들의 부채 상환, 전쟁 기간에 몰수된 충성파loyalist의 재산 보상 문제가 선결되어야 협상이 가능하다는 입장을 고수했다. 영국 정부는 같은 이유로 1783년 평화 조약의 합의 사항이었던 변경 지역에서의 군 철수 역시 이행하지 않았다. 유럽 열강의 입장에서 볼 때,

이 모든 문제의 근원은 미국의 중앙 정부가 주 정부에 구속력 있는 결정을 지시할 수 없다는 데 있었다. 설령 미국과 상업 조약을 체결한다고 하더라도 각 주가 조약을 성실하게 이행할 것인지도 불확실했다. 실제로 버지니아를 비롯한 몇몇 주는 중앙 정부를 거치지 않고 스페인과 직접 협상을 하여 무역권을 확보하려 들기도 했다.[31]

상황이 이렇다보니 중앙 정부의 역할, 그리고 중앙 정부와 각 주의 관계를 명확하게 규정하는 일이 무엇보다 시급했다. 그렇게 하지 않으면 각 주는 주마다 경제적인 이익 증진을 위해 다른 주들의 이해관계를 서슴없이 침해할 것이고, 치열한 국제 무대에서 미국의 국익을 보호하기가 불가능할 것이었다. 이 같은 위기감 속에서 1787년 여름 필라델피아에서 '제헌 회의'가 개최되었다. 본래 이 회의는 연합 헌장에 과세와 통상 규제에 관련된 조항들을 추가하는 문제를 논의하기 위해 소집되었다. 하지만 이 문제는 연합 헌장의 수정을 넘어 근본적으로 미국의 정치 구조 전반을 바꾸어야 해결될 사안이었다.

매디슨James Madison과 해밀턴Alexander Hamilton은 제헌 회의에서 이 문제에 관해 가장 그럴듯한 해법을 제시했다. 매디슨은 각 주 의회를 지배하고 있는 다수가 공화국 전체(또는 국민 전체)의 이익보다 자신들의 이해관계를 우선시함으로써 소수의 자유와 이해관계를 침해하고 있다고 보았다. 그러므로 연방과 주 사이, 그리고 연방을 구성하는 행정부, 입법부, 사법부 사이에 견제와 균형을 이루어 특정 당파의 이해관계가 전체를 지배하는 일을 막는 것이 시급하다고 주장했다. 하지만 해밀턴의 관점은 달랐다. 그는 신생국 미국의 존립이 유럽 열강들이 힘을 겨루는 국제 무대에서 여전히 위태롭다는 점을 강조했다. 영국뿐만 아니라 거의 모든 유럽 열강들이 여전히 식민지 확장을 꿈꾸고 있으므로 미국 내에서 각 주의 이해관계 차이로 인해 생기는 갈등은 열강의 간섭을 자초할 것이었다. 이러한 위태로운 상황에서 미국이 살아남으려면 유럽 열강에 맞설 만한 군사력과 경제력을 키워야 했다. 따라서 해밀턴은 과세권을 포함해 재정과 경제 문제에 관해 권

한을 행사할 수 있는 강력한 연방 정부가 필요하다고 주장했다.[32]

연방과 주의 관계에 관한 매디슨 등의 제안은 여러 차례 협상을 거치면서 거듭 수정되었다. 반면, 재정과 상업 문제에 관한 논의는 상대적으로 수월하게 진행되었다. 그만큼 독립 전쟁 기간과 전쟁 직후의 상황이 심각했던 것이다. 제헌 회의에서 결의된 헌법에 따르면, 연방 정부는 관세 등 세금을 부과할 권리를 부여받게 되고, 각 주 간의 교류를 방해하는 관세 장벽 등은 철폐되며, 새로운 정착지들은 기존의 주와 동일한 권한을 부여받고 연방에 편입될 것이었다. 헌법에 이어 제정된 권리 장전은 관습적 권리에 바탕을 둔 민중 폭동 등으로부터 개인의 소유권을 보호하는 내용을 담고 있었다. 이렇게 헌법은 연방 전체를 단일한 시장으로 통합할 수 있는 제도적인 기틀을 마련해 공화국 내에서 지역적 분업과 특화가 이루어지는 길을 열었다. 또한 소유권의 불가침성을 확인함으로써 활발한 기업 활동을 자극했다.[33] 여러 차례 타협 끝에 헌법이 연방과 주 사이의 견제와 균형 구조를 만들어 내면서 오히려 각 주가 개별적으로 경제 발전을 위한 정책적인 노력을 기울일 수 있는 여건이 조성되었다. 주들 간의 자유로운 상품과 인력 이동이 보장되었으므로 각 주는 과세권 등 여러 정책 수단을 동원해 각 주에 가장 유리한 방식으로 제한된 범위 내에서 교역과 이민을 장려하거나 규제할 방법을 모색하게 된 것이었다. 이는 주들 간의 경쟁을 부추겨 각종 공공재 공급에 기여하게 되었다.[34]

확대 재투자 체제에서 확대 재생산 체제로

연방 헌법 비준과 더불어 수립된 워싱턴 행정부와 첫 번째 연방 의회는 독립 전쟁 때부터 누적된 재정 및 경제 문제를 해결하는 데 관심을 기울였다. 초대 재무 장관 해밀턴의 임명 절차가 마무리되기도 전에 이미 의회는 관세법을 제정했다.[35] 이어 해밀턴은 의회의 요청에 따라 「공공 신용에 관한 보고서」Report on Public Credit, 「연방 은행에 관한 보고서」Report on a National Bank, 「제조업에 관한 보고서」Report on Manufactures를 잇따라 발표하면서 미국의 재정 체제와 경제 발전에 관한 구상을 제시하고 이를 차례로 실행에 옮겼다. 해밀턴은 미국이 광대한 토지와 풍부한 자원이라는 천혜의 조건을 갖추고 있고 미국인들 대다수가 경제적 성공을 바라고 있으므로, 미국이 결국 영국을 능가하는 경제 대국이 될 것이라고 자신했다. 하지만 이는 저절로 이루어질 일이 아니었다. 가장 시급한 것은 미국이 단일 주권 국가로서 살아남을 만한 힘을 기르는 일이었다. 해밀턴은 이를 위해 미국도 영국처럼 '강력하고 통합된, 능동적인 전쟁 수행 국가'가 되어야 한다고 믿었다. 영국식 '전쟁 수행 국가'는 건실한 재정 체제와 국민의 경제력이 뒷받침되어야만 이룰 수 있었다. 해밀턴의 보고서들은 바로 이 같은 목표를 밝히고 이를 성취하기 위한 구체적인 정책들을 제시했다.[36]

「공공 신용에 관한 보고서」에서 해밀턴은 7,910만 달러에 이르는 국가 부채—1790년 미국 국내 총생산의 40퍼센트에 육박함—를 처리할 두 가지 방안을 제시했다. 첫째, 관세 수입과 연방 정부 소유의 토지를 팔아서 얻는 수입을 기반으로 연방 정부 부채를 장기 채권으로 전환하는 일이었다. 그렇게 해서 국가 부채의 청산 의지를 분명히 밝히고 채권 시장을 활성화하자는 내용이었다. 둘째, 각 주의 부채를 연방 정부가 인수해 장기 채권으로 변제하는 것이었다. 전쟁 때 발행된 각종 채권은 시장에서 액면가보다 훨씬 싼 가격에 유통되고 있었다. 해밀턴의 계획대로라면 시장에서 싼 가격에 대량으로 채권을 매입한 소수는 막대한 이익을 거두게 되지만, 이미 채권을 팔아버린 사람들은 그만큼 손해를 감수해야 했다. 더욱이 각 주의 부채를 연방 정부가 떠맡는 일도 이미 부채의 대부분을 청산한 몇몇 주의 입장에서는 불공평한 처사였다. 하지만 해밀턴은 이러한 조치들을 감행했다. 첫 번째 이유는, 국채가 아무리 헐값에 거래되었더라도 시장 거래의 결과를 인정해야만 향후에 채권 시장을 활성화할 수 있다는 것이었다. 두 번째 이유는, 자본을 소수에게 집중시켜 연방의 힘을 강화하겠다는 의지였다. 해밀턴은 채권 시장에서 막강한 영향력을 행사하는 소수 경제 엘리트가 연방의 운명과 이해관계를 같이함으로써 연방 정부의 힘이 강화될 것이라 믿었다. 더 나아가 이러한 엘리트가 영국에서처럼 무역과 제조업 발전을 이끄는 사회 세력이 되리라는 희망도 있었다.

자본이 소수 엘리트에게 집중되어야 경제 발전이 가능하다는 해밀턴의 믿음은 「연방 은행에 관한 보고서」에서도 나타나 있다. 일찍이 식민지 시대부터 미국 경제는 늘 자본과 통화 부족에 시달렸다. 1760년대 영국과 식민지 간의 갈등을 증폭시켰던 통화법 논란이나 유통 화폐 부족이 한 가지 원인을 제공했던 1780년대 말 셰이즈의 반란Shays' Rebellion이 이를 단적으로 보여 준다. 따라서 각 주나 개인이 통화 발행을 남발하는 것을 막는 동시에 경제 활동이 활기를 띨 만큼 통화와 신용을 충분히 공급하는 일이 시급했다. 해밀턴은 잉글랜드 은행과 비슷한 연방 은행을 설립하는 일이 해결책이라 믿었다. 하지만 반연방파들과 제퍼슨Thomas Jefferson을 포함한 공화파들은 연방 은행이 잉글랜드 은행과 마찬가지로 금권 세력monied interest의 이해에만 봉사하게 될 것이라고 비판했다. 결국 그로 인해 공화국의 정치가 타락할 것이라는 주장이었다. 이에 대해 해밀턴은 정부 채권 업무, 조세 수입 관리, 단기 대부 업무를 담당하는 '미국 은행Bank of the United States'의 은행권이 소수의 손에 집중되는 것이 오히려 공화국의 미래에 도움이 된다고 반박했다. 자본이 소수의 손에 집중되어야만 축적이 이루어지고, 자본 축적이 있어야만 공화국의 생존을 보장할 상업과 산업의 발전이 가능하다는 것이었다.

사실, 해밀턴의 구상은 단기적인 재정 및 경제 문제 극복만 겨냥한 것이 아니었다. 그의 구상에 따르면, 영국이 농업 사회에서 상업 사회로 이행하고, 더 나아가 산업 사회로 진화하고 있던 것처럼, 미국 역시 같은 길을 걸어야 했다. 그의 구상에 공감한 한 연구자가 지적했듯이 '원료를 수출하고 제조업 제품을 수입하는 농업 국가'는 '부유'하거나 '강력'해질 수 없기 때문이었다.[37] 이 같은 해밀턴의 믿음은 「제조업에 관한 보고서」에서 잘 드러났다. 여기에서 그는 연방 정부가 일종의 산업 정책을 펼쳐 유치산업infant industry을 보호해야 한다고 주장했다. 이는 제조업 경험이 없는 미국의 약점을 감안하거나 영국의 산업 발전도 정부의 정책적인 도움에 힘입은 것이었다는 사실에 비추어 볼 때 설득력을 얻을 수 있었다. 구체적으로 해밀턴은 보호 관세, 보조금, 수입 원료에 대한 면세 혜택, 각종 포상 등을 제안했는데, 특히 보조금의 역할을 강조했다. 산업 정책의 수단으로 관세가 매우 효과적일 수 있지만, 경쟁국들의 관세 보복을 불러일으켜 재정과 경제 안정에 필수적인 미국의 수출에 치명상을 입힐 수도 있었다. 미국 경제에서 농업과 상공업이 균형을 이루기까지는 꽤 오랜 시간이 필요할 것이므로 그때까지는 1차 산품 수출과 제조업 육성 사이에서 균형을 잡아야 했던 것이다.[38]

해밀턴의 광범위한 발전 전략은 거센 비판을 받았다. 헌법 비준에 반대했던 반연방파나 연방 정부의 역할을 제한할 것을 강조한 민주 공화파는 해밀턴의 정책이 결국 소수의 손에 경제력을 집중시켜 미국을 영국처럼 타락한 군주정이나 귀족정으로 변질시킬 것이라고 비판했다. 이 같은 우려에도 해밀턴의 전략은 신생 공화국의 재정 상황을 개선하고 경제 위기를 극복하는 데 크게 기여했다. 일단 공화국의 존립을 위협했던 국가 부채 문제가 해결되자 국내뿐만 아니라 해외에서도 자본 공급이 원활하게 이루어졌다. 오히려 그로 인해 지나친 투자 열풍이 불어 1791년에는 금융 위기가 찾아오기도 했으나, 해밀턴은 재무부로 하여금 정부 채권을 대량으로 매입하게 하여 위기를 조기에 수습했다. 해밀턴이 예견한 대로 시장에 자본이 유입되면서 미국 경제의 원동력인 무역이 살아나기 시작했고, 기업 활동 역시 활력을 보였다.[39]

1790년대 미국 경제의 회복에는 프랑스 혁명과 혁명전쟁이 크게 기여했다. 치열한 혁명전쟁으로 유럽 각국의 무역이 교란되는 사이 미국은 엄청난 이윤 획득 기회를 잡았던 것이다. 미국 독립 전쟁 직후 한때 미국에 시장을 폐쇄했던 프랑스나 스페인, 영국 모두 미국으로부터 식품과 원료를 공급받고자 했다. 그보다 더 큰 이윤은 유럽 상인들이 사략선단, 해상 및 대륙 봉쇄를 피해 미국 상인의 중개나 미국 선단에 의존하게 됨으로써 발생했다. 그 덕분에 미국 경제는 빠르게 성장했다. 노스Douglass C. North의 고전적인 연구에 따르면, 1793~1807년에 미국은 수출 주도형 성장의 전형적인 모습을 보여 주었다. 수출은 국민 총생산의 약 10~15퍼센트를 차지했고, 수입은 수출보다 더 빠르게 늘었다. 그로 인한 무역 적자는 운송과 무역 서비스에서 발생하는 부가 가치와 유럽의 정치적인 불안정을 피해 미국으로 유입된 유럽의 투자 자본이 메꿔 주었다.[40]

하지만 전시 호황은 지속되지 않았다. 1806년의 수입 금지법과 그 이듬해 발효된 통상 금지령embargo은 무역과 해운업에 극심한 타격을 입혔고, 1812년에 시작된 영국과의 전쟁은 상황을 더욱 악화시켰다. 수입 금지법과 통상 금지령은 중립국의 교역권을 둘러싼 영국과의 갈등에서 비롯되었다. 영국은 중립국과의 교역 문제를 1756년에 정한 규칙, 즉 평시에 금지된 상업은 전시에도 금지된다는 규칙에 의거해 접근했다. 이 원칙을 적용하게 되면, 항해법에서 불법으로 규정하고 있는 영국 식민지와 프랑스 간의 교역은 전시에도 불법이었다. 이러한 규정을 피하기 위해 미국 상인들은 영국령 서인도 제도에서 미국으로 상품을 운송한 후 이를 다시 영국으로 재수출하는 방법을 써 왔다. 그러나 나폴레옹 전쟁이 격렬해지면서 영국은 1805년 여름부터 '연속 항해continuous voyage'라는 새로운 원칙을 도입해 이 같은 재수출 무역을 담당하던 미국 선박들을 나포하기 시작했다. 더군다나 1806년부터는 프랑스의 대륙 봉쇄령에 따라 중립국 선박의 교역 활동이 불법으로 간주되어 미국 선박의 나포 위협이 더 높아졌다.[41] 사정이 이렇게 되자 제퍼슨 행정부는 영국의 압박에 대해서 1806년 수입 금지법으로 대응하면서 외교 협상을 벌였으나, 특별한 성과를 거두지 못했다. 설상가상으로 프랑스까지 가세하자 제퍼슨 행정부는 1807년 통상 금지령을 선포했다. 그 결과는 참담했다. 통상 금지령이 발효된 첫 해 미국 상선의 용적 톤수 중 40퍼센트를 차지하고 있던 매사추세츠 선단의 운임 수입이 1,500만 달러—이는 1806년 연방 정부의 재정 수입에 해당함—나 줄어들었고, 1808년에는 미국 전체의 수출이 80퍼센트, 수입이 60퍼센트나 줄어들었다.[42]

막대한 손실이 예견되었는데도 제퍼슨 행정부가 통상 금지령이라는 극단적인 조치를 취한 데는 제퍼슨의 공화주의적 신념이 크게 작용했다. 그는 해밀턴과 달리 미국에서 공화주의를 실현하는 일을 가장 중요한 목표로 삼았다.[43] 그에 따르면, 공화국이 유지되는 길은 시민이 정치에 능동적으로 참여하고, 자신의 이익보다는 공화국 전체의 복리를 증진하며, 일체의 권력 남용에 저항하는 '공적 덕성public virtue'을 실천하는 것뿐이었다. 하지만 이처럼 중요한 시민의 덕성이 갖추어지려면 모든 시민에게 다른 사람의 부와 권력에 의존하지 않고 독립적으로 살아갈 수 있는 일정한 재산이 있어야만 했다. 이 점에서 미국은 과거의 그 어떤 나라보다도 유리했다. 농업 사회인 미국은 상업과 제조업이 미약했기 때문에 사치, 사적 이익 추구, 권력과의 결탁 등 타락을 부추기기가 어려웠다. 이러한 관점에서 제퍼슨을 비롯한 민주 공화파들은 1790년대의 무역 성장을 해밀턴과는 다른 이유로 환영했다. 해밀턴은 무역 성장이 상업 자본의 축적을 낳아 산업 발전으로 이어질 것이라 기대했지만, 제퍼슨은 상업의 성장이 그 자체로 바람직한 것은 아니라 할지라도 제조업의 성장을 억제하고 농업의 확장을 뒷받침하는 동력이 될 수도 있다고 믿었기 때문이다.[44] 이미 미국인들은 제조업 제품을 소비하는 데 익숙해져 버렸으므로 그들이 계속해서 농업에 주력하려면 미국의 농산품과 유럽의 제조업 제품을 자유롭게 교역하는 일이 필요했다. 따라서 제퍼슨은 자유 무역을 옹호했고, 유럽의 군주국들이 낡은 중상주의적 정책을 고집하며 자유 무역을 받아들이지 않을 경우 이에 과감히 대응해야 한다고 믿고 있었다.

제퍼슨이 중립국 미국의 자유를 침해하는 영국을 묵과할 수 없었던 또 다른 이유는 그를 비롯한 민주 공화파의 뿌리 깊은 반영 감정 때문이었다. 그들이 볼 때, 영국은 미국을 여전히 식민지나 다름없는 열등한 나라로

취급했다. 영 해군이 미국 선박을 나포하는 일은 미국인들이 당연히 누려야 할 무역의 자유를 침해하는 것일 뿐만 아니라 미국의 중립적 지위를 영국이 결정한다는 오만한 생각이 반영된 결과였다. 제퍼슨이 볼 때, 이 같은 오만을 묵과하는 것은 미국이 여전히 영국에 비해 열등한 처지임을 인정하는 것이나 마찬가지였다. 따라서 미국의 독립성을 인정받기 위해서라도 과감한 대응이 필요했다. 1807년 3월 공화파를 지지했던 『오로라』의 편집인 듀언William Duane이 "당신은 당신의 권리를 포기할 것인가?", "당신의 독립을 포기할 것인가?", "당신은 영국의 식민지가 될 용의가 있는가?"라고 물었을 때, 제퍼슨이 해야 할 대답은 분명해 보였다.[45]

통상 금지령은 1809년 3월 4일 매디슨이 대통령에 취임하면서 해제되었다. 그래도 영국과의 갈등은 계속되었다. 영국은 여전히 미국 상선을 공격했고, 또 미국 선원들을 강제로 징병했다. 이러한 영국에 대한 미국인들의 반감을 가중시켰던 것은 변경 지대에서 발생한 미국과 영국의 마찰이었다. 제퍼슨이 집권한 이후 연방 정부는 영토 확장에 큰 관심을 보였다. 영토 확장은 독립적인 자영농의 성장에 필수적이었을 뿐만 아니라 곧 연방파들의 재집권을 막고 공화국의 미래를 보장하는 길이었기 때문이다.[46] 이미 뉴잉글랜드 지역의 인구는 포화 상태였고, 남부의 오래된 주들은 플랜테이션 농장주들이 지배하고 있었으므로 자영농이 뿌리를 내릴 수 없었다. 그러므로 독립 전쟁 이전과 마찬가지로 새로운 토지에 대한 열망은 대단했다. 연방파들은 서부 개척을 규제해 사회 질서와 정치 안정을 유지—이는 노예제의 확산과도 관련이 있었으므로 정치적으로 매우 민감한 문제였음—하려 했지만, 제퍼슨과 공화파들의 생각은 달랐다. 제퍼슨은 연방파의 팽창적인 재정 정책을 비판하면서 후손들에게 빚을 물려주지 않겠다고 약속한 바 있었다. 그런 그가 1803년에 루이지애나 매입에 무려 1,500만 달러를 투입했던 것에서 드러나듯 공화파에 있어 영토 확장은 공화정의 유지에 필수적인 과업이었다.[47] 당시 정치 지도자들 중 누구보다도 고전에 대한 지식이 해박했던 제퍼슨은 고대 로마 농업 제국이 그랬듯 경제 성장 속도가 감속하는 농업 사회의 한계를 벗어나는 길은 영토 확장뿐임을 알았던 것이다. 따라서 제퍼슨은 농업 제국식 팽창을 지속하되, 연방에 편입된 새로운 영토를 각각 별도의 주로 만들어 자치를 하게 함으로써 과거 로마 공화정을 무너뜨렸던 사회경제적 불평등과 정치 불안을 방지하려 했다.

제퍼슨의 공화파가 위세를 떨치는 가운데 변경의 미국인들은 토착 인디언 부족과 이들을 암암리에 지원하는 영국으로부터 자신들의 정착지를 보호해 달라고 요구했다. 해결책은 영국에 속하던 캐나다와 스페인에 속하던 플로리다 문제를 해결하는 일인 것처럼 보였다. 영국이 나폴레옹 전쟁으로 북아메리카의 문제에 신경을 쓸 수 없다는 점을 들어 미국 의회 안팎에서 캐나다를 정복해야 한다는 목소리가 높아졌다. 또 영국과 전쟁을 벌여 영국과 동맹 관계에 있는 스페인이 플로리다를 매각하게끔 압력을 행사해야 한다는 여론도 일었다. 매디슨은 전쟁을 하자는 여론이 남부와 서부에서 들끓고 더 이상 영국과의 갈등—통상 금지령과 금수 조치, 그에 따른 외교적 협상 등—을 해소할 수 있는 대안을 찾을 수 없게 되자, 상원에 영국과의 관계에서 비롯된 고충들을 상세하게 기록해 제출하며 결단을 내려줄 것을 청했다. 상원은 전쟁을 결의했고, 매디슨은 전쟁을 선포하기에 이르렀다.

이렇게 해서 1812년 '2차 독립 전쟁'이라 불리는 전쟁이 시작되었다. 물론 미국은 그 이전에 전쟁에 대비하지 않았으므로 결과는 참담했다. 직업적인 상비군을 두는 것이 국민의 자유를 억압하는 폭정의 도구라고 인식해 온 공화주의 이념의 전통에 부응하듯 미국이 동원할 수 있는 병력은 불과 6,700여 명뿐이었고, 1812년 말까지도 정규군을 구성할 수 없었다. 의회는 병력 증강을 승인했으나 자원자가 거의 없었고, 주 민병대도 주 경계 밖에서 작전하는 것을 거부해 효과적으로 동원할 수 없었다.[48] 그 결과, 캐나다에 대한 공격은 실패로 끝났고, 영국군이 남부에 상륙하면서 수도 워싱턴이 일시적으로 점령, 파괴되었다. 또한 영 해군의 강력한 해안 봉

| 겐트 조약(1814)

봉쇄에 막혀 해군도 무기력했다. 결국 매디슨 정부는 1814년 12월 겐트 조약Treaty of Ghent에 서명함으로써 전쟁을 끝낼 수밖에 없었다.[49] 전쟁의 경제적 결과는 심각했다. 수출은 통상 금지령이 발효된 1807년 1억 달러를 웃돌았으나 1813년에는 2,700만 달러, 1814년에는 700만 달러로 줄어들었다. 수입은 1807년 1억 3천만 달러를 넘었으나 1814년에는 1,300만 달러로 줄어들었다. 따라서 주로 수입품에 대한 관세에 의존했던 연방 정부의 재정 수입 역시 줄어들 수밖에 없었다. 1811년 1,300만 달러였던 재정 수입이 1814년에는 600만 달러로 줄어들었던 것이다.[50]

하지만 통상 금지령과 1812년 전쟁이 경제적으로 부정적인 결과만 낳은 것은 아니었다. 이 기간에 오랫동안 영국 공산품에 의존해 왔던 미국 경제에 구조적인 변화가 시작되었기 때문이다. 영국산 공산품 공급이 차단되자 그때까지 수입해 왔던 제품들을 미국 내에서 직접 생산해야 할 강력한 동기가 생겼다. 무역이 중단되면서 사업 기회와 투자처를 잃었던 상인 자본이 제조업으로 유입되기 시작했던 것도 이 같은 변화에 도움이 되었다. 이 점에서 통상 금지령이 발효된 때부터 1812년 전쟁까지의 시기는 미국의 경제 발전 과정에서 중요한 분기점이 되었다고 볼 수 있다. 바야흐로 농업 생산과 무역에 의존한 확대 재투자 체제에서 제조업 분야의 기술 혁신을 기반으로 한 확대 재생산 체제로 이행하는 첫 걸음이 시작되었던 것이다.

사실, 미국 제조업의 역사는 독립 전쟁 이전으로 거슬러 올라간다. 7년 전쟁 후 영국과의 정치적인 갈등이 깊어지면서 식민지인들은 영국산 제품의 수입 금지 및 사용 금지 운동을 통해 영국의 상인·제조업자들에게 정치적인 압력을 행사하려 했다. 아울러 1767~1769년과 1774년 이후에는 수공업 생산 활동을 적극 권장해 제조업 제품에 대한 수요를 식민지 내에서 충족시키려는 움직임이 일어났다. 독립 전쟁 초기에도 국내 제조업의 발전을 통해 미국이 경제적인 독립을 확보하려는 움직임은 있었다. 이처럼 수공업 생산뿐만 아니라 자급자족의 가내 생산은 식민지 전역에서 활발하게 진행되고 있었지만, 특히 제조업의 육성에 관심을 기울였던 지역은 특정 상품 작물의 생산과 수출에 의존하지 않았던 뉴잉글랜드였다.[51] 독립 전쟁 기간에는 군 수요에 힘입어 화약, 제화, 면직물, 철·강철 산업이 활기를 띠었고, 그 밖에도 제지, 도자기 산업이 이전보다 활력을 보였다.[52]

그러나 1760년대부터 독립 시기까지 일어났던 제조업에 대한 관심은 전쟁이 끝나고 영국산 제품이 미국 시장으로 물밀듯이 들어오면서 수그러들었다. 왜냐하면 연방 헌법 제정 시기까지 중앙 정부와 각 주의 정부는 재정 수입, 부채, 무역 문제에 관심을 집중해야 했고, 헌법 제정 이후에도 연방 정부와 주 정부들은 제조업 육성에 관심을 기울일 여력이 없었기 때문이다.[53] 물론 공화파들의 집권 시기인 1800년부터는 이 같은 노력은 더욱 기대하기 어려웠다. 하지만 이러한 상황 속에서도 뉴잉글랜드를 비롯한 북부의 몇몇 지역에서는 제조업을 육성하려는 노력이 지속되었다.

오랫동안 연구자들은 뉴잉글랜드에서 제조업이 가장 먼저 그리고 널리 확산된 까닭은, 이 지역의 농업이 중부나 남부에 비해 정체되어 있었기 때문이라고 믿었다. 특히 1790년대는 농업이 위기를 겪던 때로 '셰이즈의 반란'에서 드러나듯 농민은 과도한 세금 부담과 화폐 부족에 시달리고 있었다. 그 결과, 농업 부문에서 노동력이 이탈해 제화와 면직물 제조업으로 이동하기 시작했는데, 특히 면직물업은 값싼 여성이나 아동 노동의 덕을 보았다. 그러나 최근 연구 성과들은 이 같은 해석에 의문을 제기한다. 최근 추계에 따르면, 뉴잉글랜드 농업 노동자 수는 1840년대까지 계속 증가했고, 농업 노동력의 감소는 1860년대 이후에야 본격적으로 시작되었다. 오히려 뉴잉글랜드 농업은 지금까지 알려진 것과 달리 번성하고 있었고, 제조업 발전은 농업에 종사하던 농민의 수요가 있었기 때문에 가능했다는 것이다.[54] 하지만 북부의 농업 부문이 대규모 상업적 농업 부문과 달리 여전히 생존 경제를 지향했다는 점은 지적되어야 한다. 산업 혁명 이전의 영국 자영농과 마찬가지로 이 지역의 자영농 역시 점차 공업 부문으로 흡수되었다. 남부 플랜테이션 경제의 경우 농업 사회의 경제 체제를 유지할 수 있는 농업적 기반을 갖추고 있었던 반면, 북부 농업 사회는 확대 재투자 체제에서 확대 재생산 체제로 이행하는 가운데 점차 공업 부문의 필요를 충족시키는 부차적인 역할을 떠맡게 되었던 것이다.

수공업자들과 소규모 제조업자manufacturer들은 농업 부문과 비농업 부문—소매업자들과 전문직 종사자들—에서 축적된 자본을 활용해 농업 지역이 요구하는 다양한 제품들, 예컨대 상자, 건축재, 집기, 마차, 가구 등을 생산해 공급했다. 더 큰 변화는 1790년대에 뉴잉글랜드 전 지역과 뉴잉글랜드 밖의 더 넓은 시장을 겨냥한 제조업이 서서히 등장했다는 것이다. 특히 제화업과 면직물업이 가장 발전했다. 제화업의 경우 매사추세츠의 기업가들이 소규모 작업장들 간에 분업을 유도하고 보스턴 지역의 도매상들을 활용해 뉴잉글랜드뿐만 아니라 중부와 남부에 제품을 공급했다.

그러나 미국 제조업의 발전에서도 영국에서처럼 면직물업이 가장 중요했다. 미국의 면직물업은 1790년대 뉴잉글랜드 농촌 지역에서 시작되었다. 면직물업은 상당한 자본과 기술적인 지식 및 근교 시장을 필요로 했는데, 뉴잉글랜드의 풍요로운 농업 지역은 노동력뿐만 아니라 자본과 시장을 함께 제공했다. 더욱이 도시의 상인들도 자본과 유통망을 제공해 면직물업의 발전에 기여했다. 미국에서의 직물 생산은 오랫동안 농촌 여성의 수작업에 의존해야 했는데, 면화에서 실을 뽑아내 면직물을 생산하는 과정은 아주 더뎠고 긴 노동 시간을 필요로 했다.[55] 1730년대부터 방직 및 방적 기계들이 연이어 발명된 이후에야 영국에서 면직물 산업이 본격적으로 발전한 것도 바로 이 때문이었다.

산업 혁명 초기 영국의 제조업자들이 기술 개발 및 도입에 열의를 보였던 것과 마찬가지로 미국의 면직물업은 기술 도입과 함께 시작되었다. 당시 영국 정부가 기술 유출을 막기 위해 기계류 수출을 금지했으므로 기술 도입은 쉽지 않았다. 그러나 1789년 영국 더비셔 출신의 슬레이터Samuel Slater가 자신이 영국에서 운용하던 기계에 관한 상세한 지식을 가지고 미국에 도착하면서 상황이 달라지기 시작했다. 슬레이터는 로드아일랜드의 상인 브라운Moses Brown의 요청에 따라 방적 기계를 제작해 1790년 12월 미국에 최초의 면방적 공장을 설립했다. 슬레이터의 면방적 공장은 곧 뉴잉글랜드 지역으로 확산되었다.[56]

영국에서처럼 방적 기계의 확산은 방직 분야의 혁신을 요구했다. 이 또한 영국으로부터 방직 기술을 도입하는 것으로 해결되었다. 매사추세츠 출신의 상인 로웰Francis Cabot Lowell은 통상 금지령과 교역 금지법Nonintercourse Act, 영국 및 프랑스 해군의 나포 위협으로 어려움을 겪었고, 새로운 사업 기회를 엿보고 있었다. 1810년 로웰은 영국 랭커셔의 면직 공장들을 방문해 기술을 습득하고, 무디Paul Moody라는 기계공의 도움을 받아 미국에 면직 공장을 설립할 계획을 세웠다. 그는 전쟁으로 인해 교역 조건이 더 악화된 1813년 매사추세츠의 월섬Waltham에 면직 공장을 세웠다. 로웰의 공장은 단순히 영국 면직 공장을 모방하는 데 그치지 않고 혁신적인 면모를 갖추었다. 무려 30만 달러의 자본이 투입된 이 공장은 최초로 방적과 방직 공정을 통합했고, 매사추세츠 지역의 풍부한 수자원을 이용한 수력으로 가동되었다. 슬레이터와 로웰의 사례는 곧 뉴잉글랜드와 그 밖의 지역으로 빠르게 전파되었다. 1808년 이전 미국에는 15개의 면직 공장이 있었으나, 1809년 말에는 87개로 늘어났고, 1814년에 이르자 15개 주에서 243개의 면직 공장이 가동되었다.[57]

그러나 1812년 전쟁이 끝나면서 미국의 면직물업은 큰 위기를 맞게 되었다. 영국과의 교역이 재개되자 지난 몇 년간 교역 중단으로 인해 큰 손실을 입었던 영국의 상인들과 제조업자들이 미국 시장에 양질의 영국산 제품을 싼 가격에 공급하기 시작했던 것이다. 이는 1807~1814년에 호황을 누렸던 미국의 제조업자들, 특히 면직물업자들 사이에 심각한 우려를 낳았다. 미국의 면직물업은 막 산업화 단계에 접어들고 있었으므로 영국 면직물업계의 앞선 기술과 생산 능력을 도저히 따라갈 수 없었다. 1815년 무역이 재개되자 무려 7,100만 야드의 영국산 면직물이 미국 시장으로 밀려들어와 면직물 가격이 폭락했다. 1815년에 수입 가격은 20퍼센트 하락했고, 이듬해에 다시 15퍼센트 하락했다. 반면, 미국산 면직물의 가격은 9퍼센트 떨어졌을 뿐이었다. 이러한 상황에서 미국의 면직물업이 살아남는 길은 정부의 보호뿐이었다. 따라서 로웰을 비롯한 면직물업자들은 영국산 제품에 대한 보호 관세를 요청했다.[58]

다행스럽게도 그 시기에 연방 정부와 의회를 장악하고 있던 공화파 사이에서도 미국의 제조업을 보호해야 한다는 인식이 확산되고 있었다.[59] 제퍼슨과 같은 전통적인 공화파들과 달리 몇몇 새로운 지도자들은 미국이 영국이나 다른 열강의 경제적인 영향력으로부터 독립하기 위해서는 농업과 무역에만 의존해서는 안 된다고 믿었다. 이른바 '연방 공화파national republicans'라 불리게 된 이들은 국내 교역과 제조업을 육성해 미국 경제의 균형 발전을 유도하고, 그래서 1812년 미국이 드러낸 군사적인 무기력을 해소하는 경제력을 갖추어야 한다고 생각했다. 나중에 남부 분리주의자들을 이끌게 될 사우스캐롤라이나의 칼훈John Calhoun이나 켄터키의 클레이Henry Clay 같은 이들은 이러한 과업이 결국 연방 정부의 일이라 믿었다.

그런 만큼 이들은 보호 관세를 요구하는 면직업자들의 요청에 공감했다.

하지만 보호 관세의 필요성을 받아들인다고 해도 관세율을 정하기가 쉽지 않았다. 일찍이 해밀턴이 「제조업에 관한 보고서」에서 보호 관세보다는 보조금이 더 효과적인 정책이라고 주장했던 것처럼, 영국산 면직물에 대한 관세는 또다시 영국과의 갈등을 불러일으킬 수 있었다. 미국 내에서도 관세 인상에 대한 합의를 이끌어내기가 어려웠다. 전통적인 공화파들은 여전히 자유 무역을 지지하고 있었고, 영국 시장으로의 수출에 의존했던 남부의 플랜테이션 지주들은 보호 관세가 결국 북부 제조업자들의 이익을 위해 자신들을 희생시키는 것이라 주장했다. 뉴잉글랜드 상인들 역시 남부의 지주들과 마찬가지로 영국과의 자유로운 교역을 지지했다. 따라서 보호 관세 문제는 서로 다른 이해관계를 고려해 신중하게 접근해야만 했다.

'연방 공화파'가 제시한 해법은 절묘했다. 1816년 관세법으로 직물 제품에는 25퍼센트, 그 밖의 제품에는 20퍼센트의 관세를 부과했다. 직물 제품에 25퍼센트의 관세를 부과한 데는 영국과의 무역 마찰을 피하면서도 미국의 면직물업을 보호하려는 의도가 숨겨져 있었다. 왜냐하면 미국의 면직물업체는 주로 저가 제품에 주력한 반면, 미국 시장에 유입되는 영국산 제품은 대개 고급 제품이었기 때문이다. 따라서 25퍼센트 관세를 부과하더라도 영국산 면제품은 미국 시장에서 충분히 경쟁력이 있었다. 반면, 저가 제품의 경우 가격과 상관없이 야드당 25센트의 가치로 평가되는 '최소 원칙'에 따라 실질적으로 더 높은 관세를 부담해야 했다. 그 결과, 영국산 제품은 여전히 수입되는 반면, 저가의 인도산 면직물은 미국산 저가 면직물과 경쟁할 수 없었다.[60]

이때부터 관세가 미국에서 재정 정책의 수단으로서뿐만 아니라 산업 정책의 수단으로 받아들여지기 시작했다. 그러나 1816년 관세법에 관한 논쟁이 보여 주듯 관세 문제는 언제나 지역 간, 산업 부문 간 이해관계 차이로 인해 논란의 대상이 되었다. 예컨대, 1819년의 금융 위기 이후 필라델피아, 뉴욕, 볼티모어 등지의 수많은 소규모 제조업자들이 관세 인상을 요구하고 나서자 의회는 상품에 따라 20퍼센트에서 100퍼센트의 관세를 부과하는 법안을 검토했으나, 남부 출신 의원들의 반대로 인해 무산되었다. 보호 무역을 주장하는 목소리가 북동부를 중심으로 높아지는 가운데 1824년에 관세가 상당히 인상되었다. 하지만 수입 양모에 대한 관세가 제조 원가를 높인다는 이유로 매사추세츠 의원들이 관세 인상에 반대하고 나섰다. 이에 보호주의자들은 1827년 모직물 법안을 제출해 양모뿐만 아니라 수입 모직물 제품에 대한 관세를 동시에 올리는 방안을 제시했다. 보호주의에 줄곧 반대했던 사우스캐롤라이나의 플랜테이션 지주들은 이에 격렬하게 반발했고, 결국 사우스캐롤라이나 출신의 부통령 칼훈의 반대표로 모직물 법안은 통과되지 못했다.

상황이 이렇게 되자 북부의 보호주의자들은 곳곳에서 보호 무역을 지지하는 모임을 가졌고, 마침내 1827년 여름 펜실베이니아의 해리스버그Harrisburg에서 전국적인 집회를 열었다. 대통령 선거를 코앞에 두고 보호주의를 지지하는 요구가 높아지자 애덤스John Adams 대통령과 클레이를 반대하던 잭슨Andrew Jackson 지지자들은 밴뷰런Martin Van Buren의 계획에 따라 각종 원료—모직물, 철, 마, 당밀 등—에 대한 관세를 대폭 인상하자고 제안해 펜실베이니아, 뉴욕, 켄터키, 오하이오 밸리의 지지를 확보하려 했다. 그러나 상원에서의 협상 결과 원료에 대한 관세뿐만 아니라 제조업 제품에 대한 관세 역시 인상되었다. 남부는 이 관세법을 '혐오 관세Tariff of Abomination'라 부르며 반발했다. '혐오 관세' 이후에도 1832년 모직물에 대한 관세 인하, 1833년 수정 관세, 1842년 관세 인상까지 관세법은 여러 차례 개정에 개정을 거듭하게 되었다. 이처럼 관세는 지역 간의 경제적 이해관계, 정치적 당파 갈등과 맞물려 격한 논쟁의 대상이 되었다.[61]

이 같은 관세 논란 가운데서도 면직물업은 착실하게 보호를 받았다. 고전적인 연구에 따르면, 면직물에 대한 실질 보호 관세율은 1830~1832년에 71퍼센트에 이르렀고, 1833년에는 타협 관세로 인해 관세가 인하되었음에도 미국산 면직물 가격이 더 빠르게 하락해 실질 관세율은 오히려 82

퍼센트로 상승했다. 따라서 어떤 논자들은 이르게는 면직물에 대한 보호 관세가 부과되던 1816년, 늦어도 1824년에 이르면 미국의 면직물업은 보호 관세 없이도 충분히 경쟁력을 확보할 수 있었으므로 그 이후에 계속된 보호 관세는 불합리한 것이었다고 주장하기도 한다. 하지만 1824년 이후에도 여전히 고급 면직물 부문에서 영국산 면직물이 미국 제품을 압도하고 있었으므로, 만일 관세가 아니었다면 영국산 고급 면직물이 상대적으로 저급한 미국산 면직물보다 더 싼 가격에 팔렸을 것이라는 지적도 있다. 결국 관세는 미국 면직물업이 영국 면직물업과 겨룰 수 있을 정도로 성장하는 데 필요한 시간을 벌어 준 셈이었다.[62]

앞에서 언급했듯이 제조업 보호를 지지했던 정치인들은 제퍼슨 시대 공화파들과 달리 영토 확장만으로는 건실한 미국 경제를 건설할 수 없다고 믿었다. 이들 새로운 공화파는 영토 확장이 미국의 발전에 필수적이라는 점에는 공감했지만, 연방에 편입되는 새로운 주들이 기존 주들과 하나의 시장으로 통합되지 않는다면 농업·상업·제조업의 균형 발전이 불가능하다고 여겼다. 더군다나 균형 발전이 이루어지지 않는다면 미국 경제는 국제적인 가격 변동이나 국제 정세 변화에 따라 끊임없이 흔들리게 될 것이었다. 1824년 관세에 관한 논쟁에서 클레이가 제시한 '미국 체제American System'는 바로 이러한 생각을 함축한 것이었다. 그의 '미국 체제'는 크게 네 가지 요소로 구성된다. 첫째는 제조업 육성과 재정 건전성 확보를 위한 관세 부과, 둘째는 국내 경제 활동을 위축시키는 소비세와 토지세—1812년 전쟁으로 도입되었음—대신 연방 정부의 국유지 매각을 통한 재정 확충, 셋째는 주와 지방 은행들의 과도한 통화 발행에 따른 불안을 해소해 통화 안정성을 회복하고 연방 정부의 재정 건전성에 기여할 중앙은행의 보호, 그리고 마지막은 관세와 국유지 매각으로 재원을 충당하는 사회 간접 시설 확충—18세기 영국의 용어를 빌려 당시 미국인들이 '국토 개량 사업internal improvements'이라 불렀음—이었다.[63]

제조업에 대한 보호와 더불어 특히 중요하게 여긴 요소는 교통 통신망의 확장이었다. 제퍼슨 재임 시기부터 미국의 영토는 빠르게 확장되었고, 이는 1815년 이후에도 지속되었다. 독립 때부터 1819년까지 미국은 대서양에서부터 대평원Great Plains에 이르기까지 캐나다 이남의 북아메리카 대륙 동부와 중부를 모두 손에 넣었다. 또 1803년 제퍼슨이 루이지애나를 사들임으로써 국토 면적이 2배로 확대되었다. 게다가 1819년에는 스페인으로부터 플로리다와 인근 스페인 식민지들을 양도받았다. 본래 13개 주로 구성되었던 연방은 1791년 버몬트Vermont를 시작으로 1819년 앨라배마Alabama까지 22개 주로 늘었다. 1812년 전쟁 이후에는 애팔래치아 산맥 너머로의 이주가 빠르게 진행되었다. '연방 공화파'가 요구했던 것처럼 국유지 매각도 한층 속도를 내기 시작했다. 1813년 매각된 국유지는 50만 에이커에 불과했으나 1818년에는 400만 에이커로 늘었다.[64] 이처럼 확대된 연방의 통합을 위해서, 또 새로운 영토에 이주한 정착민의 경제활동을 진작하기 위해서는 시장을 연결하는 교통 통신망의 확충이 반드시 필요했다.

사실, 교통망 개선에 대한 요구는 1790년대부터 제기되었다. 호황을 누리던 그 시절 대서양 연안 주요 도시들과 배후 농업 지역을 연결하는 교통망을 건설하려는 움직임이 일어났다. 이 같은 노력은 18세기 중반의 영국과 마찬가지로 유료 도로 건설로 구체화되었는데, 미국에서도 유료 도로 건설은 연방이나 주 정부가 아니라 자본 10만 달러 이하의 소규모 회사들이 주도했다. 소규모 회사들이 건설한 연장 20마일 이하의 짧은 도로들이 늘어나면서 지역과 지역이 서서히 연결되었다. 이러한 방식으로 1790년대부터 1830년까지 11,000마일의 유료 도로가 건설되었고, 여기에 3,000만 달러의 자본이 투자되었다. 하지만 유료 도로는 수익성이 낮고 운송비 절감 효과도 미미했다. 도로 표면을 좀 더 매끄럽게 다듬는 것 외에 특별한 기술 혁신도 없었고 많은 이들이 통행료 지불을 꺼렸기 때문에 수익도 별로 거두지 못했다. 통행료도 톤-마일당 12~17센트로 비쌌기 때문에 장거리 화물 수송은 유료 도로로는 수지가 맞지 않았다.[65]

그러므로 가치가 낮고 부피가 큰 농산물이나 원료 수송에는 다른 수단이 필요했으니, 그것이 바로 운하였다. 운하 건설은 유료 도로에 비해 비용이 훨씬 많이 들었고 기술적으로도 어려웠다. 1790년대에 몇몇 회사들이 소규모로 운하 건설 사업을 시작했으나, 재원 확보에 어려움을 겪으며 성과를 내지 못했다. 그런데도 운하에 대한 관심은 계속되었다. 특히 뉴욕주가 각별한 관심을 보였다. 그 무렵 필라델피아와 피츠버그를 연결하는 피츠버그 파이크Pittsburgh Pike, 볼티모어와 오하이오 밸리를 연결하는 내셔널 로드National Road가 건설되면서 필라델피아와 볼티모어가 뉴욕을 위협할 정도로 성장한 탓이었다. 한층 치열한 경쟁에 직면한 뉴욕인들은 1792년 허드슨강과 온타리오호를 연결하는 운하를 건설하기 시작했다. 하지만 무려 40만 달러의 자본이 투입되었는데도 운하는 끝내 완성되지 못했다. 그 이상의 자본은 민간에서 조성할 수 없었던 것이다. 이러한 실패에서 얻은 교훈은 운하 같은 대규모 사회 간접 시설은 공적 지원을 필요로 한다는 것이었다.

문제는 어떤 기관이, 어떤 재원으로 이러한 사업을 지원해야 하는지였다. 도로와 운하 건설의 필요성은 연방파들뿐만 아니라 공화파도 공감했다. 농업 생산과 자유 무역의 결합이 미국 경제의 근간이라 믿었던 제퍼슨도 일단 국가 부채가 청산되면 연방 정부의 재정 수입을 도로와 운하 건설에 투입할 수 있으리라 기대했다. 실제로 제퍼슨 행정부 재무 장관이었던 갤러틴Albert Gallatin은 1808년 「도로와 운하에 관한 보고서」Report on Roads and Canals에서 2,500만 달러의 연방 예산을 투입하는 교통망 건설 사업을 제안하기도 했다. 하지만 이 계획은 시행되지 못했다. 제퍼슨을 비롯한 공화파 지도자들이 연방 의회가 과연 공공사업을 수행할 권한을 갖고 있는지 확신하지 못했던 탓이었다. 1790년대 공화파는 연방파와의 논쟁에서 연방 정부가 헌법이 명시적으로 거론하지 않은 권한을 행사할 수 없다고 주장한 바 있다. 이 논리에 따르면, 운하 건설 같은 공공사업은 헌법에 명시되어 있지 않으므로 헌법을 수정하지 않고서는 시행할 수 없었다.[66] 갤러틴의 계획뿐만 아니라 1816년 설립된 새로운 미국 은행의 수익을 교통

망 건설에 활용하려는 보너스 법안Bonus Bill도 같은 논리에 따라 좌절되었다.[67]

연방 정부의 지원 가능성이 불확실했으므로 결국 각 주가 운하 건설 사업에 나섰다. 1790년대부터 운하 건설에 관심을 보였던 뉴욕이 앞서 나갔다. 클린턴DeWitt Clinton의 주도로 1817년에 착공되어 1825년에 완성된 이리 운하Erie Canal는 무려 700만 달러 이상의 자본이 투입된 대사업으로 자본의 4분의 3은 시장에서 조달하고, 나머지는 주 정부의 지원을 받아 건설되었다. 사업 초기 제기되었던 수익성에 대한 우려와 달리 이리 운하는 성공적이었다. 완공 전에 이미 운하의 수입은 100만 달러가 되었고, 1826~1835년에는 순수익률이 매년 8퍼센트에 이르렀다. 이리 운하의 성공은 경쟁을 불러일으켰다. 필라델피아는 1826년부터 1,200만 달러의 자본을 투입해 395마일에 이르는 메인라인 운하Mainline Canal를 건설했고, 남부에서도 비슷한 시기에 체서피크-오하이오 운하Chesapeake-Ohio Canal를 건설했다. 그러나 이 두 운하는 이리 운하만큼 큰 수익을 내지 못했다. 메인라인 운하는 지형적인 문제로 인해 건설비가 너무 많이 들었던 탓에 이리 운하 수익률의 4분의 1에도 미치지 못했고, 체서피크-오하이오 운하의 경우도 마찬가지였다. 하지만 운하의 경제적 효과는 직접적인 수익만으로 따질 수 있는 것이 아니었다. 실제로 운하 건설 이후 운송료가 눈에 띄게 하락했다. 톤-마일당 10~20센트에 달하는 유료 도로에 비해 운하의 운송료는 2~3센트에 불과했다. 그만큼 물동량도 크게 늘었다.

유료 도로와 운하는 상업과 산업이 빠르게 성장하는 동부의 도시들을 내륙의 농업 지역과 연결함으로써 국내 시장의 통합을 도모할 수 있었다. 그러나 다른 무엇보다도 시장 통합에 도움을 준 것은 철도였다. 철도는 지형적인 문제로 운하 건설이 어려운 지역도 다른 시장과 연결해 주고, 애팔래치아 산맥 서쪽의 광대한 지역을 동북부의 상공업 지역과 연결해 주었다. 영국에서 철도 사업의 상업성이 확인된 직후 1830년대부터 미국의 철도 부설 사업이 시작되어 1840년에는 총 연장 4,509킬로미터, 1850년에는 14,434킬로미터, 남북 전쟁 무렵에는 49,002킬로미터의 철도망이 건설되었다. 그중 3분의 2가량이 북부에 놓였으니, 이는 철도 건설과 제조업 성장이 연관되어 있음을 말해 준다. 1820년대까지도 매사추세츠의 농업 인구는 전체 노동 인구 중 58퍼센트를 차지했으나 1840년대에 접어들면 40퍼센트로 하락했고, 그다음 10년에는 15퍼센트로 급격하게 하락했다. 이는 1848년 금 발견 이후 시작된 캘리포니아 골드러시gold rush, 철도 건설과 시기적으로 일치하는데, 그만큼 교통망의 발전이 산업화와 이주에 큰 역할을 했음을 보여 준다. 물론 남북 전쟁 이전의 철도는 여전히 화물 운송보다는 주로 승객 수송에 이용되었으므로 시장 통합에 철도가 본격적으로 기여한 것은 전쟁 이후의 일이었다. 그렇지만 철도의 잠재력은 이미 확인되었고, 서부로의 팽창이 속력을 낼수록 대륙 횡단 철도에 대한 요구가 거세졌다.[68]

확대 재생산 체제로 이르는 길: 남북 전쟁

앞에서 살펴보았듯이 독립 당시 미국 남부에는 영국의 확대 재투자 및 확대 재생산 체제에 종속된 농업 경제가 굳건하게 자리 잡고 있었다. 반면, 미국 북부에는 식민지 시대부터 영국 확대 재투자 체제의 변두리에서 상업 및 제조업 세력이 착실하게 성장하고 있었다. 독립 당시부터 19세기 중반까지 이 두 지역의 이해관계의 차이는 미국 경제의 미래에 관한 논쟁의 빌미를 제공했다. 남부인들은 농업 제국적인 팽창과 농업 생산을 지탱하는 노예제의 유지 및 확산이 남부 경제의 생존과 직결된 문제였으므로 이를 지키기 위해서는 연방으로부터의 탈퇴나 전쟁도 불사해야 한다고 믿었다. 하지만 확대 재생산 체제의 구축과 발전을 지향했던 북부 제조업자들이나 상인들에게 연방의 보전은 매우 중요한 문제였다. 만일 남부가 연방에서 탈퇴할 경우 이미 영국 시장에 크게 의존하고 있던 남부 경제가 더욱

남북 전쟁(버지니아 주 리치먼드)

더 영국에 기울어 남부가 영 제국에 다시 편입되는 결과를 낳을 수도 있었다. 이렇게 되면 북부의 안전도 장담하기 어려웠다. 경제적으로 산업 혁명을 지향했던 북부 제조업자들에게 남부와 북부의 긴밀한 통합은 중요했다. 그들이 기술적으로 앞선 영국의 산업 경제를 추격하기 위해서는 미국 내 농업 지역으로부터 안정적으로 원료와 농산물을 공급받고, 관세 같은 각종 보호 무역 조치 아래 농업 지역의 공산품 시장을 먼저 장악해야 했기 때문이다. 이처럼 남부와 북부의 경제적 이해관계가 워낙 차이가 났기 때문에 두 지역 간의 긴장과 갈등은 19세기 초부터 몇 세대 동안 수없이 많은 타협의 시도에도 해소되지 않았다. 결국 남과 북이 내전이라는 극단적인 해결책을 선택하게 된 것은 바로 이 같은 어려움 때문이었다.

독립 전쟁과 전후의 재정·경제 위기가 1787년 헌법 제정과 1790년대의 경제 호황으로 일단락된 후 독립 이전부터 성장세에 있던 북부의 상업과 해운업의 발전은 더욱 빨라졌고, 그 결과 미국에도 확대 재투자 체제가 형성되었다. 그것이 네덜란드가 아니라 영국에서처럼 확대 재생산 체제로 발전하기 위해서는 강력한 군사력과 공급 부문의 기술 혁신이 필요했다. 이러한 까닭에 1790년대 권력을 장악했던 연방파는 해밀턴의 주도 아래 영국과 같은 재정-군사 국가 건설과 중앙 정부의 정책적인 지원에 바탕을 둔 제조업의 발전을 지향했다. 그러나 이들의 노력은 연방 정부보다 주의 권한을 강조하고, 상업과 제조업보다 자영농 중심의 공화정 체제를 지향했던 공화파가 집권하면서 일단 좌절되었다. 그럼에도 이들의 전망이 완전히 사라진 것은 아니었다. 왜냐하면 1809년 통상 금지령부터 1812년 전쟁 기간에 공화파의 비전이 심각한 도전에 직면했기 때문이다. 농업과 자유 무역의 결합에서 미국 경제의 미래를 찾았던 공화파의 비전은 영국의 압도적인 군사력과 경제력에 부딪혀 좌절되었고, 그 결과 미국의 진정한 경제적 독립은 제조업의 발전과 국내 시장의 육성에 달려 있다는 생각이 설득력을 얻기 시작했다. 후발 상업·산업 국가로서 미국이 당장 세계 시장에서 영국의 상인·제조업자들과 경쟁하는 것은 불가능했으므로, 미국의 경제 발전이 결국 미국 내에서 제조업을 육성해 빠르게 확장되는 국내 시장과 결합하는 데 달려 있다는 믿음이 확산된 것이다. 이러한 믿음은 보호 관세를 통한 제조업 보호와 국가의 지원과 민간 자본을 결합한 교통망 건설 사업에서 표출되었다.

관세 논쟁이 산업적 북부와 농업적 남부 간에 분쟁을 일으켰던 데서 알 수 있듯이 미국의 경제 발전은 심각한 지역 간 불화를 초래했다. 제조업 발전과 국내 시장의 통합은 사실상 북부의 비전이었고, 남부인들은 과연 그러한 발전이 그들에게 이익이 되는지 자문했다. 1850년대쯤에 이르면, 북부와 남부의 이해관계는 더 이상 조화를 이루기 어려워 보였다. 1812년 전쟁 이후 본격적으로 시작된 산업화는 북부에 국한되었다. 뉴잉글랜드에서 먼저 시작된 산업화는 1840년대부터는 더욱 가속화되어 분업과 전문화를 한층 더 진전시켰다. 토지와 천연자원이 풍부한 반면, 숙련 노동력이 부족한 상황에서 미국의 제조업자들은 기계 도입에 적극적이었다. 또한 미국 제조업자들은 빈부 격차가 상대적으로 덜한 미국의 농촌과 도시 소비자들에게 값싸고 균질적인 공산품을 공급하기 위해 디자인을 단순화하고 생산 기술을 표준화해 교체 가능한 부품들을 공유하는 새로운 생산 체제를 모색하기에 이르렀다. 이것이 바로 '미국 제조업 체제American system of manufacturing'라고 불리는 새로운 생산 체제였다. 이 체제는 정부의 정책적인 지원을 받은 소총 생산업에서 유래했는데, 생산력을 전반적으로 향상시켜 미국 제조업 생산성이 영국을 추월하는 것을 가능하게 했다.[69]

이처럼 빠르게 발전하는 북부의 제조업에서 생산된 제품들은 주로 북부에서 소비되었다. 유료 도로, 운하, 철도 건설 사업이 남부에 비해 북부에서 훨씬 빠르게 진행되었던 까닭은 북부의 제조업 중심 도시들과 그 배후의 농촌 지역을 효과적으로 통합하는 데 따른 경제적인 이익이 훨씬 더 컸기 때문이었다. 그리고 노예 노동력에 의존하지 않는 곡물 경작이 서부에서 빠르게 확산되면서 제조업과 농업의 결합은 더욱 진전되었다. 그렇기 때문에 남북 전쟁 이전 북부의 제조업은 해외 시장이나 남부 시장에 크게 의존하지 않고도 빠르게 성장할 수 있었다.[70] 이와 같이 북부 경제가 활력을 띠고 있었기 때문에 해외로부터 유입되는 이민 역시 남부보다는 북부에 집중되어 북부와 남부의 인구 규모에서 격차가 점점 더 벌어지게 되었다.[71]

그렇다고 해서 남부 경제가 정체된 것은 아니었다. 북부에 비해서 속도가 떨어지기는 했지만 남부에서도 산업화는 진행 중이었다. 1인당 지표로 볼 때, 남북 전쟁 직전 남부는 철도 건설에서는 세계 2위, 면직물 생산은 세계 6위, 선철 생산은 세계 8위 수준이었다. 또한 1인당 소득에서도 비록 동북부에 비해 뒤처지기는 했으나 세계에서 네 번째로 부유했다.[72] 물론 남부 경제의 중핵은 노예 노동에 바탕을 둔 플랜테이션 농업이었다. 1793년 면화에서 씨를 제거하는 조면기cotton gin가 발명되고 영국의 산업혁명이 진전되면서 본격화된 남부 면화 플랜테이션의 발전은 놀라울 정도였다. 1790~1860년에 면화 생산량은 무려 천 배 증가했다. 1820~1860년의 기간을 살펴보면, 면화 생산량은 11.5배가 늘었던 반면, 노예 인구는 2.5배가 증가하는 데 그쳤으므로 노예 노동의 생산성 역시 크게 높아졌음

조면기

을 알 수 있다. 면화 수출은 남부뿐만 아니라 미국 경제 전체에도 중요한 역할을 했다. 1820년대 이후 면화는 미국의 수출 중 절반 이상을 차지했고, 그 가치는 1860년 1,920억 달러—이는 연방 정부의 재정 수입의 4배에 해당함—에 달했다. 영국이 면직물 산업 원료의 70~80퍼센트를 미국 남부의 공급에 의존했을 정도였다.[73] 이렇게 볼 때 "면화가 왕이다"라는 말은 허황된 소리가 아니었다. 게다가 남부에는 담배를 비롯한 상품 작물을 생산하는 400만 명의 노예들이 있었다. 이들의 경제적 가치는 약 30억 달러로 추정되었다.[74]

이처럼 북부와 남부가 각기 다른 방식으로 발전해 왔을 뿐만 아니라 전쟁 직전에는 두 지역 모두 경제적인 활력을 유지하고 있었기 때문에, 연방 정부의 경제 정책과 미국 경제의 미래를 둘러싼 의견 대립은 더욱 첨예화될 수밖에 없었다. 미국산 면화의 국제 수요가 감소한 1830년대만 해도 남부에서는 값비싼 노예 노동에 바탕을 둔 면화 플랜테이션 농업—이전에 담배가 그랬듯—이 쇠퇴의 길을 걷는 것이 아닌가 하는 우려가 확산되었다. 더욱이 면직물, 철강을 비롯한 북부의 제조업은 관세의 보호 아래 성장하고 있던 반면, 남부는 관세로 인한 가격 상승 부담을 고스란히 떠안고 있다는 생각이 퍼져 있었다. 이러한 상황에서 남부 역시 북부처럼 산업화에 착수해야 한다는 생각이 힘을 얻었다. 철도를 비롯한 사회 간접 시설에 대한 투자가 늘고 경제인 회의와 인쇄 매체를 통해서 제조업 투자를 독려하는 분위기가 조성되었다.[75] 그러나 1840년대부터 교역 조건이 남부에 유리하게 변하고, 특히 1850년대에 세계 면화 수요가 급증하면서 남부의 태도 역시 달라졌다. 북부가 직면하고 있는 급속한 산업화에 따른 사회적 갈등이나 과도한 도시화로 인한 보건, 환경 문제들을 피하면서도 남부에서 번영이 유지될 것이라는 확신이 퍼졌다. 상원 의원 해먼드James Henry Hammond의 말처럼 면화는 남부 경제를 세계 경제의 중심으로 만들었던 것이다. "감히 면화에 대항하려 하지 마시오. 지구상의 어떤 권력도 면화와 맞서 싸우지 못할 것입니다. 면화는 왕이기 때문입니다. 얼마 전까지는 잉글랜드 은행이 왕이었으나, 면직물에 압력을 가하려다가 철저히 무너졌습니다. 이제 마지막 권력이 정복되었습니다. 최근의 사건들을 목격한 그 누가 면화의 지고함을 의심한다는 말입니까?"[76]

이상의 논의를 요약하면, 1850년대 남부 경제의 활력은 남부가 여전히 농업 사회의 생산 체제를 유지하면서 영국과 미국 북부의 발전된 확대 재투자 및 확대 재생산 체제에 편승할 수 있었음을 보여 준다. 그렇기 때문에 남부는 상업화 및 산업화 이전의 위계질서를 한층 강화하는 방향으로 진화할 수 있었다. 남부인들은 자신들의 사회가 계급 갈등으로 혼란을 겪고 있는 북부와 달리, 주인과 노예를 중심으로 사회적인 권위가 정치적인 권위와 일치하는 유기적인 공동체를 유지하고 있다고 자부할 만한 나름의 이유를 갖고 있었던 셈이다. 즉, 남부의 농업 경제는 급격한 사회 변동 없이도 남부 엘리트에게 충분한 경제력을 확보해 준 것이었다.[77]

하지만 북부 경제는 바로 그런 남부 경제와 대극을 이루었다. 북부인들이 이상적으로 생각한 미국의 미래는 자유노동과 재산에 기반을 둔 사회였다. 이 사회에서는 모든 사람이 자유노동자로서 자기 노동의 결과를 자기 것으로 소유하고, 능력에 따라 사회적인 지위를 향상시킬 수 있었다. 남부인들은 산업화 과정에서 북부 노동자들의 처지가 농장주의 가부장적인 보호 아래 살아가는 남부 노예들의 처지보다 못한 수준으로 악화되었다고 주장했지만, 북부 엘리트에게 이는 하등 문제될 것이 없었다. 왜냐하면 노동자들의 현재 처지가 고되더라도 그들은 개인의 노력 여하와 능력에 따라 현재 상태에서 쉽게 벗어날 수 있었기 때문이다. 이처럼 자유노동과 사회적 유동성을 강조하는 북부 엘리트의 눈으로 보면, 남부 사회의 발전은 근본적으로 제한될 수밖에 없었다. 부는 소수의 플랜테이션 농장주들에게 집중되어 있었고, 노예 노동은 자유노동이나 사회적 유동성과는 양립할 수 없었기 때문이다. 노동의 결과물에 대한 배타적인 소유권이라는 강력한 동기가 없는 상태에서 생산성 향상이나 새로운 산업 부문으로의 노동력 이동은 기대할 수 없으므로 남부는 생산이 체감할 수밖에 없는 농업 경제에서 벗어날 수 없을 것이었다.[78]

이와 같이 남부와 북부의 상충하는 경제적 이해관계와 전망은 결국 노예제 확산이라는 문제를 두고 충돌했다.[79] 독립 혁명과 헌법 제정 시기에 정치 지도자들은 노예제가 이미 남부와 북부의 첨예한 이해관계의 대립 속에서 단기간에 해결될 수 없는 문제임을 인식하고 있었다. 따라서 그들은 노예제가 확산되는 일을 막아 이미 존재하는 노예들이 자연적으로 소멸될 때까지 기다리는 것으로 타협—1787년 북서부 명령Northwest Ordinance—했다. 1780년대에 담배를 비롯해 노예 노동에 의존한 상업 작물의 수출이 불황을 겪을 때만 해도 이러한 전망은 설득력을 가질 수 있었다. 그러나 1790년대에 면화가 새로운 정착지에 도입되면서 노예제의 자연적인 소멸은커녕 노예제 확산을 막는 일이 시급한 문제가 되었다. 새로운 정착지에 노예제가 도입되는 것은 노예주와 자유주의 정치적인 균형을 무너뜨리고 연방 정부의 경제 정책 향방을 결정할 터였기 때문이다. 이 문제는 미주리와 메인을 연방에 편입해 남북의 정치적 세력 균형을 유지하고 북위 36.30선을 경계로 노예제 확산을 억제했던 미주리 타협으로 일단락되는 듯했다. 1850년까지 노예주와 자유주는 각각 15개로 균형을 유지했으니 말이다. 세력 균형에 금이 가기 시작한 것은 1848년 멕시코 전쟁으로 획득한 캘리포니아, 유타, 뉴멕시코에 노예제 문제가 대두되면서였다. 노예제를 둘러싼 논란은 결국 1854년 캔자스-네브래스카 법으로 미주리 타협을 폐기하고 연방에 편입될 새로운 주의 시민이 직접 노예제의 수용 여부를 결정하는 '인민 주권' 원칙이 확립되면서 끝났다. 1857년에 연방 대법원이 드레드 스콧Dred Scott 사건에서 연방 의회가 새로운 영토에서 노예제를 금지하는 권한을 갖고 있지 않다고 판결함으로써 상황은 노예주들에게 더욱 유리하게 전개되었다.

이처럼 연방 정부가 노예제 확산을 막을 권한을 인정받지 못하는 상황이 되자 북부의 위기감이 고조되었다. 노예제 폐지론자들의 목소리는 점점 더 과격해졌다. 그들은 노예제가 유지되는 한 연방의 존립도 의미가 없다고 주장했는데, 그들의 주장에 동조하지 않았던 많은 북부 정치 지도자들 사이에서도 북부가 노예주들에 둘러싸여 경제 발전의 전망을 구현할 수 없을 것이라는 위기감이 비등했다. 실제로 영국과의 경쟁으로부터 국내 제조업을 보호하는 한편, 자영농 중심의 농업을 새로운 정착지에 확대해 거대한 국내 시장을 구축하고 이를 교통 통신망으로 통합하려 했던 북부 엘리트의 계획은 남부의 반대에 부딪혀 번번이 좌절되었다. 보호 관세에 대한 남부의 오랜 반대로 말미암아 1857년 관세 논쟁은 어정쩡한 타협으로 끝나 북부, 특히 펜실베이니아 제조업자들의 이해관계를 제대로 보호하지 못하는 결과를 낳았다. 1860년 '자영 농지법Homestead Act'—자유노동에 바탕을 둔 자영농 체제를 확산시키기 위해 개척농에게 160에이커의 토지를 무상으로 주기로 함—역시 남부의 압력을 받은 뷰캐넌James Buchanan 대통령이 거부권을 행사해 통과되지 못했다. 연방 정부가 서부와 동부를 연결하는 대륙 횡단 철도 건설 사업을 지원하는 1860년 태평양 철도 법안도 남부 의원들의 반대로 의회에서 통과되지 못했다.

이처럼 경제 개발을 위한 일련의 조치들이 남부의 반대로 인해 좌절되자 북부에서는 남부 노예제 문제를 해결하지 않고서는 아무것도 이룰 수 없다는 인식이 확산되었다. 이에 대응해 남부에서도 노예제에 대한 북부의 공격으로부터 남부의 이익을 지키기 위해서는 연방으로부터의 분리까지도 감수할 수 있다는 생각이 퍼져 나갔다. 이처럼 긴장이 고조되는 가운데 1860년 선거에서 북부의 이해관계와 이념을 대변하는 공화당의 링컨Abraham Lincoln이 당선되자 양측의 갈등은 더욱 격화되어 결국 내전으로 비화되었다.[80]

7

미국 산업 사회의 완성

이 장에서는 남북 전쟁 이후부터 제2차 세계 대전 직후까지 미국 경제의 흐름을 살펴보면서, 어떻게 미국이 영국을 능가하는 경제적 패권을 쟁취할 수 있었는지 검토한다. 또한 산업 혁명을 완성한 미국의 확대 재생산 체제가 왜 1960년대 말부터 예전 같은 활력을 보여주지 못했는지 살펴보면서, 영국의 경우처럼 여기서도 미국 경제의 금융화가 미친 영향이 컸음을 강조한다.

6장에서 식민지 시대부터 남북 전쟁에 이르기까지 미국의 경제 발전을 확대 재투자 체제로부터 확대 재생산 체제로의 이행이라는 맥락 속에서 살펴보았다. 식민지 시대부터 오랫동안 미국 경제는 노동력에 비해 토지가 풍족했으므로 농업에 특화하는 것이 어쩌면 당연할 수도 있었다. 그러나 미국 경제는 과거 스페인 제국과 달리 농업 사회 특유의 생산 체감에 따른 감속하는 성장의 한계를 벗어나 확대 재투자 및 확대 재생산 체제로 성공적으로 이행해 갔다. 이 같은 성공의 가장 중요한 밑거름으로 두 가지를 지적할 수 있다. 첫째, 애당초 미국 경제는 영국의 발전된 확대 재투자 체제 아래 농산품과 원료 공급처 역할을 하며 식민지 내에 토착 상업 세력을 육성해 확대 재투자 체제의 발전이 일찍부터 시작될 수 있었다. 둘째, 독립 이후 자영농의 공화국을 표방했던 공화파가 정치적으로 우세했음에도 험난한 국제 체제에서 생존을 도모하기 위해서는 상공업 육성이 불가피하다는 견해가 점차 설득력을 얻은 것이었다. 주로 북부 상공업 세력을 중심으로 형성된 이러한 견해는 보호주의와 사회 간접 시설의 확대를 지향하는 연방과 여러 주 정부의 정책을 뒷받침했다.

물론 19세기 중반에도 미국의 농업 부문, 특히 전 세계적인 자유 무역으로부터 이익을 얻으려는 남부 플랜테이션 농업은 건재했다. 그러므로 그 무렵 미국은 독특하게도 농업 제국, 상업 제국, 산업 제국의 가능성을 모두 갖추고 있었다고도 볼 수 있다. 바로 그 점 때문에 미국 경제의 진로는 여전히 불확실했다. 노예 제도를 결코 포기할 수 없었던 남부의 지주 세력은 농업의 우위와 자유 무역을 주장하며 자유노동, 보호 무역, 국내 제조업 발전을 지향하는 북부와 이념적으로나 정치적으로 날카롭게 대립하고 있었다. 두 지역의 대립으로 인해 유료 도로나 운하, 철도와 같은 사회간접 시설은 주로 북부와 중북부에 집중되어 확충되었고, 이는 국내 시장의 통합이 아득하게 먼 것처럼 보이게 했다. 이러한 긴장 속에서 남북 전쟁이 일어났다.

결과적으로 남북 전쟁은 19세기 초부터 서서히 등장하기 시작한 미국의 확대 재생산 체제가 남북의 이념적·정치적 대결에서 벗어나 본격적으로 발달하는 결정적인 계기가 되었다. 전쟁은 연방 정부의 힘을 강화해 통합된 국내 시장의 정치적 기초를 제공했고, 전국적인 교통 통신망의 구축과 제조업 부문의 대량 생산 체제가 등장하는 기회를 제공했다. 이 과정에서 탄생한 근대 대기업은 2차 산업 혁명으로 일컫는 생산력과 생산성 발전을 이끌어 제1차 세계 대전 직전 미국을 세계 제1의 산업 국가로 올려놓았다. 제1차 세계 대전부터 1920년대까지 미국 경제는 다시 한 번 생산력 도약을 경험했으나 대공황이라는 시련에 봉착했다. 전 세계적으로 금융 위기가 확산되고 유효 수요가 급감하면서 미국의 앞선 생산력은 오히려 미국이 다른 어떤 나라보다 오랫동안 공황에 시달리는 원인이 되었다. 장기간의 공황은 결국 또 한 번의 세계 대전을 거친 후에야 비로소 극복될 수 있었다.

두 차례의 세계 대전과 공황을 거치면서 미국의 엘리트는 미국 확대 재생산 체제의 지속적인 발전이 전 세계적인 차원에서 자유로운 시장 체제와 함께 발전해야만 가능하다고 믿게 되었다. 이 같은 인식의 전환을 바탕으로 미국은 브레턴우즈Bretton Woods 협약과 GATT로 대표되는 국제 통화 및 국제 교역 체제를 주도하고 유럽과 일본의 재건을 지원함으로써 전후 대호황의 기반을 쌓았다. 그 결과, '글로벌 확대 재생산 체제'라는 새로운 체제가 등장하게 되었다. 그러한 점에서 이 장에서는 19세기 중반 미국의 확대 재생산 체제의 성숙에서 20세기 중반 글로벌 확대 재생산 체제의 등장으로 이어지는 미국식 발전 경로를 살펴볼 것이다.

남북 전쟁의 경제적 결과

남북 전쟁은 남부와 북부 모두에 막대한 인적·물적 손실을 초래했다. 사망자가 60만 명에 달했는데, 이는 당시 15~39세 남성 인구의 9퍼센트에 해당되는 것이었다. 사망자와 부상자의 경제적 가치는 적어도 18억 달러에 달했다. 전쟁 비용 역시 막대했다. 양측의 전비를 합해 모두 67억 달러가 투입되었는데, 이는 1850~1860년 미국 수출액의 2배, 1860년 국민 소득의 2배에 해당되는 액수였다.[1]

이처럼 막대한 전쟁 비용을 조달하는 과정에서 북부 연방 정부의 재정 지출은 1860~1865년 사이에 20배가 증가했으나 조세 수입은 불과 5~9배 증가했다. 그러므로 재정 적자는 눈덩이처럼 불어났다. 북부 연합 정부는 전비를 마련하기 위해 액면가가 낮은 국채를 발행해 광범위한 주민 참여를 유도했다. 지방 은행들—특히 뉴욕의 은행들—이 정화 지불 중지를 선언해 경기가 위축될 가능성이 보이자 연방 정부는 지폐greenback를 대량으로 발행하는 한편 중앙은행을 설립해 지방 은행권의 발행을 억제했다. 그런데도 통화 공급량은 전시에 2배 이상 늘었다. 이에 연방 정부는 극심한 인플레이션을 막기 위해 조세 등으로 정부에 이전되는 부의 양을 늘려 민간 수요 하락을 유도했다. 그 덕분에 북부는 최악의 물가 위기를 피할 수 있었다.[2]

남부의 재정 상황은 훨씬 열악했다. 북부는 전쟁 비용의 20퍼센트 정도를 조세 수입으로 감당한 데 비해, 남부는 전쟁 비용의 12퍼센트를 조세 수입으로 조달하는 데 그쳤다. 북부가 해안을 봉쇄하고 남부 연합의 영토 내에서 전투를 계속하게 되면서 경제 활동이 크게 위축된 탓이었다. 설상가상으로 남부 연합 정부는 엄격한 통화 정책을 시행하지 않았으므로 통화 공급이 무분별하게 늘어나 극심한 인플레이션이 찾아왔다. 북부에서 물가가 두세 배 오르는 사이에 남부 물가는 무려 92배가 상승했다. 이 같은 어려움에 부닥치자 주 정부의 자율성을 강조해 왔던 남부 연합 정부도 중앙 정부 중심의 경제 규제에 나서지 않을 수 없었다. 남부 연합 정부는 북부인들의 재산을 몰수하고, 가격 통제를 검토했으며, 전쟁에 필요한 물자를 공급하기 위해 남부 연합 정부가 직접 제조업체를 설립하기까지 했다.[3]

잘 알려진 것처럼 전쟁의 승패는 궁극적으로 남북 간 경제력 차이로 갈려 남부의 패배로 끝났다. 그 결과, 남부인들이 오랫동안 두려워했던 노예 해방은 재산에 대한 어떠한 보상도 없이 1863년에 수정 헌법으로 완결되었다. 1864년에는 흑인에게 참정권을 부여하는 수정 헌법이 통과되면서 미국에서 노예제는 법적으로 종식되었다. 그렇다면 이 전쟁은 경제적으로 어떤 결과를 낳았는가? 이 문제는 참으로 오랜 논란의 대상이었다. 고전적인 해석은 남북 전쟁의 결과 북부 산업 자본의 영향력이 공고해졌음을 강조했다.[4] 좀 더 최근의 연구는 남북 전쟁 전후로 국민 총생산이나 산업 생산과 같은 거시적 경제 지표에서 뚜렷한 변화가 보이지 않는다고 지적한다. 그에 따르면, 전시에 경제 성장은 후퇴했고, 전후 복구가 어느 정도 마무리된 시점에서도 경제 성장 속도는 눈에 띌 만큼 빨라지지 않았다.[5]

실제로 미국의 경제 성장 속도는 남북 전쟁 기간에 눈에 띄게 느려졌다. 연평균 국민 총생산 성장률을 보면, 전쟁 이전 1830년대부터 1859년까지 약 1.51~1.87퍼센트를 기록했는데 1859~1869년에는 0.46퍼센트로 감소했던 것이다.[6] 성장률이 떨어진 것은 전쟁으로 인한 인적 손실과 이민의 유입이 중단되었음을 고려할 때, 어찌 보면 자연스러운 현상이었는지도 모른다. 남북 전쟁은 20세기의 세계 대전처럼 기계화된 대량 생산 체제를 통해 생산된 무기로 싸우는 전쟁이 결코 아니었다는 점, 다시 말해 여전히 소총과 검으로 무장한 사람들이 치렀던 '산업화 이전의 마지막 전쟁'이었다는 점을 고려하면 전시에 제조업 생산이 크게 늘었으리라 기대하는 것도 무리이다. 이 점은 남북 전쟁 기간 중 개인 화기 생산이 철 생산에 기여한 것이 1퍼센트에 지나지 않았다는 사실에서도 잘 드러난다.[7]

하지만 남북 전쟁의 경제적 결과는 양적 지표의 변화로만 단정할 수는 없다. 이 책에서 누누이 강조했듯이 장기적 경제 성장의 추이는 경제 체제의 속성에 의해 결정되므로 남북 전쟁의 경제적 의미 역시 그것이 경제 체제의 속성에 어떤 영향을 주었는지 살펴보아야만 파악할 수 있는 것이다. 이 점에서 비어드Charles Beard의 고전적인 해석을 조금 더 발전시켜 볼 만하다. 미국에서는 남북 전쟁 이후 북부와 중북부를 중심으로 산업화가 더욱 빠르게 진행되었을 뿐만 아니라, 남부 역시 전국적인 시장의 일부로 미국 경제에 편입되었다는 점을 기억해야 한다. 결국 전쟁이 남긴 가장 중요한 유산은 연방이 살아남아 궁극적으로 언어, 종교, 문화적인 동질성에 바탕을 둔 위로부터의 통합이 시작될 수 있었다는 것이다. 더욱이 확대 재생산 체제의 발전을 미국의 미래로 보았던 북부 공화당이 연방 정부를 지배하게 된 것도 중요했다. 공화당은 윌슨Woodrow Wilson이 집권하는 제1차 세계 대전 직전까지 연방 정부를 지배했는데, 이 같은 정치적 지배력을 활용해 보호 무역, 교통 통신망의 개선, 근대적 대기업의 출현에 유리한 정치적 환경을 조성할 수 있었다.[8]

이러한 사실들을 기억하는 것은 미국 경제 발전의 경로를 이해하는 데 중요하다. 남북 전쟁 직후에도 여전히 영국이 세계 제1의 공업국으로서의 위치를 굳건히 유지하고 있는 상황에서 미국 제조업이 세계 시장의 경쟁에서 승리할 가능성은 별로 없었다. 그러므로 관세 장벽을 통해서 유치 산업을 보호하고, 해외 시장에서의 경쟁보다 국내 시장의 확장을 통해 산업화의 속도를 높이는 일이 필요했다. 사실, 보호주의 정책과 교통 통신의 혁신이 확대 재생산 체제가 발전하는 중요한 밑거름이었다는 것은 영국의 경우에도 해당된다. 다만, 제대로 통합이 이루어질 경우 미국이 다른 어떤 나라보다도 방대한 국내 시장을 갖게 됨은 미국만이 누릴 수 있는 장점이다. 그러나 이 장점에 주목해 미국의 예외성을 강조하는 것은 자칫 안이한 해석이 될 수 있다. 그러한 '예외적' 조건을 이용한 국가의 적절한 산업 정책이 없었다면 경제 발전은 실현되지 못했을 것이기 때문이다. 적어도 이 점에서는 확대 재생산 체제를 성공적으로 구축한 미국과 영국 사이에 본질적인 차이는 없다. 따라서 일반적 유형 속에서 특수한 발전 과정을, 반대로 특수한 발전 과정에서 일반적 유형을 발견하려는 지적 노력이 필요하다.

미국의 정치 엘리트가 의식적으로 추구한 보호 무역과 교통 통신망 개선이 경제 발전에 미친 효과는 의심할 여지가 없다. 남북 전쟁 이후에도 미국은 여전히 농업의 비중이 경제 전체에서 가장 큰 비중을 차지했지만, 제조업의 비중 또한 빠르게 늘었다. 국민 총생산에서 제조업이 차지하는 비중은 전후 재건이 끝난 1869년부터 1899년까지 24퍼센트에서 33퍼센트로 성장했고, 제조업 부문의 사업장당 고용 노동자 수는 1890년까지 2배 증가했다. 미국 국내 제조업의 성장은 무역 구성의 변화를 가져왔다. 1869년 미국에서 소비되는 공산품 중 14퍼센트가 수입품이었으나, 1909년에는 그 비율이 6퍼센트로 감소했고, 1869년에 수입품의 비중이 10퍼센트 이상을 차지했던 모든 제조업 부문에서 1909년에 그 비중은 절반 이하로 감소했다. 제철과 철강 산업의 경우 수입 대체는 더욱 뚜렷하게 나타나서 수입품의 비중은 같은 기간에 12퍼센트에서 1.25퍼센트로 하락했다.[9]

대량 생산 체제의 발전

남북 전쟁 직후부터 제1차 세계 대전까지 미국의 경제 발전을 주도한 것은 제조업 부문의 성장이었다. 이 시기 미국 제조업의 성장 요인은 다양하지만, 성장을 이끈 가장 중요한 동력이 생산·유통 체제의 변화에서 비롯되었다는 점에는 의문의 여지가 없다. 앞에서 언급했듯이 이 같은 변화는 계량적인 지표만으로는 확인하기 어려운 '질적' 차원을 내포하고 있었다. 이 시기에 미국 경제는 (특히 농업 부문을 중심으로) 지속적인 가격 하락과 이윤율 하락으로 특징지을 수 있는 대불황을 비롯해 여러 차례 위기를 겪었다. 이에 대응해 미국의 제조업과 서비스업에서는 대량 생산과 대량 분배의 결합, 기업 연구 개발에 대한 투자 확대, 기업 조직 변화와 노동 과정에 대한 통제권 변화 등 중요한 '질적' 변화가 일어났고, 그것이 발전과 성장의 원동력이었다.

이러한 '질적' 변화가 일어날 수 있었던 가장 중요한 밑거름은 방대한 영토와 이를 단일한 시장으로 통합하는 기술 발전이었다. 제퍼슨 시대부터 공화파는 농업 제국적인 영토 확장을 역설하고, 이를 정책으로 전환해 미국의 영토를 독립 당시에 비해 2배 규모로 키워 놓았다. 이 광대한 영토를 통합된 시장으로 전환한 것은 철도와 전신망의 구축이었다. 사실, 남북 전쟁 이전에도 이미 미국의 철도망은 전 세계에서 가장 앞서 있었다. 1860년대 전 세계 철도 길이의 절반에 해당되는 4만 8천 킬로미터의 철도가 미국에 건설되어 있었던 것이다. 그러나 이는 전쟁 이후부터 1890년대 초까지 일어난 철도 붐과는 규모와 효과 면에서 결코 비교할 수 없는 것이었다. 미국의 철도는 1868~1873년, 1879~1883년, 1886~1892년 세 차례의 집중적인 건설 붐을 거치면서 빠르게 확장되었다. 1870년대에는 8만 3천 킬로미터, 1880년대에는 14만 9천 킬로미터, 1890년대에는 26만 킬로미터로 늘었고, 1900년대에는 30만 9천 킬로미터가 되었다.[10]

철도 건설이 산업화에 미친 영향은 잘 알려져 있다. 앞에서 살펴보았듯이 영국의 경우 철도 건설 이전에 이미 운하, 유료 도로, 수로에 대한 꾸준한 개선 사업에 힘입어 산업 혁명이 시작되었지만, 영국의 예를 좇았던 후발 국가의 산업화는 사실상 철도 건설의 역사라고 해도 과언이 아니었다. 철도 건설은 시장을 통합해 기계화된 생산 체제를 수용할 수 있을 만큼의 국내 시장을 확보하는 데 필수적이었고, 석탄, 제철, 기계, 전기 산업과 같은 연관 산업이 함께 발전하는 연계 효과를 통해 제조업 전체의 성장을 이끌었다. 더욱이 철도 건설은 건설에 필요한 자금 조달을 위해 투자 은행을 포함한 금융업의 발전까지 유도했다.[11] 미국의 경우에는 유럽 대륙 국가들과 달리 철도 건설 이전에 북부 뉴잉글랜드, 뉴욕, 펜실베이니아를 중심으로 산업화가 시작되었고, 이리 운하가 잘 보여주듯 각 주 정부를 중심으로 운하와 유료 도로 건설 사업이 활발하게 일어났다. 그러므로 미국의 사정은 영국과 어느 정도 유사했다고 볼 수도 있으나, 영토가 작은 영국과 달리 미국에서는 서부 지역으로의 영토 확장이 빠르게 진행되어 운하나 유료 도로만으로는 통합된 시장을 구축할 수 없었다. 이러한 상황을 해결하는 방안은 대륙 간에 철도망을 구축하는 것이었으나, 주 정부와 연방 정부 간의 전통적인 긴장 관계가 남부와 북부의 갈등과 겹치면서 철도 건설은 그다지 빠르게 진행되지 못했다. 남북 전쟁은 바로 이 같은 장애물을 제거해 미국이 전국적인 규모의 통합된 시장을 갖추게 되는 결정적인 계기가 되었다.[12]

| 철도 건설

철도는 국내 시장을 통합하고 확대해 근대 대기업의 등장에 직접적으로 기여했다. 시장의 확대는 제조업 기업들의 창업을 자극하고 시장 경쟁을 부추겨 기업의 설비 투자와 생산 및 유통 조직의 개편을 유도했다. 더욱이 철도 회사는 그 자체로 새로운 거대 기업이었으므로 이후 기업 조직의 변화를 이끌었다. 물론 과거 영국이나 미국에서도 수천 명의 노동자를 고용한 대규모 기업—영국 울리치Woolwich 조선소와 같은 군수품 생산 기업—이 없었던 것은 아니었다. 그러나 대규모 노동력을 고용해 서열화되고 전문화된 여러 부서로 구성한 기업 조직을 갖춘 새로운 기업 형태는

철도 회사에서 본격적으로 등장했다. 철도 회사는 자본 규모가 이전의 기업들보다 컸을 뿐만 아니라 철도망을 원활하게 유지하기 위해 정교한 기업 조직이 필요했던 것이다. 단선으로 운행되던 19세기 중반 이후 미국의 철도는 사고 위험이 컸으므로 철도 회사는 전신망을 통해 전달되는 정보를 근거로 운행 시간을 정확하게 계획·감독해야 했고, 노선과 고객에 따라 차등을 두었던 복잡한 요금 체계를 관리해야 했다. 게다가 철도 회사는 1900년에 전체 노동 인구의 5퍼센트 정도를 고용해야 할 정도로 대규모 노동력을 필요로 했으므로 인력 관리를 체계적으로 해야 했고, 대규모의 투자 자본과 운전 자금을 관리할 재무와 회계 부서를 갖추어야 했다. 이처럼 다양한 부서로 구성된 철도 회사의 조직은 최고 경영자로부터 하급 관리자에 이르기까지 서열을 이루었고, 특히 일상 업무를 담당하는 중간 관리자층을 육성했다. 이러한 점에서 철도 회사는 근대적 경영 기업의 효시라고 할 수 있다.[13]

철도의 발전은 자본 시장의 발전에도 중요한 영향을 미쳤다. 철도 회사에는 엄청난 자본 투자가 필요했다. 잘 알려진 것처럼 자본은 주로 영국을 비롯한 유럽의 투자자들로부터 유입되었는데, 19세기 중반 유럽의 투자자들은 연간 3~4천만 달러를 미국의 철도 회사에 투자했다. 그 결과, 1874년 미국 철도 회사의 자본에서 외국인 투자자의 지분은 무려 3억 9천만 달러에 이르렀고, 1890년대 초반 외국인 투자자들은 주요 미국 철도 회사 지분의 50~75퍼센트를 보유하고 있었다.[14] 이 같은 대규모 자본을 조달하기 위해서는 해외 투자자들에게 정보를 제공하고 자본을 중개할 금융 기업들이 필요했으므로 미국의 금융업 발전을 자극했다. 이를 통해 신생 철도 회사의 투자에 따르는 위험을 줄이고 투자자들의 신뢰를 확보하기 위한 여러 조치들이 취해졌다. 유한 책임제가 도입되고, 정부가 최대 및 최소 이자율 책정에 관여해 철도 회사들 간의 과잉 경쟁을 억제하며, 주식과 부채의 성격을 동시에 지닌 우선주를 발행한 것 등이 그것이었다. 철도 회사에 대한 투자를 통해 등장한 미국의 금융 기업들과 이러한 조치들은 철도 산업은 물론,

대규모 자본 투자를 필요로 하는 새로운 대기업 형성에 도움을 주었다.[15]

미국의 철도망은 1880년대에 대륙의 주요 도시들을 연결하는 간선뿐만 아니라 순환선과 지선을 갖추고 주요 도로와 연결되었다. 이처럼 미국 전역이 빠르고 확실한 운송망으로 연결됨으로써 먼저 유통 부문에서 혁신이 일어났다. 철도는 미국 전역의 생산자로부터 제품을 수송해 최종 소비자에게 값싸고 빠르게 전달할 수 있는 가능성을 열어 주었다. 실제로 이러한 이점을 현실화하기 위해서는 철도 회사로부터 할인 요금을 비롯한 각종 우대 서비스를 받을 수 있을 만큼 대량의 제품을 유통시켜야만 했다. 이 같은 요구는 여러 가지 방식으로 충족되었다. 19세기 후반 뉴욕을 비롯한 미국의 주요 도시에 등장한 백화점처럼 인구가 밀집된 도시의 대중 소비 수요를 충족시켜 주는 새로운 소매상이 등장했다. 또한 교외나 중소도시, 심지어 농촌의 소비자들에게 대량의 상품을 유통시키는 방법으로 우편 판매와 연쇄 소매상점이 등장했다. 대량 유통 부문의 발전은 유통 조직의 발전은 물론, 기술 발전을 자극하기도 했다. 실제로 일관 생산 체제의 원조 격인 육류 가공업을 비롯한 식품 가공 산업은 대량 유통에 따른 규모의 경제를 구현하기 위해 냉장차와 같은 냉장 기술, 통조림 등의 식품 포장 기술의 발전을 이끌었던 것이다.[16]

물론 철도망의 발전에 따른 시장 확대와 대량 유통만으로 이익이 나는 것은 아니었다. 생산 부문의 발전이 동반되어야만 가능했다. 즉, 대량 유통에 상응하는 대량 생산이 필요했던 것이다. 따라서 시장 확대와 대량 유통은 제조업 발전을 자극했다. 사실, 미국이 오랫동안 절대적인 비교 우위를 누리고 있던 분야는 농업이었지만, 농업 제품의 경우에는 생산과 유통에서 빠르게 처리 물량을 늘리는 데 한계가 있었다. 농업 제품은 생산 기간과 시간이 근본적으로 생물학적 제약에 의해 결정되었으므로, 화학 비료나 농기계를 투입하고 생산 단위를 대규모로 확장하더라도 지속적이고 빠른 기술 혁신에 따른 이익은 제조업 부문에 비해 제한적이었다. 물론 19세기 후반의 유통 혁명으로 담배, 위스키, 곡물, 설탕 등 식품 가공 산업이 빠르게 발전했던 것은 사실이지만, 대량 생산에 따른 규모의 경제는 대개 화학, 철강, 전기, 기계 산업처럼 대규모 자본 집약적 중화학 공업에서 구현되었다.[17]

이와 같은 미국의 대량 생산 체제에는 몇 가지 특징이 있었다. 첫째, 공장제의 확산과 기계 사용의 증가를 수반했다. 자원에 비해 노동력이 부족했던 미국에서 기계를 통해 생산된 호환성 있는 표준 부품을 사용해 대량으로 상품을 생산하는 '미국식 제조업 체제'는 남북 전쟁 이전에 등장했지만, 기계화가 본격적으로 진행된 것은 19세기 후반이었다.[18] 둘째, 풍부한 자원을 바탕으로 자원 집약적이고 자본 집약적인 성격을 띠고 있었다. 미국은 목재가 풍부해 증기력의 도입이 영국에 비해 늦었지만 19세기 말에 세계적인 석탄 생산국으로 발돋움했고, 그 밖에도 철광석, 구리, 석유와 같은 천연자원을 여러 중화학 공업 부문에 자유롭게 투입할 수 있었다. 또한 중화학 공업에서 생산된 생산재와 중간재는 다시 소비재 산업에서 대량 생산 체제가 발달하도록 기여했다.[19] 이처럼 풍부한 석탄과 석유로부터 얻은 막대한 동력은 기계의 도입을 가속화하고, 기계의 속도를 높이며, 생산 공정을 일관된 연속 공정으로 체계화하는 데 도움을 주었다. 그 결과, 미국의 생산 체제에서는 노동력 투입보다 자본과 자원의 활용이 훨씬 중요했다.

이 같은 두 가지 특징은 미국식 대량 생산 체제의 세 번째 특징, 즉 노동 과정에 대한 통제권이 경영진으로 이동했던 것과 맞물려 있었다. 기계에 바탕을 둔 연속 공정 체제를 원활하게 가동하고 기술 혁신에서 얻는 이익을 극대화하기 위해서는 생산 공정을 세분화하고 각 공정에 특화된 동력 기계와 도구를 도입해 생산 속도와 효율을 높이는 일이 필요했다. 하지만 이는 노동자들, 특히 숙련공들의 저항을 불러일으켰다. 영국과 마찬가지로 미국에서도 수공업 전통이 오랫동안 남아 있어 공장제가 도입된 이후에도 숙련공들이 노동 과정에 대한 통제권을 장악하고 있었다. 숙련 기술에 따른 높은 임금과 사회적 지위는 숙련공들의 가장 중요한 자산이었고, 이를 유지하기 위해 그들은 파업 등 각종 단체 행동을 주도했다. 1870년대부터 주기적으로 찾아왔던 가격 및 이윤율 하락은 대량 생산 체제에 따른 규모의 경제를 실현하려는 기업인들과 노동 과정에 대한 통제권을 유지하려는 노동자들 간에 갈등의 골이 깊어지는 계기가 되었다. 테일러Frederick Taylor가 제시한 '과학적 관리scientific management'는 이 같은 갈등에 대한 한 가지 해결책이었다. '시간과 동작 연구time and motion study'로 잘 알려져 있는 테일러의 '과학적 관리'는 노동 과정을 극도로 세분화하고, 노동자가 각 공정의 과업을 수행하는 데 필요한 시간과 에너지를 측정해 표준 생산량을 설정한 후, 노동자가 표준 생산량 이상을 달성할 경우 그에 따른 초과 보수를 제공하는 것이었다. 이 이론은 1898~1900년에 베슬리헴Bethlehem 철강 회사에서의 실험을 통해 완전한 형태를 갖추게 되었고, 이는 과학적 관리를 추종하는 각종 협회나 출판물들을 통해 널리 확산되었다. 물론 노동자의 저항과 경영진의 회의적인 태도 등으로 인해 테일러의 이론이 엄격하게 적용된 사례는 많지 않았으나, 과학적 관리는 노동 과정에 대한 통제권이 점차 숙련공들로부터 경영진으로 이행하고 있었음을 상징적으로 보여 준다. '테일러주의'가 등장함으로써 '관리management'의 문제가 얼마나 중요한지 공유가 되었고, 그만큼 관리자manager의 역할이 중요하다는 공감대가 형성되었던 것이다.[20]

남북 전쟁 이후 대량 생산 체제가 발전하기 시작했음은 제조업 회사의 평균 자본 투자 규모의 변화에서 잘 드러난다. 제조업 회사의 평균 자본 투자 금액은 1850년 4,300달러에서 1870년 8,400달러, 1890년 18,400달러로 증가했다.[21] 하지만 이 수치들은 제조업 기업의 생산 단위가 커지고 있음을 잘 보여 주기는 하지만, 그것이 근대 대기업의 출현을 입증해 주는 것은 아니었다. 대기업이 본격적으로 등장한 것은 1890년대 이후였다. 다시 말해, 대기업은 1893년 이후 대불황에 대응해 비용을 절감하기 위한 투자가 활발해지고 동시에 경쟁을 제한하기 위해 기업 간 인수 합병이 활발하게 진행되는 가운데 출현했던 것이다. 당시 기업들은 비용을 절감하기 위해 한편으로는 '과학적 관리'를 적용해 노동 과정을 세분화하고 기계의 가동 속도를 높여 '과학적 관리'를 실현하려 했으며, 다른 한편으로는 수직적·수평적 통합을 통해 시장을 지배해 '규모와 범위의 경제'를 실현하려고 했다. 즉, 기업들은 수직적 통합을 통해 원료의 획득부터 최종 생산물의 유통에 이르는 전 과정을 기업 내부에 통합해 거래 비용과 단위당 생산 비용을 줄임으로써 '규모의 경제'를 실현하고자 했다. 또 기업들은 수평적 통합을 통해 동일한 종류의 상품을 생산하는 기업들을 인수 합병하고 제품의 다각화를 추구해 생산 집중에 따른 이익을 추구하는 동시에 경쟁을 제한해 시장을 통제함으로써 '범위의 경제'를 실현하고자 했다. 수평적 통합은 담배, 통조림과 같은 일회성 소비재와 재봉틀, 자전거와 같은 내구 소비재 및 강철을 비롯한 각종 생산재의 생산과 유통에 적용되었다. 그중 소비재 산업에서는 포장, 제품 브랜드, 광고와 같은 새로운 기법이 적용되기도 했다. 수평적 통합은 이미 1880년대부터 철강 등 주로 중화학 공업 부문에서 활발하게 진행되었는데, 1893년 불황 이후 인수 합병을 통한 수평적 통합이 더욱 빠르게 진행되어 스탠더드 오일이나 유에스 스틸과 같은 거대 트러스트가 형성되었다.[22]

수직적·수평적 통합에 의한 대기업의 출현이 독점화로 이어진 것은 아니었다. 시장을 통제하는 대기업의 '보이는 손'은 경쟁을 제한함으로써 일시적으로 독점적 이윤을 확보하는 수단이 되었으나, 지속적인 기술 및 조직 혁신과 자본 투자 없이는 그러한 이윤을 오랫동안 유지할 수 없었다. 실제로 수많은 대기업들이 쇠퇴하거나 몰락했고, 경쟁에서 살아남은 대기업들은 끊임없이 시장에 진입하는 경쟁자들에 맞서 혁신을 추구해야 했다. 게다가 1890년에 제정된 '셔먼 반트러스트 법Sherman Antitrust Act' 또한 독점 기업이 시장을 지배하지 못하도록 견제하는 법적 환경을 제공했다. 그 결과, 미국의 기업 경쟁은 특정 부문의 시장을 지배하기 위해 유력한 2~3개의 기업이 벌이는 '과점적 경쟁'의 양상을 띠었다. 결국 이러한 살벌한 경쟁에서 살아남기 위해서는, 유명한 기업사가 챈들러Alfred D. Chandler의 말처럼 생산과 유통, 그리고 이를 관리하는 경영진에 대한 지속적 투자, 이른바 '삼면 투자'가 필요했다. 그래야만 비로소 대기업은 대규모의 생산 설비를 효율적으로 가동해 누리는 '규모의 경제'뿐만 아니라 같은 생산 공정과 중간재를 공유하는 다각화를 통해 '범위의 경제'를 동시에 달성할 수 있었다.[23]

| 토머스 에디슨(1847~1931)

이처럼 대기업의 출현은 경쟁을 억제하기보다는 오히려 부추겨 미국의 기업들로 하여금 끊임없이 '삼면 투자'를 하고 기업 조직의 역량을 높이도록 강요했다. 이는 결국 미국의 확대 재생산 체제가 더욱 빠르게 발전하는 원동력이 되었다. 이 같은 경쟁 속에서 미국의 대기업들은 새로운 원료, 공정, 기계, 상품에 대한 관심을 가지고 궁극적으로 확대 재생산 체제의 선순환을 보장하는 지속적인 기술 혁신을 추구했다.

물론 기술 혁신은 대기업에 의해서만 이루어진 것은 아니었다. 이미 영국의 사례에서 강조했듯이 산업 혁명 시대 영국의 기술 발전은 수많은 수공업자, 기업가, 아마추어 발명가들의 시행착오에 바탕을 두고 있었는데, 19세기 중반 이후 미국의 기술 진보 역시 수많은 발명가들의 노력에 힘입은 것이었다. 에디슨Thomas Edison으로 대표되는 전문 발명가들은 특정 분야가 아니라 공업 전 분야에 관심을 기울이면서 끊임없이 새로운 발명품을 내놓았고, 그 덕분에 19세기 말 미국의 산업 기술은 세계 최고 수준에 이를 수 있었다. 이 같은 풍족한 토양 위에 19세기 말부터 미국의 주요 대기업은 자체 연구소를 설립하고 연구 및 개발에 대규모 자본을 투입하기 시작했다. 이로써 자유롭고 창의적인 개인 발명가의 시대는 막을 내렸지만, 미국의 기술적인 우위는 대기업과 대학의 연구 및 개발을 통해 더욱 확실하게 드러나기 시작했다.[24]

19세기 후반 사반세기 동안 미국 대기업들은 확대 재생산 체제를 대량 생산과 대량 유통의 기반 위에 올려놓았다. 이로 인한 사회적 갈등은 어쩌면 불가피한 일이었다. '도적 귀족robber baron'이란 유행어에서 알 수 있듯이 다수의 미국인들은 대기업을 이끄는 기업가들이 사적인 이익을 챙기는 데 급급해 사회적 책임을 망각하고, 전통적으로 미국의 정치경제를 규정했던 시장에서의 개인의 자유와 기회의 평등을 침해한다고 믿었다. 1870년대 이후 경제 위기가 주기적으로 찾아왔는데, 특히 1893년에 기업 도산, 대규모 실업, 가격 폭락을 초래했던 경제 위기는 노동자와 농민에게 극심한 경제적 고통을 안겨 주었다. 이는 자연스레 기업가와 대기업에 대한 반감을 증폭시켰다. 이러한 사회경제적 불만은 각종 이권 개입이나 매수와 같은 부패한 관행이 난무했던 정치계에 대한 개혁 요구와 더불어 인민주의 운동이나 전투적인 노동 운동으로 이어졌다. 개혁에 대한 요구는 비단 농민과 노동자에게만 국한된 것은 아니었다. 기업의 중간 관리자들 역시 정치와 경제의 비효율성을 비판했고, 일부 정치인들도 이미 부패할 대로 부패한 양당 체제의 틀에서 벗어난 새로운 정치 세력을 형성하기에 이르렀다. 개혁에 대한 이와 같은 광범위한 요구는 혁신주의 운동으로 모아졌다.

그 결과, 혁신주의 시대에는 경제 활동에 대한 규제가 확대되고, 소득세의 도입 등 재분배 정책에 대한 관심이 높아졌으며, 퇴직 연금이나 실업 보험처럼 초보적인 형태의 사회 보장 제도가 도입되었다. 특히 미국 확대 재생산 체제의 발전과 관련해 중요한 변화는 정부의 규제가 강화된 일이었다. 영국에서 비슷한 시기에 신자유주의와 사회주의 운동의 확산에 따라 '큰 정부'에 대한 요구가 거세게 불었던 것처럼, 혁신주의 시대의 미국에서도 경제 활동에 대한 정부의 개입이 본격화되기 시작했다.[25] 예컨대, 1887년 설립된 주간 통상 위원회Interstate Commerce Commission, 1906년 제정된 식품 및 의약품 법Pure Food and Drug Act, 철도 산업에 종사하는 노동자들의 1일 노동 시간을 8시간으로 규정한 애덤슨 법Adamson Act 등은 국가의 개입 범위가 소비자나 노동자와 같은 약자를 보호하는 데까지 확장되는 시대적인 경향을 잘 보여 준다. 하지만 정부의 규제와 개입에 대한 요구가 가장 강력하게 제기된 것은 독점에 관한 것이었다. 앞에서 언급했듯이 '셔먼 반트러스트 법'은 각 주가 자체적으로 제정한 독점 규제법들과 함께 반독점의 요구를 집약적으로 보여 주었다. 대표적인 혁신주의 정치가였던 루스벨트Theodore Roosevelt가 이끌던 법무부는 셔먼 반트러스트 법을 근거로 1911년 스탠더드 오일과 아메리칸 토바코의 해체 결정을 이끌어내는 성과를 거두기도 했다.[26]

독점을 반대하는 목소리가 신문, 잡지, 선거, 각종 정치 회합을 통해서 널리 확산되고 국민의 여론 역시 셔먼 반트러스트 법을 지지했으나, 이것의 실제 효과는 분명치 않았다. 초기에 이 법의 집행은 연방 정부의 법무부가 주관했고, 이 법에 따른 독점 행위에 대한 기소는 연방 검찰의 판단에 달려 있었다. 하지만 연방 검찰의 활동은 스탠더드 오일이나 철도 회사와 같은 몇몇 사례를 제외하고 주로 중소 규모 기업들의 느슨한 수직적 카르텔들을 기소하는 데 그쳤다. 더욱이 셔먼 반트러스트 법은 시장의 자유를 방해하는 일체의 행위를 겨냥하고 있었으므로 노동조합의 단체 행동 역시 이 법으로부터 자유로울 수 없었다. 왜냐하면 파업뿐만 아니라 클로즈드 숍closed shop에 대한 요구, 단체 교섭권에 대한 요구는 사용자와 계약을 맺는 노동자 개인의 계약의 자유를 침해하는 일로 해석될 수 있기 때문이었다.

실제로 셔먼 반트러스트 법은 대기업의 영향력을 억제하기 위해 도입되었음에도 노동조합에 대한 공격에 빈번하게 동원되었다. 독점 행위를 규정하고 증명하는 일도 간단치 않았다. 스탠더드 오일이나 유에스 스틸처럼 국내 시장의 4분의 3 이상을 장악하고 있던 대기업의 시장 지배력이 과연 경쟁자의 시장 진입을 막고자 하는 의도적인 행위의 결과였는지, 아니면 기술 혁신에 바탕을 둔 적극적인 '삼면 투자'의 결과였는지 구별하는 것도 쉽지 않았을 뿐더러 이를 입증하는 것은 더욱 어려웠다.[27]

이처럼 막강한 생산력과 유통 체제를 바탕으로 시장의 가격 결정에 인위적으로 관여할 수 있는 대기업의 등장은 독점 시장을 형성해 경제 체제의 효율성을 떨어뜨릴 위험이 있었다. 따라서 정부의 규제는 반드시 필요했다. 물론 정부의 규제는 단기적으로는 기업 활동의 자유와 어긋날 수 있지만, 장기적으로는 산업 자본주의 체제의 안정과 확대 재생산 체제의 지속적인 발전에 도움이 되기 때문이다. 근대 대기업이 가장 먼저 등장한 미국에서 독점 행위에 대한 정부 규제의 필요성과 방법에 대한 논의가 활발하게 진행된 것은 어찌 보면 당연하다. 그러나 1890년대 이후 수십 년 동안의 활발한 논의에도 대기업의 규제에 관한 명쾌한 해답은 제시되지 않았다. 1912년 개혁을 향한 열망에 힘입어 북부 공화당의 오랜 지배 체제를 무너뜨리고 대통령에 당선된 윌슨 역시 '새로운 자유'라는 구호 아래 대기업의 영향력 억제를 가장 중요한 목표로 삼았지만, 그의 국내 개혁 목표는 좀 더 긴박한 일련의 국제 위기로 인해 뒷전으로 밀리고 말았다. 미국의 영향권에 있다고 확신했던 아메리카 대륙 곳곳에서 혁명의 움직임이 일어났고, 유럽은 전쟁의 소용돌이에 휘말려 버렸기 때문이다.

제1차 세계 대전과 그 결과

19세기 말 유럽의 주요 열강들이 아프리카와 아시아 곳곳에서 식민지 쟁탈전에 열중하는 사이, 미국 역시 하와이와 알래스카를 획득하면서 영토를 확장했다. 또 미국은 먼로주의—1823년에 먼로James Monroe 대통령이 처음 제창해 미국의 전통적 정책이 된 외교 방침—의 원칙에 따라 스페인 제국의 통치에 대항해 일어난 쿠바의 독립 전쟁을 지원해 1898년 스페인과 전쟁을 치르기도 했다. 전쟁은 1년도 채 되지 않는 비교적 짧은 기간에 미

| 러시모어산에 있는 미국 대통령 조각상(왼쪽부터 워싱턴, 제퍼슨, 루스벨트, 링컨)

국의 승리로 끝났고, 미국은 스페인으로부터 괌, 푸에르토리코, 필리핀을 넘겨받았다. 오랫동안 제국주의 경쟁에 뛰어들기를 거부했던 미국이 19세기 말 팽창 의지를 보이게 된 이유는 여러 가지였다. 터너Jackson Turner의 유명한 '프런티어의 종결' 선언이 시사하듯 1890년대에 북아메리카 대륙에서 미국의 팽창은 끝이 났다. 이는 오래전에 제퍼슨이 역설했던 자유로운 공화국 시민의 덕성을 보장하고, 공화국의 자유를 북아메리카 대륙에 확산하는 '자유 제국'의 이상을 펼칠 공간이 더 이상 없음을 의미했다. 경제적인 면에서 '프런티어의 종결'은 미국의 기업가들 사이에서 더 이상 확장되는 영토가 제공하는 시장, 토지, 자원에 의존할 수 없을지도 모른다는 우려를 낳았다. 이미 19세기 후반부터 그들은 해외 시장에 관심을 기울이고 있었는데, '프런티어의 종결'과 유럽 열강의 식민지 쟁탈전은 기업가들이나 일부 정치인들로 하여금 미국 정부의 좀 더 공격적인 대외 정책을 요구하는 동기를 제공했다.[28]

그러나 미국 정부와 국민은 유럽 열강의 제국주의와 미국의 적극적인 대외 정책은 근본적으로 다르다고 믿었다. 제국주의에 대한 미국의 오랜 적대감은 여전히 남아 있었고, 공격적인 팽창을 요구하는 정치인들이나 기업가들조차도 유럽 제국주의에 대해서 모호한 태도를 취하고 있었던 것이다. 이 점은 1898년 스페인과의 전쟁으로 획득한 필리핀에 대한 정책에서 잘 드러난다. 필리핀인들이 완전한 독립을 요구하자 미국 정부는 사회 간접 시설이나 교육에 대한 과감한 투자를 통한 필리핀 정치경제의 근대화 계획을 제시했다. 실제로 미국은 기술 관료들을 중심으로 필리핀의 근대화 계획을 주도면밀하게 구상했고, 이를 시행하기 위해 막대한 자금을 지원했다. 하지만 필리핀인들은 독립을 요구하며 미국의 통치에 대항했고, 결국 1902년까지 필리핀 독립 전쟁이 이어졌다. 이 전쟁으로 미국군 4,300명과 필리핀인 5만 명이 목숨을 잃었다. 이는 미국식 근대화가 결코 어디서나 환영받는 것은 아니라는 사실을 명백히 보여 주었다.[29] 필리핀에서의 실패에도 미국 정부와 정치인들은 모두 아메리카 대륙에서만큼은 미국의 우위를 유지해야 한다는 데 동의했다. 열렬한 팽창주의자였던 루스벨트는 1904년 먼로주의에서 한 걸음 더 나아가 아메리카 대륙의 안정과 미국의 경제적 이익을 위해서 미국이 이 지역 국가의 내정에 관여하거나 무력을 동원할 수도 있다고 선언했다. 이 선언은 이듬해 외채 상환을 이행하지 못한 산토도밍고Santo Domingo에 미국 정부가 해군을 파견한 사건에서 구체화되었다. 과도한 팽창주의에 회의적이었던 윌슨 역시 중남미 국가들에 대해 미국이 영향력을 행사해야 한다는 것에 대해서는 조금도 의심하지 않았다.[30]

이처럼 팽창을 요구하는 목소리가 높았음에도 미국의 대외 정책이 유럽 열강의 적극적인 식민지 팽창 정책과 달리 중남미 대륙에 대한 영향권 확보와 중국을 비롯한 아시아 시장에 대한 균등한 접근권 확보에 국한되었던 까닭은 무엇일까? 아마도 미국의 확대 재생산 체제가 식민지를 필요로 하지 않았다는 사실에서 그 이유를 찾을 수 있을 것이다. 19세기 중반 영국이 그랬듯이 확대 재생산 체제가 선순환하면 지속적인 기술 혁신을 통해 제조업 경쟁력이 높아지므로 식민지 정복과 같은 인위적이고 비용이 많이 드는 방법보다 무역을 통해 얻는 이익을 확보하는 데 관심을 기울이게 된다. 물론 영국의 경우 국내 시장이 상대적으로 작아 확대 재생산 체제를 가동하는 데 필요한 원료와 제조업 제품 수요를 확보하기 위해 독일을 비롯한 후발 산업국들과 치열하게 경쟁해야 했고, 이 경쟁에서 후발국들이 보호 무역과 식민지 정복으로 맞서자 영국 역시 같은 길을 걸을 수밖에 없었다. 그러나 미국의 경우는 달랐다. 미국의 국내 시장이 확대 재생산 체제를 유지·발전시키는 데 충분할 만큼 넓었고, 방대한 농업과 원료 채취 산업은 기업가들로 하여금 해외의 원료 공급처에 관심을 기울이지 않아도 될 만큼 원료를 충분히 공급해 주었기 때문이다.

이러한 상황에서 미국 정부가 유럽 동맹 체제 간의 갈등과 거리를 두려고 하는 것은 당연했다. 유럽에서 전쟁의 위기가 고조되기 시작한 1900년대 말에 미국 정부는 전쟁이 일어날 경우 엄격하게 중립을 지킬 것이라는 점을 분명히 했다. 실제로 1914년 전쟁이 시작되자 미국은 중립을 선언하고 참전국들과 교역할 권리를 강력하게 주장했다. 하지만 전쟁이 격렬해지면서 미국은 중립국의 위치를 유지하기가 점점 어려워졌다. 영국과 프랑스는 독일을 비롯한 삼국 동맹 국가들에 물자가 공급되는 것을 막기 위해 해상을 봉쇄했고, 독일은 잠수함을 동원해 봉쇄 체제를 무너뜨리려 했기 때문이다. 잘 알려진 것처럼 독일의 잠수함 작전은 미국의 경제적인 이익을 심각하게 위협했을 뿐만 아니라 미국인의 국민적 자존감을 자극했다.[31]

1917년 4월 미국은 제1차 세계 대전에 참전했다. 미국이 전쟁을 치른 기간은 19개월에 불과했지만, 연인원 480만 명의 병력을 동원했고 엄청난 양의 전쟁 물자를 투입함으로써 연합국 측이 전쟁에서 승리하는 데 결정적으로 기여했다. 하지만 전쟁은 엄청난 경제적 비용 지출을 강요했다. 미국은 19세기 말부터 스페인과의 전쟁을 비롯한 몇 차례의 무력 충돌과 군사력 동원, 그리고 세계 3위의 해군을 육성하는 데 상당한 군사비를 투입했지만, 1899~1916년에 미국의 국방비 지출은 국민 총생산의 0.8퍼센트 수준에 불과했다. 반면, 제1차 세계 대전에 참전한 19개월 동안 미국 정부는 327억 달러를 지출했다. 이는 1919년 국민 총생산의 25퍼센트에 해당되는 엄청난 금액이었다.[32]

이처럼 엄청난 전쟁 비용을 조달하고 전쟁에 필요한 물자를 공급하기 위해 미국 정부는 새로운 실험을 감행해야 했다. 1917년 제정된 '전시 재정 수입법War Revenue Act'에 따라 정부는 정부가 정한 자본 이윤율을 초과하는 이윤에 대해서 20~60퍼센트까지 차등적으로 과세하는 초과 이윤세를 도입했다. 소득세율 또한 대폭 인상되었다. 연 소득 5만 달러를 기준으로 할 경우, 1913~1915년에 소득세율은 1.5퍼센트에 불과했으나 1918년에 22퍼센트로 인상되었다. 공채 발행은 더 중요한 몫을 차지했다. 조세 및 기타 정부 수입이 전쟁 비용의 22퍼센트 정도(73억 달러)를 차지했던 반면, 공채 형식으로 정부가 국민으로부터 차입한 금액은 58퍼센트(240억 달러)에 이르렀다. 남북 전쟁 때처럼 정부는 '자유 공채liberty bonds'를 발행해 미국 국민의 애국심에 호소하는 대규모 캠페인을 벌였고, 더욱이 공채에 대한 소득세를 면제하고 공채로 상속세를 납부할 수 있게끔 해주는 등 특전을 제공했다. 물론 애국심보다는 투자로서의 매력이 더 중요한 원인이었지만, 전시에 발행된 공채는 매우 인기가 높았다.[33]

정부의 재정 정책보다 더 급격한 변화는 통제 경제command economy 체제의 등장에서 나타났다. 국가의 산업 생산 역량이 전쟁의 승패를 좌우하는 역사상 최초의 총력전이었던 제1차 세계 대전을 치르려면 단기간에 엄청난 양의 전쟁 물자를 생산하고 분배해야 했다. 이는 민간 기업과의 군수 물자 납품 계약 같은 전통적인 방식으로는 도저히 감당할 수 없었다. 그 대신 정부가 직접 민간의 수요를 일시적으로 억제하고, 민간과 공적 부문의 생산 및 유통 설비를 모두 전시 수요를 충족시키는 방향으로 전환해야 했다. 다시 말해, 정부가 가격과 생산을 직접 통제하는 통제 경제가 필요했던 것이다. 참전을 선언한 직후 윌슨 행정부는 국가 방위 위원회Council of

National Defence를 설립하고, 또 산업별로 생산과 분배를 계획하고 감독하는 통제 기구들을 차례로 설립해 나갔다. 이를 계기로 거의 5천여 개의 연방 기관이 신설되었다. 물론 미국 정부나 기업은 이러한 거대한 통제 경제에 필요한 경험이나 지식을 갖추고 있지 않았고, 전시 산업 위원회War Industries Board와 같은 조직은 거의 효율적으로 운용되지 않았다. 그럼에도 미국 정부는 4천여 대의 자동차, 2천여 대의 비행기를 포함해 엄청난 물자를 유럽에 공급하는 데 성공했고, 정부가 생산과 분배에서 중요한 역할을 할 수도 있다는 선례를 남겨 이후의 변화를 예고했다.[34]

제1차 세계 대전은 막대한 재정 지출을 강요했지만 미국의 확대 재생산 체제가 한 단계 도약하고 미국을 명실상부한 세계 제1의 경제 대국으로 바꿔 놓는 계기가 되었다. 이처럼 미국의 지위가 급상승한 것은 미국의 손실이 다른 참전 국가에 비해 상대적으로 적었기 때문이기도 하다. 인명 손실을 보면, 미국은 제1차 세계 대전에서 약 11만 명의 사망자를 기록했다. 반면, 프랑스는 130만 명, 영국과 영 제국은 90만 명, 독일은 200만 명, 오스트리아는 110만 명, 러시아는 180만 명을 잃었다. 또 전쟁은 여러 유럽 열강의 존립 자체를 위협했다. 이 전쟁으로 인해 독일과 오스트리아 제국은 해체되었고, 전략적·경제적 요충지를 잃어버렸으며, 막대한 배상금을 물어야 하는 처지가 되었다. 전쟁의 압력 가운데 제정 러시아 역시 해체되었고, 대신 사회주의 연방공화국이 들어섰다. 비록 전쟁에서 승리했지만 영국과 프랑스 또한 오랜 전쟁으로 인해 기력을 소진해 버렸다.[35]

이처럼 유럽 열강이 전쟁에 모든 것을 쏟아붓는 동안 미국의 확대 재생산 체제는 전례 없는 호황을 누렸다. 이미 1913년에 미국의 제조업 생산력과 생산성은 영국과 독일을 앞서 있었다. 그러나 전쟁으로 인해 미국과 서유럽 두 열강 간에 생산력과 생산성 격차는 더욱 벌어지기 시작했다. 전 세계 제조업 생산에서 미국이 차지하는 비중은 1914년 36퍼센트에서 1920년 42퍼센트로 상승했다. 미국의 명목 국민 총생산은 1914년 460억 달러에서 1920년 872억 달러로 거의 2배의 성장을 기록했다.[36] 미국의 지위 변화는 자본 시장에서도 나타났다. 건국 직후부터 제1차 세계 대전 직전에 이르기까지 미국은 항상 토지와 자원에 비해 노동력과 자본이 부족한 국가였고, 19세기 중반 이후의 급속한 산업화 또한 해외 자본을 끌어들여 이룩했다. 그러나 제1차 세계 대전이 시작되자 영국을 비롯한 참전 국가들은 전쟁 물자를 구매할 달러를 마련하기 위해 공채와 증권을 매각했고, 더 나아가 뉴욕의 자본 시장에서 자금을 유치했다. 그 결과, 미국은 자본의 수입국에서 수출국으로 변신했다.[37]

미국과 유럽의 엇갈린 상황은 1920년대에 더욱 뚜렷하게 나타났다. 유럽 각국은 전시 체제에서 평시 체제로의 전환기에 으레 찾아오는 불황의 수준을 넘어 극도의 사회적 혼란과 정치적 갈등에 빠져들었다.[38] 반면, 미국은 1920~1921년의 경기 후퇴를 빠르게 극복하고 전례 없는 호황을 맞고 있었다. 1920년대 호황은 두 가지 요인으로 설명할 수 있다. 하나는, 자동차와 전자 산업에서 20세기 초부터 축적된 기술이 1920년대의 활발한 자본 투자에 힘입어 효과를 드러내기 시작했던 점이다. 다른 하나는, 제1차 세계 대전의 호경기로 인해 증가한 미국인의 실질 소득이 1920년대 자동차를 비롯한 각종 내구 소비재 구매에 사용되었던 점이다. 물론 여기에는 할부 구매와 같은 각종 소비자 금융 제도가 이 시기에 본격적으로 도입된 것과 내구 소비재 부문의 삼면 투자가 더욱 진전되어 좀 더 싼 가격에 상품을 공급할 수 있었던 사정이 작용했다. 그 결과, 내구 소비재 구입은 연평균 8.3퍼센트의 성장세를 기록해 1922~1929년에 국민 총생산 증가율의 거의 2배가 되었다. 이 같은 소비 증가 덕분에 미국의 제조업 생산도 1921~1929년에 거의 2배로 성장했다.[39]

확실히 1920년대 내구 소비재 부문의 호황을 이끈 것은 자동차였다. 포드Ford와 제너럴 모터스GM로 대표되는 이 시기 미국 자동차 산업의 발전은 1870년대 이후 진행된 2차 산업 혁명의 성과가 집약된 결실일 뿐만 아니라, 대량 생산과 대중 소비의 결합을 완성시킨 미국 확대 재생산 체제가 올린 업적이라고 볼 수 있다. 왜냐하면 자동차 산업이 성장하기 위해서

포드 자동차 모델 T

는 철강, 기계, 화학, 정유 산업과 같은 중화학 공업의 발전이 뒷받침되어야 하고, 자동차가 부유층의 사치스런 기호품에서 대중적인 상품으로 거듭나기 위해서는 수직적·수평적 통합과 과학적 관리의 원칙에 근거한 일관 생산 체제의 발전에 바탕을 둔 가격 인하가 필수적이었기 때문이다. 더욱이 미국의 풍부한 자원과 대륙 규모의 전국 시장은 자동차 산업의 발전에 유리한 조건이었다.[40]

바로 이 점에서 포드Henry Ford는 당시 미국 자동차 산업이 처한 상황을 꿰뚫어 보는 안목을 갖고 있었다. 그는 미시간 출신의 기계공으로 1890년대 경주용 자동차를 제작하면서 자동차 업계에 입문했다. 포드는 1903년 포드 자동차 회사를 설립하면서 처음부터 가볍고, 가격이 저렴하며, 대량 생산이 가능한 모델을 출시하는 것을 목표로 삼았다. 이를 위해 포드는 수직적 통합을 염두에 두고 자동차 부품을 회사 내에서 생산하기 시작했고, 1913년에 엔진과 차체를 포함해 모든 부품을 직접 생산하기에 이르렀다. 이어 포드는 하일랜드파크Highland Park에 컨베이어 벨트로 연결된 일관 생산 체제의 공장을 건설해 자동차의 조립 시간을 대폭 단축했다. 바로 이 공장에서 생산된 것이 1908년 첫선을 보인 모델 T였다. 1913년에 완성된 대량 생산 체제를 통해 모델 T의 조립 시간은 거의 6분의 1로 단축되었고, 그만큼 대량의 상품을 싼 가격에 시장에 공급할 수 있었다. 실제로 1908년 825달러였던 모델 T의 가격은 모델이 단종되던 1927년에는 290달러로 인하되었고, 누적 판매량은 1,500만 대에 이르렀다.

포드 자동차는 1890년대부터 유행했던 과학적 관리의 이상에 가장 가까운 생산 체제를 구축했다. 생산 효율을 높이기 위해 부품을 표준화했고, 생산에 필요한 도구 역시 특정 작업에 맞게 고안했으며, 생산 속도는 숙련 노동자가 아니라 컨베이어 벨트를 조종하는 관리자가 통제했다. 포드의 설명에 따르면, 포드사의 생산 체제의 핵심은 '노동자가 생각해야 할 필요를 줄이는 것, 노동자의 생각을 최소한으로 줄이는 것'에 있었다. 이 같은 생산 체제는 노동자의 숙련도를 떨어뜨렸고 노동 과정에 대한 노동자의 통제권을 박탈했으므로 불만을 불러일으켰다. 따라서 이직률이 높았다. 이 문제를 해결하기 위해 포드 자동차는 1914년 유명한 '일당 5달러'와 '8시간 노동제'를 도입했다. 당시 평균 임금의 2배에 달하는 일당 5달러는 포드 자동차의 모든 노동자에게 적용된 것은 아니었다. 이 혜택을 받기 위해서는 회사의 '사회 조사부'—1915년에 '교육부'로 명칭이 변경되었음—의 엄격한 감독 아래 회사에서 제시하는 일상생활의 규율을 지켜야 했기 때문이다. 그런데도 '일당 5달러'가 큰 화제를 불러일으킨 까닭은 이 제도가 노동자를 생산뿐만 아니라 소비의 견지에서 바라보기 시작했기 때문이다. 자동차는 더 이상 사치품이 아니라 포드 자동차에서 일하는 노동자들도 구매할 수 있는 대중적인 상품이 되었던 것이다. 이는 대량 생산 체제의 발전에 구매력을 갖춘 소비자의 존재가 필수적이라는 새로운 인식을 보여 주는 것이었다.[41]

흥미롭게도 포드가 개척한 이러한 새로운 생산 및 유통 체제를 완성한 것은 포드 자동차가 아니라 GM이었다. 포드사의 모델 T의 인기에 밀려 고전하던 GM은 1918년 부회장으로 취임한 MIT 전기공학과 출신의 전문 경영인 슬론Alfred Sloan의 개혁에 힘입어 1920년대에 세계 최대의 자동차 회사로 성장했다. 슬론은 포드 자동차의 일관 생산 체제의 장점을 그대로 수용하는 한편, 회사의 조직을 분권형 조직divisional structure으로 개편해 전문 경영인의 자율성을 확대하면서도 경영의 책임 소재를 분명히 하고, 회계 절차를 표준화해 조직의 효율성을 높였다. 더 중요한 성공 요인은 소비자에 대한 연구에 있었다. 1923년에 도입된 소비자 선호도 조사는 소비자의 연령, 성별, 소득 등을 바탕으로 수요를 예측하고 그에 따라 재고, 노동력, 소비자 신용, 가격 등을 결정하는 계기를 제공했다. 이를 바탕으로 모델 T의 효율 개선에만 집중했던 포드 자동차와 달리 GM은 쉐보레Chevrolet로부터 캐딜락에 이르는 다양한 모델을 출시하고, 스타일, 색상, 마감 처리를 개선한 연식 개념을 도입해 소비자의 기호를 충족시키는 전략을 선택했다. 일부 역사가들은 이 같은 GM의 방법이 대량 생산을 '유연화'시킨 것으로 파악해 그것을 '유연한 대량 생산'으로 부르기도 한다. 그 밖에도 GM은 새로운 마케팅 기법으로 자동차 할부 판매제를 처음 도입함으로써 대량 생산을 떠받치는 대중 소비를 자극했다.[42]

이처럼 기술, 기업 조직, 노동 관리, 마케팅에서 포드 자동차와 GM이 수행한 일련의 혁신은 미국의 자동차 산업이 1919년 연간 90만 대 규모의 생산력에서 1929년 연간 2,670만 대 규모의 엄청난 생산력을 갖추게 하는 원동력이 되었다. 이는 유럽 전체의 자동차 생산의 8배가 넘는 규모였다. 이 같은 미국 자동차 산업의 압도적인 생산력은 미국 자동차가 세계 시장을 거의 휩쓰는 동력을 제공했다. 제1차 세계 대전 이전만 하더라도 세계 자동차 수출 시장을 선도한 것은 프랑스였고, 그 뒤를 미국, 영국, 독일이 추격하고 있었다. 하지만 1923년에 미국 자동차 수출의 비중은 세계 시장의 50퍼센트에 육박했고, 1928년에는 무려 70퍼센트를 웃돌았다.[43]

궁극적으로 미국 자동차 산업은 대량 생산과 대중 소비, 경영진의 노동 과정 통제 등을 결합해 세계 시장을 선도함으로써 공급 부문의 지속적인 기술 혁신이 대규모 소비자의 소비를 이끌어 내는 전형적인 확대 재생산 체제의 선순환을 보여 준다. '포드주의Fordism'라고도 불리는 이 체제는 비단 자동차 산업뿐만 아니라 미국의 전기, 전자, 화학 등 생산재 및 소비재 산업에 널리 확산되었다. 이는 제1차 세계 대전 이후 10여 년 동안 미국의 호황을 이끌었고, 1945년 이후 세계 경제의 호황을 이끌어 가게 될 중요한 원동력이 되었다. 그러나 제1차 세계 대전 직후 미국이 누렸던 호황은 오랫동안 지속되지 못했다. 1929년 가을, 뉴욕의 주식 시장에서 주식 가격이 폭락하면서 시작된 대공황은 미국의 확대 재생산 체제에 심각한 타격을 입혔을 뿐만 아니라, 미국과 세계 경제 전체를 장기간의 불황 속으로 밀어 넣었던 것이다.

대공황에서 제2차 세계 대전까지

1921년부터 시작된 미국의 호황은 영원할 것 같았다. 베르사유 조약 체결 이후 미국은 민족 자결과 자유 무역에 바탕을 둔 새로운 자유주의적 세계 질서의 필요성을 역설했던 윌슨의 이상주의를 뒤로하고 예전의 고립주의로 돌아갔다. 1920년 선거에서 압승을 거둔 공화당의 하딩Warren Harding과 그의 뒤를 이은 쿨리지Calvin Coolidge 대통령의 집권 시기에 미 의회는 관세율을 인상했고, 연방 준비 은행은 낮은 이자율을 유지함으로써 경제의 팽창 국면을 유지했다. 더욱이 전후 처리 과정에서 미국은 패전국 독일이 부담해야 할 배상금은 물론, 영국을 비롯한 승전국들이 미국에게 갚아야 할 부채를 탕감하는 것을 완강하게 거부했다.[44] 어느 역사가의 말처럼 "유럽은 갚을 돈이 부족했고, 미국은 이를 기다려 줄 관대함과 자비가 부족했던 것이다." 이와 같이 국내의 낮은 이자율, 미국에 배상금과 부채를 갚기 위해 달러가 필요했던 유럽의 자금 수요가 결합하면서 1920년대 세계의 자본은 미국으로 모여들기 시작했다. 높은 이자 때문에 유럽으로 몰렸던 미국의 자본은 전후 배상금과 부채 상환을 통해 미국으로 다시 유입되어 미국 내의 투자와 소비를 촉진했다. 그러나 이러한 자본 러시는 건전한 투자 수준을 넘어 투기로 전환되었다. 내구 소비재 산업은 물론, 부동산, 건설, 그리고 주식 시장에 대규모의 투기 자금이 유입되었던 것이다. 그 결과, 1920년대 미국의 국민 총생산이 59퍼센트 성장하는 동안 다우존스 지수는 무려 400퍼센트의 상승을 기록했다.[45]

투기에 의한 경기 상승효과는 끝이 있게 마련이었다. 잘 알려진 것처럼 경기의 이상 과열을 염려했던 연방 준비 은행이 1928년 상반기에 할인율을 인상함으로써 긴축 정책을 펴기 시작했다. 그런데도 한동안 고공행진을 계속하던 뉴욕의 주가는 1929년 9월을 정점으로 폭락했다.[46] 주식 시장의 붕괴는 그 이듬해에 은행의 연쇄 도산과 제조업 부문의 위축으로 이어졌다. 제조업 부문의 경우 1930년대 초 미국의 제조업 생산량은 이전 시기의 절반으로 감소했고, 특히 1920년대 호황을 선도했던 자동차 산업의 연간 생산량은 450만 대에서 110만 대로 무려 75퍼센트가 감소했다. 국제 무역도 심각한 타격을 입었다. 미국의 대유럽 수입은 1929년 13억 달러에서 1932년 3억 9,000만 달러로 줄었고, 대유럽 수출은 같은 기간에 23억 달러에서 7억 8,000만 달러로 줄었다. 실업률 역시 대폭 상승했다. 1921~1929년에 미국의 제조업 실업률은 7.7퍼센트였는데 1930~1938년에는 무려 26.1퍼센트로 상승했다.[47]

1929년 가을의 뉴욕 주식 시장 붕괴가 1930년대 초 전 세계적인 대공황으로 확대된 원인과 경과에 대해서는 오랫동안 역사가들과 경제학자들이 논쟁을 벌여 왔다. 그중 오랜 논쟁에서 어느 정도 연구자들 간에 합의에 이른 내용을 간추려 살펴보려고 한다. 애당초 1929년 주식 시장의 위기는 1920년대의 경기 과열이 빚어낸 일종의 주기적인 위기로, 대공황으로 확대될 만한 것은 아니었다. 그런데도 주식 시장의 위기가 은행 위기, 실물 경제의 위축으로 이어진 까닭은, 미국 자본에 의존하던 유럽이 1928년부터 시작된 미국의 긴축 정책으로 인해 큰 타격을 입었기 때문이다. 하

대공황 당시
거리의 실업자들

지만 공황의 직접적인 촉발 요인은 1929년 가을의 주가 폭락 이후에도 미국이 계속해서 금본위제를 유지하기 위해 긴축 정책을 펼쳤던 데 있었다. 이러한 미국의 긴축 정책에 대응해 유럽 각국의 중앙은행들 또한 금본위제를 유지하기 위해 긴축 정책을 펼쳤으나, 미국으로부터의 자본 유입이 완전히 차단된 상태에서 유럽 각국은 더 이상 버틸 수 없었다. 금융 위기가 확산되고 실물 경기의 침체가 극도로 악화되면서 영국을 비롯한 여러 나라는 금본위제를 이탈해 자국의 통화 가치를 절하했다. 반면, 미국의 정책 결정자들은 여전히 긴축 정책을 유지하며 실물 경기의 위기가 심각해지는 것을 방관했다. 이는 금본위제를 유지해야만 고용과 생산이 회복될 것이라는 믿음 때문이었다. 물론 1933년 미국 역시 금본위제를 포기해야 했지만, 통화 가치 절하에 따른 인플레이션의 위협에 대한 두려움이 남아 있어서 통화 공급을 확대하는 경기 부양책을 적극적으로 시행하지 못했다.[48]

1920년대 호황을 누리며 사상 최대의 생산력을 자랑하고 막대한 해외 자산을 보유했던 미국이 공황으로부터 가장 큰 피해를 입었던 까닭은 무엇일까? 통화 공급 면에서건, 유효 수요 창출 면에서건 간에 연구자들이 주목한 것은 결국 정책의 실패였다. 이를 확대 재생산 체제의 선순환이라는 관점에서 본다면 다음과 같다. 무엇보다 정책의 개입이 필요했던 까닭은 1920년대 유럽의 경쟁국들과 상당한 격차를 보이면서 앞서가기 시작한 미국의 확대 재생산 체제가 국내에서 충분한 수요를 창출하지 못했기 때문이었다. 또 전후 처리 과정에서 일어난 미국과 유럽의 재정적 불균형과 금본위제의 경직성으로 인해 미국의 생산력을 흡수할 만한 수요가 유럽을 비롯한 세계 시장에서 충분히 확보되지 못했던 탓도 있었다. 다시 말해, 이는 제1차 세계 대전의 결과 미국은 지나치게 빠르게 발전했던 반면, 유럽의 회복이 느렸다는 것이다. 미국에서 일어난 공급 부문의 혁신이 새로운 수요를 창출하기까지 상당한 시간이 필요했지만, 미국 내의 경기 과열과 유럽의 불안정한 시장 상황은 바로 이 시간을 확보해 주지 못했던 것이다. 킨들버거Charles Kindleberger가 지적했듯이 미국이 '최종 대부자Lender of Last Resort'의 역할에 충실했더라면 상황은 분명히 달라졌겠지만, 궁극적으로 미국의 확대 재생산 체제가 선순환을 지속하기 위해서 필요했던 것은 미국과 유럽의 생산력과 생산성 격차를 반영한 새로운 국제 분업 체계였다. 미국과 유럽이 각각의 입장에 따라 특화된 상품을 생산하고, 이들 상품 간의 교환이 활성화되어 새로운 수요가 끊임없이 창출되어야만 대공황과 같은 극단적인 형태의 위기를 막을 수 있었던 것이다.

바로 이 점에서 루스벨트 행정부의 뉴딜 정책 역시 근본적인 변화를 가져오는 데는 한계가 있었다. 어떤 연구자의 분류에 따르면, 뉴딜 정책은 구호, 경기 부양, 개혁으로 범주화할 수 있는데, 여기에서 새로운 국제 분업 체계를 뒷받침할 만한 국제 통화 체제나 무역 체제에 대한 관심은 찾아볼 수 없기 때문이다. 잘 알려진 것처럼 금본위제의 붕괴 이후 미국과 유럽 각국은 세계화된 경제로부터 이탈해 자국의 경제를 보호하는 데 초점을 맞추었고, 뉴딜 정책 역시 같은 맥락에서 시행되었다. 물론 뉴딜 정책의 성과가 전혀 없었던 것은 아니었다. 가령, 산업 부흥법NIRA은 조직 노동과 자본이 노동 시간과 임금 등을 타협하게 유도했고, 산업 부흥법이 위헌 판결을 받은 후에도 와그너Wagner 법—1935년에 미국에서 뉴딜 정책의 일환으로 정해진 노동관계의 법. 노동자의 단결권과 단체 교섭권 및 단체 협약을 인정하고, 부당 노동 행위를 금지했음—이 제정되면서 노동자의 단체 교섭권이 강화되고, 노동과 자본의 타협에 바탕을 둔 안정적인 노사 관계를 형성하는 데 기여했다. 농촌 전기화 사업, 농가 부채 탕감, 사회 보장법, 실업자 구제를 위한 각종 사업은 장기적으로 미국의 경제 발전에 끼친 영향이 없었다고 하더라도, 당장 실업으로 인해 고통 받던 수백만의 미국인들에게 즉각적인 구호를 제공했다. 더욱 큰 성과는 시장의 기대를 바꾸어 놓은 데서 찾을 수 있다. 완전히 사실과 부합되는 것은 아니지만, 후버Herbert Hoover 행정부가 도산할 기업은 도산하도록 내버려둔다는 입장을 취했던 것과 달리, 루스벨트 행정부는 심각한 경제 위기에 맞서 국가가 적극적인 역할을 수행할 것이라는 점을 널리 알림으로써 대공황이 영원히 지속되지 않을 것이라는 기대를 불러일으켰고, 그 덕분에 기업의 투자와 국민의 소비가 어느 정도 진작될 수 있었다.[49]

사실상 뉴딜 기간 동안 정부, 특히 연방 정부의 역할이 커졌다. 우선, 정부 지출이 대폭 증가해 뉴딜이 시작되면서 국민 소득에서 정부 예산이 차지하는 비중이 12퍼센트 정도에서 20퍼센트 이상으로 늘었다. 동시에 연방 정부의 규제도 늘었고, 연방 정부에 고용된 노동력이 총 노동 인구에서 차지하는 비중 또한 증가—1920년 0.3퍼센트에서 1930년대 중반 약 0.8퍼센트로 증가함—했다. 하지만 대공황의 극복은 쉽지 않았다. 실업률은 10퍼센트 이하로 떨어지지 않았고, 산업 생산은 1937년까지도 1929년 수준을 회복하지 못했다.[50] 결국 대공황으로부터 미국을 구한 것은 제2차 세계 대전이었다. 1941년부터 본격적으로 시작된 경기 회복은 유럽의 전시 수요에 힘입은 것이었다. 이는 1941년 실질 국민 총생산 증가분의 무려 81퍼센트가 전쟁 물자 생산과 관련된 연방 정부의 재정 정책에서 비롯되었다는 점에서 잘 드러난다. 미국의 참전 결정 후 전쟁 물자 생산을 비롯한 전시 체제는 경기 회복의 절반 이상을 감당해 냈고, 사실상 완전 고용 상태를 가져왔던 것이다.[51]

1939년 9월, 독일의 폴란드 침공으로 시작된 제2차 세계 대전에서 미국은 중립을 고수하려 했다. 그럼에도 유럽의 전황이 급격하게 악화되어 영국이 홀로 추축국에 맞서는 상황이 되자 처칠Winston Churchill은 미국의 군수 물자 지원과 참전을 끈질기게 요청했고, 결국 미국은 1940년부터 재무장에 돌입했다. 1940년 9월, 의회는 평시 징집을 허용해 무려 1,640만 명의 징집이 결정되었다. 루스벨트의 '민주주의의 보급창' 선언 이후 의회는 무기 대여법Lend-Lease Act을 통과시키고 70억 달러의 예산을 책정했다. 무기 대여 협약이 1941년 3월 발효되어 1945년 6월까지 지속되는 동안 무려 502억 달러 이상의 군수 물자가 연합국에 수출되었다. 그 결과, 미국의 수출은 1941년을 기점으로 해서 빠르게 증가했다. 1941년 12월, 진주만 공습과 함께 참전을 결정하면서 미국의 전시 생산과 지출은 급격하게 늘었다. 1942년 상반기에만 연방 정부는 1,000억 달러 이상의 군사 계약을 체결했는데, 이는 1940년 국내 총생산을 넘는 엄청난 액수였다. 대규모 군비 지출에 힘입어 미국의 실질 국민 총생산은 1939년부터 1944년까지 55퍼센트의 증가율을 기록했다. 실질 국민 총생산 중 군사비 지출이 차지하는 비중은 1939년 1.4퍼센트에서 1944년 45퍼센트로 증가했지만, 민간 부문의 기여는 1939년 수준보다 다소 감소했다. 참전 초기, 특히 1942년에는 내구 소비재 생산이 급격하게 줄어들면서 민간 부문의 소비도 감소했으나, 나머지 기간에는 민간 부문의 투자는 줄어들었던 반면, 총 생산량은 꾸준히 늘어 소비 역시 계속 증가했다.[52]

연방 정부는 제1차 세계 대전과 뉴딜 정책 시기의 경험을 되살려 전시 계획 경제 체제를 빠르게 수립했다. 시어스 로벅사Sears, Roebuck and Company의 수석 부사장 넬슨Donald Nelson이 관장하게 된 전시 생산 위원회War Production Board는 산업을 분류하고 각 산업 부문에 관한 정보 수집, 재고 관리, 생산 계획을 효과적으로 시행했다. 그 덕분에 미국의 전시 물자 생산은 놀라울 정도로 빠르게 늘었다. 전쟁 기간 중 미국은 해군 선박 6,500척, 항공기 29만 6,400대, 탱크 8만 6,630대, 각종 총기류 1,200만 정, 포탄 4,700만 톤을 생산했다. 포드 자동차의 경우만 하더라도 포드 자동차에서 생산한 군수품의 총량은 이탈리아 경제의 전체 규모보다도 컸다. 1944년 포드 자동차의 윌로 런Willow Run 공장에서는 B-24 폭격기를 63분에 한 대꼴로 생산했고, 카이저Henry Kaiser는 포드의 일관 생산 체제를 조선업에 도입해 7,200톤급 화물선의 제작 기간을 244일에서 42일로 단축해 전쟁 기간 동안 무려 2,710척을 건조할 수 있었다. 원료 생산 역시 폭발적으로 늘었다. 예컨대, 알루미늄 생산은 1939~1943년에 7배, 마그네슘은 100배가 증가했다. 원유 생산은 1944년에 매일 500만 배럴을 생산했는데, 이것으로 매일 4천 톤가량의 티엔티TNT를 추출할 수 있었다.[53]

물론 전쟁은 인적·물적 손실을 강요했다. 인적 손실을 경제적 가치로 환산한 최근의 추계에 따르면, 제2차 세계 대전에 따른 인적 손실은 1940년 전체 소비액의 약 4분에 1에 해당되는 125억 달러에 달한다. 그러나 전쟁은 미국의 확대 재생산 체제 규모를 전례 없이 확장하는 계기가 되었다. 여기에서 중요한 사실은 확대 재생산 체제의 확장이 결코 기업의 자발적인 의사에 따라 진행된 것이 아니었다는 점이다. 철강 산업의 경우가 이 점을 잘 보여 준다. 유럽에서 전쟁이 발발하고 무기류를 비롯한 미국산 제조업 제품에 대한 수요가 폭발적으로 늘어나면서 기존의 철강 생산 설비만으로는 수요를 충족시킬 수 없었다. 그러나 철강업계는 전시의 일시적인 수요를 근거로 막대한 설비 투자를 하는 것은 지나치게 위험하다고 판단했다. 전시에 축적된 과잉 설비는 결국 대공황 때와 마찬가지로 전후의 고통스러운 구조 조정을 수반할 것이라 믿었던 것이다. 그러나 연방 정부는 반독점법과 노동관계 법의 시행을 완화하고, 투자에 대한 세금 혜택을 강화하며, 생산 설비의 건설에 연방 정부의 자금을 투입하면서, 기존 기업들이 정부의 요구를 수용하지 않을 경우 새로운 기업의 설립을 장려하겠다고 압박했다. 결국 철강업계는 1941년 1,300만 톤의 강철 생산 능력을 갖춘 12억 달러 규모의 설비 투자를 받아들일 수밖에 없었다. 물론 그에 따른 재정 부담은 연방 정부가 감당했다.[54]

또한 전쟁은 기술 혁신의 기회를 제공했다. 다른 참전국들과 달리 미국은 본토에서 전쟁을 치르지 않았으므로 산업 시설의 물리적인 파괴도 경험하지 않았고, 오히려 연방 정부의 전폭적인 지원 아래 대학과 민간 기업의 연구 개발과 인적 자본에 대한 투자가 획기적으로 늘었기 때문이다. 무려 13만 명의 인력과 20억 달러의 예산이 동원된 맨해튼 프로젝트가 보여 주듯, 제2차 세계 대전 중 미국 정부는 평상시에는 감히 상상도 할 수 없을 만한 인력과 자본을 연구 개발과 기술 혁신에 투입했다. 1930년 달러 가치로 환산할 때, 1940년 연방 정부의 연구 개발 지출은 8,300만 달러 정도였으나 1945년에는 13억 달러 이상으로 늘어났다. 국방부의 경우만 보더라도, 1940년에 2,900만 달러를 지출했으나 1945년에는 4억 2,300만 달러를 지출했다. 전쟁 중 연구 개발 사업에서 가장 큰 역할을 담당했던 과학 연구 개발국Office of Scientific Research and Development은 1941년 설립된 이래 수많은 연구 프로젝트를 민간 기업과 대학에 배분했다. 이를 통해 웨스턴 일렉트릭과 같은 기업은 전쟁 중 1,700만 달러의 연구 개발비를 지급받았고, MIT는 75개 연구 프로젝트에 무려 1억 1,600만 달러의 연구비를 지원받았다.[55]

이처럼 전쟁 중 연방 정부가 막대한 자본을 연구 개발에 투자한 것은 중요한 선례로 남아 전후에도 미국의 연구 개발 투자가 세계적인 우위를 유지하는 데 기여했다.[56] 이는 결국 미국의 확대 재생산 체제가 기술 혁신, 신제품 개발, 새로운 수요의 창출로 이어지는 선순환을 유지할 수 있도록 하는 데 가장 중요한 동력이 되었다. 더불어 주목해야 할 것은, 전쟁 기간에 군사적인 목적에서 수행된 연구 개발이 민간 부문의 기술 혁신과 신제품 창출로 이어진 경우 또한 많았다는 점이다.

가령, 전자 산업의 주요 기업이었던 RCA의 경우 전쟁 기간 중 8,400만 달러에 달하는 생산 계약을 체결하고, 라디오와 진공관 등 각종 전자 부품을 생산하기 위한 시설을 빠르게 확장했다. 진공관의 경우 RCA가 전쟁 중에 설립한 랭커스터Lancaster의 생산 시설에서 2,000만 개가 생산될 정도였다. 게다가 RCA는 전시에 군사적인 용도로 시작된 텔레비전에 관한 연구를 통해 텔레비전 생산과 방송 서비스에서 두각을 나타낼 수 있었고, 텔레비전 생산 부문의 경쟁이 치열해진 이후에도 진공관 생산에서 여전히 막대한 이익을 확보할 수 있었다.[57] 전쟁이 전자 산업에 남긴 또 다른 유산은 컴퓨터였다. 전쟁 중 미국은 고성능 계산기를 개발하기 위한 여러 프로젝트를 진행했고, 그 결과 하버드 대학과 IBM이 협력해 개발한 하버드 마크 I나 탄도 계산을 위해 펜실베이니아 대학에서 개발한 에니악ENIAC 등이 컴퓨터 산업의 탄생을 알렸다. 또한 폰 노이만John von Neumann이 에니악을 개발한 펜실베이니아 대학 연구팀에 힘을 보태면서 메모리에 저장된 명령에 따라 계산을 수행하는 컴퓨터가 개발되어 소프트웨어로 제어하는 현대적인 컴퓨터의 기본 골격이 탄생하기도 했다.[58]

이뿐만 아니라 제2차 세계 대전은 미국의 화학 산업의 성장에도 결정적으로 기여했다. 미국의 화학 산업은 오랫동안 유럽, 특히 독일의 기술에 크게 의존했으나, 제2차 세계 대전을 계기로 기술적인 자립은 물론, 세계 시장에서의 지배력을 확보할 수 있는 역량을 구축했다. 또한 연방 정부가 발주한 각종 생산 프로젝트에 여러 기업들이 동시에 참여, 협력함에 따라 기술이 빠르게 여러 기업으로 이전될 수 있었다. 가령, 합성 고무 생산의 경우 연방 정부는 4개의 주요 고무 회사와 스탠더드 오일 등으로 컨소시엄을 구성하고 5억 달러의 자본을 투입했다. 이처럼 막대한 전시 자본 투자는 미국 고무 산업의 구조를 완전히 바꿔 놓았다. 1940년 미국 고무 시장의 0.4퍼센트를 차지하는 데 그쳤던 합성 고무의 점유율은 1945년 85퍼센트로 늘었고, 합성 고무의 생산은 1940년에 비해 약 100배 증가했다.[59]

전쟁에서 매우 중요한 역할을 했던 연료의 생산 기술 또한 발전했다. 연료 생산의 기본적인 기술은 이미 1913년 스탠더드 오일, 1920년대 텍사코Texaco, 1936년 선 케미컬Sun Chemical에 의해 개발되어 있는 상태였다. 그러나 1940년 스탠더드 오일이 개발한 촉매 공정은 가솔린을 추출하는 원유 크래킹 공정을 더욱 안정적이고 효율적으로 만들어 가솔린 공급 문제를 해결했을 뿐만 아니라, TNT의 원료로 자유롭게 전환하는 것을 가능하게 했다. 이 같은 기술 혁신 덕분에 미국은 전후에 석유 화학의 선두 자리를 오랫동안 유지할 수 있었다. 캐나다를 제외한 그 밖의 경쟁국 기업들이 이 분야에서 미국의 기술 수준을 추격하기까지는 꽤 오랜 시간이 소요되었다.[60]

제2차 세계 대전은 제공권이 전쟁의 승패에 결정적인 영향을 미치게 된 최초의 전쟁이라고 할 수 있다. 따라서 항공기의 생산 능력은 전쟁을 하는 데 매우 중요했고, 그로 인해 항공 산업의 핵심 기술이 발전할 수 있었다. 1939년 미 공군의 인력은 26,000명에 불과했던 반면, 영 공군은 10만 명, 독일 공군은 50만 명의 인력을 보유하고 있었다. 1941년 말 참전을 선언한 후 루스벨트 행정부와 의회는 군용기의 확보와 생산에 박차를 가하기 시작했다. 새로운 공장이 들어섰고, 새로운 기술이 도입되었다. 1943년 말에 200만 명 이상의 노동력이 항공기 생산에 투입되었고, 전쟁이 끝날 무렵 미국의 항공 산업은 연간 11만 대의 항공기를 생산할 정도의 생산력을 확보하게 되었다. 기술 개발에는 해군과 공군의 자체 실험실뿐만 아니라 대학과 민간 기업의 연구 시설이 동원되었다. 미국이 과학 기술자를 전쟁 관련 연구 개발에 동원하기 위해 1941년 설립한 과학 연구 개발국의 지원 아래 항공기 디자인과 비행 기술에서 기술 혁신이 빠르게 진행되었다. 물론 레이더, 헬리콥터, 제트 엔진, 항법 체계, 장거리 로켓 등 항공 산업 전 분야에 걸쳐 일어난 전시 연구 개발 덕분에 미국의 항공 산업은 제2차 세계 대전 이후에도 오랫동안 독보적인 지위를 유지할 수 있었다.[61]

미국은 이미 제1차 세계 대전 이후 제조업 생산성과 생산력에서 유럽의 경쟁국들에 비해 월등한 우위를 누렸다. 대략 제1차 세계 대전부터 대공황 직전까지 공업 부문의 생산성은 매년 5.4퍼센트의 증가세를 보이며 꾸준히 향상되었다. 오랜 대공황 기간에 미국의 제조업 생산량과 생산성 향상이 잠시 주춤했으나, 앞에서 언급했듯이 제2차 세계 대전은 미국의 생산력이 또 한 차례 도약하는 결정적인 계기를 제공했다. 한 국가의 제조업 생산력을 총동원해야 하는 산업 사회의 총력전에서, 미국은 영토 내에서 직접적인 물리적 피해를 입지 않고 생산력을 향상시키고 국제적인 패권을 인정받는 이점을 충분히 누릴 수 있었다.[62]

하지만 미국이 대공황의 경험을 통해서 확인했듯이 미국과 유럽의 생산력 격차는 미국의 경제적 패권을 뒷받침하는 원동력인 동시에 세계 경제를 불안정하게 만드는 원인이 될 수 있었다. 방대한 국내 시장을 기반으로 성장한 미국의 제조업 생산력은 이미 국내 시장이 소화할 수 있는 수준을 훌쩍 뛰어넘었다. 따라서 미국은 유럽의 경쟁국들처럼 해외 시장에 눈을 돌리지 않을 수 없었고, 해외 시장이 확대되기 위해서는 가장 중요한 시장이었던 유럽의 경제가 전쟁의 파괴로부터 빠르게 복구되어야만 했다. 과거 산업 혁명 직후 가장 앞선 생산력을 보유한 영국이 자유 무역주의를 내세우며 세계 곳곳에 시장 개방을 요구했던 것과 마찬가지로, 미국 또한 오랜 보호주의와 고립주의의 전통을 깨고 자유 무역 시대로 진입해야 했던 것이다. 이는 제2차 세계 대전 후 미국의 국제적 역할이 달라져야 한다는 것을 의미했다.

전후 국제 경제 질서와 미국의 글로벌 확대 재생산 체제

미국의 전후 구상에서 가장 중요한 주제는, 제1차 세계 대전 이후의 혼란을 방지하고 미국이 주도하는 통합된 세계 경제를 발전시키는 일이었다. 전간기를 금본위제 해체에 따른 국제 통화 체제의 불안정, 국제 수지 불균형, 보호 무역 체제의 등장으로 특징지을 수 있다면, 제2차 세계 대전 이후의 세계 경제는 안정적 통화 체제, 개방적 자유 경제, 자유로운 국제 투자라는 반석 위에 재건되어야 했다.[63] 루스벨트 행정부의 국무 장관을 지낸 헐Cordell Hull에 따르면, 이는 개방적 다자간 무역 체제의 복구가 미국의 전후 정책에서 1순위가 되어야 함을 의미했다. 양자 간 협약을 통한 무역 확대가 아니라 다자간 무역 체제가 형성되어야 하는 까닭은, 이것이야말로 전쟁으로 인해 엄청난 파괴를 경험한 유럽 내부의 무역을 활성화하고, 동시에 세계 주요 국가들의 상호 의존성을 확대해 전쟁 재발 가능성을 최소화할 것이기 때문이었다.[64]

이 같은 새로운 국제 질서가 미국의 주도 아래 형성되고 미국 경제의 이익에 종속되어야 한다는 생각은 이미 전쟁이 일어난 직후에 등장했다. 흥미로운 점은 이러한 생각을 아주 구체적으로 치밀한 정책 제안으로 발전시킨 것은 연방 정부가 아니라 민간 단체였던 미국 외교 협회Council on Foreign Relations였다는 사실이다. 미국 외교 협회는 1918년 설립되어 1921년 미국 외교 문제 협회American Institute of Foreign Affairs와의 합병을 통해 재탄생했고, 정관계·산업계·학계의 주요 인사들로 구성되어 있었다. 이들은 각종 연구회와 정기 간행물 『포린 어페어스』*Foreign Affairs*를 포함한 여러 인쇄물을 통해 자유 무역의 증진과 국제 협력 강화의 필요성을 역설했다. 더욱이 외교 협회는 정관계와의 긴밀한 인적 네트워크를 바탕으로 루스벨트 행정부 집권 이후 경제·외교·군사 정책에 관한 다양한 연구 보고서와 정책 제안을 제출해 정책 결정 과정에서 상당한 영향력을 행사했다.

제2차 세계 대전이 시작된 직후 외교 협회는 '전쟁과 평화에 관한 연구 프로젝트'를 발족해 제2차 세계 대전이 미국의 이해관계와 지위에 미치는 영향을 검토하기 시작했다. 이 프로젝트에 참여했던 주요 인사들은 국무부가 1941년 12월에 구성한 '전후 외교 정책에 관한 자문 위원회'의 핵심 구성원으로 활동했다. 이러한 과정을 거쳐 서서히 완성된 전후 세계 경제에 관한 미국의 구상에서 가장 중요한 것은 미국이 과연 세계 경제로부터 고립되어 자급자족 상태를 유지할 수 있는가에 있었다. 과거 윌슨의 구상이 전후 보호주의 강화와 대공황으로 인해 좌절된 이후 본격적으로 제기된 이 의문에 대한 답은 명백했다. 미국은 원료의 안정적인 확보와 제조업의 지속적인 성장을 위해서 결코 고립주의로 돌아갈 수 없다는 것이었다. 이는 '광역Grand Area'이라는 관념으로 구체화되었다. 독일이 영국을 제외한 유럽 전역을 차지할 것 같았던 제2차 세계 대전 초기에 등장한 이 관념은, 만일 독일이 유럽을 지배하게 된다면 미국은 적어도 남북 아메리카, 태평양 및 극동 지역, 영국과 영연방을 포함하는 광대한 영역의 경제 교류와 통합을 추구해야만 한다는 것이었다. 바로 이 관념에서 1940년 일본에 대한 수출 금지 조치를 포함한 강력한 외교 정책이 추진되었고, 미국이 참전을 선언한 직후 이 관념은 전쟁 계획을 뒷받침하는 가장 중요한 고려 사항이 되었다. 그 관념에 따르면, 제2차 세계 대전에서 미국은 반드시 승리해야 하고, 승전 후에는 유럽 대륙과 지중해 지역을 포함한 세계 전역을 미국 경제의 활동 공간으로 재편해야만 했다.[65]

1940년부터 케인스John M. Keynes와 함께 전후 세계 경제 질서에 대한 논의를 이끌었던 미국의 화이트Harry Dexter White는 국무부 산하의 자문 위원회 소속으로 외교 협회 인사들과 긴밀하게 교류했던 인물이었다. 국제 통화 체제에 관한 논의와 별도로 진행된 무역 협상의 미국 측 대표는, 외교 협회의 핵심 구성원이었던 철강계의 거물 테일러Myron Taylor였다. 화이트와 케인스의 협상은 꽤 오랜 시간을 필요로 했다. 안정적인 국제 통화 체제가 세계 경제의 안정에 필수적이라는 점에는 금세 합의가 이루어졌으나, 그것이 금본위제로의 복귀를 의미하는지에 대해서는 쉽게 논란이 해결되지 않았다. 국제 금융계는 금본위제의 제한적인 개선을 통한 복귀를 희망했으나, 경기 부양이나 산업 경쟁력을 높이기 위한 환율 조정 수단을 사용할 수 없는 금본위제는 기업, 노동조합, 정부로서는 선뜻 받아들이기 어려웠다.

이 문제에 관해 화이트와 케인스는 1944년 초 합의를 이루어 냈다. 이에 따르면, 달러와 금 사이의 태환을 전제로 각국 통화의 환율을 금에 고정하되, 다른 국가들이 거시 경제 정책의 필요에 따라 제한된 범위 내에서 환율을 조정할 수 있는 길을 열어 주고, 통화 안정을 위협하는 국제 투기 자본으로부터 국내 시장을 보호하는 자본 통제를 허용했다. 또한 각국의 환율 조정을 감독하고, 단기적인 유동성 위기에 처한 국가에 긴급 자금을 투입해 국제 통화의 안정성을 유지하는 기관으로 국제 통화 기금International

Monetary Fund, IMF이 제안되었다. 국제 통화 기금의 재원은 미국을 중심으로 회원국의 금 또는 자국 화폐로 지불되는 출자에 바탕을 두고, 회원국은 출자 액수에 따라 투표권을 부여받게 되었다. 그 결과, 가장 많은 금액을 출자한 미국이 사실상 국제 통화 기금의 정책을 좌우할 수 있게 되었다.[66]

국제 통화 기금의 로고

국제 통화 체제와 더불어 미국의 전후 구상에서 중요한 부분을 차지한 문제는 국제 투자와 국제 무역이었다. 화이트와 케인스는 전쟁으로 폐허가 된 유럽과 아시아 여러 나라의 재건에 엄청난 규모의 투자 자본이 필요할 것으로 예측했는데, 특히 철도나 항구와 같은 사회 간접 시설에 대한 대규모 투자가 필수적이라고 판단했다. 화이트와 케인스가 제시한 해법은 국제 부흥 개발 은행—세계은행—을 설립하는 것이었다. 세계은행은 세계 주요 국가의 정치적 지원 아래 민간 자본 시장에서 낮은 금리로 자본을 조달해 대규모 투자 자본이 필요한 국가에 공급함으로써 국제 투자를 활성화시킬 것이었다.[67]

국제 통화 체제와 국제 투자에 관한 합의는 1944년 7월에 체결된 브레턴우즈 협약으로 완성되었다. 남은 것은 국제 무역 문제였다. 전후 자유 무역 시대를 개척할 것으로 평가받았던 국제 무역 기구International Trade Organization, ITO의 설립은 미국 내에서 보호주의자들과 철저한 자유 무역을 원하는 세력의 협공으로 좌절되었다. 그 결과, 국제 무역 기구의 설립과 동시에 추진되고 있던 관세와 무역에 관한 일반 협정General Agreement on Tariffs and Trade, GATT이 전후 무역 체제를 형성하는 기본 틀이 되었다. GATT는 미국이 몇몇 품목에서 관세율을 50퍼센트 이상 낮추고, 영국이 특혜 관세가 적용되는 제국 내의 무역 규모를 5퍼센트 감축하기로 합의함으로써 구체화되었고, 1947년 봄 20여 개국이 서명하면서 발효되었다. 최혜국 원칙을 기반으로 한 GATT 체제는 1949년과 1950~1951년에 열린 2, 3차 회의에서도 각국 간의 의견 차이로 인해 무역 자유화를 진전시키는 데 큰 성과를 거두지는 못했지만, 전후 국제 무역 질서의 기본 틀로 오랫동안 역할을 하게 되었다.[68]

브레턴우즈 협약과 GATT의 체결로 미국이 구상하던 전후 국제 경제 질서의 윤곽은 어느 정도 구체화되었다. 그러나 미국의 가장 중요한 시장이자 전략적인 이해관계의 핵심이었던 유럽의 상황은 몹시 나빴다. 브레턴우즈 협약과 GATT의 가장 중요한 과업은 애치슨Dean Acheson이 미 의회에서 진술한 것처럼 미국의 경제적 이해관계를 증진하는 것이었다. 즉, "새로운 체제는 미국의 수출에 매우 중요하고, 미국의 수출은 미국의 번영을 위해 매우 중요"했지만, 유럽 시장은 그 어느 때보다 미국의 상품을 원했음에도 미국의 상품을 구매할 달러를 갖고 있지 않았던 것이다.[69] 오히려 극도로 열악한 경제 상황 속에서 소련의 직접적인 영향력 아래 있던 동유럽은 물론, 프랑스와 이탈리아 같은 서유럽 여러 국가에서 사회주의 정당의 영향력이 확산되어 미국 중심의 국제 정치경제 질서의 확립을 위협하고 있었다. 미국의 국무 장관 마셜George C. Marshall이 1947년 하버드 대학의 졸업식 축하 연설에서 "악순환을 끊고 유럽인들이 자국과 유럽 전체의 경제적 미래에 대한 자신감을 회복하도록" 유럽 부흥 계획European Recovery Program의 필요성을 역설했던 것은 바로 이러한 위기감을 반영한 것이었다.[70]

유럽에 대한 미국의 원조는 마셜 계획의 도입 이전에 이미 시작되어 1953년까지 여러 경로를 통해 제공되었다. 점령 지역 관리와 구호 기금, 상호 방위 지원 계획, 상호 안전 계획 등을 통해 미국은 마셜 원조와 비슷한 액수의 원조를 제공했고, IMF와 세계은행을 통해서도 약 16억 달러의 자금을 제공하기도 했다.[71] 마셜 계획의 원조 규모는 1948~1949년부터 1950~1951년까지 약 120억 달러에 달했다. 이중 무상 공여로 제공된 것은 92억 달러 정도였고, 대부는 11억 달러, '조건부' 원조는 약 15억 5천만 달러 정도였다. 여기에서 '조건부' 원조는 1948년 체결된 유럽 내 지불 협약을 지원하기 위한 것으로 협약에 참여한 나라들 중 흑자국이 적자국에게 외환을 공여하고, 대신 미국에서 같은 액수의 보상을 받는 것이었다. 이는 달러 부족 문제를 해결하는 동시에 유럽 내의 교역을 증진하기 위한 것이었다. 마셜 계획의 가장 중요한 경제적 목표가 교역의 증진이었다는 점은 원조 금액의 배분 방식에서도 나타난다. 원조 금액의 배분은 각국의 경제 규모가 아니라 해외 무역에서 발생하는 달러 적자 규모에 따라 결정되었던 것이다. 그에 따라 영국을 시작으로 모두 15개국이 원조를 받았다.[72]

실제 원조는 1948년 설립된 유럽 경제 협력 기구Organization of European Economic Co-Operation, OEEC가 공동 입안한 국가별 배분 계획과 사용 계획에 따라 배분되어 공채 상환이나 투자 활동에 사용되었다. 특히 미국이 관심을 기울였던 것은 유럽이 낡은 생산 체제를 청산하고 미국식 과학적 관리와 대량 생산 체제를 수용해 생산력과 생산성을 향상시켜 궁극적으로 노동과 자본의 갈등에 따른 계급 정치에서 탈피해 '생산성의 정치politics of productivity'로 이행하는 것이었다. OEEC 산하의 과학 기술 위원회를 비롯한 여러 생산성 향상 프로그램은 즉시 성공을 거두지는 못했지만 미국식 가치를 확산해 미국의 지도적인 지위를 강화하는 계기가 되었다.[73] 하지만 마셜 계획은 영국과 같은 경우 주로 공채 상환에 사용되고, 독일의 경우에는 주로 식량과 원료 구입에 사용되는 등, 국가 사정에 따라 다양하게 활용되어 전쟁으로 인해 파괴된 사회 간접 자본의 재건 투자에 직접적으로 기여하지는 못했다.[74]

그럼에도 마셜 계획은 전후 극심한 사회 불안을 불러일으켰던 식량과 원료 부족 문제를 해결하는 데 결정적으로 기여해 생산자와 소비자가 시장 경제로부터 이탈하는 것을 막고, 궁극적으로 민간 부문의 생산과 투자가 활성화되는 계기를 제공했다. 실제로 가장 극심한 어려움을 겪었던 독일의 경우, 전쟁으로 인한 막심한 피해에도 자본 축적은 전쟁 이전보다 높았으므로 미국의 원조를 통해 일단 시장 위기를 극복하고 나면 전쟁 이전처럼 유럽의 가장 중요한 공산품 수출국으로서의 역할을 수행할 역량을 충분히 갖추게 되었다. 즉, 마셜 계획은 마치 펌프의 마중물처럼 유럽의 시장 경제가 본격적으로 가동할 수 있는 계기를 제공한 것이었다.[75]

결과적으로 마셜 계획은 서유럽 경제가 전쟁의 상흔을 빠르게 치유하는 데 기여했다. 1947~1951년에 서유럽 전체의 국민 총생산은 30퍼센트 이상 증가했고, 산업 생산은 1938년에 비해 41퍼센트가 늘어났다. 미국이 원했던 무역의 자유화 역시 유럽 내에서 빠르게 진전되었다. 1950년 10월, OEEC는 이듬해 2월까지 회원국 간 수입의 75퍼센트를 자유화하기로 결의했고, 1955년에 이 비율을 90퍼센트로 확대할 것을 결정했다. 1959년에 결성된 유럽 지불 동맹European Payment Union은 경상 거래 제한을 철폐하고 태환 회복을 결의해 일종의 '지역적 브레턴우즈' 체제 설립을 이끌었다.[76]

안정적인 통화 체제와 자유로운 국제 교역을 중심으로 한 미국 중심의 새로운 경제 체제는 언뜻 보기에 영국의 경제적인 우위가 절정에 달했던 19세기 중반 이후의 체제를 연상시킨다. 흔히 1차 세계화로 불리는 이 시기에 영국은 1차 산업 혁명을 통해 확보한 압도적인 산업 생산력을 기반으로 자유 무역의 교리를 세계적으로 전파하며 영국 확대 재생산 체제의 선순환을 추구했다.[77] 영국과 마찬가지로 제2차 세계 대전 이후 미국이 브레턴우즈 협약부터 마셜 계획에 이르기까지 유럽의 재건을 지원하고 국제 통화 체제와 자유로운 국제 교역 및 투자 체제를 건설하는 데 전력을 기울일 수 있게 한 원동력은 역시 미국의 압도적인 생산력과 높은 산업 생산성에 있었다. 유럽 주요 국가들이 제2차 세계 대전 직전의 생산 수준을 회복한 1952년에도 미국은 선진 산업 국가들의 생산의 60퍼센트 정도, 기업 자본 축적의 50퍼센트 이상을 차지하고 있었고, 미국의 1인당 생산성은 영국의 2배, 독일의 3배 수준을 유지할 정도로 압도적인 경제력을 보유하고 있었다.[78]

이처럼 유럽 국가들의 경제가 파탄에 이른 것은 미국에게도 결코 반가운 일만은 아니었다. 1947년부터 공식적으로 시작된 냉전 속에서 미국은 공산주의 세력의 확산을 막고 자유주의 질서를 지키기 위해서 유럽과 일본에 대한 군사·외교적 지원을 유지해야 했고, 유럽과 일본의 정치적인 안정을 위해서는 경제 회복이 필수적이었다. 이러한 상황에서 유럽과 일본의 경쟁력이 향상되지 않는다면 미국에 대한 대규모 국제 수지 적자는 계속될 수밖에 없고, 이는 다시 유럽과 일본의 생산 증대를 가로막는 악순환을 초래해 미국은 결국 막대한 경제 원조의 부담을 계속해서 짊어질 수밖에 없었다. 이는 미국 납세자의 조세 부담을 가중시키고, 정부의 균형 재정을 가로막으며, 미국 경제의 중추인 제조업의 지속적인 발전을 방해하는 요인이 될 것이다. 따라서 미국의 정책 결정자들은 "세계 시장에서 우리와 경쟁할 수 있고 경쟁할 유럽, 그리고 바로 그러한 이유로 상당한 양의 우리 상품을 구매할 수 있는 유럽"을 원했던 것이다.[79]

이러한 전망 아래 미국은 마셜 계획을 도입해 유럽의 재건을 지원했고, 자유로운 국제 무역과 투자 체제를 확산시키는 데 전력을 기울였다. GATT 체제는 미국이 원하는 다자간 자유 무역을 확립하는 데는 실패했지만, 미국은 1930년대 60퍼센트에 이르렀던 평균 관세율을 20퍼센트 이하로 낮춰 국내 시장을 개방함으로써 자유 무역을 향한 강한 의지를 보여주었다. 그 결과, 미국 역사상 처음으로 국내 시장에 국적을 불문하고 세계 각국의 상품이 유입되는 길이 열렸다. 하지만 미국은 미국과 같은 시장 개방을 유럽을 비롯한 세계 각국에 일방적으로 강요하지는 않았다. 적어도 단기적으로는 미국의 이해관계와 미국이 구상하는 세계 질서에 더욱 중요한 것은 유럽과 일본의 회복이었기 때문이었다. 따라서 미국은 전후 유럽 각국이 앞다투어 도입한 '계획planning'을 용인하고 보호 무역이나 산업 정책과 같은 정책 수단을 활용하는 것을 수용했다. 이와 마찬가지의 논리에서 한국이나 대만 같은 저개발 국가에 경제 원조를 제공했을 뿐만 아니라, 이들 국가의 정부가 강력한 국내 시장 보호, 덤핑 같은 수단을 활용해 유치산업을 육성하는 것 역시 용인했다.[80]

자유 무역을 지향하는 미국의 전후 정책은 언뜻 보기에 19세기 중반부터 영국이 추구했던 자유 무역과 유사하지만 몇 가지 점에서 중요한 차이가 있다. 앞에서 살펴보았듯이 영국이 보호주의에서 자유 무역으로 전환한 것은 1차 산업 혁명이 제공한 경제적·기술적 우위가 있었기 때문이었다. 그러나 1차 산업 혁명 시기의 영국의 기술은 후발 산업국들이 쉽게 추격할 수 있는 것이었고, 곧 새로운 기술로 영국의 기술 수준을 뛰어넘었다. 그 결과, 영국이 한동안 지배했던 산업 국가와 농업 국가 간의 국제적 분업은 비슷한 상품을 생산하는 여러 산업 국가들 간의 치열한 경쟁으로 변해 국제 질서가 매우 불안정해졌다. 반면, 제2차 세계 대전 이후 미국이 수립한 국제 분업 체계는 선·후발 산업 국가들 간의 수직적 분업에 바탕을 두고 있었다. 가장 앞선 미국을 정점으로 유럽과 일본 등 몇몇 국가들이 중간층을 차지하고, 주로 1차 산업에 특화한 다수의 개발 국가들이 최하층을 구성하는 수직적 서열이 형성되었던 것이다. 각국은 생산력과 기술 수준에 따라 차별화된 상품에 특화하면서 이 수직적 분업 구조에 진입하게 되었는데, 이로써 19세기 말부터 세계 경제의 불안정성을 가중시켰던 경쟁 대신 보완적 협력 관계가 강화되었다.

물론 한 세기 전 영국과 달리 미국이 유럽이나 일본, 심지어 저개발 국가의 산업화를 지원하고 새로운 국제 분업의 정착을 위해 노력했던 것은, 단지 미국 정부나 국민이 이른바 패권 국가로서 세계의 화합과 평화를 구축해야 할 책임감을 느꼈기 때문만은 아니었다. 그러한 책임감 뒤에는 수직적인 국제 분업 구조에 바탕을 둔 세계 경제 전체의 발전이 미국의 확대 재생산 체제의 지속에 필수적이라는 믿음이 있었던 것이다. 구체적으로 이는 두 가지 중요한 사실에 바탕을 두고 있었다. 첫째, 미국이 구상한 수직적인 국제 분업 체제에서 가장 많은 이익을 얻은 것은 결국 생산력과 기술 수준이 가장 앞선 미국이 될 것이라는 사실이었다. 이는 부가 가치가 높은 기술 집약적 상품을 생산하는 선진 산업 경제와 상대적으로 부가 가치가 낮고 노동 집약적인 상품에 특화하는 후발 산업 경제의 분업에서 선진 산업 경제가 항상 더 많은 이익을 확보할 것이라는 점, 또 이 같은 분업이 지속될수록 확대 재생산 체제의 가속하는 속성으로 인해 양 진영의 격차는 오히려 더 벌어질 수밖에 없다는 점 때문이다. 둘째, 유럽과 일본, 그리고 저개발 국가들이 상대적으로 값싼 임금에 바탕을 두고 생산한 각종 소비재와 중간재는 미국의 제조업 경쟁력을 강화하고 소비자들에게 이익을 제공한다는 것이다. 값싼 중간재는 미국 제조업의 높은 비용 구조를 완화하는 역할을 수행해 미국 상품의 경쟁력을 높이는 한편, 값싼 수입 소비재는 미국의 대중 소비 사회가 더욱 발전하는 계기가 될 것이기 때문이다. 이와 같이 전후 미국의 확대 재생산 체제가 전 세계적인 차원에서 제조업 및 1차 산업이 동반 성장하는 것을 필요로 했다는 점에서 매우 독특하다. 이것이 바로 글로벌 확대 재생산 체제이다.

물론 미국이 주도한 새로운 수직적 국제 분업 구조는 전후 '대호황'의 가장 중요한 원동력이 되었다. 미국이 구상했던 완전한 자유 무역 체제는 완성되지 않았으나, 대호황기 세계 무역은 전간기 세계 경제를 압박했던 보호 무역 체제와 비교하면 훨씬 더 자유 무역에 가까운 형태를 갖추게 되었다. 제조업 제품의 세계 무역은 1951~1953년부터 1969~1971년까지 무려 349퍼센트의 성장을 기록했고, 선진 산업 국가들의 제조업 제품 수출은 같은 기간에 480퍼센트 증가했다. 관세 장벽 역시 빠르게 축소되었다. 1958년 유럽 경제 공동체European Economic Community, EEC가 등장해 유럽 내부의 무역이 더욱 자유화되었고, 영국을 비롯한 7개 비EEC 국가들이 결성한 유럽 자유 무역 연합European Free Trade Association, EFTA 역시 무역의 자유화를 촉진했다. 1960년대 후반 케네디 라운드—관세 무역 일반 협정의 제6차 관세 교섭으로 미국 케네디 대통령이 제안하여 열렸으며, 제네바에서 54개국의 참가로 진행되어 공산품에 대한 33~35퍼센트의 관세 인하를 협정—이후 공산품에 대한 평균 관세는 30퍼센트 이상 인하되었고, 특히 기계류와 자동차의 경우 평균 관세는 50퍼센트 이상 인하되었다.[81]

대호황 시기에 미국의 총생산과 1인당 생산성은 꾸준히 향상되어 무역 역시 지속적으로 흑자를 기록했다. 특히 1947~1960년의 성과는 괄목할 만했다. 1954년 달러 가치로 환산할 때, 미국의 국민 총생산은 1947년 2,800억 달러에서 1960년 4,390억 달러로 증가했다. 즉, 56퍼센트의 증가율을 기록했다. 제조업 생산 역시 빠른 성장을 기록했다. 연방 준비 위원회의 제조업 생산 지수 추계에 따르면, 1929년 제조업 생산 지수는 58에 불과했다가 1947년 100에 이르고, 1960년에는 163으로 상승했다. 앞에서 언급했듯이 대호황은 대중 소비의 폭발적인 증가를 수반했다. 역시 1954년 달러 가치로 환산할 때, 개인 소비 지출은 1947년 1,950억 달러에서 1960년 2,980억 달러로 늘었다. 같은 기간 미국의 절대 인구가 미국 역사상 가장 빠르게 늘었다는 점을 감안하더라도 많은 미국인이 대호황의 혜택을 누린 것은 부정할 수 없다. 이 기간에 1인당 국민 총생산은 24퍼센트 증가했고, 1인당 소비 지출 역시 22퍼센트 늘었다.[82]

그러나 대호황기에 가장 놀라운 성과를 거둔 것은 서유럽(특히 독일)과 일본이었다. 1인당 생산성을 비교할 경우 1960~1973년 미국 제조업의 시간당 생산성은 연간 3.7퍼센트(1960년대 초반)와 3.9퍼센트(1970년대 초반) 성장하는 데 그친 반면, 유럽은 각각 6.2퍼센트와 5.5퍼센트의 성장을 기록했다. 일본의 생산성 향상은 더욱 빠르게 진행되어 같은 기간 각각 8.6퍼센트와 9.5퍼센트를 기록했다. 1인당 자본을 비교해도 비슷한 양상이 확인된다. 1960년대 초반 미국의 1인당 자본 축적은 연평균 0.9퍼센트 증가하는 데 그친 반면, 유럽은 5.6퍼센트, 일본은 무려 11.9퍼센트 증가했던 것이다. 그 결과, 미국 경제가 세계 경제에서 차지하는 비중 역시 줄어들 수밖에 없었다. 1950년 선진국의 총생산 중 미국이 차지하는 비중은 무려 58퍼센트였으나, 1970년에는 47퍼센트로 줄어들었다. 제조업 생산성의 격차 역시 줄어들어 1950년 미국 제조업 생산성은 독일의 3배, 일본의 8.6배였으나, 1970년에는 각각 1.7배와 2.4배로 줄어들게 되었다.[83]

잘 알려진 것처럼 독일과 일본의 성장은 미국의 군사적·경제적 원조, 느슨한 형태의 국제 자유 무역 체제의 확산, 특히 미국 시장의 개방과 국내의 비관세 보호주의의 결합, 제조업 수출 기업에 대한 국가의 지원이 결합된 결과였다. 특히 주목할 점은 전간기와 제2차 세계 대전 직후 극심한 인플레이션으로 고통을 받았던 국가들답게 두 나라 모두 정부의 재정 정책은 미국이나 다른 유럽 국가들에 비해 훨씬 더 보수적인 재정 균형을 일관되게 추구했던 반면, 미시적인 정책 지원을 통해 제조업 부문의 생산력과 생산성을 높이는 데 주력했다는 사실이다. 가령, 독일이 해외 자본의 독일 유입을 통제하고 수출 보조금이나 각종 금융 특혜를 통해 수출 기업들의 경쟁력을 끌어올렸다거나, 일본 정부가 통상 산업성MITI을 중심으로 기업의 투자 보조, 해외 자본 유입의 제한, 가격 차별화(즉, 덤핑) 등을 주도했다는 것은 잘 알려진 사실이다. 하지만 이 두 나라의 또 하나의 장점은 모두 제2차 세계 대전을 거치면서 설비, 기술, 인적 자본에 막대한 투자를 감행했던 경험이 있었다는 사실이다. 더욱이 부존자원의 수준에서나 전쟁 이전의 생산력과 생산성 격차를 고려할 때, 독일과 일본 정부는 미국에 비해 훨씬 더 강압적인 수단에 의지해 산업 생산력을 높이는 노력을 기울여야만 했다. 그 같은 노력은 물론 승전으로 이어지지 않았으나 생산 설비, 기술, 숙련된 노동력을 갖출 수 있었고, 이것이 결국 독일과 일본이 마치 '불사조'처럼 전쟁의 막대한 인적·물적 손실을 빠르게 극복하고 미국을 추격할 수 있었던 원동력이었다.[84]

이처럼 미국이 건설한 새로운 전후 세계 경제 질서는 미국의 확대 재생산 체제의 지속적인 발전뿐만 아니라 유럽과 일본, 그리고 몇몇 개발 도상국들의 빠른 경제 성장을 촉진했다. 과거 영국이 1차 산업 혁명에서 비롯된 기술적 우위와 생산력을 바탕으로 자유 무역을 주창하며 세계 경제의 통합을 촉구했던 것이 후발 산업국들의 큰 호응을 얻지 못했던 것과 달리, 미국이 주도한 전후 질서는 미국뿐만 아니라 모든 자본주의 국가에 지속적인 경제 성장을 약속하는 것 같았다. 물론 이러한 놀라운 성과를 가능하게 한 원동력은 미국의 압도적인 경제적 우위였다. 미국은 마치 지금까지 등장했던 모든 경제 사회의 장점을 한곳에 모은 것과 같은 면모를 갖추고 있었다. 토지를 비롯한 미국의 풍부한 자원은 여전히 미국의 강력한

1차 산업 부문을 뒷받침하고 있었고, 이미 식민지 시대부터 발전한 미국의 상업과 금융업은 미국의 방대한 국내 시장을 통합하는 데 이어 세계 시장을 장악했다. 농업 사회의 단순 재생산 체제와 상업 사회의 확대 재투자 체제의 장점 위에 남북 전쟁 이후 본격적으로 발전한 제조업은 미국의 확대 재생산 체제를 탄생시켰고, 이는 결국 제1차 세계 대전 후 미국이 세계 경제의 패자로 등극하는 동력을 제공했다. 더욱이 미국 확대 재생산 체제의 발전은 비단 제조업뿐만 아니라 농업과 상업의 발전 역시 가속하게 만드는 힘을 갖고 있었다. 결국 '미국의 세기American century'는 미국 확대 재생산 체제의 생산력과 기술의 우위에 달려 있었던 것이다.

에필로그

역사상 최초로 가속적인 경제 성장의 가능성을 보여 주었던 확대 재생산 체제는 영국의 1차 산업 혁명을 통해 모습을 드러냈고, 2차 산업 혁명을 선도했던 미국에 의해 완성되었다. 미국의 확대 재생산 체제는 1945년 이후 각각 브레턴우즈 체제와 GATT 체제로 명명된 국제 통화와 자유 무역 체제 속에서 전 세계로 확장되었다. 이를 통해 미국을 정점으로 유럽 및 일본 등의 산업 국가들, 새로운 개발 도상 국가들과 여전히 1차 산업에 특화한 농업 국가들을 연결하는 수직적 국제 분업 체제가 탄생했다. 이 새로운 국제 분업 체제는 미국뿐만 아니라 미국을 추격하는 후발 산업국들의 빠른 경제 성장을 이끌었고, 그 결과 세계 경제는 역사상 유례를 찾아볼 수 없는 대호황을 누렸다. 이 자본주의의 '황금기'는 공급 부문의 기술 혁신으로 새로운 상품이 생산되고 새로운 상품이 새로운 수요를 끊임없이 빠르게 창출하는, 확대 재생산 체제의 성장 원리가 가장 충실하게 구현된 시대였다. 제2차 세계 대전 직후 미국이 약속했던 것처럼 생산력과 생산성 향상에 힘입은 가속적인 경제 성장은 과거 농업 사회나 상업 사회가 직면했던 성장 한계와 그로 인해 발생하는 제한된 경제 잉여를 둘러싼 사회적·국제적 갈등 문제를 영원히 극복한 것 같았다. 선진 자본주의 국가들의 국민은 안정적인 고용, 높은 임금, 풍족한 소비의 혜택을 마음껏 누렸고, 수많은 개발 도상국 국민들의 미래도 선진국 국민의 선례를 곧 따라갈 것처럼 보였다.

하지만 빠른 경제 성장이 당연한 것처럼 보였던 대호황 시대는 지속되지 않았다. 공교롭게도 경제 성장이 결코 당연한 것이 아니라는 사실을 가장 먼저 깨닫기 시작한 것은 대호황의 제도적 기초를 마련했던 미국이었다. 이미 1960년대 초 미국 정치에서는 미국의 경제 성장이 유럽, 특히 독일에 비해 훨씬 느릴 뿐만 아니라 소련의 사회주의 계획 경제가 괄목할 만한 성과를 거두고 있다는 사실이 주목받기 시작했던 것이다. "새로운 프런티어"를 선언했던 케네디John F. Kennedy 대통령이 자신의 주요 경제 고문이었던 헬러Walter Heller를 파리 경제 회의에 보내면서 "유럽 성장의 비밀을 발견하기 전까지는 돌아오지 말 것"을 지시했던 것은 상황 변화를 여실히 보여 주는 에피소드였다. 물론 케네디와 존슨L. B. Johnson 행정부 시절까지 미국 경제는 매년 5퍼센트의 성장을 기록해 최저 3.9퍼센트 실업률과 15퍼센트 이하의 빈곤율을 유지하기는 했다.[1] 그러나 이러한 괄목할 만한 성과도 독일이나 일본의 기록적인 성장에 비하면 부족해 보였다. 게다가 1965년에 시작된 베트남 전쟁은 막대한 군사비 지출을 강요했다.[2]

상대적으로 느린 경제 성장과 대규모 군사비 지출은 곧 미국이 지배했던 국제 통화 체제에 문제를 불러일으켰다. 브레턴우즈 체제에서 미국의 달러는 금의 가치에 고정된 유일한 태환 화폐로 특권적인 지위를 누렸다. 전후 국제 무역의 확대와 국제 금융 시장의 발전에 따라 달러 수요는 더욱 늘어났고, 유럽 각국과 일본은 금보다 달러를 지급 준비금으로 확보하는 노력을 기울였다. 미국이 상품 무역에서 막대한 흑자를 기록하고 미국인들의 해외 자산에서 발생하는 이자와 배당금이 미국에 지속적으로 유입되던 대호황 시기에, 각국 정부의 달러 수요를 충족시킨 것은 결국 미국 자본의 해외 유출과 차관, 원조, 군사 지출을 포함한 미국 정부의 해외 지출이었다. 1960년대 말에 이르면, 후자가 전자를 초과해 300억 달러 이상의 달러가 외국 중앙은행들에 예치된 반면, 미국의 금 보유고가 부족한 상황이 벌어졌다. 이러한 상황에서 1970년대 초 미국 정부가 통화량을 대폭 확대해 경기 부양을 시도하면서 미국 내 이자율이 하락하자 투기 자본이 대규모로 이탈하기 시작했다. 이는 결국 닉슨R. M. Nixon 행정부가 1971년 달러의 금 태환을 중단하는 극단적인 조치를 취하도록 강요했다. 그런데도 투기는 곧 재개되어 달러 유출은 멈추지 않았고, 결국 여러 중앙은행들은 자국 통화의 달러에 대한 환율을 일정 범위 내에서만 조정한다는 브레턴우즈 체제의 원칙을 포기했다. 이로써 엄밀한 의미의 브레턴우즈 체제는 사실상 끝나고 변동 환율 시대가 시작되었다.[3]

유럽과 일본의 추격, 브레턴우즈 체제의 종결, 그리고 1973년 이후 등장한 세계 경제의 위기는 미국 중심의 세계 경제 질서의 지속 가능성과 미국의 쇠퇴에 대한 의문을 증폭시켰다. 미국 정부는 달러의 평가 절하, 독일과 일본의 통화 평가 절상, 미국으로부터의 수입 확대 및 내수 시장 진작을 요구하는 등의 조치를 통해 미국의 무역 적자를 해소하고 침체된 세계 경제 수요를 진작하려 했지만, 큰 성과를 거두지 못했다. 석유 파동 후에 세계 경제가 더욱 위축되었는데도 일본과 독일의 제조업 기업들의 수출 경쟁력은 더욱 강화된 반면, 미국 제조업 부문은 크게 위축되었다. 대호황 시기를 풍미했던 케인스주의를 버리고 '공급 측면의 경제학'을 내세웠던 레이건Ronald Reagan 행정부 때도 상황은 별로 나아지지 않았다. 미국 자동차 산업의 쇠퇴에서 극적으로 드러나는 미국 제조업 경쟁력의 위기는 1980년대 말까지도 회복의 기미를 보이지 않았고, 이를 만회하기 위해 미국 정부가 특히 독일과 일본의 환율 정책에 압력을 행사하고 각종 보호 무역 조치를 도입하면서 미국의 쇠퇴는 더욱더 분명해 보였다.[4] 미국 경제의 쇠퇴에 대한 논의는 IT 산업과 금융업의 약진에 힘입어 1990년대 미국과 세계 경제가 호황을 누리면서 잠시 주춤했으나, 21세기에 접어들면서 미국의 재정 적자가 천문학적인 규모로 증가하고 전 세계적인 금융 위기에서 미국 금융업의 취약성이 노출되면서 다시 탄력을 받고 있다.

물론 미국 경제가 돌이킬 수 없는 쇠퇴의 길로 접어들었는지는 선불리 판단하기 어렵다. 성장률 면에서 미국 경제가 유럽과 일본, 그리고 개발 도상국의 성장에 비해 느리게 성장한 것은 부정할 수 없는 사실이다. 미국 경제의 쇠퇴에 관한 논의가 본격적으로 시작된 1970~1980년대 미국의 실질 국내 총생산은 2.8퍼센트의 성장률을 기록해 유럽의 2.9퍼센트, 일본의 4.3퍼센트에 비해 뒤처진 것이 사실이기 때문이다. 하지만 1980~1990년대 미국 경제의 성장률은 유럽을 앞질렀고, 1990년대에는 유럽뿐만 아니라 일본에 비해서도 훨씬 빠른 성장률을 기록했다는 점을 염두에 둘 필요가 있다.[5] 어찌 보면 더 중요한 사실은 미국 경제가 세계 경제에서 차지하는 비중이 1980년대 이래 크게 변하지 않았다는 점일지 모른다. 1980년대 세계 총생산에서 약 4분의 1을 차지했던 미국 경제는 2005년에도 여전히 20퍼센트를 차지하고 있다. 이를 미국이 세계 총생산의 절반 이상을 차지했던 1950년대 초와 비교하면 미국 경제가 급격한 쇠퇴를 경험했다고 주장할 수도 있겠지만, 관점에 따라서는 주요 선진 산업 국가들의 생산력이 제2차 세계 대전으로 인해 소진된 1950년대야말로 예외적인 상황이라고 볼 수도 있는 것이다.[6]

경제 규모나 성장 추세뿐만 아니라 국가 전체의 역량 면에서 살펴보면, 미국의 쇠퇴를 운운하는 일이 더욱 시기상조처럼 보이기도 한다. 프롤로그에서 살펴보았던 폴 케네디의 『강대국의 흥망』은 경제력이 감당할 수 없는 수준의 군사적인 '과잉 팽창overstretch'이 결국 패권 국가의 쇠퇴로 이어진다고 주장하며 미국의 쇠퇴를 강력히 경고한 바 있다. 그러나 잘 알려진 것처럼 1990년대 이후 미국의 군사력은 오히려 강화되었고, 따라서 막대한 재정 적자 누적에도 군사비 지출은 크게 늘었다. 더 중요한 사실은 미국의 군사적인 역량 확대에 대한 비판적인 여론이 확산되고 있지만 이를 견제할 만한 실질적인 대안이 뚜렷하지 않다는 점이다. 국가의 군사력과 경제력을 포괄해서 강대국의 상대적인 순위를 측정한 한 연구에 따르면, 21세기 미국은 세계 군사력의 60퍼센트, 경제력에서는 40퍼센트를 차지하고 있다는 점을 확인할 수 있다. 이는 결국 경제력이나 포괄적인 국력 면에서 미국의 쇠퇴를 이야기하기는 이르다는 사실을 말해 준다.[7]

그런데도 미국 경제의 상대적인 쇠퇴에 대한 논란이 끊이지 않는 까닭은 무엇일까? 1990년대 말 이후 더욱 빈번하게 나타난 경제 위기, 중국과 인도를 비롯한 신흥 국가들의 생산력 약진과 이들 경제가 보유한 막대한 금융 자산, 미국의 기록적인 재정 적자 등은 모두 미국의 쇠퇴에 관한 최근 논의에서 빠짐없이 등장한다. 하지만 국가의 경제 발전 원리를 중심으로 강대국의 흥망을 역사적으로 검토한 이 책은 단기적인 요인에 집착해서는 미국의 쇠퇴 문제에 관해 의미 있는 결론을 도출하기 어렵다는 점을 보여 준다. 앞에서 이론적인 논의와 영국 및 미국의 확대 재생산 체제의 발전 과정을 검토해 확대 재생산 체제의 특징을 기술 혁신에 바탕을 둔 공급의 확대가 지속적으로 새로운 수요를 창출해 일어나는 가속적인 성장이라고 규정한 바 있다. 물론 공급의 확대와 수요의 창출 사이에는 시간적인 격차가 발생할 수 있기 때문에 확대 재생산 체제는 때때로 공황과 같은 위기에 직면할 수 있다. 하지만 정부 정책이나 전쟁을 통해서 위기는 극복될 수 있었고, 특히 지속적인 기술 혁신을 수행한 확대 재생산 체제는 이를 통해 다시 선순환을 회복하곤 했다. 제2차 세계 대전 이후 미국의 우위에 가장 심각하게 도전했던 것이 바로 독일과 일본이었다는 것은 이 점을 다시 한 번 확인해 준다. 물론 전쟁이라는 비도덕적인 수단에 의존하기는 했지만, 이 두 나라 모두 산업 시대의 총력전을 통해 주로 중화학 공업을 중심으로 기술을 축적하고 자본 축적을 대규모로 확장한 경험을 갖고 있었다. 그 덕분에 제2차 세계 대전에서 패했음에도 이 두 나라는 전시에 축적된 기술, 인력, 자본에 바탕을 두고 전후에 빠른 속도로 생산력과 생산성을 회복했다. 이를 '불사조 효과'라 불렀다.

이러한 관점에서 1970년대 이후 미국의 상황을 검토해 보면 한 가지 의문이 생긴다. 확대 재생산 체제는 지속적인 기술 혁신에서 시작되는 선순환을 통해 경제 성장의 속도가 점점 더 빨라지는 경제 체제이다. 따라서 이론적으로 일단 확대 재생산 체제의 선순환이 시작되면 경제 성장에는 한계가 있을 수 없다. 이 책에서 여러 차례 강조했듯이 이것이 바로 확대 재생산 체제를 농업 사회의 단순 재생산 체제 및 상업 사회의 확대 재투자 체제와 구별하는 가장 중요한 점이다. 따라서 확대 재생산 체제를 구축한 특정 국가 경제 체제의 경제 성장이 둔화되고 생산력과 생산성 성장이 빠르게 일어나지 않는다면, 이는 결국 기술 혁신에서 신상품의 개발과 새로운 수요의 창출로 이어지는 선순환이 깨지기 시작했다는 것을 의미한다. 19세기 말 이래 영국의 경제사는 바로 확대 재생산 체제가 선순환에서 이탈한 뚜렷한 사례였고, 최근 미국 경제의 쇠퇴에 관한 논의 역시 그 이면에는 결국 미국 경제 또한 확대 재생산 체제의 선순환에서 이탈하고 있는 것이 아닌가 하는 의문이 자리 잡고 있다. 과연 미국 경제는 확대 재생산 체제의 선순환에서 이탈하고 있는 것일까? 만일 그렇다면 미국 경제는 왜 독일이나 일본처럼 국가 경제를 확대 재생산 체제의 선순환에 복귀시키는 과업을 달성하지 못했을까?

여기에서 이러한 질문들에 명쾌한 답변을 제시하는 일은 불가능하다. 왜냐하면 확대 재생산 체제의 근간이라고 할 연구 개발과 기술 혁신의 문제로 시야를 좁히더라도 1970년대 이후 미국과 주요 산업 국가들, 그리고 중국을 비롯한 신흥 국가들의 연구 개발을 향한 노력과 성과, 이를 뒷받침하는 기업과 정부의 정책을 면밀하게 검토해야만 하기 때문이다. 또 미국의 경제 체제가 최초의 글로벌 확대 재생산 체제였다는 점을 감안할 때, 1970년대 이후 빠르게 변화한 세계 경제 환경과 새로운 경쟁의 양상을 꼼꼼하게 살펴보는 일도 빼놓을 수 없다. 이 같은 작업은 후일로 미룬다 하더라도 몇 가지 단편적인 사실은 현재 미국의 경제가 19세기 말 영국, 또 더 거슬러 올라가면 17세기 네덜란드처럼 중요한 선택의 순간에 직면하고 있다는 점은 분명한 것 같다.

잘 알려진 것처럼 적어도 20세기 초반부터 미국 확대 재생산 체제의 가장 중요한 자산은 연구 개발에 대한 엄청난 투자와 여기에서 축적된 방대한 지식이었다. 미국은 압도적인 생산력과 생산성 우위를 차지하고 있었던 1950~1960년대에도 여전히 연구 개발에 투자를 아끼지 않았고, 이 부문에서 미국의 우위는 여전히 계속되고 있다. 그러나 미국의 연구 개발 투자는 주로 정부가 주도했고, 특히 방위 산업과 관련된 부문에 투자가 집중되어 즉시 상업화하기 어려운 문제점을 안고 있었다.[8] 하지만 1980년대 이후 상황은 달라지기 시작했다. 연구 개발 투자에서 연방 정부가 차지하는 비중은 점점 줄어들었고, 기업의 연구 개발 투자가 점점 더 큰 비중을 차지하기 시작했다. 더 큰 변화는 미국의 연구 개발 투자의 상대적인 위상에서 나타났다. 1980년대 이후 독일을 비롯한 유럽과 일본이 미국의 사례를 적극적으로 받아들여 연구 개발에 막대한 자본을 투입하기 시작했고, 21세기에 들어와서는 중국을 비롯한 신흥 산업 국가들 역시 같은 노력을 기울이고 있다. 연구 개발 투자와 과학 기술 지식의 축적에서 미국은 여전히 우위를 차지하고 있지만, 미국과 다른 국가들 간의 격차는 빠르게 줄어들고 있다.[9]

게다가 미국 확대 재생산 체제의 미래에 관한 우려되는 변화는 미국 제조업의 경쟁력 약화와 탈제조업화 경향이다. 미국 제조업의 경쟁력 약화는 이미 1950~1960년대 대호황 시기부터 징조가 보이기 시작했다. 당시 미국의 기업은 독일이나 일본의 경쟁 기업만큼 공격적인 투자에 소홀했던 것이다. 독일이나 일본의 기업이 유보 이윤뿐만 아니라 정부의 정책적인 지원이나 투자 은행의 지원을 받는 대규모 차입을 통해 과감한 투자를 진행하는 동안 미국의 기업은 이윤을 재투자하는 데 만족했고, 이것이 미국의 자동차, 철강, 전자 산업의 몰락으로 이어졌다는 것은 잘 알려진 사실이다. 하지만 한때 미국의 확대 재생산 체제를 이끌었던 이들 산업의 몰락이 미국 확대 재생산 체제가 처한 핵심적인 문제는 결코 아니라는 점을 분명히 이해해야 한다. 누누이 강조했듯이 확대 재생산 체제의 선순환은 지속적인 기술 혁신에 달려 있고, 기술 혁신은 기존 산업의 생산력과 생산성을 향상시키는 것뿐만 아니라 새로운 산업의 창출로 이어지기 때문이다. 따라서 미국의 문제점은 전통 산업의 쇠퇴 자체가 아니라 이를 대체하는 새로운 산업이 미국의 생산력과 생산성 향상에 얼마나 기여하고 있는

지 살펴보아야만 이해할 수 있는 것이다.

바로 이 점에서 미국 경제가 중요한 전환점에 도달했음이 분명히 드러난다. 1990년대 미국의 '신경제'를 이끌었던 정보 통신 산업과 생명 공학 산업은 여전히 활력을 유지하고 있지만 미국 경제의 중심은 점점 더 제조업에서 이탈하고 있기 때문이다. 이는 단적으로 미국 국내 총생산에서 서비스 부문이 점점 더 큰 비중을 차지하고 있는 역사적인 추세에서 잘 나타난다. 서비스 부문의 비중은 1960년대에는 30퍼센트 정도였으나, 2011년에는 무려 46퍼센트로 늘었고, 금융 부문이 차지하는 비중은 2011년 8.4퍼센트에 달했다.[10] 게다가 부동산과 건설 부문의 비중을 감안하면, 결국 21세기 미국 경제의 원동력은 더 이상 제조업이 아니라는 점은 분명해 보인다. 물론 국민 경제에서 제조업이 차지하는 비중이 점점 더 줄어드는 현상은 유럽이나 일본에서도 마찬가지로 확인되므로 결코 미국만의 문제는 아니라고 볼 수 있다. 더욱이 금융 서비스는 국가의 경제 자원을 효율적으로 배분하는 데 필수불가결한 것이므로 금융 서비스의 팽창 자체가 확대 재생산 체제의 쇠퇴를 가져오는 것은 아니다. 문제는, 2008년 서브프라임 위기에서 극명하게 드러난 것처럼 미국에서 금융 서비스의 확장이 경제적인 부가 가치를 생산하는 산업에 대한 투자가 아니라, 주로 부가 가치를 이전하는 부동산 부문이나 투기적인 용도에 집중된 것이었다. 이 같은 경향이 지속될 경우 장기적으로 미국의 확대 재생산 체제가 선순환에서 이탈하는 사태가 불가피하다는 것은 과거 영국이나 네덜란드의 사례가 남긴 가장 중요한 교훈이라는 점은 논란의 여지가 없다.

스페인 제국의 흥망에서 출발해 미국의 세기까지 살펴본 이 책은 결국 강대국의 흥망이 국가의 경제 체제의 속성에 달려 있다는 점을 강조했다. 근대 초 가장 강력한 제국을 건설했던 스페인이 농업 사회의 단순 재생산 체제에 내재된 체감하는 성장의 한계를 극복하기 위해 끊임없이 새로운 영토의 정복과 경제적인 잉여의 수취에 매달렸고, 이것이 결국 스페인 경제의 쇠퇴를 촉진하는 악순환을 가져왔다는 사실을 지적했다. 스페인 제국의 지배로부터 독립해 가장 선진적인 상업 체제를 건설했던 네덜란드는 이윤을 새로운 상업 활동에 끊임없이 투자하는 확대 재투자 체제를 완성했으나, 네덜란드 경제 역시 근본적으로 수확이 체감하는 농업과 사치품의 교역에 의존해 한계에 맞닥뜨렸다. 이러한 농업 사회와 상업 사회의 경제적 한계를 극복하면서 성장의 새로운 가능성을 열어 준 것은 확대 재생산 체제였다. 확대 재투자 체제에 공급 부문의 혁신을 결합한 영국의 1차 산업 혁명, 과학 기술과 생산의 결합을 특징으로 하는 미국과 독일의 2차 산업 혁명은 바로 확대 재생산 체제의 탄생과 성숙을 알리는 사건들이었다.

확대 재생산 체제를 처음으로 구축한 영국에 비해 미국의 경제 체제는 매우 독특한 면모를 갖추고 있었다. 미국의 광대한 영토와 풍부한 천연자원, 식민지 시대부터 내려오는 상업적인 전통에 19세기 중반 이후 본격적으로 진행된 산업화는 미국의 경제 체제를 마치 농업·상업·산업 사회의 장점만을 모아놓은 것과 같은 것으로 만들었다. 물론 미국이 확대 재투자 체제에서 확대 재생산 체제로 이행했던 것은 영국과 같은 과정으로 진행되었던 것이 사실이지만, 미국은 영국에 비해 농업 및 상업 사회의 경제적 장점을 극대화하는 데 훨씬 유리한 위치에 있었다. 역사상 그 어떤 경제 체제도 갖추지 못한 이러한 장점들 덕분에 미국 경제는 과거 100년 동안 세계 경제의 패권국이 될 수 있었다. 하지만 앞에서 살펴본 것처럼 오늘날의 미국 경제는 과거 네덜란드와 영국이 그랬듯 중요한 기로에 서 있다. 과거 미국은 두 차례의 세계 대전을 통해 확대 재생산 체제의 선순환을 더욱 원활하게 작동시킬 수 있는 기회를 갖게 되었다. 미국의 막강한 경제력에 맞서야 했던 독일이나 일본 역시 전쟁 기간의 기술 혁신과 자본 축적을 토대로 '불사조'처럼 확대 재생산 체제의 선순환을 회복했다. 그렇다면 자본이 점점 더 비생산적인 경제 활동에 투입되고, 점점 더 치열한 시장 경쟁에 직면한 미국의 확대 재생산 체제가 새로운 활력을 찾는 길은 또 한 번의 전쟁이 되어야만 할까? 아니면 미국뿐만 아니라 선진 산업 국가들과 개발 도상국들이 지속적인 경제 성장이 약속하는 번영을 누릴 수 있는 새로운 길이 있을까? 이 질문에 대한 대답은 후속 연구에서 제시할 것을 약속한다.

주

프롤로그

1 Silvano Belligni, "Egemonia", *Dizionario di politica*, diretto da Norberto Bobbio e Nicola Matteucci (Torino, 1976), p. 361.

2 그람시가 패권의 개념을 주로 일국 내 계급 관계 속에서 사용하는 것은 사실이지만, 그의 인식은 거기에 국한되지 않는다. 그는 특정한 계급이 진정한 패권을 행사하기 위해서는 스스로 국가가 되어야 한다고 말한다. 즉, 국가가 됨으로써 계급은 패권을 완성한다는 말이다. 그 사례로 그람시는 18세기 말 프랑스 혁명기 자코뱅의 경우를 들고 있지만, 실제로 16~18세기 네덜란드와 영국의 지배 계층의 경우도 국가가 됨으로써 완성된 패권의 사례를 생생하게 보여 준다. 이렇듯 네덜란드와 영국에서 그 자체가 국가와 동일시된 패권 계급, 즉 자본주의적 상인 계층과 지주 계층은 역사상 유례없는 국내외적 패권을 행사했던 것이다. 그런 점에서 패권은 계급 관계와 국제 관계 모두에, 그것도 동시에 적용되는 개념이라고 할 수 있다. Antonio Gramsci, *Quaderni del carcere*, a cura di Valentino Gerratana (Torino, 1975), pp. 2029, 2289.

3 Richard Lachmann, *Capitalists in Spite of Themselves: Elite Conflict and Economic Transitions in Early Modern Europe* (Oxford, 2002), pp. 8-14.

4 양병우, 『아테네 민주 정치사』 (서울대학교출판부, 1976), p. 66.

5 김태유 · 장문석, 『국부의 조건: 감속하는 사회에서 가속하는 사회로』 (서울대학교출판문화원, 2012).

6 Paul Kennedy, *The Rise and Fall of the Great Powers: Economic Change and Military Conflict from 1500 to 2000* (New York, 1987), pp. xxiii-xxiv. 강조(고딕체)는 원문의 것.

7 어원으로 보자면, 제국은 원래 라틴어 '임페라레(imperare)', 즉 '명령하다'는 말에서 유래했다. 그리고 '임페리움(imperium)'은 '임페라토르(imperator)', 즉 로마의 왕, 집정관, 호민관, 독재관, 그리고 나중에는 아우구스투스(Augustus) 등이 명령을 내릴 수 있고 이 명령이 통용되는 영역을 의미했다. 이러한 로마적 전통을 물려받은 서양인들이 동양에 갔을 때, 동양의 칸과 술탄, 쇼군 등 광대한 영역 지배자들을 '임페라토르'라고 자기 식대로 생각하고 명명하

게 되면서 마침내 '황제(emperor)'와 '제국(empire)'이라는 말이 전 지구적으로 통용되기 시작한 것이다. Timothy H. Parsons, *The Rule of Empires: Those Who Built Them, Those Who Endured Them, and Why They Always Fall* (Oxford, 2010), p. 9.

8 백영서, 『동아시아의 지역 질서: 제국을 넘어 공동체로』 (창비, 2005), p. 11.

9 Parsons, *The Rule of Empires*, p. 10.

10 안토니오 그람시, 『옥중 수고 Ⅱ: 철학 · 역사 · 문화편』, 이상훈 역 (거름, 1993), p. 139.

11 단테 알리기에리, 『단테 제정론』, 성염 역 (경세원, 2009). 특히 이 책의 제1권과 해제(pp. 244-245) 참조.

12 단테, 『단테 제정론』, p. 13.

1. 경제와 전쟁의 순환, 그 이론과 역사

1 광산물과 수공업 제품은 그 자체로 농업 생산물은 아니다. 하지만 광산물의 경우 농산물처럼 1차 산업 생산물로 생산이 체감하는 특징이 있다. 역사적으로도 인류는 같은 시기에 광산물과 농산물을 병행하여 생산했다. 수공업 제품은 농산물과 광산물을 변형하고 조합한 것으로 실용성과 부가 가치를 높인 것이다. 따라서 제한적인 수준에서 생산성 향상이 가능한 물품이기도 하다. 그러나 수공업 제품은 산업 사회의 기술 혁신과 대량 생산으로도 생산이 가속적으로 증가하지 않는다는 점에서는 농업 사회의 생산품으로 분류할 수 있다.

2 Theodore W. Schultz, *Transforming Traditional Agriculture* (New Haven and London, 1964).

3 Richard A. Levines and William W. Cochrane, "The Treadmill Revisited", *Land Economics*, 74: 4 (November 1996), pp. 550-553.

4 인류 문명 발전의 중심선이 유럽의 발전사에 있다는 주장은 어찌 보면 유럽 중심주의적인 발언으로 들릴지 모른다. 서양의 발전과 동양의 정체를 대비하고 자본주의가 동양이 아니라 서양에서 등장했음을 강조하는 논지는 경제사 분야에서는 익숙하다. 가령, 미국의 저명한 경제사가 랜디스(David S. Landes)는 유럽 특유의 지적 · 문화적 태도와 정치적 · 사회적 조직이 유럽의 경제 성장을 가능하게 한 요인이라며 유럽 중심주의적 견해를 거침없이 피력한다. 그의 결론은 빈국(동양)이 성장하려면 부국(유럽)이 걸어간 길을 배우고 따라야 한다는 것이다. 그러나 그의 생각은 빈국과 부국이 자유 경쟁 상태에 놓여 있다는 가정 아래에서만 유효하다. 즉, 유럽의 패권이 강요한 국제적 위계질서는 그의 관심사가 아닌 것이다. 랜디스와 달리, 우리의 출발점은 패권국과 국제적 위계질서의 존재, 나아가 패권의 이동과 국제 관계의 변화이며, 이로부터 인류 문명과 국가 발전의 원리를 도출해 보는 것이 목표이다. 물론 유럽이 가장 일찍 산업 사회에 진입했고, 이를 바탕으로 세계적 패권을 행사했다는 사실은 부정할 수 없다. 그런 점에서 유럽이 물꼬를 튼 산업 사회 고유의 확대 재생산 체제의 지구적 확산이라는 조건을 인정하면서 경제 성장의 원리를 숙고하는 것이 유럽 중심주의적 시각은 아닐 것이다. 오히려 우리는 서양 패권의 쇠퇴와 새로운 인류 문명 및 국가 발전 원리의 발견 가능성을 적극적으로 검토하고자 한다. David S. Landes, *The Wealth and Poverty of Nations: Why Some Are So Rich and Some So Poor* (New York, 1998).

5 Parsons, *The Rule of Empires*, pp. 111, 119.

6 이 부분에서 케네디의 논리인 과잉 지출이 국고 고갈과 국가 쇠퇴로 이어진다는, 이른바 '군

사적 과잉 팽창(military overstretch)' 이론이 연상된다. 그런데 이 이론은 대체로 농업 제국의 경우에만 해당된다. 만일 산업 사회에서처럼 기술 진보와 자본 축적이 내생적·지속적으로 이루어진다면 산출 대비 비용 지출의 문제는 이론적으로 충분히 해결될 수 있고, 또 실제로 현금 동원력이 떨어진다고 해도 미래에 예상되는 막대한 이익을 담보로 각종 금융 수단을 통해 전쟁 비용을 미리 끌어다 쓸 수 있는 것이다. '군사적 과잉 팽창' 이론의 맹점은 역사적으로 제2차 세계 대전 이후의 독일과 일본이 실증한 바 있다. 이들 국가는 패전에도 불구하고 경제 대국으로 재기가 가능하다는 것을 분명히 보여 주었다. 그렇다면 16~18세기 스페인이 실리 없는 '군사적 과잉 팽창'으로 쇠락하고 재기할 수 없었다는 사실은, 스페인이 전형적인 농업 제국이었음을 방증하는 것이다. 아무튼 이러한 논지는 산업 사회의 경제와 전쟁을 다루는 부분에서 재론될 것이다.

7 William H. McNeill, *The Pursuit of Power* (Chicago, 1982), p. 133.

8 John Brewer, *The Sinews of Power: War, Money, and the English State, 1688-1783* (London, 1989).

9 이러한 점에서 16~18세기 네덜란드와 영국에서 가장 일찍 민족주의(nationalism)가 발전했음을 이해할 수 있다. 민족주의의 기원은 18세기 말 프랑스 혁명의 충격에서 탄생했다고 보는 것이 일반적인 견해이나, 최근에는 그보다 앞서 네덜란드와 영국에서 등장했다고 보는 견해가 지배적이다. 이러한 맥락에서 고르스키(Philip S. Gorski)는 네덜란드 혁명 시기에 체계적인 담론으로 민족주의가 등장했다고 보았고, 이를 '근대 초기 민족주의(early modern nationalism)'로 명명한다. 또한 오늘날 대표적인 민족주의 연구자인 스미스(Anthony D. Smith)도 하나의 '주의(ism)'로서 민족주의가 프랑스에서가 아니라 근대 초기 네덜란드와 영국에서 등장했음을 인정한다. 실제로 17~18세기 영국민들은 커피하우스, 선술집, 교회 등 사회적인 네트워크 속에서 당시 네덜란드 및 프랑스와의 전쟁이 어떤 의미를 갖는지, 또 자신들이 지켜야 할 '민족적 이해관계(national interest)'는 무엇인지에 대해 활발하게 토론했다. 이러한 '민족적 이해관계'에 대한 명철한 인식이 영국의 국제적 패권을 가능하게 한 내적 동력이었음은 의문의 여지가 없다. Philip S. Gorski, "The Mosaic Moment: An Early Modernist Critique of Modernist Theories of Nationalism", *The American Journal of Sociology* 105: 5 (2000), pp. 1436-1438, 1458-1462; Anthony D. Smith, *The Cultural Foundations of Nations: Hierarchy, Covenant, and Republic* (Malden and Oxford, 2008), p. x.

10 김응종, 『아날학파의 역사 세계』 (아르케, 2001), p. 189; Fernand Braudel, *Civilization and Capitalism 15th-18th Century*, Vol. III: *The Perspective of the World*, trans. Siân Reynolds (New York, 1979), pp. 614-615.

11 '군산 복합체'는 본래 제2차 세계 대전 이후 방위 산업체, 의회 의원들, 군부 지도자들 사이에 형성된 정치적·금전적인 이해관계가 행사하는 정치적 영향력을 경계하는 용어로 사용되었다. 따라서 대개 부정적이거나 심지어 음모론적인 색채를 띤다. 그러나 이 책에서는 전쟁과 산업의 밀접한 상호관계를 지칭하는 좀 더 넓고 중립적인 의미로 이 용어를 사용했다.

12 Kennedy, *The Rise and Fall of the Great Pawers*, p. 180.

13 McNeill, *The Pursuit of Power*, pp. 211-212. 강조(고딕체)는 인용자의 것.

14 Kennedy, *The Rise and Fall of the Great Pawers*, p. 367.

15 A. F. K. Organski and Jacek Kugler, "The Costs of Major Wars: The Phoenix Factor", *The*

American Political Science Review Vol. 71, No. 4. (December 1977), pp. 1347-1366; Tai-Yoo Kim et al., "War, Peace and Economic Growth: The Phoenix Factor Reexamined", MIMEO.

16 E. A. Wrigley, *Energy and the English Industrial Revolution* (Cambridge, 2010). 또한 세계사의 시각에서 영국의 산업 혁명을 이해하려는 노력으로는 R. Bin Wong, *China Transformed: Historical Change and the Limits of European Experience* (Ithaca, 1997); Kenneth Pomeranz, *The Great Divergence: China, Europe and the Making of the Modern World Economy* (Princeton, 2000) 참조.

17 Jan de Vries, *The Industrious Revolution: Consumer Behavior and the Household Economy, 1650 to the Present* (Cambridge, 2008), p. 137.

18 François Crouzet, "Wars, Blockade and Economic Change in Europe, 1792-1815", *The Journal of Economic History* 24: 4 (1964), pp. 567-588.

19 Charles. H. Wilson, *England's Apprenticeship, 1603-1763* (London, 1971), pp. 267-269.

20 P. J. Cain and A. G. Hopkins, "The Political Economy of British Expansion Overseas, 1750-1914", *The Economic History Review*, Second Series, 33: 4 (November 1980).

21 Robert Kubicecek, "Empire and Technological Change", *The Oxford History of the British Empire* III: *The Nineteenth Century* (Oxford, 1999), p. 248.

22 Deirdre McCloskey, *Enterprise and Trade in Victorian Britain: Essays in Historical Economics* (London, 1981), p. 55.

2. 바다 위의 농업 제국 스페인

1 주경철, 『대항해 시대: 해상 팽창과 근대 세계의 형성』 (서울대학교출판부, 2008), p. 26.

2 이매뉴얼 월러스틴, 『근대세계체제 1: 자본주의적 농업과 16세기 유럽 세계경제의 기원』, 나종일 외 역 (까치, 1999).

3 레이몬드 카 외, 『스페인사』 (까치, 2006), pp. 85-90; Anthony Pagden, *Worlds at War: The 2,500-Year Struggle between East and West* (New York, 2008), pp. 188ff.

4 레이몬드 카 외, 『스페인사』, pp. 95-98; David Levering Lewis, *God's Crucible: Islam and the Making of Europe, 570-1215* (New York, 2008), pp. 343-346.

5 Lewis, *God's Crucible*, p. 378.

6 William Maltby, *The Rise and Fall of the Spanish Empire* (London, 2009), pp. 13-15.

7 John Elliott, "A Europe of Composite Monarchies", *Past & Present* 137 (November 1992), pp. 48-71.

8 카탈루냐에서는 약 38만 명의 인구 가운데 30퍼센트가 성읍이나 도시에 거주했고, 바르셀로나의 경우 인구 35,000명의 (당시로서는) 대도시로 성장했다. 카탈루냐는 곡물 경작보다는 환금 작물 경작과 목양업에 집중했고, 카탈루냐 상인들의 교역은 레반트 지역을 비롯해서 시실리, 제노바, 남프랑스까지 포괄하고 있었다. 14세기 중엽부터 카탈루냐의 도시들은 경쟁력을 잃어가는데, 이는 1348년 이후 15세기 중반까지 무려 10차례나 찾아온 전염병, 카스티야와의 전쟁, 모직물 수요의 변동에서 비롯된 것이었다. Alan Ryder, *The Wreck of Catalonia*

(New York, 2007) 참조.

9 존 엘리엇, 『스페인 제국사 1469-1716』 (까치, 2000), pp. 22-23.

10 Perry Anderson, *Lineages of the Absolutist State* (London, 1974), 특히 chap. 4 참조.

11 Miguel Angel Ladero Guesada, "Castile in the Middle Ages", Richard Bonney (ed.), *The Rise of the Fiscal State in Europe c. 1200-1815* (Oxford, 1999), pp. 177-178.

12 Henry Kamen, *Empire: How Spain Became a World Power 1492-1763* (New York, 2003), p. 21.

13 Adam Smith, *An Inquiry into the Nature and Causes of the Wealth of Nations*, R. H. Campbell and A. S. Skinner (eds.), 2 Vols, (Oxford, 1976), p. 626.

14 A. J. R. Russell-Wood, *The Portuguese Empire, 1415-1808: A World on the Move* (Baltimore, 1998), p. 9.

15 15세기 초 포르투갈의 인구는 약 100만 명 정도로 카스티야 인구의 4분의 1, 프랑스 인구의 10분의 1에 불과했다. 자연 자원 역시 부족했다. 양모 이외에 포르투갈이 내놓을 수 있는 상품은 소금 정도에 불과했다. 왕성한 해상 활동은 조선업의 발전이 뒷받침되지 않으면 불가능한 일인데, 포르투갈은 이 점에서도 불리했다. 조선업에 필요한 목재와 철이 절대적으로 부족했기 때문이다. 1385년 아비스(Abiz) 왕조가 들어선 이래 약 2세기 동안 왕조의 교체가 없었던 것에 주목하여 정치적 안정이 포르투갈의 팽창을 이끌었다는 설명도 있으나, 내란 같은 정치적 위기가 오히려 팽창의 원동력으로 작용했던 다른 나라들의 사례들로 볼 때 이것 역시 충분한 설명은 못 되는 것 같다. 페르낭 브로델, 『물질문명과 자본주의 III-1』, 주경철 역 (까치, 1997), pp. 188-195; Felipe Fernández-Armesto, *Pathfinders: A Global History of Exploration* (New York, 2006), pp. 118-119.

16 Russell-Wood, *The Portuguese Empire 1415-1808*, chap. 1.

17 Fernández-Armesto, *Pathfinders*, pp. 129-138.

18 이 개혁을 주도했던 인물은 포르투갈 해상 왕국 건설의 주역으로 평가받는 주앙(Don João) 1세의 셋째 아들이다.

19 John Elliott, *Empires of the Atlantic World* (New Haven, 2003), p. 18; Hugh Thomas, *Rivers of Gold: The Rise of the Spanish Empire from Columbus to Magellan* (New York, 2003), pp. 58-60.

20 엘리엇, 『스페인 제국사』, pp. 61-62.

21 엘리엇, 『스페인 제국사』, p. 63; Felipe Fernández-Armesto, *Columbus and the Quest of the Impossible* (London, 1974), pp. 43-45.

22 당시 스페인을 떠난 유대인의 수는 분명치 않다. 20만 명 중 10만 명 정도가 떠났을 것이라는 추산, 12~15만 명이 떠났을 것이라는 추산, 20만 명 정도가 떠났을 것이라는 추산 등이 있다. 어떤 추산을 받아들이더라도 당시 통합 왕국의 인구가 600만 명 정도였다는 점을 고려하면 결코 적은 수가 아니었음은 분명하다. Thomas, *Rivers of Gold*, pp. 78-84; Ralph Davis, *The Rise of the Atlantic Economies* (Ithaca, 1973), p. 60; 엘리엇, 『스페인 제국사』, p. 118.

23 Guesada, "Castile in the Middle Ages", pp. 178, 182-183.

24 Carlos Álvarez-Nogal and Leandro Prados de la Escosura, "Searching for the Roots of Retardation: Spain in European Perspective, 1500-1850", *Universidad Carlos III de Madrid*

Working Papers in Economic History (March 2007); Carlos Álvarez-Nogal and Leandro Prados de la Escosura, "The Rise and Fall of Spain (1270-1850)." 저자는 스페인의 경우 레콘키스타로 인하여 유럽의 다른 지역들과 달리 맬서스적인 위기를 거의 겪지 않았다고 지적한다. pp. 18-20 참조.

25 귀족 세력을 억누르기 위한 조치들이 거둔 제한적인 성과에 대해서는 엘리엇, 『스페인 제국사』, pp. 102-105; 귀족의 면세 특권에 대해서는 Guesada, "Castile in the Middle Ages", pp. 189-192 참조.

26 Henry Kamen, *Spain 1649-1714: A Society of Conflict*, 2nd ed. (London, 1991), p. 48.

27 후로(juro)라 불리는 국채는 고정 이자를 지급했다. 이자율은 처음에 10퍼센트였다가 나중에 7.12퍼센트로 인하되었다.

28 Regina Graffe and M. A. Irigoin, "Bargaining for Absolutism. A Spanish Path to Empire and Nation Building", *Hispanic American Historical Review* 88 (2008), pp. 173-209.

29 신성 로마 제국 황제로 선출되기 위해서 카를로스 1세가 지출했던 비용은 무려 85만 플로린에 달한다.

30 Henry Kamen, "The Decline of Spain: A Historical Myth?", *Past & Present* 81 (November 1978), pp. 26-27.

31 Kamen, *Empire*, pp. 50-57; 엘리엇, 『스페인 제국사』, pp. 158-174.

32 '보편 왕국'에 대한 카를 5세의 야심에 대해서는 앤서니 파그덴, 『민족과 제국』, 한은경 역 (을유문화사, 2003), pp. 65-69 참조. 파그덴은 제국의 구조에 대해서 "그의 제국은 근대적 개념의 국가보다는 다국적 기업과 더 비슷했다. 포괄적인 사법상의 원칙인 제국 공공법에 의거하여 제국이 지배되기는 하지만, 공동의 법제 체제나 단일한 행정 구조, 심지어는 단일 언어도 없다"고 논평한다(p. 69 참조).

33 Maltby, *The Rise and Fall of the Spanish Empire*, pp. 33-42; Kamen, *Empire*, pp. 49-93.

34 엘리엇, 『스페인 제국사』, pp. 185-186.

35 1525년까지 스페인에 유입된 금의 양은 23,000~27,000킬로그램 정도로 추산된다. 아스테카 정복 이후 금 수출량은 급격히 상승해서 1550년대에는 매년 4,200킬로그램 정도가 스페인에 유입되었다. Carla Rahn Phillips, "Trade in the Iberian Empires, 1450-1750", James D. Tracy (ed.), *The Rise of Merchant Empires: Long-Distance Trade in the Early Modern World, 1350-1750* (Cambridge, 1990), p. 83.

36 Davis, *The Rise of the Atlantic Economies*, pp. 40-56.

37 Phillips, "Trade in the Iberian Empires", p. 84. 아메리카에서 16세기에 채굴된 은의 양은 전 세계 은 생산량의 74퍼센트에 이른다. Ward Barrett, "World Bullion Flows, 1450-1800", Tracy (ed.), *The Rise of Merchant Empires*, p. 225.

38 수은 아말감법은 멕시코 지역 광산에는 1556년에, 포토시에는 1573년에 도입되었다. 미타는 원주민 마을에서 일정 수의 사람들을 노동력으로 징발하는 제도였다.

39 티머시 파슨스, 『제국의 지배: 제국은 왜 항상 몰락하는가』, 장문석 역 (까치, 2012), p. 173.

40 주경철, 『대항해 시대』, pp. 242-243, 255-257.

41 John Lynch, *Spain 1516-1598: From Nation State to World Empire* (Oxford, 1981), chap. 4.

42 Davis, *The Rise of the Atlantic Economies*; Elliott, *Empires of the Atlantic World*.

43 M. Drelichman and H. Joachim-Voth, "Institutions and the Resource Curse in Early Modern Spain", Elhanan Helpman (ed.), *Institutions and Economic Performance* (Cambridge, Mass., 2008).

44 James D. Tracy, *Emperor Charles V, Impresario of War: Campaign Strategy, International Finance and Domestic Politics* (Cambridge, 2002).

45 세르비시오의 비중이 늘어났다는 것은 면세 혜택을 누리던 대귀족과 이달고가 아니라 평민의 부담이 더욱 증가했고, 부유한 평민이 더 적극적으로 면세 특권을 얻기 위해 노력하게 되었음을 의미한다. 엘리엇의 지적에 따르면, 면세 혜택은 국민의 13퍼센트에게 돌아갔는데, 귀족과 하급 귀족의 비중이 높았던 것은 스페인의 특징적인 면모이다. 비슷한 시기 영국과 프랑스에서 귀족은 인구의 5퍼센트를 넘지 않았다. 면세 혜택에 관해서는 엘리엇, 『스페인 제국사』, pp. 224-225 참조.

46 Giovanni Muto, "The Spanish System: Centre and Periphery", Richard Bonney (ed.), *Economic Systems and State Finance* (Oxford, 1995), pp. 241-242. 재정 수입은 1522년에 100만 두카트에서 펠리페 2세가 왕위에 오른 1556년에는 400만 두카트로 상승했다. 펠리페 3세가 왕위에 오를 무렵인 1598년에 재정 수입은 1천만 두카트, 1654년에는 1,800만 두카트, 1674년에는 3천만 두카트로 계속 늘었다.

47 Tracy, *Emperor Charles V*, p. 102 table 5. 2. 나폴리에서 빠른 속도로 늘어나던 재정 수입의 대부분은 이탈리아 지역에서 사용되었다.

48 Tracy, *Emperor Charles V*, pp. 100, 104.

49 지역별로 보면, 독일 36퍼센트, 제노바 34퍼센트, 안트베르펜 10퍼센트, 스페인 17퍼센트 정도였다. 그중 순수하게 스페인인들에게서 나온 대부 금액은 7퍼센트 정도였다. 독일의 푸거가와 벨저 가는 무려 34.5퍼센트에 달했다. 그 외 제노바와 안트베르펜 등 5개 은행가 가문이 카를 5세의 자금원이 되었다. Tracy, *Emperor Charles V*, pp. 100-101.

50 Maltby, *The Rise and Fall of the Spanish Empire*, p. 47.

51 Maltby, *The Rise and Fall of the Spanish Empire*, p. 48.

52 엘리엇, 『스페인 제국사』, pp. 286-289; Maltby, *The Rise and Fall of the Spanish Empire*, p. 101. 펠리페 2세가 마드리드로 수도를 옮기고 카스티야를 중심으로 제국을 경영하기로 결정한 것에 대해서, 브로델 등은 결국 제국의 경제적 중심지와 정치적 중심지 사이의 거리를 벌려놓음으로써 제국 내 자원 분배를 왜곡했고, 그것이 제국을 약화시켰다고 주장한다. 반면, 파커는 카스티야의 재정 수입, 강력한 보병 부대, 많은 수의 선박들을 고려할 때, 펠리페 2세의 결정이 충분히 이해할 만한 것이라 반박한다. 또한 파커는 네덜란드 지역이 펠리페 2세의 정책 우선순위에서 가장 중요한 지점이 아니었다고 주장한다. 이에 대해서는 Fernando González de León and Geoffrey Parker, "The Grand Strategy of Philip II and the Revolt of the Netherlands", Graham Darby (ed.), *The Origins and Development of the Dutch Revolt* (London, 2001), pp. 111-112; Fernand Braudel, *The Mediterranean and the Mediterranean World in the Age of Philip II* (New York, 1973), 2: 950 참조.

53 펠리페 2세가 이 모든 일들을 감당하려 했던 까닭은 선왕과 마찬가지로 그가 제국을 중세적인 '명예'와 연관된 것으로 보았기 때문이다. 그는 제국의 어느 한 곳이라도 무너지게 되면 자신의 개인적인 명예가 실추될 뿐만 아니라 제국의 '위신'이 손상되어 제국의 다른 지역들

이 차례로 이탈할 것을 우려했던 것이다. 이 점에 대해서는 González de León and Parker, "The Grand Strategy of Philip II", pp. 109-111 참조.

54 펠리페 2세의 정책에 맞서 약 400명의 귀족과 종교 지도자들이 '1565년의 타협'을 작성하고 1566년 마르가레테에게 같은 취지의 청원을 제출했다. 마르가레테는 청원을 받아들였으나 개신교 세력의 우려는 수그러들지 않았고, 이는 급기야 1566년 대규모의 성상 파괴 운동으로 이어졌다. 이를 빌미로 펠리페 2세는 알바 공작을 네덜란드로 파견했고, 알바 공작은 '재난 위원회(Council of Troubles)'라는 특별 법정을 설치해 이단 혐의자들을 조직적으로 색출했다. 그 결과, 1567~1572년에 9천여 명이 재판을 받았고, 1천 명 이상이 처형되었다.

55 Geoffrey Parker, *The Army of Flanders and the Spanish Road, 1567-1659*, 2nd ed. (Cambridge, 2004), pp. 115-116; Geoffrey Parker, *The Dutch Revolt*, revised ed. (London, 1985), chaps. 1-3.

56 이를 위해 신성 동맹이 동원한 전력은 203척의 갤리선과 5만 명의 병력이었다. 오스만 제국의 전력은 208척의 갤리선과 8만 8천 명의 병력으로 구성되었다. 레판토 해전으로 오스만 제국이 입은 피해는 막대했다. 15척의 갤리선이 파괴되었고, 190척이 나포되었으며, 3만 명의 사망자와 8천 명의 포로를 잃었다. Kamen, *Empire*, pp. 183-184.

57 16세기 초 포르투갈의 아시아 무역은 세계 향료 무역의 3분의 1을 장악할 정도였다. 포르투갈과의 병합이 스페인 해군의 전력 증강에 도움이 될 수도 있었다는 엘리엇의 주장은 주목할 만하다. 엘리엇, 『스페인 제국사』, p. 310: "스페인과 포르투갈의 상선들을 합치면 25만 톤에서 30만 톤 규모에 이르러 네덜란드가 보유하고 있는 23만 2천 톤, 영국의 4만 2천 톤 규모의 함대를 누르고 세계 최대의 무역 함대를 만들어 낼 수 있다고 보았다."

58 국가 부채에 대한 이자의 경우 1554년 3억 2천만 미라베디였던 것이 1560년에는 5억 5천만 미라베디로 상승했다. 이에 비해 1559년 국왕의 정규 재정 수입은 5억 3천만 미라베디에 불과했다. 그 결과, 스페인 정부는 1560년에 다시 한 번 지불 중지를 선언해야 했다. Juan Gelabert, "Castile 1504-1808", Richard Bonney (ed.), *The Rise of the Fiscal State in Europe c. 1200-1815* (Oxford, 1999), p. 209.

59 펠리페 2세 시기의 전쟁에 따른 재정 부담에 대한 간략한 소개로는 Geoffrey Parker, "War and Economic Change: The Economic Costs of the Dutch Revolt", *Spain and the Netherlands 1559-1659: Ten Studies* (London, 1979), pp. 178-203 참조(본문에 인용된 수치는 p. 187). 파커에 따르면, 네덜란드 독립 전쟁 시기에 플랑드르군은 매년 8천여 명의 카스티야 병사들을 충원했고, 1631~1639년의 기간에는 3만여 명의 카스티야 병사들을 동원했다. 카스티야로부터 이전된 군사비 역시 엄청났다. 1556~1624년에 네덜란드는 카스티야로부터 최소한 2억 1,800만 두카트를 이전받았던 반면, 국왕이 아메리카 대륙으로부터 유입된 귀금속을 통해 얻은 수입은 같은 기간에 1억 2,100만 두카트에 그쳤다(p. 188). 펠리페 2세가 왕위에 오르던 무렵 1557년 카스티야의 국가 부채는 3,600만 두카트였으나, 그가 사망한 1598년에는 8,500만 두카트로 늘었다(p. 188).

60 1584년에 정규 재정 수입은 16억 미라베디로 늘었으나, 이자 비용은 여전히 12억 미라베디에 달했다. Gelabert, "Castile 1504-1808", p. 212.

61 Gelabert, "Castile 1504-1808", p. 213.

62 Gelabert, "Castile 1504-1808", p. 214; 엘리엇, 『스페인 제국사』, p. 322.

63 물론 메디나 델 캄포의 위기는 재정 위기만으로는 설명할 수 없다. Albert Marcos Martín, "Medina del Campo 1500-1800: An Historical Account of Its Decline", I. A. A. Thompson and Bartolomê Yun Casalilla (eds.), *The Castilian Crisis of the Seventeenth Century* (Cambridge, 1994).

64 Gelabert, "Castile 1504-1808", pp. 215-223.

65 '17세기 위기'에 대한 최근의 연구로는 "AHR Forum: The General Crisis of the Seventeenth Century Revisited", *American Historical Review* 113 (October 2008), pp. 1029-1099; Jan de Vries, "The Economic Crisis of the Seventeenth Century after Fifty Years", *Journal of Interdisciplinary History* 40 (Autumn 2009), pp. 151-194 참조.

66 Thomson and Yun, *The Castilian Crisis*, p. 61. 카스티야의 20개 도시의 경우 1530~1594년 인구가 84퍼센트 늘었고, 농촌의 경우 인구 증가는 1580년까지 계속되었던 것으로 추산된다.

67 Thompson and Yun, *The Castilian Crisis*, p. 46; Kamen, *Spain 1469-1714*, p. 223.

68 Thompson and Yun, *The Castilian Crisis*, pp. 27-28.

69 Thompson and Yun, *The Castilian Crisis*, pp. 15-17; 엘리엇, 『스페인 제국사』, p. 357.

70 Thompson and Yun, *The Castilian Crisis*, p. 82.

71 농촌의 양극화에 대해서는 Thompson and Yun, *The Castilian Crisis*, pp. 82-94; Dennis O. Flynn, "Fiscal Crisis and the Decline of Spain (Castile)", *Journal of Economic History* 42 (March 1982), pp. 144-145 참조. 양모 수요에 대한 추계는 Thompson and Yun, *The Castilian Crisis*, pp. 101-113 참조.

72 Thompson and Yun, *The Castilian Crisis*, p. 121 table 6.1.

73 Thompson and Yun, *The Castilian Crisis*, pp. 118-119.

74 *Ibid.*; Elliott, *Empires of the Atlantic World*, pp. 226-229.

75 파슨스, 『제국의 지배』, p. 151.

3. 최초의 상업 국가 네덜란드

1 이매뉴얼 월러스틴, 『근대세계체제 2: 중상주의와 유럽 세계경제의 공고화 1600-1750』, 유재건 외 역 (까치, 1999); Jan de Vries and Ad van der Woude, *The First Modern Economy: Success, Failure, and Perseverance of the Dutch Economy, 1500-1815* (Cambridge, 1997). 네덜란드가 맬서스 트랩에서 벗어나 지속적인 경제 성장을 이룩한 최초의 국가였다는 지적은 또한 Douglass C. North and Robert Paul Thomas, *The Rise of the Western World: A New Economic History* (Cambridge, 1973), pp. 102-106, 특히 p. 105; Jan de Vries, "Dutch Economic Growth in Comparative-Historical Perspective, 1500-2000", *De Economist* 148: 4 (2000) 참조. 1600년경 네덜란드 공화국의 인구는 150만 명 정도로 추정된다. 반면, 같은 시기 이베리아반도에는 1,000만 명, 프랑스에는 1,600~2,000만 명이 거주하고 있었다.

2 브로델, 『물질문명과 자본주의 III-1』, pp. 241-242에서 인용.

3 De Vries and van der Woude, *The First Modern Economy*, p. 17.

4 르 고프, 『서양 중세 문명』, 유희수 역 (문학과지성사, 1998), p. 272.

5 De Vries and van der Woude, *The First Modern Economy*, pp. 16-18.

6 De Vries and van der Woude, *The First Modern Economy*, p. 19.

7 De Vries and van der Woude, *The First Modern Economy*, pp. 59-62; Jan de Vries, *European Urbanization 1500-1800* (London, 1984).

8 Jonathan Israel, *The Dutch Republic: Its Rise, Greatness, and Fall 1477-1806*, paperback with corrections (Oxford, 1998), pp. 74-82, 102-104; Diarmaid McCulloch, *Reformation: Europe's House Divided 1490-1700* (London, 2003).

9 17세기 중반 네덜란드인들은 오히려 규율과 절제에 대한 강조와 자본주의 발전에 따른 소비 생활의 확산 사이에서 또 다른 불안 요소를 발견하게 되었다. 이 점에 대해서는 Simon Schama, *The Embarrassment of Riches: An Interpretation of Dutch Culture in the Golden Age* (London, 1987) 참조.

10 Jan de Vries, *The Dutch Rural Economy in the Golden Age, 1500-1700* (New Haven, 1974), pp. 210-211.

11 De Vries and van der Woude, *The First Modern Economy*, pp. 350-351.

12 De Vries and van der Woude, *The First Modern Economy*, pp. 244-246, 251, 267. 청어잡이는 18세기 초부터 스칸디나비아반도 국가들과 스코틀랜드 어선단과의 첨예한 경쟁에 직면했고, 그 결과 18세기 후반에 이르면 어획고는 1640년대의 4분의 1로, 가치는 3분의 1로 감소했다. 1775년 청어잡이의 가치는 약 100만 길더로 추정되는데, 여기에 대구잡이와 포경업까지 합하면 200만 길더 정도로 추정된다. 이것이 네덜란드 농산업에서 차지하는 비중을 보여 주기 위해 1700년 연초 제조업의 가치가 200만 길더, 판매용 치즈의 가치가 180~200만 길더 정도였다고 지적한다(p. 267). 뒤의 수치는 브로델, 『물질문명과 자본주의 III』, p. 260 참조. 그런데 브로델이 인용한 추계에 따르면 어획고는 30만 톤이라고 하는데, 이것은 앞서 인용한 수치와 차이가 있다. 그들에 따르면 1630년대가 절정기라고 할 수 있는데, 플로이트의 등장 이후 보이센의 크기가 작아지면서 선원은 12~13명 정도가 탑승했으므로 6,000~7,000명의 어부가 종사했다고 볼 수 있다. 월러스틴, 『근대세계체제 2』, p. 64 참조.

13 De Vries and van der Woude, *The First Modern Economy*, p. 296.

14 네덜란드 조선업의 우위는 여러 가지 요인들이 복합적으로 작용한 결과이다. 패리에 따르면, 선박 목공 기술, 재료 사용의 경제성, 노동 절감형 기계, 대규모의 표준화된 규격 생산, 대규모 재료 구입, 값싼 자료 수송 등을 요인으로 꼽고 있다. 예컨대, 기술적인 우위와 발트해 무역의 통제 덕택에 네덜란드의 조선업이 성장할 수 있었다는 것이다. J. H. Parry, *The Age of Reconnaissance: Discovery, Exploration, and Settlement, 1450-1650* (London, 1963), p. 211.

15 De Vries and van der Woude, *The First Modern Economy*, p. 360.

16 Israel, *The Dutch Republic*, pp. 208-210, 212-213, 218-230.

17 De Vries and van der Woude, *The First Modern Economy*, pp. 93-94. 이 세금들이 가져온 결과는 주목할 만하다. 이 세금의 수취와 관련된 업무는 전적으로 각 주에 맡겨졌고, 각 주는 소비세 수입을 담보로 채권을 발행해 보조금을 납부하는 방식을 취했다. 이 방법은 독립 후에도 공화국 재정을 유지하는 데 매우 중요한 역할을 하게 된다. James D. Tracy, *The Founding of the Dutch Republic: War, Finance, and Politics in Holland, 1572-1588* (Oxford, 2008), p. 75.

18 이때 함께 도입된 세금은 부동산 거래에 5퍼센트의 세금을 부과하고, 모든 자본에 대해 1퍼

센트의 세금을 부과하는 것이었다. 자본에 대한 과세는 일회성의 특별세였던 반면, 부동산과 상업 거래에 대한 세금은 영구적인 것이었다. Geoffrey Parker, *The Dutch Revolt*, revised ed. (London, 1985), p. 115.

19 2장 참조.

20 Parker, *The Dutch Revolt*, pp. 116-117.

21 데이비드 파커 외, 『혁명의 탄생』, 박윤덕 역 (교양인, 2009), p. 58.

22 하를렘 공성전은 약 7개월에 걸쳐 진행되었다. 안트베르펜 공성전은 1584년 7월부터 이듬해 8월까지 1년 넘게 계속되었다. 스페인군이 도착하기 전에 이미 10만 명의 인구 가운데 절반 이상이 도시에서 탈출했으며, 1585년 이후 안트베르펜은 이전의 화려했던 경제적 지위를 회복할 수 없었다.

23 마우리츠는 레이덴 대학에서 전쟁사에 해박한 인문주의자 유스티우스 립시우스(Justius Lipsius) 밑에서 수학했다. 그 기간에 마우리츠는 네덜란드의 생존을 위협하는 스페인군의 테르시오를 극복하는 방법을 찾는 데 큰 관심을 보였다. 고대 로마의 군사 고전에서 영감을 얻어 그는 테르시오의 방진 대형을 압도할 수 있는 방법은 화력을 강화하는 것이라는 결론에 이르렀다. 그 결과가 1590년대의 군사 개혁이었다.

24 Frank Tellett, *War and Society in Early Modern Europe, 1495-1715* (London, 1992). pp. 24-25.

25 당시 네덜란드군의 규모는 인구 수준에 비추어 작은 것이 아니었다. 1588년에 네덜란드군은 2만 명 정도였으나, 1607년에 이르면 6만 2천 명으로 늘었고, 전쟁이 재개된 1620년대부터 1648년까지 약 55,000~60,000명의 병력을 유지했다. 프랑스는 16세기 말에 약 5~6만 명의 병력을 유지하다가 30년 전쟁 말에 이르러 20만 명으로 늘렸다. 그러나 당시 네덜란드 인구가 약 150~180만 명이었던 데 비해 프랑스의 인구는 2천만 명이었다는 것을 감안한다면 네덜란드군의 상대적인 규모는 대단한 것이었다. Jan Glete, *War and the State in Early Modern Europe* (London, 2002), pp. 155-157.

26 이 밖에도 해군청은 전함 건조, 수병 모집, 해운과 어업에 관한 규제 등을 담당했다. Israel, *The Dutch Republic*, p. 295.

27 동인도 회사와 서인도 회사가 설립된 이후에는 아시아와 대서양 무역선단을 보호하는 역할은 축소되었다. 각 회사의 무역선들이 자체적으로 무장을 시작했기 때문이다.

28 Glete, *War and the State in Early Modern Europe*, pp. 162-171.

29 네덜란드 역시 스페인 해군으로부터 타격을 입었다. 특히 플랑드르를 근거지로 한 스페인 사략선단으로부터 입은 피해는 상당해서, 1642년부터 3년간 각각 세 척의 전함과 무장 상선을 포함해 무려 354척이 나포, 침몰당했다. 사략선단의 잇따른 공격 때문에 발트해와 지중해 무역 역시 큰 피해를 입었다. Jonathan Israel, *The Dutch Primacy in World Trade, 1585-1740* (Oxford, 1989), p. 137. .

30 De Vries and van der Woude, *The First Modern Economy*, p. 100; Marjolein 't. Hart, "The United Provinces, 1579-1806", Richard Bonney (ed.), *The Rise of the Fiscal State in Europe c. 1200-1815* (Oxford, 1999), p. 312.

31 Hart, "The United Provinces, 1579-1806", pp. 317-319. 앞에서 언급했듯이 관세는 해군청들이 징수하고 사용했다. 흥미로운 점은 관세의 비중이 1641년 공화국 재정 수입의 12.2퍼

센트에 불과했던 것이다.

32 De Vries and van der Woude, *The First Modern Economy*, pp. 95, 103.

33 Parker, *Spain and the Netherlands 1559-1659*, p. 102.

34 De Vries and van der Woude, *The First Modern Economy*, pp. 114-115; Hart, "The United Provinces, 1579-1806", p. 315.

35 Tracy, *The Founding of the Dutch Republic*, pp. 107-108.

36 브로델, 『물질문명과 자본주의 III』, p. 258; Patrick K. O'Brien et al. (eds.), *Urban Achievement in Early Modern Europe: Golden Ages in Antwerp, Amsterdam and London* (Cambridge, 2001), pp. 75-76. 1620년 암스테르담 은행의 계정 보유자 320명 중 절반이 이민자들이었다. 동인도 회사의 대주주 88명 가운데 남부 출신은 41명이었으나, 그들의 보유 주식 총액은 네덜란드 공화국 출신 주주들의 주식 총액보다 25퍼센트 이상 많았다.

37 Marjolein 't. Hart, "Freedom and Restrictions, State and Economy in the Dutch Republic, 1570-1670", *Economic and Social History in the Netherlands* 4 (1993).

38 Israel, *The Dutch Republic*, pp. 344-348.

39 그때까지 해전은 대개 적선과의 충돌이나 선상에서의 육박전 위주로 진행되었으나, 포르투갈인들은 현측포(舷側砲)를 장착한 선박을 건조해 일정한 거리에서 적 함대에 타격을 입히는 새로운 전술을 활용할 수 있었다. 이 새로운 전술이 처음으로 빛을 본 것은 1510년 인도 디우 해전이었다.

40 주경철, "네덜란드 동인도 회사와 아시아 교역: 세계화의 초기 단계", 『미국학』 28 (서울대학교 미국학연구소, 2005), p. 6.

41 Niels Steensgaard, *The Asian Trade Revolution of the Seventeenth Century* (Chicago, 1972), p. 127.

42 네덜란드 동인도 회사가 보유한 군사수는 17세기 초 3천 명 수준이었으나, 1750년에는 1만 7천 명까지 늘어났다.

43 Giles Milton, *Nathaniel's Nutmeg* (London, 1999).

44 Oscar Gelderblom and Joost Jonker, "Completing a Financial Revolution: The Finance of the Dutch East India Trade and the Rise of the Amsterdam Capital Market, 1595-1612", *Journal of Economic History* 64 (September 2004); Larry Neal, *The Rise of Financial Capitalism: International Capital Markets in the Age of Reason* (Cambridge, 1990), chap. 6.

45 M. Prak, *The Dutch Republic in the Seventeenth Century* (Cambridge, 2005), p. 263.

46 De Vries, "Dutch Economic Growth in Comparative-Historical Perspective, 1500-2000", *De Economist* 148: 4 (2000), pp. 457-461.

47 De Vries and van der Woude, *The First Modern Economy*, pp. 416-417.

48 물론 전쟁의 원인을 경제적인 것으로 환원하려는 것은 아니다. 핑커스의 연구가 보여 주듯 잉글랜드와 네덜란드의 관계에는 상업적인 경쟁 못지않게 개신교 세력 내부의 갈등이 크게 작용했기 때문이다. 이 점에 대해서는 Steven Pincus, *Protestantism and Patriotism: Ideologies and the Making of English Foreign Policy, 1650-1668* (Cambridge, 1996) 참조.

49 Israel, *The Dutch Republic*, pp. 713-725.

50 Israel, *The Dutch Republic*, pp. 766-855.

51 투기 열풍에 대해서는 Schama, *The Embarrassment of Riches*; Mike Dash, *Tulipomania: The Story of the World's Most Coveted Flower & the Extraordinary Passions It Aroused* (New York, 2001), 자본 유입에 대해서는 Neal, *The Rise of Financial Capitalism*, 18세기 말 임금 수준에 대해서는 Robert C. Allen, *The British Industrial Revolution in Global Perspective* (Cambridge, 2009), chap. 2 참조.

4. 상업 사회에서 산업 사회로: 18세기 영국

1 잘 알려진 것처럼 1707년 잉글랜드와 스코틀랜드의 통합 이전에 '영국'이라는 명칭을 사용하는 것은 시대착오이다. 따라서 1707년 이전의 사건이나 상황에 대해서는 '잉글랜드', 1707년 이후의 사건이나 상황에 대해서는 '영국'이라는 명칭을 사용한다.

2 Maurice Dobb, *Studies in the Development of Capitalism* (London, 1947); T. H. Aston and C. H. E. Philpin (eds.), *The Brenner Debate: Agrarian Class Structure and Economic Development in Pre-industrial Europe* (Cambridge, 1985).

3 Douglass C. North, *Understanding the Process of Economic Change* (Princeton, 2005), p. 143. 여기에서 강조하는 것은 잉글랜드의 경우 국왕의 재정 수입 중 봉건적인 부조가 차지하는 비중이 점차 줄어들었던 반면, 무역과 제조업에 대한 과세로부터 얻는 수입의 비중이 늘었다는 것이다. 양모 수출에 대한 과세가 그중 가장 비중이 높았다. 이 점에 대해서는 Eileen Power, *The Wool Trade in English Medieval History* (New York, 1941) 참조.

4 E. M. Carus-Wilson, *Medieval Merchant Venturers* (London, 1954), pp. 143-182; Robert Brenner, *Merchants and Revolution: Commercial Change, Political Conflict, and London's Overseas Traders, 1550-1653* (London, 2003), pp. 6, 52.

5 Kenneth R. Andrews, *Trade, Plunder and Settlement: Maritime Enterprise and the Genesis of the British Empire, 1480-1630* (Cambridge, 1984).

6 상인층 내부의 분열과 내란·혁명 관계에 대해서는 Brenner, *Merchants and Revolution* 참조.

7 P. J. Marshall, "The English in Asia", Nicholas Canny (ed.), *The Oxford History of the British Empire*, Vol. 1: *The Origins of Empire* (Oxford, 1998).

8 Brenner, *Merchants and Revolution*.

9 Lawrence Harper, *The English Navigation Laws: A Seventeenth-Century Experiment in Social Engineering* (New York, 1939).

10 Ronald Findlay and Kevin H. O'Rouke, *Power and Plenty: Trade, War and the World Economy in the Second Millenium* (Princeton, 2007), chap. 5.

11 찰스 킨들버거, 『경제 강대국 흥망사 1500-1990』, 주경철 역 (까치, 2004), pp. 81, 202, 205-211; Kennedy, *The Rise and Fall of the Great Powers: Economic Change and Military Conflict from 1500 to 2000*.

12 N. A. M. Rodger, *The Command of the Ocean: A Naval History of Britain, 1649-1815* (London, 2004), chaps. 1-3.

13 Charles H. Wilson, *Profit and Power* (London, 1957), pp. 56-59; J. E. Farnell, "The Navigation Act of 1651, the First Dutch War, and the London Merchant Community", *Economic*

History Review, 2nd ser., 16: 3 (1963-1964), pp. 439-454; Brenner, *Merchants and Revolution*; Israel, *The Dutch Primacy in World Trade, 1585-1740*, pp. 269-279. 경제적 해석에 대한 비판은 Pincus, *Protestantism and Patriotism: Ideologies and the Making of English Foreign Policy, 1650-1668* 참조. 스티븐 핑커스는 전쟁의 경제적 기원을 강조하는 연구를 비판하면서 개신교와 공화주의 이데올로기의 영향을 강조한다. 하지만 핑커스의 견해가 전쟁에 관한 우리의 논의에 큰 영향을 미칠 것 같지는 않다. 이스라엘의 연구가 자세하게 보여주듯, 전쟁 전 반세기 동안 네덜란드와 잉글랜드는 레반트, 지중해, 아시아, 대서양 무역 부문에서 치열하게 경쟁했던 것이 사실이기 때문이다. 또한 찰스 윌슨이 지적하듯 1650년대 초 경제적 불황은 극심했으며, 로버트 브레너가 강조하듯 런던의 새로운 상인 집단, 특히 식민지 무역에 종사하는 무허가 상인들이 특허 회사의 독점권을 비판하는 동시에 대서양 식민지에서 네덜란드 상인들의 영향력을 꺾으려 했다는 것 또한 부인할 수 없다. 이런 사실들보다 더욱 중요한 것은, 이 시기 잉글랜드에서 상인 전체, 또는 상업적 이해관계가 국가의 중대사이며 그것은 해군의 힘으로 보호해야만 한다는 인식이 분명해졌다는 점이다. 핑커스는 합스부르크 스페인 제국과 네덜란드 제국, 프랑스 왕정 등, 이른바 '보편 왕국'에 맞선 투쟁과 관련해 잉글랜드인들이 커피하우스와 선술집에서 활발한 토론을 벌이며 '국익'이 무엇인지 깨닫기 시작했다는 점에 주목하면서 이를 민족주의의 등장과 연관 짓는다. 우리가 주장하는 것은, 바로 이 '국익'의 핵심에 상업적 이해관계가 자리 잡고 있었다는 것이다. 분명 잉글랜드에서의 상업적 이해관계와 민족주의의 관계는 별도의 연구와 토론이 필요한 주제이다.

14 Rodger, *The Command of the Ocean*.

15 Philip Lawson, *The East India Company: A History* (London, 1993).

16 George Louis Beer, "Cromwell's Policy in Its Economic Aspects II", *Political Science Quarterly* 17 (1902), pp. 47, 66.

17 휘그의 해석은 너무나 잘 알려져 있으므로 특별히 참고 문헌을 거론할 필요도 없어 보인다. 개신교 국제 동맹을 중심으로 한 종교적 측면을 강조하는 최근의 해석은 Tony Claydon, *William III and the Godly Revolution* (Cambridge, 1996); Tony Claydon, *Europe and the Making of England 1660-1760* (Cambridge, 2007) 참조.

18 Steven Pincus, *1688: The First Modern Revolution* (New Haven, 2009).

19 Pincus, *1688: The First Modern Revolution*.

20 가장 널리 알려진 성과로는 Douglass C. North and Barry Weingast, "Constitutions and Commitment: The Evolution of Institutions Governing Public Choice in Seventeenth-Century England", *Journal of Economic History* 49: 4 (1989).

21 Paul Langford, "Property and 'Virtual Representation' in Eighteenth-Century England", *Historical Journal* 31 (March 1988); Joanna Innes, "Parliament and the Shaping of Eighteenth-Century Social Policy", *Transactions of the Royal Historical Society*, 5th ser., 40 (1990); Paul Langford, *Public Life and the Propertied Englishman 1689-1798* (Oxford, 1990); Julian Hoppit, "Patterns of Parliamentary Legislation, 1660-1800", *Historical Journal* 39 (March 1996); Julian Hoppit (ed.), *Parliaments, Nations and Identities in Britain and Ireland, 1660-1850* (Manchester, 2003). 명예혁명 이후 영국의 의회는 매년 열렸고, 개회 기간 또한

늘었다. 이 점에 대해서는 Hoppit (ed.), *Parliaments, Nations and Identities*, p. 5 참조.

22 전쟁 비용의 증가세를 보면, 1688년 이전에는 전쟁 비용이 보통 200만 파운드를 넘지 않았으나, 스페인 왕위 계승 전쟁에는 연간 700만 파운드, 미국 독립 전쟁에는 연간 2,000만 파운드가 필요했다. Brewer, *Sinews of Power*, p. 30.

23 P. G. M. Dickson, *The Financial Revolution in England: A Study in the Development of Public Credit 1688-1756* (1967; London, 1993); Bruce G. Carruthers, *City of Capital: Politics and Markets in the English Financial Revolution* (Princeton, 1996), chap. 3.

24 그 결과, 1752년 기존 부채를 회수해 3.5퍼센트 이자의 채권으로 전환했던 '콘솔(consolidated annuities)'이 발행되었고, 1757년 이자를 3퍼센트로 낮춘 3퍼센트 콘솔이 발행되었다. 3퍼센트 콘솔은 해외 투자자들, 특히 네덜란드 투자자들에게 매우 인기가 높았다. Niall Ferguson, *The Ascent of Money: A Financial History of the World* (London, 2008), p. 76.

25 Neal, *The Rise of Financial Capitalism*, chap. 1.

26 18세기 전반기 영국 정치를 지배했던 휘그 엘리트 중 상당수가 공채 소유자였거나 잉글랜드 은행 등의 주식 소유자였다는 점 역시 시장의 신뢰를 높이는 데 도움이 되었다. 실제로 휘그 집권 시기에 국채의 이자율은 낮아졌고, 잉글랜드 은행의 주식 배당률 또한 낮아졌다. D. Stasavage, "Partisan Politics and Public Debt: The Importance of the 'Whig Supremacy' for Britain's Financial Revolution", *European Review of Economic History* 11: 1 (April 2007).

27 Peter Mathias and Patrick K. O'Brien, "Taxation in Great Britain and France, 1715-1810", *Journal of European Economic History* 5 (1976); Patrick K. O'Brien, "Political Economy of British Taxation. 1660-1815", *Economic History Review*, 2nd ser., 41: 1 (1988).

28 브루어에 따르면, 조세 수취와 관련된 부서의 인력은 1690~1783년에 3배 이상 늘었고, 특히 소비세 수취와 관련된 인력은 4배 이상(1690년 1,150명에서 1783년 5,000명) 늘었다. Brewer, *Sinews of Power*, p. 66 table 3. 2.

29 Mathias and O'Brien, "Taxation in Great Britain and France, 1715-1810"; O'Brien, "Political Economy of British Taxation, 1660-1815."

30 Daeryoon Kim, "In Search of 'Affectionate Regard': American Merchant Lobbies and the State during the Atlantic Imperial Crisis", *Parliamentary History* 30 (June 2011).

31 C. H. Feinstein, "Capital Accumulation and the Industrial Revolution", R. Floud and D. McCloskey (eds.), *The Economic History of Britain Since 1700*, Vol. 1 (Cambridge, 1981), p. 129 table 7. 1.

32 Jacob M. Price, "What Did Merchants Do? Reflections of British Overseas Trade, 1660-1790", *Journal of Economic History* 49: 2 (1989).

33 특히 상인의 활동과 역할에 대해서는 Richard Grassby, *The Business Community of Seventeenth-Century England* (Cambridge, 1995); David Hancock, *Citizens of the World: London Merchants and the Integration of the British Atlantic Community, 1735-1785* (Cambridge, 1995); Perry Gauci, *Emporium of the World: The Merchant of London 1660-1800* (London, 2007) 참조.

34 Keith Wrightson, *Earthly Necessities: Economic Lives in Early Modern Britain* (New Haven, 2000), pp. 226-248. 농업의 특화에 대해서는 특히 pp. 232-235 참조. 18세기 농업과 도시

화에 대해서는 E. A. Wrigley, "British Population during the 'Long' Eighteenth Century", Roderick Floud and Paul Johnson (eds.), *The Cambridge Economic History of Modern Britain*, Vol. I: *Industrialisation, 1700-1860* (Cambridge, 2004); Robert C. Allen, "Agriculture during the Industrial Revolution, 1700-1850", Floud and Johnson (eds.), *The Cambridge Economic History of Modern Britain* 참조.

35 Wrightson, *Earthly Necessities*, pp. 245-248; Simon Ville, "Transport", Floud and Johnson (eds.), *The Cambridge Economic History of Modern Britain*.

36 이영석, 『공장의 역사: 근대 영국 사회와 생산, 언어, 정치』 (푸른역사, 2012), pp. 22-51; Charles H. Wilson, *England's Apprenticeship 1603-1763* (London, 1965), pp. 185-205, 288-312.

37 Allen, *The British Industrial Revolution in Global Perspective*, pp. 33-34.

38 Neil McKendrick, John Brewer and J. H. Plumb, *The Birth of a Consumer Society: The Commercialization of Eighteenth-Century England* (Cambridge, 1982); John Brewer and Roy Porter (eds.), *Consumption and the World of Goods in the 17th and 18th Centuries* (London and New York, 1993); Maxine Berg, *Luxury and Pleasure in Eighteenth-Century Britain* (Oxford, 2005); De Vries, *The Industrious Revolution: Consumer Behavior and the Household Economy, 1650 to the Present*.

39 Ralph Davis, "English Foreign Trade, 1700-1774", *Economic History Review*, 2nd ser., 15 (December 1962); Phyllis Deane and W. A. Cole, *British Economic Growth 1688-1953*, 2nd ed. (Cambridge, 1969), pp. 41-50; Price, "What Did Merchants Do?", pp. 271, 276. 또 다른 추계에 따르면, 1770년대 담배 수입량의 85퍼센트, 커피 수입량의 94퍼센트는 대륙으로 재수출되었다. Niall Ferguson, *Empire* (London, 2003), p. 16.

40 예컨대, 크래프츠의 추계에 따르면, 1700~1760년에 영국의 국민 생산에서 수출이 차지하는 비중은 8.4퍼센트에서 14.6퍼센트로 상승했다. N. F. R. Crafts, *British Economic Growth during the Industrial Revolution* (Oxford, 1985), p. 131.

41 Crafts, *British Economic Growth during the Industrial Revolution*, p. 131; Eric J. Hobsbawm, *Industry and Empire: The Making of Modern English Society, 1750 to the Present* (New York, 1968), p. 48.

42 K. N. Chaudhuri, *The Trading World of Asia and the English East India Company 1660-1760* (Cambridge, 1978), p. 388.

43 Hoh-Cheung and Lorna M. Mui, "Smuggling and the British Trade before 1784", *American Historical Review* 74: 1 (October 1968). 잘 알려진 것처럼 북아메리카 식민지에서 이 문제를 해결하기 위해 관세를 인하했던 1773년 차 법(Tea Act)은 보스턴 차 사건(Boston Tea Party)의 도화선이 되었다. 영국 내에서는 1784년에 차에 대한 관세를 인하함으로써 밀수 문제를 어느 정도 해결할 수 있었다.

44 Edmund S. Morgan, *American Slavery, American Freedom: The Ordeal of Colonial Virginia* (New York, 1975); Richard S. Dunn, *Sugar and Slaves: The Rise of the Planter Class in the English West Indies, 1624-1713* (Chapel Hill, NC, 1972).

45 Jacob M. Price, "Inseparable Connections: Trade, Economy, Fiscal State, and the Expan-

sion of Empire, 1688-1815", P. J. Marshall (ed.), *The Oxford History of the British Empire, Vol. 2: The Eighteenth Century* (Oxford, 1998), p. 100.

46 Nancy F. Koehn, *The Power of Commerce: Economy and Governance in the First British Empire* (Ithaca, 1994).

47 James A. Henretta, "*Salutary Neglect*", *Colonial Administration under the Duke of Newcastle* (Princeton, 1972); Alison G. Olson, *Making the Empire Work: London and American Interest Groups 1690-1790* (Cambridge, Mass., 1992).

48 McCusker and Menard, *Economy of British America*.

49 Berg, *Luxury and Pleasure*, pp. 287-288; T. H. Breen, "'Baubles of Britain': The American Revolution and Consumer Revolution of the Eighteenth Century", *Past and Present* 119 (1988), p. 80.

50 노예제와 노예 무역에 관해서는 방대한 연구 성과가 축적되어 있다. 여기에서는 기존의 성과를 요령 있게 요약하고 있는 Kenneth Morgan, *Slavery and the British Empire from Africa to America* (New York, 2007)를 주로 참고하고, 필요할 경우 다른 연구 성과들을 이용했다. 계약 노동자 제도의 쇠퇴에 대해서는 pp. 18-21, 29-30 참조.

51 Morgan, *Slavery and the British Empire*, pp. 67-68, 79, 81. 잘 알려진 것처럼 노예 무역에서 특히 악명이 높았던 것은 '중간 항해'였다. 약 4~6주가 소요되는 여정을 거치면서 사망한 아프리카인들의 비율은 18세기 전반에는 약 20퍼센트, 18세기 후반에는 10퍼센트 이하였던 것으로 추정된다. 같은 책, p. 74 참조.

52 물론 윌리엄스 테제를 이야기하는 것이다. Eric Williams, *Capitalism and Slavery* (Chapel Hill, NC, 1944); Barbara L. Solow, "Caribbean Slavery and British Growth: The Eric Williams Hypothesis", *Journal of Development Economics* 17 (1985).

53 Morgan, *Slavery and the British Empire*, pp. 67-68.

54 Morgan, *Slavery and the British Empire*, pp. 36, 46-50, 83.

55 이 점은 오브라이언의 연구가 가장 강조하는 것이다. Patrick K. O'Brien, "Fiscal and Financial Preconditions for the Rise of British Naval Hegemony 1485-1815", LSE EH Working Paper 91/05 (November 2005); O'Brien, "Fiscal Exceptionalism: Great Britain and Its European Rivals from Civil War to Triumph at Trafalgar and Waterloo", LSE EH Working Paper 65/01 (October 2001).

56 Linda Colley, *Britons: Forging the Nation, 1708-1837* (New Haven, 1992); Kathleen Wilson, *The Sense of the People: Politics, Culture and Imperialism in England, 1715-1785* (Cambridge, 1995); Nicholas Rogers, *Crowds, Culture, and Politics in Georgian Britain* (Oxford, 1998). 해군은 경제적으로도 중요했다. 해군 소속 선박의 총 톤수는 1685년 10만 톤에서 1760년 약 32만 5천 톤으로 증가했고, 전함의 무장에 필요한 총포의 수요 또한 늘었다. 그 결과, 조선업이 성장-실제로 해군 조선소는 18세기 영국에서 가장 규모가 큰 작업장을 운영했음-했을 뿐만 아니라 제철업 발전에 기여했다.

57 Daniel Baugh, "Great Britain's 'Blue-Water' Policy, 1689-1815", *International History Review* 10: 1 (February 1988); Jeremy Black, *A System of Ambition? British Foreign Policy 1660-1793* (London, 1991); Brendan Simms, *Three Victories and a Defeat: The Rise and Fall*

of the First British Empire (London, 2007).

58 7년 전쟁의 경과와 의미에 대해서는 Fred Anderson, *Crucible of War: The Seven Years' War and the Fate of Empire in British North America, 1754-1766* (London, 2000) 참조.

59 Simms, *Three Victories and a Defeat*; P. J. Marshall, *The Making and Unmaking of the Empires: Britain, India, and America, c. 1750-1783* (Oxford, 2005).

60 François Crouzet, "Toward an Export Economy: British Exports during the Industrial Revolution", *Explorations in Economic History* 17 (1980), pp. 54-57.

61 Marjolein 't. Hart, "Mobilising Resources for War: The Dutch and British Financial Revolutions Compared", *Second Low Countries Conference*, April 20-21 (Antwerp, 2006), pp. 14-15.

62 Patrick K. O'Brien, "Mercantilism and Imperialism in the Rise and Decline of the Dutch and British Economies, 1585-1815", *De Economist* 148: 4 (2000).

5. 영국 산업 사회의 완성과 쇠퇴

1 Martin Daunton, *Wealth and Welfare: An Economic and Social History of Britain 1851-1951* (Oxford, 2007), pp. 6-7; J. A. Auerbach, *The Great Exhibition of 1851: A Nation on Display* (New Haven, 1999).

2 이 수치들은 프랑스, 독일과 비교해 볼 만하다. 원면 소비량에서 프랑스는 61만 톤, 독일은 41만 톤에 그쳤고, 석탄 생산은 각각 440만 톤, 670만 톤에 불과했으며, 증기 기관에서 생산되는 동력은 각각 37만 마력, 26만 마력에 그쳤다. Joel Mokyr, *The Enlightened Economy: An Economic History of Britain 1700-1850* (New Haven, 2009), p. 476.

3 François Crouzet, "Toward an Export Economy: British Exports during the Industrial Revolution", *Explorations in Economic History* 17 (1980), pp. 64-65; Crafts, *British Economic Growth during the Industrial Revolution*, p. 22.

4 면직물 수출에서 아프리카 시장의 비중을 정확히 파악하는 것은 어렵다. 대부분의 추계는 아메리카와 아프리카를 하나의 범주로 설정하기 때문이다. 다만, 체크무늬 면직물 수출의 경우 18세기 중·후반 서아프리카 시장이 북아메리카와 서인도 제도의 플랜테이션 지역보다 더 큰 비중을 차지하고 있었음은 분명하다. 반면, 연철과 못 수출량을 비교하면, 1750~1770년대에 북아메리카 34퍼센트, 서인도 제도 29퍼센트에 비해 서아프리카는 4퍼센트를 차지했고, 이러한 상황은 1775~1800년에도 큰 변화가 없었다. 이 점에 대해서는 Joseph E. Inikori, *Africans and the Industrial Revolution in England: A Study in International Trade and Economic Development* (Cambridge, 2002), pp. 437, 457 참조.

5 주목할 점은 18세기에 국내 수요가 해외 수요에 비해 2배 이상 컸던 일이다. D. E. C. Eversley, "The Home Market and Economic Growth in England 1750-1780", E. L. Jones and G. E. Mingay (eds.), *Land, Labour and Population in the Industrial Revolution* (London, 1967), p. 227. 런던의 중요성에 대해서는 E. A. Wrigley, *People, Cities and Wealth: The Transformation of Traditional Society* (Oxford, 1989), chap. 6, '소비 혁명'에 대해서는 McKendrick, Brewer, and Plumb, *The Birth of a Consumer Society: The Commercialization of Eighteenth-*

Century England 참조.

6 John Styles, "Product Innovation in Early Modern London", *Past and Present* 168 (2000).

7 딘의 추계에 따르면, 투자율은 18세기 전반에 국민 소득의 5퍼센트에서 18세기 후반 6퍼센트, 1850년대 10퍼센트로 상승했다. 크래프츠의 추계에 따르면, 투자율은 1700년 4퍼센트, 1760년 6퍼센트, 1780년 7퍼센트, 1801년 7.9퍼센트, 1831년 11.7퍼센트로 딘의 추계에 비해 점진적으로 증가했다. 이 두 추계의 차이에도 중요한 것은 투자율이 지속적으로 상승했다는 사실이다. 본문에서 언급했듯이 산업 혁명 초기에는 대부분의 산업 부문에서 대규모의 고정 자본 투자가 필요하지 않았기 때문이다. Phyllis Deane, "Capital Formation in Britain before the Railway Age", François Crouzet (ed.), *Capital Formation in the Industrial Revolution* (London, 1972), pp. 117-118; Crafts, *British Economic Growth*, p. 73. 상업 자본이 산업 자본으로 전환된 사례에 대해서는 Stanley D. Chapman, "Fixed Capital Formation in the British Cotton Industry, 1770-1815", *Economic History Review*, 2nd ser., 33: 2 (1970), p. 249; Stanley D. Chapman, *Merchant Enterprise in Britain: From the Industrial Revolution to World War I* (Cambridge, 1992), pp. 37-39, 57-74 참조.

8 Joel Mokyr, "Entrepreneurship and the Industrial Revolution in Britain", Mokyr et al. (eds.), *The Invention of Enterprise: Entrepreneurship from Ancient Mesopotamia to Modern Times* (Princeton, 2010), p. 185.

9 Robert C. Allen, *The British Industrial Revolution in Global Perspective* (Cambridge, 2009); Mokyr, *The Enlightened Economy*; Gavin Weightman, *Industrial Revolutionaries* (New York, 2007); Peter M. Jones, *Industrial Enlightenment: Science, Technology and Culture in Birmingham and the West Midlands 1760-1820* (Manchester, 2008).

10 Allen, *The British Industrial Revolution*, pp. 34(추계), 135-144; Phyllis Deane, *The First Industrial Revolution* (Cambridge, 1965), pp. 154-155.

11 E. A. Wrigley, *Continuity, Chance & Change: The Character of the Industrial Revolution in England* (Cambridge, 1988), chap. 3; Wrigley, *Energy and the English Industrial Revolution*; Pomeranz, *The Great Divergence: China, Europe and the Making of the Modern World Economy*.

12 프랑스 혁명과 나폴레옹 전쟁은 당시 가장 효율적이었던 영국의 재정 체제조차도 감당하기 어려울 정도였다. 이는 조세 수입 추세를 보면 잘 나타나는데, 18세기 조세 수입은 보통 국민 소득의 8~10퍼센트 수준이었으나 이 전쟁 기간에는 12~23퍼센트까지 늘었다. 따라서 1802~1812년에 영국인의 1인당 조세 부담은 프랑스인에 비해 거의 3배가 되었다. Martin Daunton, *State and Market in Victorian Britain: War, Welfare and Capitalism* (London, 2008), pp. 42, 56-57.

13 François Crouzet, "Wars, Blockade and Economic Change in Europe, 1792-1815", *Journal of Economic History* 24: 4 (1964), pp. 567-588.

14 예컨대, 1760년 잉글랜드 은행, 동인도 회사, 남해 회사 주식의 40퍼센트가량을 네덜란드인들이 보유했다. J. F. Wright, "The Contribution of Overseas Savings to the Funded National Debt of Great Britain, 1750-1815", *Economic History Review*, 2nd ser., 50 (1997), pp. 657-674; Larry Neal, "A Tale of Two Revolutions: International Capital Flows 1789-

1819", *Bulletin of Economic Research* 43: 1 (1991).

15 Daunton, *State and Market*, pp. 2-3; Martin Daunton, *Poverty and Progress: An Economic and Social History of Britain 1700-1850* (Oxford, 1995); Perry Gauci, "Introduction", Gauci (ed.), *Regulating the British Economy 1650-1850* (Aldershot, 2011).

16 그 덕분에 스페인이나 네덜란드의 경우와 달리 영국에서는 양모업과 모직물업이 동시에 발전했다. 장기적으로 이는 영국이 농업 국가에 머물지 않고 상업·산업 국가로 발전하는 출발점이 되었다고도 볼 수 있다. D. C. Coleman, *The Economy of England 1450-1750* (Oxford, 1977), pp. 52-53, 80-81.

17 이 조치는 영국 내 모직물업 이익 집단의 요청에 따라 입법된 것으로 주로 아일랜드 모직물업을 겨냥한 것이었다. Louis M. Cullen, *An Economic History of Ireland since 1660* (London, 1972), p. 34.

18 C. H. Wilson, *England's Apprenticeship, 1603-1763* (London, 1971), pp. 267-269.

19 P. K. O'Brien, T. Griffiths and P. Hunt, "Political Components of the Industrial Revolution: Parliament and the English Textile Industry, 1660-1774", *Economic History Review*, 2nd ser., 44 (1991), pp. 395-423; David Ormrod, *The Rise of Commercial Empires: England and the Netherlands in the Age of Mercantilism, 1650-1770* (Cambridge, 2003), pp. 49-51; William Ashworth, "The Intersection of the Industry and the State in Eighteenth-Century Britain", Lissa Roberts, Simon Schaffer and Peter Dear (eds.), *The Mindful Hand: Inquiry and Invention from the Late Renaissance to Early Industrialisation* (Amsterdam, 2007), pp. 349-378; Julian Hoppit, "Bounties, the Economy and the State in Britain, 1689-1800", Gauci (ed.), *Regulating the British Economy*, pp. 139-160.

20 맥러드는 1760년대부터 특허 등록 건수가 늘어나기 시작해서 1780~1790년대에 본격적으로 특허가 사용되었다고 지적한다. Christine MacLeod, *Inventing the Industrial Revolution: The English Patent System, 1660-1800* (Cambridge, 1988), pp. 146, 150.

21 David J. Jeremy, "Damming the Flood: British Government Efforts to Check the Outflow of Technicians and Machinery, 1780-1841", *Business History Review* 51 (1977), pp. 1-34.

22 터커의 저술 중 7편의 주요 팸플릿들이 R. L. Schulyer (ed.), *Josiah Tucker: A Selection from His Economic and Political Writings* (New York, 1931)에 수록되어 있다.

23 Smith, *An Inquiry into the Nature and Causes of the Wealth of Nations*, R. H. Campbell and Andrew S. Skinner (eds.), 2 Vols.; Istvan Hont, *Jealousy of Trade: International Competition and the Nation-State in Historical Perspective* (Cambridge, Mass., 2005); Nicholas Phillipson, *Adam Smith: An Enlightened Life* (New Haven, 2010).

24 자유 무역에 관한 담론이 실제로 힘을 얻기 시작한 것은 1820년대 이후의 일이었다. 이 점에 대해서는 Morgan, "Mercantilism and the British Empire, 1680-1815"; Anthony Howe, "Restoring Free Trade: The British Experience, 1776-1873", Donald Winch and Patrick K. O'Brien (eds.), *The Political Economy of British Historical Experience, 1688-1914* (Oxford, 2002) 참조.

25 Bernard Semmel, *The Rise of Free Trade Imperialism: Classic Political Economy the Empire of Free Trade and Imperialism 1750-1850* (Cambridge, 1970), p. 135.

26 P. J. Cain and A. G Hopkins, "The Political Economy of British Expansion Overseas, 1750-1914", *The Economic History Review*, 2nd ser., 33: 4 (1980); Martin Lynn, "British Policy, Trade, and Informal Empire in the Mid-Nineteenth Century", Andrew Porter (ed.), *The Oxford History of the British Empire* Vol. 3: *The Nineteenth Century* (Oxford, 1999).

27 Joel Mokyr and John V. C. Nye, "Distributional Coalitions, the Industrial Revolution, and the Origins of Economic Growth in Britain", *Southern Economic Journal* 74 (2007); Daron Acemoglu and James A. Robinson, "Political Losers as a Barrier to Economic Development", *American Economic Review* 90 (2000), pp. 126-130.

28 그러나 자유 무역에 관한 정치경제학자들의 견해가 매우 다양했다는 점은 지적되어야 한다. 자유 무역의 진전은 아주 단순한 지적 변화의 결과가 아니라 정치적 산물이었다. Boyd Hilton, *The Age of Atonement: The Influence of Evangelicalism on Social and Economic Thought, 1785-1865* (Oxford, 1986); Donald Winch, *Riches and Poverty: An Intellectual History of Political Economy in Britain, 1750-1834* (Cambridge, 1996), pp. 1-31.

29 Wrigley, "British Population during the 'Long' Eighteenth Century", Floud and Johnson (eds.), *The Cambridge Economic History of Modern Britain* Vol. I: *Industrialisation, 1700-1860*, pp. 88-91.

30 Allen, *The British Industrial Revolution*, pp. 99, 115.

31 Semmel, *The Rise of Free Trade Imperialism*, p. 147에서 재인용.

32 Philip Harling, *The Waning of 'Old Corruption': The Politics of Economical Reform in Britain, 1779-1846* (Oxford, 1996).

33 John Vincent Nye, "The Myth of Free-Trade Britain and Fortress France: Tariffs and Trade in the Nineteenth Century", *Journal of Economic History* 51 (1991).

34 Anthony Howe, *Free Trade and Liberal England 1846-1946* (Oxford, 1997), pp. 70-110.

35 Semmel, *The Rise of Free Trade Imperialism*; John Darwin, *The Empire Project: The Rise and Fall of the British World-System 1830-1970* (Cambridge, 2009), p. 39.

36 John Gallagher and Ronald Robinson, "The Imperialism of Free Trade", *Economic History Review*, 2nd ser., 6 (1953).

37 Darwin, *The Empire Project*, pp. 614-642.

38 Kubicecek, "Empire and Technological Change", Porter (ed.), *The Oxford History of the British Empire* Vol. III: *The Nineteenth Century*, p. 248.

39 J. R. Seely, *The Expansion of England: Two Courses of Lectures* (London, 1883), p. 72; Daniel Headrick, *The Tools of Empire: Technology and European Imperialism in the Nineteenth Century* (New York, 1981).

40 Niall Ferguson, *Empire: How Britain Made the Modern World* (London, 2004), pp. 168-169.

41 미국의 철도 사업으로 인해 일어난 투기 붐에 대한 가장 생생한 묘사는 Anthony Trollope, *The Way We Live Now* (London, 1875) 참조.

42 Daunton, *Wealth and Welfare*, p. 245; Michael Edelstein, "Foreign Investment, Accumulation and Empire, 1860-1914", Roderick C. Floud and Paul Johnson (eds.), *The Cambridge*

Economic History of Modern Britain Vol. 2: *Economic Maturity, 1869-1939* (Cambridge, 2004), p. 205.

43 S. B. Saul, *The Myth of the Great Depression, 1873-1896* (London, 1969), p. 31.

44 N. F. R. Crafts, "Long-run Growth", Floud and Johnson (eds.), *The Cambridge Economic History of Modern Britain*, p. 13; Daunton, *Wealth and Welfare*, pp. 170, 175에 실린 추계 참조. 돈턴의 추계에 따르면, 국내 총생산은 1856~1873년에는 연평균 2.2.퍼센트 성장했으나 1873~1913년에는 1.8퍼센트 하락했고, 총 요소 생산성은 1856~1873년 0.6퍼센트에서 1873~1913년에는 0퍼센트로 하락했다.

45 Roderick C. Floud, "Britain 1860-1914: A Survey", Floud and D. N. McCloskey (eds.), *The Economic History of Britain since 1700*, Vol. 2: *1860-1939* (Cambridge, 1981), p. 8.

46 Jeffrey Fear, "German Capitalism", Thomas McCraw (ed.), *Creating Modern Capitalism: How Entrepreneurs, Companies, and Countries Triumphed in Three Industrial Revolutions* (Cambridge, Mass., 1995).

47 Nathan Rosenberg, *Technology and American Economic Growth* (New York, 1972), pp. 59-86; Alfred D. Chandler, Jr., *The Visible Hand: The Managerial Revolution in American Business* (Cambridge, Mass., 1977).

48 Daunton, *Wealth and Welfare*, pp. 220-222; Alfred D. Chandler Jr., *Scale and Scope: The Dynamics of Industrial Capitalism*, paperback ed. (Cambridge, Mass., 1994), p. 250; C. Knick Harley, "Trade, 1870-1939: From Globalisation to Fragmentation", Floud and Johnson (eds.), *The Cambridge Economic History of Modern Britain*, p. 171.

49 Sidney Pollard, "Capital Export, 1870-1914: Harmful or Beneficial?", *Economic History Review*, 2nd ser., 38 (1985), p. 490; Daunton, *Wealth and Welfare*, p. 245.

50 Pollard, "Capital Export, 1870-1914: Harmful or Beneficial?", pp. 500-502; Lance E. Davis and Robert J. Cull, "Internal Capital Movements, Domestic Capital Markets and American Economic Growth, 1820-1914", S. L. Engerman and R. E. Gallman (eds.), *The Cambridge Economic History of the United Sates* Vol. II: *The Long Nineteenth Century* (Cambridge, 2000), p. 735.

51 Donald N. McCloskey, "Did Victorian Britain Fail?", *Economic History Review*, 2nd ser., 23 (1970).

52 Bernard Elbaum and William Lazonick, "An Institutional Perspective on British Decline", Elbaum and Lazonick (eds.), *The Decline of the British Economy* (Oxford, 1986), pp. 1-17.

53 Chandler, *Scale and Scope*, pp. 249-250, 268-294.

54 우리의 논의와 관련해 특히 주목할 점은, 제국 시장이 면직물을 비롯한 전통 산업을 지탱해 주었다는 것이다. 예컨대, 면직물 수출의 경우 1870년 제국 시장의 비중은 34.7퍼센트였으나, 1913년에는 51.7퍼센트로 상승했다. Daunton, *Wealth and Welfare*, p. 222 참조. 케인과 홉킨스는 영국의 수출 무역에서 제국의 비중이 19세기 말 지속적으로 상승하고 다른 제조업 국가들로의 수출이 하락한 것을 지적하면서도, 수출 증가가 제국 시장뿐만 아니라 1차 상품을 생산하는 국가들에서도 늘어났다는 점을 지적한다. P. J. Cain and A. G. Hopkins, *British Imperialism: Innovation and Expansion 1668-1914* (London, 1993), pp. 167-169.

55 McCloskey, "Did Victorian Britain Fail?", p. 57; Landes, *Unbound Prometheus*.

56 Pollard, "Capital Exports", pp. 502-503; N. F. R. Crafts, "Victorian Britain Did Fail", *Economic History Review*, 2nd ser., 32 (1979), p. 537.

57 P. J. Cain and A. G. Hopkins, "Gentlemanly Capitalism and British Expansion Overseas, I: The Old Colonial System, 1688-1850", *Economic History Review*, 2nd ser., 39 (1986); P. J. Cain and A. G. Hopkins, "Gentlemanly Capitalism and British Expansion Overseas, II: The New Imperialism, 1850-1945", *Economic History Review*, 2nd ser., 40 (1987); Cain and Hopkins, *British Imperialism: Innovation and Expansion 1668-1914*.

58 케인과 홉킨스 외에 Martin Wiener, *English Culture and the Decline of the Industrial Spirit, 1850-1980* (Harmonsworth, 1981) 참조. 위너의 주장에 대한 비판으로는 W. D. Rubinstein, *Capitalism, Culture, and Decline in Britain 1750-1990* (London, 1993); F. M. L. Thomspon, *Gentrification and the Enterprise Culture: Britain 1780-1980* (Oxford, 2001) 참조.

59 Howe, "Restoring Free Trade, 1776-1873", Donald Winch and O'Brien (eds.), *The Political Economy of British Historical Experience*, p. 209.

60 E. H. H. Green, "Rentiers versus Producers? The Political Economy of the Bimetallic Controversy c. 1880-1898", *English Historical Review* 103 (1988), pp. 588-612.

6. 미국 산업 사회의 형성

1 배영수, 『미국 예외론의 대안을 찾아서』 (일조각, 2011), chap. 12.

2 Niall Ferguson, *Colossus: The Rise and Fall of the American Empire* (New York, 2004), pp. 15, 18.

3 Robert Fogel, *Without Consent or Contract: The Rise and Fall of American Slavery* (New York, 1991), p. 102; Daunton, *Wealth and Welfare: An Economic and Social History of Britain 1851-1951*, p. 167.

4 배영수, 『미국 예외론의 대안을 찾아서』, chap. 1.

5 버나드 베일린, 『미국 혁명의 이데올로기적 기원』, 배영수 역 (새물결, 1999).

6 Karen Ordahl Kupperman, *The Jamestown Project* (Cambridge, Mass., 2007); Peter C. Mancall, *Hakluyt's Promise: An Elizabethan's Obsession for an English America* (New Haven, 2007).

7 Benjamin Franklin, *Observations Concerning the Increase of Mankind, Peopling of Countries, etc.* (Boston, 1751).

8 인구 추계는 David W. Galenson, "The Settlement and Growth of the Colonies: Population, Labor, and Economic Development", Stanley E. Engerman and Robert E. Gallman (eds.), *The Cambridge Economic History of the United States* Vol. I: *The Colonial Era* (Cambridge, 1996), p. 169; John J. McCusker and Russell R. Menard, *The Economy of Early America 1607-1789* (Chapel Hill, NC, 1985), pp. 211-235 참조. 국민 총생산은 1980년 불변 가격 기준으로 1650년 2,200만 달러에서 1774년 18억 9천만 달러로 증가했다. McCusker and Menard, *The Economy of Early America*, pp. 53-57.

9 McCusker and Menard, *The Economy of Early America*, p. 121 picture 6. 1.

10 본래 회사는 매년 계약을 갱신하는 방식으로 농장주들에게 노동력을 대여하는 제도를 도입했으나, 농장주들이 노동자들을 지나치게 혹사시키는 문제 때문에 곧 포기했다.

11 Stuart Bruchey, *Enterprise: The Dynamic Economy of a Free People* (Cambridge, Mass., 1991), p. 36.

12 설탕 플랜테이션이 제일 먼저 시작된 바베이도스는 17세기 후반에 제곱마일당 250명 정도로 인구 밀도가 높은 곳이 되었다. 그 결과, 계약 기간이 끝난 백인 노동자들이 새로운 정착지를 찾아서 바베이도스를 떠나게 되었는데, 이들의 노동력에 의존했던 식량 생산과 각종 목재 제품 생산이 타격을 입었다. 이 수요를 염두에 두고 서인도와 북아메리카 식민지인들이 사우스캐롤라이나를 개척했다.

13 McCusker and Menard, *The Economy of Early America*, pp. 170-181.

14 Edward Johnson, *Johnson's Wonder-Working Providence, 1628-1651*, ed. J. Franklin Jameson (New York, 1910), p. 211; McCusker and Menard, *The Economy of Early America*, p. 97에서 재인용.

15 McCusker and Menard, *The Economy of Early America*, pp. 91-111, 318-321; Daniel Vickers, "The Northern Colonies: Economy and Society, 1600-1775", Engerman and Gallman (eds.), *The Cambridge Economic History of the United States* Vol. I, p. 232.

16 McCusker and Menard, *The Economy of Early America*, pp. 189-208.

17 John J. McCusker, "British Mercantilist Policies and the American Colonies", Engerman and Gallman (eds.), *The Cambridge Economic History of the United States* Vol. I, pp. 337-362.

18 McCusker and Menard, *The Economy of Early America*, pp. 80-86, 특히 p. 81 table 4. 1.

19 7년 전쟁에 대해서는 Anderson, *Crucible of War: The Seven Years' War and the Fate of Empire in British North America, 1754-1766* 참조.

20 7년 전쟁 시기에 영국인들은 매년 1인당 26실링의 세금을 납부했던 반면, 미국 식민지인들은 1실링을 납부하는 데 그쳤다. John Steele Gordon, *An Empire of Wealth: The Epic History of American Economic Power* (New York, 2004), p. 54. 식민지와 적국 간의 교역에 대해서는 Thomas M. Truxes, *Defying Empire: Trading with the Enemy in Colonial New York* (New Haven, 2008) 참조. 전쟁을 이끌었던 윌리엄 피트는 식민지인의 권리를 옹호했던 인물로 잘 알려져 있으나, 식민지인의 항해법 위반을 맹렬하게 비난했다. 이 점에 대해서는 Anderson, *Crucible of War*, pp. 520, 578-579 참조.

21 1760년대 영국의 북아메리카 식민지 정책의 전환에 대한 서술은 Koehn, *The Power of Commerce: Economy and Governance in the First British Empire*; 김대륜, "'대표 없이 과세 없다'를 넘어: 제국 경제에 관한 논쟁, 1763-1783", 『영국 연구 19』 (2008), pp. 29-60 참조.

22 상품 수입 금지 및 상품 소비 금지 운동에 대해서는 T. H. Breen, *The Marketplace of Revolution: How Consumer Politics Shaped American Independence* (New York, 2004) 참조.

23 통화법에 대해서는 Joseph A. Ernst, "The Currency Act Repeal Movement: A Study in Imperial Politics and Revolutionary Crisis", *William and Mary Quarterly*, 3rd ser., 25 (1968), 통화법, 인지세법과 식민지인들의 자유를 억압하려는 영국의 '음모'에 대한 식민지인들의

견해는 베일린, 『미국 혁명의 이데올로기적 기원』, chap. 4 참조.

24 Gordon S. Wood, *The American Revolution: A History* (London, 2002), pp. 72-75.

25 Wood, *The American Revolution*, pp. 72-86; Simms, *Three Victories and a Defeat: The Rise and Fall of the First British Empire*, pp. 579-661.

26 전쟁 중 식민지의 재정 상황에 대해서는 Ben Baack, "Forging a Nation State: The Continental Congress and the Financing of the War of American Independence", *Economic History Review*, new ser., 54 (2001), pp. 639-656 참조.

27 McCusker and Menard, *The Economy of Early America*, pp. 361-362. 수출 감소로 인한 심각한 무역 불균형을 완화시켜 준 것은 사략선의 활동과 차관이었다. 사략선의 활약으로 12,000척의 상선이 나포되었는데, 상선과 화물의 가치는 1,800만 파운드에 이르렀다(같은 책, pp. 362-363). 그 밖에 해외 차관과 원조는 1777~1783년에 1,000만 파운드에 달했고, 영국군과 프랑스군의 군비 지출 역시 무역 적자를 해소하는 데 도움이 되었다.

28 McCusker and Menard, *The Economy of Early America*, pp. 373-375. 1790년대 초 이후 미국의 빠른 경기 회복을 고려할 때 독립 직후의 상황은 더 나빴을 것이다.

29 특히 남부가 입은 손실은 엄청났다. 1791~1792년 미국의 수출은 1768~1772년과 비교할 때 여전히 75퍼센트 정도에 불과했지만, 중부와 뉴잉글랜드의 경우는 이때 이미 전쟁 이전의 수준을 회복하거나 능가했다. 그 결과, 수출에서 남부가 차지하는 비중은 1770년 64퍼센트에서 1790년 48퍼센트로 하락했고, 부의 비중 역시 1774년 46퍼센트에서 1789년 32퍼센트로 하락했다. Meyer, *The Roots of American Industrialization*, pp. 15-16.

30 1784~1789년 네덜란드로부터 차입한 금액은 230만 달러에 달한 반면, 각 주로부터 납입된 지원금은 190만 달러에 불과했다는 사실은 중앙 정부의 재정 상황을 잘 보여 준다. Richard Sylla, "Experimental Federalism: The Economics of American Government, 1789-1914", Stanley E. Engerman and Robert E. Gallman (eds.), *The Cambridge Economic History of the United States* Vol. II: *The Long Nineteenth Century* (Cambridge, 2000), p. 487.

31 Wood, *The American Revolution*, pp. 142-144; Cathy Matson, "The Revolution, the Constitution, and the New Nation", Engerman and Gallman (eds.), *The Cambridge Economic History of the United States* Vol. I, pp. 372-382.

32 Max M. Edling, *A Revolution in Favor of Government: Origins of the U. S. Constitution and the Making of the American State* (Oxford, 2003).

33 Sonia Mital, Jack N. Rakove and Barry R. Weingast, "The Constitutional Choice of 1787 and Their Consequences", Douglas A. Irwin and Richard Sylla (eds.), *Founding Choices: American Economic Policy in the 1790s* (Chicago, 2011), pp. 39-41.

34 Mital, Rakove and Weingast, "The Constitutional Choice of 1787 and Their Consequences", pp. 42-46.

35 Douglas A. Irwin, "Revenue or Reciprocity? Founding Feuds over Early U. S. Trade Policy", Irwin and Sylla (eds.), *Founding Choices*, pp. 99-100. 관세는 1790년대 연방 정부의 재정 수입에서 매우 중요한 비중을 차지했다. 예컨대, 관세는 1792년 연방 정부의 재정 수입 370만 달러 중 340만 달러를 차지했다. 해밀턴이 재무 장관에 취임한 이후 연방 정부가 직접 관장하는 주요 항구의 세관에서 거두어들이는 수입은 1792~1795년에 600퍼센트가 증

가했고, 관세를 중심으로 한 연방 정부의 재정 수입 역시 1790~1795년에 매년 26퍼센트씩 증가했다. 이 점에 대해서는 같은 글 p. 101과 같은 책에 실린 Sylla, "Financial Foundations: Public Credit, the National Bank, and Securities Markets", p. 73 참조.

36 해밀턴의 여러 보고서에 관한 이하의 서술은 Gordon S. Wood, *Empire of Liberty: A History of the Early Republic, 1789-1815* (Oxford, 2009), pp. 95-103; Stanley Elkins and Eric McKitrick, *The Age of Federalism: The Early American Republic, 1788-1800* (Oxford, 1993), pp. 114-131 참조.

37 Wood, *Empire of Liberty*, p. 100에서 재인용. 경제 성장이 감속하는 농업 국가는 결국 성장이 정체되어 강력한 국가로 성장할 수 없다는 것이다.

38 「제조업에 관한 보고서」는 새로운 산업에 대한 육성을 목표로 한다. 외국과 이미 직접적으로 경쟁하고 있는 기존 산업에 대한 지원은 해밀턴의 관심사가 아니었으므로 장인이나 가내 제조업자들에 대한 지원은 고려되지 않았다. Wood, *Empire of Liberty*, p. 102.

39 Sylla, "Financial Foundations: Public Credit, the National Bank, and Securities Markets", p. 85. 기업의 활동이 활발해진 전거는 1790년대 법인 설립과 관련해 200여건의 법이 통과되었다는 사실에서 찾을 수 있다. 이는 1780년대 통과된 법의 2배에 해당된다. Pauline Maier, "The Revolutionary Origins of the American Corporation", *William and Mary Quarterly*, 3rd ser., 50 (1993), p. 54.

40 수출이 국민 총생산에서 차지하는 비중과 무역 적자에 대해서는 Robert E. Lipsey, "U. S. Foreign Trade and the Balance of Payments, 1800-1913", Engerman and Gallman (eds.), *The Cambridge Economic History of the United States* Vol. II, pp. 685, 691 table 15. 3, 경제 성장에서 수출, 특히 재수출이 차지하는 중요성에 대해서는 Douglass C. North, *The Economic Growth of the United States 1790-1860* (New York, 1966), pp. 24-26, 43-45 참조. 미국의 교역 가치는 1790년 4,300만 달러에서 1807년 2억 4,600만 달러로 증가했고, 나폴레옹 전쟁 기간 재수출 무역의 총 가치는 4억 9천만 달러에 달했다. Wood, *Empire of Liberty*, p. 623. 비슷한 수치는 Charles Sellers, *The Market Revolution: Jacksonian America, 1815-1846* (Oxford, 1991), pp. 22-23 참조.

41 1803~1812년에 약 1,500척의 미국 선박이 나포되었는데, 그중 영국에 의해서 나포된 것은 917척, 프랑스에 의해서는 558척이었다. Wood, *Empire of Liberty*, p. 646.

42 Wood, *Empire of Liberty*, p. 655; Irwin, "Revenue or Reciprocity?", pp. 115-116.

43 제퍼슨의 공화파에 대해서는 Elkins and McKitrick, *The Age of Federalism*, pp. 195-208과 책의 곳곳을 참조하고, 해밀턴에 대한 제퍼슨의 비판과 공화파의 등장에 대해서는 Wood, *Empire of Liberty*, pp. 140-173 참조.

44 Drew McCoy, *The Elusive Republic: Political Economy in Jeffersonian America* (New York, 1980), p. 186.

45 Wood, *Empire of Liberty*, p. 641에서 재인용.

46 Wood, *Empire of Liberty*, p. 357; McCoy, *Elusive Republic*, pp. 185-208.

47 제퍼슨 집권 시기에 루이지애나 매입에 막대한 예산을 할애했던 것과 달리 연방 정부의 규모는 대폭 축소되었다. 의회와 군대에 복무하는 장교들을 제외하고 워싱턴의 정부 부처에 고용된 인원은 제퍼슨 집권 직후 153명이었고, 1829년까지도 352명에 불과했다. Sellers, *The*

Market Revolution, pp. 36-37.

48 Wood, *Empire of Liberty*, p. 674. 반면, 미국의 사략선단은 꽤 활발하게 활동했다. 1812년부터 1813년까지 무려 500척에 이르는 영국의 선박을 나포했다.

49 전쟁의 경과에 대해서는 Wood, *Empire of Liberty*, pp. 659-700 참조. 캐나다와 플로리다를 연방에 편입시키고 영국의 영향력으로부터 완전히 독립하기를 원했던 미국인들에게 1812년 전쟁의 결과는 분명 실망스러운 것이었다. 하지만 전쟁 중 가장 치열했던 뉴올리언스 전투에서 앤드루 잭슨이 이끄는 미국군이 승리를 거둔 것은 그나마 위안이 되었다. 무너져가는 미국인들의 자긍심을 되살려준 이 승리 덕분에 잭슨은 일약 미국의 영웅이 되었고, 후일 그가 미국의 새로운 지도자로 부상하는 계기가 되었다. 잭슨의 승리에 대해서는 Daniel Walker Howe, *What Hath God Wrought: The Transformation of America, 1815-1848* (Oxford, 2007), pp. 8-18 참조.

50 Wood, *Empire of Liberty*, p. 689; Lipsey, "U. S. Foreign Trade and the Balance of Payments", p. 723.

51 주 15에 인용된 문헌 참조.

52 McCusker and Menard, *The Economy of Early America*, p. 363.

53 본문에서 언급한 것처럼 해밀턴의 보고서는 기존 제조업이 아니라 새로운 제조업 육성에 초점을 맞추고 있었다. 해밀턴이 보고서에서 제안했던 관세는 대개 시행되었으나, 영국과의 통상 마찰을 염려해 관세율을 낮게 책정했으므로 유치산업을 보호하는 데 단기적인 효과는 없었다. 이 점에 대해서는 Douglas A. Irwin, "The Aftermath of Hamilton's 'Report on Manufacture'", *Journal of Economic History* 64 (2004), pp. 800-821 참조.

54 Meyer, *The Roots of American Industrialization*, pp. 15-54.

55 성인 여성 한 사람이 1파운드의 면사를 면화로부터 얻는 데는 약 20일의 작업이 필요했다. 그 정도로 면화는 양모나 리넨에 비해 다루기가 까다로웠다. Gordon, *Empire of Wealth*, p. 88.

56 Wood, *Empire of Liberty*, p. 702; Meyer, *The Roots of American Industrialization*, pp. 96-111.

57 Bruchey, *Enterprise*, pp. 151-153; Meyer, *The Roots of American Industrialization*, pp. 113-119; Robert F. Dalzell, Jr., *Enterprising Elite: The Boston Associates and the World They Made* (Cambridge, Mass., 1987), pp. 26-44.

58 1815년 영국으로부터의 수입은 8,500만 달러, 이듬해 1억 5,100만 달러로 증가했다. 미국인들은 영국 상품의 '덤핑'을 의심했다. Maurice G. Baxter, *Henry Clay and the American System* (Lexington, KY, 1995), p. 18.

59 매디슨도 이에 공감한 듯하다. 매디슨은 1815~1816년 회기 중 의회에 '유럽의 전쟁 기간에 미국 전역에서 일어나 전례 없이 성숙하게 된 제조업을 보호하고 증진할 수단'을 찾아달라고 요청한 바 있다. Baxter, *Henry Clay and the American System*, p. 19.

60 Sellers, *The Market Revolution*, p. 75; Peter Temin, "The Industrialization of New England, 1830-1880", Temin (ed.), *Engines of Enterprise: An Economic History of New England* (Cambirdge, Mass., 2000), pp. 113-114; Jeremy Atack and Peter Passell, *A New Economic View of American History*, 2nd ed. (New York, 1994), p. 130. 관세의 보호 아래 미국의 면직물업은 빠른 속도로 성장했다. 가령, 1807년에는 15~20개의 회사에서 약 8천 개의 방추를

가동했으나, 1810년에는 87개 회사에서 약 8만 개의 방추를 가동했다. 1831년에는 약 125만 개의 방추가 운용되었다. 뉴잉글랜드의 면직물 생산량은 1817년 400만 야드에서 1840년 3억 2,300만 야드로 늘었다; Bruchey, *Enterprise*, p. 149.

61 Sellers, *The Market Revolution*, pp. 148-149, 272-273, 295-296, 316, 319-320, 330-331, 412; Howe, *What Hath God Wrought*, pp. 272-274, 407-408; Baxter, *Henry Clay and the American System*, pp. 21-33.

62 Paul A. David, "Learning By Doing and Tariff Protection: A Reconsideration of the Case of the Ante-Bellum United States Cotton Textile Industry", *Journal of Economic History* 30 (1970). 미국과 영국 두 나라의 면직물업의 차이는 고정 자본 투자가 아니라 요소 투입량만으로 측정하기 어려운 숙련도의 차이였고, 이 차이는 생산 현장에서 노동자들의 경험이 축적되어야만 극복될 수 있었다. 관세는 바로 이 시간을 미국 면직물업계에 제공한 것이다. 이 논쟁에 대해서는 Atack and Passell, *A New Economic View of American History*, p. 130 참조.

63 Baxter, *Henry Clay and the American System*, pp. 16-33.

64 Sellers, *The Market Revolution*, p. 132.

65 Albert Fishlow, "Internal Transportation in the Nineteenth and Early Twentieth Centuries", Engerman and Gallman (eds.), *The Cambridge Economic History of the United States* Vol. II, pp. 550-551.

66 특히 미국 은행의 설립에 관한 논쟁에서 연방파와 공화파는 헌법 1조 8항의 해석을 두고 대립했다. 연방 의회가 헌법에 명시된 권한들을 집행하기 위해 '필요하고 적합한' 모든 법을 제정할 권리가 있다고 규정한 이 조항을 두고 연방파는 연방 의회가 경제 규제와 재정 정책 전반에 걸쳐 광범위한 권한을 행사할 권한을 위임 받았다고 주장한 반면, 공화파는 이른바 '엄격한 해석(strict construction)'의 원칙에 따라 헌법이 명시하지 않은 권한을 행사하는 것은 위헌이라고 주장했다.

67 Wood, *Empire of Liberty*, pp. 484-485; John Lauritz Larson, "'Bind the Republic Together': The National Union and the Struggle for a System of Internal Improvements", *Journal of American History* 74 (1987), pp. 363-387. 그 결과, 1790~1860년에 연방 정부는 교통망 개선 사업에 6천만 달러를 지출한 반면, 주와 지방 정부는 4억 5천만 달러를 지출했다. John Joseph Wallis, "The Other Foundings: Federalism and the Constitutional Structure of American Government", Irwin and Sylla (eds.), *Founding Choices*, p. 183.

68 Atack and Passell, *A New Economic View of American History*, p. 178; Bruchey, *Enterprise*, pp. 268-270.

69 David A. Hounshell, *From the American System to Mass Production, 1800-1932: The Development of Manufacturing Technology in the United States* (Baltimore, 1984). 미국, 영국, 독일의 생산성의 상대적 변화에 대해서는 Stephen Broadberry, "How Did the United States and Germany Overtake Britain? A Sectoral Analysis of Comparative Productivity Levels, 1870-1990", *Journal of Economic History* 58 (1998), pp. 375-407 참조. 브로드베리에 따르면, 미국 제조업의 생산성은 1869~1871년에 영국의 제조업에 비해 1.8배의 수준에 도달했다(p. 378 table 1).

70 Meyer, *The Roots of American Industrialization*, pp. 281-284.

71 지역별 인구 비중의 변화를 살펴보면, 1840년 미국 북부의 인구는 총 인구의 63퍼센트, 남부는 37퍼센트를 차지했으나, 1860년에 이르면 각각 65퍼센트와 33퍼센트로 바뀐다. Robert E. Gallman, "Economic Growth and Change in the Long Nineteenth Century", Engerman and Gallman (eds.), *The Cambridge Economic History of the United States* Vol. II, p. 52 table 1. 15.

72 Fogel, *Without Consent or Contract*, p. 102.

73 Jonathan Hughes and Louis P. Cain, *American Economic History*, 6th ed. (New York, 2003), pp. 169-170; North, *The Economic Growth of the United States*, p. 233.

74 '면화가 왕'이라는 이야기에 대해서는 James McPherson, *Battle Cry of Freedom: The Civil War Era* (Oxford, 1988), pp. 100, 195-196 참조. 1860년 노예의 가치는 약 27억 달러였으며, 이것은 당시 미국의 모든 제조업에 투자된 자본의 3배에 해당하는 금액이었다. 만약 노예가 해방된다면 노예 노동을 기반으로 면화를 생산하는 11개 주들의 백인 1인당 수입을 23퍼센트로 낮추게 되는 것이었다. 따라서 노예제 폐지에 대한 움직임은 당시 남부인들에게 있어 자신의 재산권에 대한 위협으로 받아들여 질 수 있었다. Roger L. Ransom and Richard Sutch, *One Kind of Freedom* (New York, 1977), Table 3; Atack and Passell, *A New Economic View of American History*, pp. 356-358.

75 McPherson, *Battle Cry of Freedom*, pp. 94-100.

76 Fogel, *Without Consent or Contract*, p. 107에서 재인용.

77 McPherson, *Battle Cry of Freedom*, p. 100.

78 Eric Foner, *Free Soil, Free Labor, Free Men: The Ideology of the Republican Party Before the Civil War* (Oxford, 1970).

79 이하의 서술은 McPherson, *Battle Cry of Freedom*; David M. Potter, *The Impending Crisis: America Before the Civil War 1848-1861* (New York, 1976) 참조.

80 주 79에 인용한 문헌 외에 Marc Egnal, "The Beards Were Right: Parties in the North, 1840-1860", *Civil War History* 47 (2001), pp. 30-56; Richard F. Bensel, *Yankee Leviathan: The Origins of Central State Authority in America, 1859-1877* (New York, 1991) 참조.

7. 미국 산업 사회의 완성

1 Claudia D. Goldin and Frank D. Lewis, "The Economic Cost of the American Civil War: Estimates and Implications", *Journal of Economic History* 35 (1975), pp. 299-326; Atack and Passell, *A New Economic View of American History*, 2nd ed., pp. 360-363.

2 McPherson, *Battle Cry of Freedom: The Civil War Era*, pp. 442-450; Heather Cox Richardson, *The Greatest Nation of the Earth: Republican Economic Policies during the Civil War* (Cambridge, Mass., 1997), pp. 66-138.

3 McPherson, *Battle Cry of Freedom*, pp. 437-442. 전쟁 중 남부 연합 정부의 경제 개입 강화에 대해서 어떤 연구자는 심지어 '남부 동맹 전시 공산주의'라고 개념화하기도 한다. Jeffrey Rogers Hummel, "The Civil War and Reconstruction", Price Fishback et al., *Government and the American Economy: A New History* (Chicago, 2007), p. 208.

4 Charles A. Beard and Mary R. Beard, *The Rise of American Civilization* Vol. 2: *The Industrial Era* (New York, 1927); Louis M. Hacker, *The Triumph of American Capitalism: The Development of Forces in American History to the End of the Nineteenth Century* (New York, 1940).

5 Atack and Passell, *A New Economic View*, pp. 360-363.

6 Robert E. Gallman, "Economic Growth and Change in the Long Nineteenth Century", Stanley E. Engerman and Robert E. Gallman (eds.), *The Cambridge Economic History of the United States* Vol. II: *The Long Nineteenth Century* (Cambridge, 2000), p. 7.

7 Stuart Bruchey, *Enterprise: The Dynamic Economy of a Free People* (Cambridge, Mass., 1991), p. 256.

8 P. K. O'Brien, "The Pax Britannica and American Hegemony: Precedent, Antecedent or Just Another History?", O'Brien and Armand Clesse (eds.), *Two Hegemonies: Britain 1846-1914 and the United States 1941-2001* (Aldershot, 2002), pp. 28-29; Richard Sylla, "Experimental Federalism: The Economic of American Government 1789-1914", Engerman and Gallman (eds.), *The Cambridge Economic History of the United States* Vol II, pp. 532-533. 보호 무역의 가장 중요한 수단은 역시 관세였다. 미국은 1866년부터 1883년까지 평균 45퍼센트의 높은 관세율을 유지했다. 이후 농민과 노동자의 생활 수준을 개선하는 방안으로 관세 인하를 요구하는 목소리가 높아졌고, 때때로 관세가 인하되기도 했지만, 제1차 세계 대전 이후에도 미국은 여전히 보호 무역주의를 포기하지 않았다. 이 점에 대해서는 Paul Bairoch, *Economics and World History* (Chicago, 1993), p. 36; Robert J. Gordon, "Two Centuries of Economic Growth: Europe Chasing the American Frontier", NBER Working Paper No. 10622 (August 2004), p. 21 참조.

9 Lipsey, "U. S. Foreign Trade and the Balance of Payments, 1800-1913", Engerman and Gallman (eds.), *The Cambridge Economic History of the United States* Vol II, p. 725.

10 Fishlow, "Internal Transportation in the Nineteenth and Early Twentieth Centuries", Engerman and Gallman (eds.), *The Cambridge Economic History of the United States* Vol II, pp. 583-584. 미국의 수치를 영국과 비교하면 흥미롭다. 가령, 1880년 영국의 철도 총 연장 길이는 약 25,000킬로미터에 불과했다. Chandler Jr., *Scale and Scope: The Dynamics of Industrial Capitalism*, paperback ed., p. 53.

11 이 점에 대해서는 Stephen Broadberry and Kevin H. O'Rouke, *The Cambridge Economic History of Modern Europe* Vol. I: *1700-1870* (Cambridge, 2010), chap. 7 참조.

12 잘 알려진 것처럼 전쟁 후 공화당이 장악했던 연방 정부는 철도 건설을 직·간접적으로 지원했다. 정부는 1860년대 건설된 유니언 퍼시픽 철도처럼 철도망 건설에 필요한 토지를 공급하거나 철도 회사의 주식을 주 정부나 지방 정부가 매입하거나 정부 공채로 교환하는 방식으로 자본을 지원했다. Richardson, *The Greatest Nation of the Earth*, pp. 171-208; Jonathan Barron Baskin and Paul J. Miranti, Jr., *A History of Corporate Finance* (Cambridge, 1997), pp. 146-164.

13 Chandler, Jr., *The Visible Hand: The Managerial Revolution in American Business*, part 2; Bruchey, *Enterprise*, pp. 269-270.

14 Lance E. Davis and Robert J. Cull, "International Capital Movements, Domestic Capital Market, and American Economic Growth, 1820-1914", Engerman and Gallman (eds.), *The Cambridge Economic History of the United States* Vol. II, pp. 750-755.

15 Naomi R. Lamoreaux, "Entrepreneurship, Business Organization, and Economic Concentration", Engerman and Gallman (eds.), *The Cambridge Economic History of the United States* Vol. II, p. 419; Baskin and Miranti, Jr., *A History of Corporate Finance*, pp. 146-164.

16 Chandler, Jr., *The Visible Hand*, pp. 240, 289-290; William Leach, *Land of Desire: Merchants, Power and the Rise of a New American Culture* (New York, 1993), part 1.

17 Chandler, Jr., *The Visible Hand*, p. 241; Chandler, Jr., *Scale and Scope*, p. 62.

18 Hounshell, *From the American System to Mass Production, 1800-1932: The Development of Manufacturing Technology in the United States*; Chandler, Jr., *The Visible Hand*, pp. 240-283.

19 Gavin Wright, "The Origins of American Industrial Success 1879-1940", *American Economic Review* 80 (1990), pp. 651-668. 물론 부존자원 자체가 미국 제조업의 성장을 모두 설명해 주는 것은 아니다. 풍부한 자원의 존재는 대량 생산 체제의 발전처럼 미국 제조업이 발전하는 특정한 경로에 영향을 주었지만, 자원의 개발과 활용 자체는 기술 발전을 전제한다는 점을 지나쳐서는 안 된다는 것이다. 미국 제조업의 자본 및 자원집약적인 성격에 대해서는 특히 같은 글, p. 656의 table 1 참조.

20 배영수, 『미국 예외론의 대안을 찾아서』, pp. 109-113.

21 Lamoreaux, "Entrepreneurship, Business Organization, and Economic Concentration", pp. 423-424.

22 Chandler, Jr., *Scale and Scope*, part 2; Louis Galambos, "The U. S. Corporate Economy in the Twentieth Century", Stanley E. Engerman and Robert E. Gallman (eds.), *The Cambridge Economic History of the United States* Vol. III: *The Twentieth Century* (Cambridge, 2000), pp. 927-959.

23 Chandler, Jr., *Scale and Scope*, pp. 14-31.

24 Richard R. Nelson and Gavin Wright, "The Rise and Fall of American Technological Leadership", *Journal of Economic Literature* 30 (1992), pp. 1931-1964; Thomas P. Hughes, *American Genesis: A Century of Invention and Technological Enthusiasm, 1870-1970*, 2nd ed. (Chicago, 2004).

25 19세기 말 영국에서 등장한 신자유주의는 최근에 유행하는 신자유주의와는 다른 것이다. 19세기 말 신자유주의는 미국의 혁신주의 운동과 마찬가지로 시장의 실패를 강조하면서 자본의 독점화를 억제하고, 노동자의 권리와 사회 복지를 확대하기 위해 적극적인 국가 개입의 필요성을 강조한다.

26 Price Fishback, "The Progressive Era", Fishback et al. (eds.), *Government and the American Economy*, pp. 288-322.

27 Mark Guglielmo and Werner Troesken, "The Gilded Age", Fishback et al. (eds.), *Government and the American Economy*, pp. 267-273; Fishback, "The Progressive Era", pp. 309-310; Thomas K. McCraw, *Prophets of Regulation* (Cambridge, Mass., 1984), pp. 78-79 곳곳 참조.

28 '프런티어의 종결'에 대해서는 Jackson Lears, *Rebirth of a Nation: The Making of Modern*

America, 1877-1920 (New York, 2009), pp. 40-41 참조.

29 Michael Adas, *Dominance by Design: Technological Imperative and America's Civilizing Mission* (Cambridge, Mass., 2006), pp. 129-182.

30 Lears, *Rebirth of a Nation*, pp. 279-291(루스벨트의 공격적인 대외 정책), pp. 324-325(윌슨과 중남미 정책); Kris James Mitchener and Marc D. Weidenmier, "Empire, Public Goods and the Roosevelt Corollary", NBER Working Paper No. 10729 (September 2004). 두 번째 글에 따르면, 루스벨트의 선언 이후 중남미 국가의 공채 가격이 대폭 상승하고(1년 후 74퍼센트, 2년 후 91퍼센트), 수출이 증가하며, 지역의 분쟁이 감소하는 결과가 나타났다. 이는 찰스 킨들버거가 오래전에 설파했던 '패권 안정론(hegemonic stability theory)'을 뒷받침하는 것이라고 저자들은 주장한다.

31 Lears, *Rebirth of a Nation*, pp. 325-326, 334-335, 337-338(치머만 사건); David Kennedy, *Over Here: The First World War and the American Society* (Oxford, 1980), pp. 5, 10. 제1차 세계 대전에 미국이 참전한 계기는 흔히 1915년 5월 영국 여객선 루시타니아 호가 독일 잠수함의 어뢰에 의해 격침되어 승선한 많은 미국인들이 사망한 사건 때문이라고 한다. 그러나 이보다 더 직접적으로 미국 정부가 참전을 결정하게 된 계기는 치머만(Zimmerman) 노트 사건이었다. 물론 1917년 2월의 치머만 노트 사건 역시 미국 정부의 독일에 대한 의심을 가중시켰다. 이 문서는 독일 외무 장관 치머만이 멕시코 정부에 보냈다고 알려진 것으로, 멕시코가 참전하고 독일이 승리할 경우 미국으로 하여금 텍사스, 애리조나, 뉴멕시코를 멕시코에 반환하도록 만들겠다는 내용을 담고 있었다. 이 문서는 영국의 수사 기관에 의해 미국 정부에 전달된 것으로 그 진위 여부가 의심스러운 것이었지만, 참전 여론을 조성하는 데 크게 작용했다.

32 Hugh Rockoff, "Until It's Over, Over There: The U. S. Economy in World War I", Stephen Broadberry and Mark Harrison (eds.), *The Economics of World War I* (Cambridge, 2005), p. 334 table 10. 8; Michael Edelstein, "War and the American Economy in the Twentieth Century", Engerman and Gallman (eds.), *The Cambridge Economic History of the United States* Vol. III, pp. 330, 342 table 6. 1(321억 달러로 추정).

33 Rockoff, "Until It's Over, Over There", pp. 316, 321, 322-327; Kennedy, *Over Here*, p. 105(공채 판매 캠페인).

34 Rockoff, "Until It's Over, Over There", pp. 327-332; Kennedy, *Over Here*, pp. 126-136.

35 Stephen Broadberry and Mark Harrison, "The Economics of World War I: An Overview", Broadberry and Harrison (eds.), *The Economics of World War I*, p. 27 table 1. 9. 전쟁으로 영국은 국부의 약 15퍼센트, 프랑스는 55퍼센트, 독일은 55퍼센트를 잃었다는 추계도 기억할 만하다. 같은 글, p. 28 table 1. 10 참조.

36 1982년 달러 가치로 환산한 실질 국민 총생산은 같은 기간에 약 4,000억 달러에서 4,960억 달러로 늘었다. 이 두 수치는 Nathan S. Balke and Robert J. Gordon, "The Estimation of Prewar GNP: Methodology and New Evidence", NBER Working Paper, No. 2574 (August 1988), p. 85 table 10 참조. 1914~1918년에 실질 국내 총생산의 변화를 살펴본 또 다른 추계에 따르면, 1913년을 100으로 할 때 1918년 미국의 실질 국내 총생산은 113.2로 성장했다. Broadberry and Harrison, "The Economics of World War I", p. 12 table 1. 4 참조.

37 Rockoff, "Until It's Over, Over There", p. 335 table 10. 9. 미국의 해외 투자는 1914년 50억 달러에서 1919년 97억 달러로 늘었고, 미국에 대한 해외 투자자들의 투자는 같은 기간 72억 달러에서 33억 달러로 줄었다. 전후에도 미국은 한동안 해외 자본 투자를 계속해서 1924~1928년에는 매년 10억 달러 이상 수출했다. Barry Eichengreen, "U. S. Foreign Financial Relations in the Twentieth Century", Engerman and Gallman (eds.), *The Cambridge Economic History of the United States* Vol. III, pp. 475-479. 미국 정부의 부채는 전쟁 이전 약 37억 달러 정도였지만, 전후에 미국 정부는 비슷한 금액을 해외에 대부한 상태였다. Kennedy, *Over Here*, p. 338.

38 전후의 혼란에 대해서는 Charles S. Maier, *Recasting Bourgeois Europe: Stabilization in France, Germany and Italy in the Decade after World War I* (Princeton, 1975) 참조.

39 Hughes and Cain, *American Economic History*, 6th ed., pp. 441, 443-444. 이들에 따르면, 실질 임금은 1922~1929년에 17퍼센트 상승했고, 실질 소득은 1921~1929년에 약 60퍼센트 증가했다. 물론 내구 및 반내구 소비재의 소비가 국민 총생산에서 차지하는 비중은 1919년 12.5퍼센트에서 1929년 20퍼센트로 증가했다. 또 내구 생산재와 건설 부문의 지출이 차지하는 비중 역시 1919년 각각 5.5퍼센트와 6.3퍼센트에서 1929년 7.5퍼센트와 11.2퍼센트로 증가했던 것도 기억할 만하다. Bruchey, *Enterprise*, p. 403 table 37 참조.

40 특히 중요한 것은 미국의 풍부한 원유와 철광석이었다. 자동차 산업이 본격적으로 발전하기 시작한 1910년 대 초반(정확하게는 1913년) 미국은 전 세계 원유의 65퍼센트, 철광석의 35퍼센트를 생산하고 있었다. Wright, "Origins of American Industrial Success", p. 661.

41 Hounshell, *From the American System to Mass Production*, pp. 217-261; Thomas K. McCraw and Richard S. Tedlow, "Henry Ford, Alfred Sloan, and the Three Phases of Marketing", McCraw (ed.), *Creating Modern Capitalism: How Entrepreneurs, Companies, and Countries Triumphed in Three Industrial Revolutions* (Cambridge, Mass, 1995), pp. 266-300.

42 McCraw and Tedlow, "Henry Ford, Alfred Sloan, and the Three Phases of Marketing", pp. 285-288.

43 Gordon, "Two Centuries of Economic Growth", p. 24.

44 제1차 세계 대전을 전후로 미국은 보호주의를 강화했다. 윌슨의 집권 초기 미국은 평균 관세율을 19.3퍼센트에서 9.1퍼센트로 인하했으나(1913년 Underwood-Simmons 법), 하딩 행정부는 1922년까지 관세율을 14퍼센트까지 인상했다. 금융계와 광업, 석유, 기계, 전기, 자동차, 고무, 화학 등 미국의 수출을 주도했던 산업 부문에서는 윌슨 행정부의 정책을 지지하며 관세 인하와 유럽의 전후 복구에 대한 미국의 지원, 특히 전쟁 배상금과 전시 부채의 탕감을 요구했으나, 농업 부문과 전통적인 노동집약적 산업 부문에서는 보호주의를 강력하게 밀어붙였다. 관세율은 공황이 시작된 직후 스무트-홀리 법(Smoot-Hawley Act)에 의해 다시 인상되어 1932년 평균 관세율은 19.59퍼센트가 되었다. 관세 인상을 비롯해서 전간기(戰間期) 경제 정책에 관한 논의에서 경제계 내부의 이견과 민주당-공화당 사이의 갈등이 겹친 양상에 대해서는 Jeff Frieden, "Sectoral Conflict and Foreign Economic Policy, 1914-1940", *International Organization* 42 (1988), pp. 59-90; Barry Eichengreen, "The Political Economy of the Smoot-Hawley Tariff", NBER Working Paper, No. 2001 (August, 1986), pp. 16-17; Colleen M. Callahan, Judith A. McDonald, and Anthony Patrick O'Brien, "Who Voted

for Smoot-Hawley", *Journal of Economic History* 54 (1994), pp. 683-684 참조.

45 인용은 O'Brien, "The Pax Britannica and American Hegemony", p. 51, 투기 붐에 대해서는 Gordon, *An Empire of Wealth*, p. 402와 양동휴, 『20세기 경제사: 대공황에서 세계화까지』 (일조각, 2006), p. 20 참조.

46 1926년 7월의 주가 지수를 100으로 할 때 1929년 9월 지수는 216까지 올랐다가 1929년 10월 29일 '검은 화요일'부터 폭락하기 시작해서 1932년 7월에는 34까지 떨어졌다.

47 Hughes and Cain, *American Economic History*, p. 460; 찰스 페인스틴, 피터 테민, 지아니 토니올로, 『대공황 전후 세계 경제』, 양동휴, 박복영, 김영완 역 (동서문화사, 2008), p. 195 표 7. 2.

48 양동휴에 따르면 이는 매우 불합리한 판단이었다. 당시 세계 경제의 가장 큰 문제점은 물가 상승이 아니라 물가 하락이었다. 물가가 지속적으로 하락할 것이라는 기대가 팽배하면 사람들은 소비를 계속해서 뒤로 미루게 되고, 기업의 투자 역시 지연될 수밖에 없었기 때문이다. 이를 극복할 수 있는 유일한 방법은 금본위제에서 이탈해 통화 가치를 떨어뜨리는 동시에 통화 공급을 대폭 확대해 물가를 끌어 올려 소비와 투자를 더 이상 미루지 못하도록 심리적인 반전을 꾀하는 것이었다. 양동휴, 『20세기 경제사』, pp. 28-42.

49 양동휴, 『20세기 경제사』, pp. 43-45, 60-63, 125-161.

50 실업률과 산업 생산 지수는 양동휴, 『20세기 경제사』, pp. 19, 21 참조.

51 J. R. Vernon, "World War II Fiscal Policies and the End of the Great Depression", *Journal of Economic History* 54 (1994), pp. 850-868.

52 Hugh Rockoff, "The United States: From Ploughshare to Swords", Mark Harrison (ed.), *The Economics of World War II: Six Great Powers in International Comparison* (Cambridge, 2000), pp. 81-121. 실제 거주민의 1인당 소비량으로 측정하면, 1942년의 소비 감소 역시 사라지고 소비는 꾸준히 증가해서 1943년에 역사상 최고 수준에 도달하게 되었다. 당대인들이 주장하듯이 '미국인들에게 이렇게 좋은 시절은 없었다(Americans never had it so good)'란 말은 결코 과장이 아니었던 것이다. 이 점에 대해서는 같은 글, table 3. 5 참조.

53 Gordon, *An Empire of Wealth*, p. 453; Fed Afatalion, *A History of Chemical Industry* (Philadelphia, 1991), pp. 208-209.

54 Robert M. Collins, *More: The Politics of Economic Growth in Postwar America* (New York, 2000), pp. 11-12.

55 David Mowery and Nathan Rosenberg, "Twentieth-Century Technological Change", Engerman and Gallman (eds.), *The Cambridge Economic History of the United States* Vol. III, p. 819.

56 전후의 연구 개발 투자에서 연방 정부의 역할에 대해서는 Mowery and Rosenberg, "Twentieth-Century Technological Change", pp. 820-823 참조.

57 Alfred D. Chandler, Jr., *Inventing the Electronic Century: The Epic Story of the Consumer Electronics and Computer Industries*, paperback ed. (Cambridge, Mass., 2006), pp. 27-29; Mowery and Rosenberg, "Twentieth-Century Technological Change," p. 886.

58 Chandler, Jr., *Inventing the Electronic Century*, pp. 83-84.

59 Mowery and Rosenberg, "Twentieth-Century Technological Change", pp. 856-857.

60 Afatalion, *A History of Chemical Industry*, pp. 209-215.

61 Ruth Schwartz Cowan, *A Social History of American Technology* (New York, 1997), pp. 256-258; Mowery and Rosenberg, "Twentieth-Century Technological Change", p. 842(제트 엔진의 발전).

62 Gordon, "Two Centuries of Economic Growth." 미국과 유럽의 생산력 격차는 심각했다. 종전 직후 미국의 산업 생산은 전쟁 이전보다 50퍼센트 성장했던 반면, 패전국 독일과 일본의 산업 생산은 전쟁 이전의 20퍼센트 수준으로 떨어졌다. 필립 암스트롱, 앤드루 글린, 존 해리슨, 『1945년 이후의 자본주의』, 김수행 역 (동아출판사, 1996), p. 51.

63 페인스틴, 테민, 토니올로, 『대공황 전후 세계 경제』, p. 278.

64 Eichengreen, *Globalizing Capital*, p. 99. 브레턴우즈 협약에 관해서는 같은 책, p. 93 이하와 김기수, 『국제통화금융체제와 세계경제패권』 (살림, 2011), 3장 참조.

65 미국 외교 협회의 기원과 전후 구상에 대해서는 배영수, 『미국 예외론의 대안을 찾아서』, pp. 431-432; Laurence H. Shoup and William Minter, *Imperial Brain Trust: The Council on Foreign Relations and United States Foreign Policy* (New York, 1977), 특히 1, 4장 참조.

66 Jeffrey A. Frieden, *Global Capitalism: Its Fall and Rise in the Twentieth Century* (New York, 2006), pp. 255-257; Tony Judt, *Post War: A History of Europe since 1945* (New York, 2006), pp. 107-108.

67 Frieden, *Global Capitalism*, p. 258.

68 Frieden, *Global Capitalism*, p. 270; 암스트롱, 글린, 해리슨, 『1945년 이후의 자본주의』, p. 62.

69 Frieden, *Global Capitalism*, p. 265.

70 물론 미국은 서유럽의 즉각적인 공산화를 우려한 것은 아니었다. 미국이 우려했던 것은 서유럽의 경제 사정이 개선되지 않을 경우 사회주의 세력의 영향력이 확대되고, 이는 미국이 원했던 자유로운 국제 경제 질서와 상충하는 생산 수단의 사회화, 노동자 통제의 강화와 같은 요구들이 강화될 것이라는 점이었다. 따라서 마셜 원조는 "공산주의와의 투쟁, 그 자체가 목표가 아니라 유럽 사회의 경제적 건강과 활기를 회복"시키는 것이었다(암스트롱, 글린, 해리슨, 『1945년 이후의 자본주의』, p. 120에 인용된 조지 케넌의 진술); Judt, *Post War*, pp. 88-90.

71 마셜 원조로 제공된 120억 달러 중 영국과 프랑스가 가장 큰 지원을 받았으나, 경제 규모가 작은 수혜국에게 원조의 효과는 더욱 컸다. 가령, 오스트리아가 마셜 원조 첫 해에 받은 지원금은 오스트리아 국민 소득의 14퍼센트에 달한다. Judt, *Post War*, pp. 90-91; 양동휴, 『20세기 경제사』, pp. 173-174, 261.

72 양동휴, 『20세기 경제사』, pp. 174-175.

73 양동휴, 『20세기 경제사』, pp. 185-186. '생산성의 정치'에 관해서는 Charles S. Maier, *Among Empires: American Ascendancy and Its Predecessors* (Cambridge, Mass., 2006), pp. 191-237 참조.

74 양동휴, 『20세기 경제사』, pp. 176-177.

75 양동휴, 『20세기 경제사』, pp. 202-212; 암스트롱, 글린, 해리슨, 『1945년 이후의 자본주의』, p. 27; Judt, *Post War*, p. 86.

76 양동휴, 『20세기 경제사』, pp. 191-198; Eichengreen, *Globalizing Capital*, pp. 106-107.

77 Findlay and O'Rouke, *Power and Plenty: Trade, War, and the World Economy in the Second*

Millennium, chap. 7.

78 암스트롱, 글린, 해리슨, 『1945년 이후의 자본주의』, p. 231; Moses Abramovitz, "Catching Up, Forging Ahead, and Falling Behind", *Journal of Economic History* 46 (1996), p. 391 table 1.

79 중앙 정보국 국장 덜러스(Allen W. Dulles)의 발언. Judt, *Post War*, p. 94에서 재인용.

80 Peter H. Lindert, "Twentieth-Century Foreign Trade and Trade Policy", Engerman and Gallman (eds.), *The Cambridge Economic History of the United States* Vol. III, pp. 444-455; Judith Stein, *Pivotal Decade: How the United States Traded Factories for Finance in the Seventies* (New Haven, 2010), pp. 5-8.

81 암스트롱, 글린, 해리슨, 『1945년 이후의 자본주의』, pp. 234-235.

82 Collins, *More*, pp. 40-41; Stein, *Pivotal Decade*, pp. 1-2.

83 암스트롱, 글린, 해리슨, 『1945년 이후의 자본주의』, p. 265(표 11. 5), p. 232(표 10. 1). 케네디 라운드(1962~1967) 후 평균 관세율은 8.7퍼센트로 인하되었고, 도쿄 라운드(1973~1979) 후 평균 관세율은 다시 4.7퍼센트로 인하되었다.

84 이를 "불사조 효과"로 개념화할 수 있다. 이 점에 대해서는 Tai-Yoo Kim et al., "War, Peace and Economic Growth: The Phoenix Factor Reexamined", MIMEO 참조.

에필로그

1 Collins, *More: The Politics of Economic Growth in Postwar America*, pp. 52(인용), 53.

2 1975년까지 베트남 전쟁에 미국 정부가 지출한 전쟁 비용은 1,110억 달러에 달했다. 이를 2011년 달러 가치로 환산하면 7,380억 달러에 해당되는데, 이는 제2차 세계 대전에 지출한 4조 1천억 달러의 약 20퍼센트에 해당된다.

3 Stein, *Pivotal Decade*.

4 Stein, *Pivotal Decade*.

5 Alfred E. Eckers, Jr., and Thomas W. Zeiler, *Globalization and the American Century* (New York, 2003), p. 262 table A. 3. 이 표에 따르면, 1980~1990년, 1990~1998년에 미국의 국내총생산의 성장률은 각각 3.4퍼센트와 2.8퍼센트를 기록했던 반면, 유럽은 각각 2.5퍼센트와 1.8퍼센트, 일본은 각각 4.1퍼센트와 1.2퍼센트를 기록했다.

6 인용된 추계와 비관론과 낙관론에 대한 논의는 배영수, 『미국 예외론의 대안을 찾아서』, pp. 395-397 참조.

7 폴 케네디에 대해서는 프롤로그 주 6 참조. 강대국의 국력이 경제력이라는 포괄적인 역량보다는 장기적으로 군사비를 조달할 수 있는 효율적인 재정 체제에 달려 있다는 비판과 케네디 자신이 미국의 쇠퇴에 대해서 경고했던 것을 철회했다는 점은 Ferguson, *Colossus: The Rise and Fall of the American Empire*, 특히 pp. 261-262 참조. 경제력과 군사력을 합한 국력의 상대적인 비교는 William C. Wohlforth, "U. S. Strategy in a Unipolar World", G. John Ikenberry (ed.), *America Unrivaled: The Future of the Balance of Power* (Ithaca, 2002), pp. 98-118; 배영수, 『미국 예외론의 대안을 찾아서』, p. 397에서 재인용한 부분 참조.

8 1960년대 유럽과 일본이 연구 개발에 국내 총생산의 1.5~2퍼센트를 투자하고 있었던 반면, 미국은 2.75퍼센트를 투자했다. 필립 암스트롱, 앤드루 글린, 존 해리슨, 『1945년 이후의

자본주의』, 김수행 역 (동아출판사, 1996), p. 241; 또 다른 추계에 따르면, 1969년 미국의 연구 개발 지출은 256억 달러로 독일·프랑스·영국·일본의 연구 개발 관련 지출을 합한 총액 113억 달러의 2배가 넘었다. 방위 산업과 관련된 연구 개발 지출이 차지하는 비중은 1949년에는 무려 80퍼센트를 차지했으나, 1960년대에는 50퍼센트 수준을 유지했다. Mowery and Rosenberg, "Twentieth-Century Technological Change", Engerman and Gallman (eds.), *The Cambridge Economic History of the United States* Vol. III, pp. 819, 822.

9 이것과 연관된 또 하나의 사실은 미국 교육의 질이 저하되고 있다는 것이다. 서술이 과장된 측면이 있지만 이 점은 담비사 모요, 『미국이 파산하는 날: 서구의 몰락과 신흥국의 반격』, 김종수 역(중앙북스, 2011)에 잘 나타나 있다.

10 2011년 국내 총생산 추계는 http://www.bea.gov/newsreleases/national/gdp/2012/pdf/gdp4q11_3rd.pdf. http://blogs.wsj.com/economics/2011/12/10/number-of-the-week-finances-share-of-economy-continues-to-grow/ 참조.

참고문헌

국문 자료

김기수, 『국제통화금융체제와 세계경제패권』, 살림, 2011.

김대륜, 「'대표 없이 과세 없다'를 넘어: 제국 경제에 관한 논쟁, 1763-1783」, 『영국 연구』 19, 2008.

김응종, 『아날학파의 역사 세계』, 아르케, 2001.

김태유·장문석, 『국부의 조건: 감속하는 사회에서 가속하는 사회로』, 서울대학교출판문화원, 2012.

단테 알리기에리, 『단테 제정론』, 성염 역, 경세원, 2009.

담비사 모요, 『미국이 파산하는 날: 서구의 몰락과 신흥국의 반격』, 김종수 역, 중앙북스, 2011.

데이비드 파커 외, 『혁명의 탄생』, 박윤덕 역, 교양인, 2009.

레이몬드 카 외, 『스페인사』, 김원중·황보영조 역, 까치, 2006.

배영수, 『미국 예외론의 대안을 찾아서』, 일조각, 2011.

백영서, 『동아시아의 지역 질서: 제국을 넘어 공동체로』, 창비, 2005.

버나드 베일린, 『미국 혁명의 이데올로기적 기원』, 배영수 역, 새물결, 1999.

안토니오 그람시, 『옥중 수고 II: 철학·역사·문화편』, 이상훈 역, 거름, 1993.

앤서니 파그덴, 『민족과 제국』, 한은경 역, 을유문화사, 2003.

양동휴, 『20세기 경제사: 대공황에서 세계화까지』, 일조각, 2006.

양병우, 『아테네 민주 정치사』, 서울대학교출판부, 1976.

이매뉴얼 월러스틴, 『근대세계체제 1: 자본주의적 농업과 16세기 유럽 세계경제의 기원』, 나종일 외 역, 까치, 1999.

이매뉴얼 월러스틴, 『근대세계체제 2: 중상주의와 유럽 세계경제의 공고화 1600-1750』, 유재건 외 역, 까치, 1999.

이영석, 『공장의 역사: 근대 영국 사회와 생산, 언어, 정치』, 푸른역사, 2012.

자크 르 고프, 『서양 중세 문명』, 유희수 역, 문학과지성사, 1998.

존 H. 엘리엇, 『스페인 제국사 1469-1716』, 김원중 역, 까치, 2000.

주경철, 「네덜란드 동인도 회사와 아시아 교역: 세계화의 초기 단계」, 『미국학』 28, 서울대학교 미국학연구소, 2005.

주경철, 『대항해 시대: 해상 팽창과 근대 세계의 형성』, 서울대학교출판부, 2008.

찰스 P. 킨들버거, 『경제 강대국 흥망사 1500-1990』, 주경철 역, 까치, 2004.

찰스 페인스틴, 피터 테민, 지아니 토니올로, 『대공황 전후 세계경제』, 양동휴·박복영·김영완 역, 동서문화사, 2008.

티머시 파슨스, 『제국의 지배: 제국은 왜 항상 몰락하는가』, 장문석 역, 까치, 2012.

페르낭 브로델, 『물질문명과 자본주의 III』, 주경철 역, 까치, 1997.

필립 암스트롱, 앤드류 글린, 존 해리슨, 『1945년 이후의 자본주의』, 김수행 역, 동아출판사, 1996.

외국문 자료

Abramovitz, Moses, "Catching Up, Forging Ahead, and Falling Behind", *Journal of Economic History* 46, 1996.

Acemoglu, Daron and James A. Robinson, "Political Losers as a Barrier to Economic Development", *American Economic Review* 90, 2000.

Adas, Michael, *Dominance by Design: Technological Imperative and America's Civilizing Mission*, Cambridge, Mass., 2006.

Afatalion, Fed, *A History of Chemical Industry*, Philadelphia, 1991.

Allen, Robert C., *The British Industrial Revolution in Global Perspective*, Cambridge, 2009.

Álvarez-Nogal, Carlos and Leandro Prados de la Escosura, "Searching for the Roots of Retardation: Spain in European Perspective, 1500-1850", *Universidad Carlos III de Madrid Working Papers in Economic History*, 2007.

Anderson, Fred, *Crucible of War: The Seven Years' War and the Fate of Empire in British North America, 1754-1766*, London, 2000.

Anderson, Perry, *Lineages of the Absolutist State*, London, 1974.

Andrews, Kenneth R., *Trade, Plunder and Settlement: Maritime Enterprise and the Genesis of the British Empire, 1480-1630*, Cambridge, 1984.

Ashworth, William, "The Intersection of the Industry and the State in Eighteenth-Century Britain", in Lissa Roberts, Simon Schaffer and Peter Dear (eds.), *The Mindful Hand: Inquiry and Invention from the Late Renaissance to Early Industrialisation*, Amsterdam, 2007.

Aston, T. H. and C. H. E. Philpin (eds.), *The Brenner Debate: Agrarian Class Structure and Economic Development in Pre-industrial Europe*, Cambridge, 1985.

Atack, Jeremy and Peter Passell, *A New Economic View of American History*, 2nd ed., New York, 1994.

Auerbach, J. A., *The Great Exhibition of 1851: A Nation on Display*, New Haven, 1999.

Baack, Ben, "Forging a Nation State: The Continental Congress and the Financing of the War of American Independence", *Economic History Review*, new ser., 54, 2001.

Bairoch, Paul, *Economics and World History*, Chicago, 1993.

Balke, Nathan S. and Robert J. Gordon, "The Estimation of Prewar GNP: Methodology and New Evidence", NBER Working Paper, No. 2574, 1988.

Baskin, Jonathan Barron and Paul J. Miranti, Jr., *A History of Corporate Finance*, Cambridge, 1997.

Baugh, Daniel, "Great Britain's 'Blue-Water' Policy, 1689-1815", *International History Review* 10, 1988.

Baxter, Maurice G., *Henry Clay and the American System*, Lexington, KY, 1995.

Beard, Charles A. and Mary R. Beard, *The Rise of American Civilization* Vol. 2: *The Industrial Era*, New York, 1927.

Belligni, Silvano, "Egemonia", *Dizionario di Politica*, diretto da Norberto Bobbio e Nicola Matteucci, Torino, 1976.

Bensel, Richard F., *Yankee Leviathan: The Origins of Central State Authority in America, 1859-1877*, New York, 1991.

Berg, Maxine, *Luxury and Pleasure in Eighteenth-Century Britain*, Oxford, 2005.

Bin Wong, R., *China Transformed: Historical Change and the Limits of European Experience*, Ithaca, 1997.

Black, Jeremy, *A System of Ambition? British Foreign Policy 1660-1793*, London, 1991.

Braudel, Fernand, *The Mediterranean and the Mediterranean World in the Age of Philip II*, New York, 1973.

Braudel, Fernand, *Civilization and Capitalism 15th-18th Century* Volume III: *The Perspective of the World*, trans. Siân Reynolds, New York, 1979.

Breen, T. H., "'Baubles of Britain': The American Revolution and Consumer Revolution of the Eighteenth Century", *Past and Present* 119, 1988.

Breen, T. H., *The Marketplace of Revolution: How Consumer Politics Shaped American Independence*, New York, 2004.

Brenner, Robert, *Merchants and Revolution: Commercial Change, Political Conflict, and London's Overseas Traders, 1550-1653*, London, 2003.

Brewer, John, *The Sinews of Power: War, Money, and the English State, 1688-1783*, London, 1989.

Brewer, John and Roy Porter (eds.), *Consumption and the World of Goods in the 17th and 18th Centuries*, London and New York, 1993.

Broadberry, Stephen, "How Did the United States and Germany Overtake Britain? A Sectoral Analysis of Comparative Productivity Levels, 1870-1990", *Journal of Economic History* 58, 1998.

Broadberry, Stephen and Kevin H. O'Rouke, *The Cambridge Economic History of Modern Europe* Vol. 1: *1700-1870*, Cambridge, 2010.

Broadberry, Stephen and Mark Harrison, "The Economics of World War I: An Overview", Stephen Broadberry and Mark Harrison (eds.), *The Economics of World War I*, Cambridge

University Press, 2009.

Bruchey, Stuart, *Enterprise: The Dynamic Economy of a Free People*, Cambridge, Mass., 1991.

Cain, P. J. and A. G. Hopkins, "The Political Economy of British Expansion Overseas, 1750-1914", *The Economic History Review*, 2nd ser., 33, 1980.

Cain, P. J. and A. G. Hopkins, "Gentlemanly Capitalism and British Expansion Overseas, I: The Old Colonial System, 1688-1850", *Economic History Review*, 2nd ser., 39, 1986.

Cain, P. J. and A. G. Hopkins, "Gentlemanly Capitalism and British Expansion Overseas, II: The New Imperialism, 1850-1945", *Economic History Review*, 2nd ser., 40, 1987.

Cain, P. J. and A. G. Hopkins, *British Imperialism: Innovation and Expansion 1668-1914*, London, 1993.

Callahan, Colleen M., Judith A. McDonald, and Anthony Patrick O'Brien, "Who Voted for Smoot-Hawley", *Journal of Economic History* 54, 1994.

Carruthers, Bruce G., *City of Capital: Politics and Markets in the English Financial Revolution*, Princeton, 1996.

Carus-Wilson, E. M., *Medieval Merchant Venturers*, London, 1954.

Chandler, Alfred D. Jr., *The Visible Hand: The Managerial Revolution in American Business*, Cambridge, Mass., 1977.

Chandler, Alfred D. Jr., *Scale and Scope: The Dynamics of Industrial Capitalism*, Paperback ed., Cambridge, Mass., 1994.

Chandler, Alfred D. Jr., *Inventing the Electronic Century: The Epic Story of the Consumer Electronics and Computer Industries*, Paperback edition, Cambridge, Mass., 2006.

Chapman, Stanley D., "Fixed Capital Formation in the British Cotton Industry, 1770-1815", *Economic History Review*, 2nd ser., 33, 1970.

Chapman, Stanley D., *Merchant Enterprise in Britain: From the Industrial Revolution to World War I*, Cambridge, 1992.

Chaudhuri, K. N., *The Trading World of Asia and the English East India Company 1660-1760*, Cambridge, 1978.

Claydon, Tony, *William III and the Godly Revolution*, Cambridge, 1996.

Claydon, Tony, *Europe and the Making of England 1660-1760*, Cambridge, 2007.

Coleman, D. C., *The Economy of England 1450-1750*, Oxford, 1977.

Colley, Linda, *Britons: Forging the Nation, 1708-1837*, New Haven, 1992.

Collins, Robert M., *More: The Politics of Economic Growth in Postwar America*, New York, 2000.

Cowan, Ruth Schwartz, *A Social History of American Technology*, New York, 1997.

Crafts, N. F. R., "Victorian Britain Did Fail", *Economic History Review*, 2nd ser., 32, 1979.

Crafts, N. F. R., *British Economic Growth during the Industrial Revolution*, Oxford, 1985.

Crouzet, François, "Wars, Blockade and Economic Change in Europe, 1792-1815", *The Journal of Economic History* 24, 1964.

Crouzet, François, "Toward an Export Economy: British Exports during the Industrial Revolution", *Explorations in Economic History* 17, 1980.

Cullen, Louis M., *An Economic History of Ireland Since 1660*, London, 1972.

Dalzell, Robert F. Jr., *Enterprising Elite: The Boston Associates and the World They Made*, Cambridge, Mass., 1987.

Darwin, John, *The Empire Project: The Rise and Fall of the British World-System 1830-1970*, Cambridge, 2009.

Dash, Mike, *Tulipomania: The Story of the World's Most Coveted Flower & the Extraordinary Passions It Aroused*, New York, 2001.

Daunton, Martin, *Poverty and Progress: An Economic and Social History of Britain 1700-1850*, Oxford, 1995.

Daunton, Martin, *Wealth and Welfare: An Economic and Social History of Britain 1851-1951*, Oxford, 2007.

Daunton, Martin, *State and Market in Victorian Britain: War, Welfare and Capitalism*, London, 2008.

David, Paul A., "Learning By Doing and Tariff Protection: A Reconsideration of the Case of the Ante-Bellum United States Cotton Textile Industry", *Journal of Economic History* 30, 1970.

Davis, Lance E. and Robert J. Cull, "Internal Capital Movements, Domestic Capital Markets and American Economic Growth, 1820-1914", Stanley L. Engerman and Robert E. Gallman (eds.), *The Cambridge Economic History of the United Sates* Vol. II, Cambridge, 2000.

Davis, Ralph, "English Foreign Trade, 1700-1774", *Economic History Review*, 2nd ser., 15, 1962.

Davis, Ralph, *The Rise of the Atlantic Economies*, Ithaca, 1973.

de Vries, Jan, *The Dutch Rural Economy in the Golden Age, 1500-1700*, New Haven, 1974.

de Vries, Jan, *European Urbanization 1500-1800*, London, 1984.

de Vries, Jan, "Dutch Economic Growth in Comparative-Historical Perspective, 1500-2000", *De Economist* 148, 2000.

de Vries, Jan, *The Industrious Revolution: Consumer Behavior and the Household Economy, 1650 to the Present*, Cambridge, 2008.

de Vries, Jan, "The Economic Crisis of the Seventeenth Century after Fifty Years", *Journal of Interdisciplinary History* 40, 2009.

de Vries, Jan and Ad van der Woude, *The First Modern Economy: Success, Failure, and Perseverance of the Dutch Economy, 1500-1815*, Cambridge, 1997.

Deane, Phyllis, *The First Industrial Revolution*, Cambridge, 1965.

Deane, Phyllis, "Capital Formation in Britain before the Railway Age", François Crouzet (ed.), *Capital Formation in the Industrial Revolution*, London, 1972.

Deane, Phyllis and W. A. Cole, *British Economic Growth 1688-1953*, 2nd ed., Cambridge, 1969.

Dickson, P. G. M., *The Financial Revolution in England: A Study in the Development of Public Credit 1688-1756*, 1967; London, 1993.

Dobb, Maurice, *Studies in the Development of Capitalism*, London, 1947.

Drelichman, M. and H. Joachim-Voth, "Institutions and the Resource Curse in Early Modern Spain", Elhanan Helpman (ed.), *Institutions and Economic Performance*, Cambridge, Mass., 2008.

Dunn, Richard S., *Sugar and Slaves: The Rise of the Planter Class in the English West Indies, 1624-1713*, Chapel Hill, NC, 1972.

Eckers, Alfred E. Jr., and Thomas W. Zeiler, *Globalization and the American Century*, New York, 2003.

Edelstein, Michael, "War and the American Economy in the Twentieth Century", Stanley L. Engerman and Robert E. Gallman (eds.), *The Cambridge Economic History of the United States* Vol. III, 2000.

Edelstein, Michael, "Foreign Investment, Accumulation and Empire, 1860-1914", Roderick Floud and Paul Johnson (eds.), *The Cambridge Economic History of Modern Britain* Vol. 2: *Economic Maturity, 1869-1939*, Cambridge, 2004.

Edling, Max M., *A Revolution in Favor of Government: Origins of the U. S. Constitution and the Making of the American State*, Oxford, 2003.

Egnal, Marc, "The Beards Were Right: Parties in the North, 1840-1860", *Civil War History* 47, 2001.

Eichengreen, Barry, "The Political Economy of the Smoot-Hawley Tariff", NBER Working Paper, No. 2001, 1986.

Eichengreen, Barry, "U. S. Foreign Financial Relations in the Twentieth Century", Stanley L. Engerman and Robert E. Gallman (eds.), *The Cambridge Economic History of the United States* Vol. III, Cambridge, 2000.

Elbaum, Bernard and William Lazonick, "An Institutional Perspective on British Decline", Bernard Elbaum and William Lazonick (eds.), *The Decline of the British Economy*, Oxford, 1986.

Elkins, Stanley and Eric McKitrick, *The Age of Federalism: The Early American Republic, 1788-1800*, Oxford, 1993.

Elliott, John, "A Europe of Composite Monarchies", *Past & Present* 137, 1992.

Elliott, John, *Empires of the Atlantic World*, New Haven, 2003.

Ernst, Joseph A., "The Currency Act Repeal Movement: A Study in Imperial Politics and Revolutionary Crisis", *William and Mary Quarterly*, 3rd ser., 25, 1968.

Eversley, D. E. C., "The Home Market and Economic Growth in England 1750-1780", E. L. Jones and G. E. Mingay (eds.), *Land, Labour and Population in the Industrial Revolution*, London, 1967.

Farnell, J. E., "The Navigation Act of 1651, the First Dutch War, and the London Merchant Community", *Economic History Review*, 2nd ser., 16, 1963-1964.

Fear, Jeffrey, "German Capitalism", Thomas McCraw (ed.), *Creating Modern Capitalism: How Entrepreneurs, Companies, and Countries Triumphed in Three Industrial Revolutions*, Cambridge, Mass., 1995.

Feinstein, C. H., "Capital Accumulation and the Industrial Revolution", R. Floud and D. McCloskey (eds.), *The Economic History of Britain Since 1700* Vol. 1, Cambridge, 1981.

Ferguson, Niall, *Empire*, London, 2003.

Ferguson, Niall, *Colossus: The Rise and Fall of the American Empire*, New York, 2004.

Ferguson, Niall, *Empire: How Britain Made the Modern World*, London, 2004.

Ferguson, Niall, *The Ascent of Money: A Financial History of the World*, London, 2008.

Fernández-Armesto, Felipe, *Columbus and the Quest of the Impossible*, London, 1974.

Fernández-Armesto, Felipe, *Pathfinders: A Global History of Exploration*, New York, 2006.

Findlay, Ronald and Kevin H. O'Rouke, *Power and Plenty: Trade, War and the World Economy in the Second Millenium*, Princeton, 2007.

Fishback, Price, "The Progressive Era", Price Fishback and Douglass C. North, *Government and the American Economy*, Chicago, 2007.

Fishlow, Albert, "Internal Transportation in the Nineteenth and Early Twentieth Centuries", Stanley L. Engerman and Robert E. Gallman (eds.), *The Cambridge Economic History of the United States* Vol. II, Cambridge, 2000.

Floud, Roderick C., "Britain 1860-1914: A Survey", Floud and D. N. McCloskey (eds.), *The Economic History of Britain Since 1700* Vol. 2: *1860-1939*, Cambridge, 1981.

Flynn, Dennis O., "Fiscal Crisis and the Decline of Spain (Castile)", *Journal of Economic History* 42, 1982.

Fogel, Robert, *Without Consent or Contract: The Rise and Fall of American Slavery*, New York, 1991.

Foner, Eric, *Free Soil, Free Labor, Free Men: The Ideology of the Republican Party Before the Civil War*, Oxford, 1970.

Franklin, Benjamin, *Observations Concerning the Increase of Mankind, Peopling of Countries, etc.*, Boston, 1751.

Frieden, Jeff, "Sectoral Conflict and Foreign Economic Policy, 1914-1940", *International Organization* 42, 1988.

Frieden, Jeffrey A., *Global Capitalism: Its Fall and Rise in the Twentieth Century*, New York, 2006.

Galambos, Louis, "The U. S. Corporate Economy in the Twentieth Century", Stanley E. Engerman and Robert E. Gallman (eds.), *The Cambridge Economic History of the United States* Vol. III, Cambridge, 2000.

Galenson, David W., "The Settlement and Growth of the Colonies: Population, Labor, and Economic Development", Stanley E. Engerman and Robert E. Gallman (eds.), *The Cambridge Economic History of the United States* Vol. I, Cambridge, 1996.

Gallagher John and Ronald Robinson, "The Imperialism of Free Trade", *Economic History Review*, 2nd ser., 6, 1953.

Gallman, Robert E., "Economic Growth and Change in the Long Nineteenth Century", Stanley L. Engerman and Robert E. Gallman (eds.), *The Cambridge Economic History of the United*

States Vol. II, Cambridge, 2000.

Gauci, Perry, *Emporium of the World: The Merchant of London 1660-1800*, London, 2007.

Gauci, Perry, "Introduction", Perry Gauci (ed.), *Regulating the British Economy 1650-1850*, Farnham, 2011.

Gelderblom, Oscar and Joost Jonker, "Completing a Financial Revolution: The Finance of the Dutch East India Trade and the Rise of the Amsterdam Capital Market, 1595-1612", *Journal of Economic History* 64, 2004.

Glete, Jan, *War and the State in Early Modern Europe*, London, 2002.

Goldin, Claudia D. and Frank D. Lewis, "The Economic Cost of the American Civil War: Estimates and Implications", *Journal of Economic History* 35, 1975.

González de León, Fernando and Geoffrey Parker, "The Grand Strategy of Philip II and the Revolt of the Netherlands", Graham Darby (ed.), *The Origins and Development of the Dutch Revolt*, London, 2001.

Gordon, John Steele, *An Empire of Wealth: The Epic History of American Economic Power*, New York, 2004.

Gordon, Robert J., "Two Centuries of Economic Growth: Europe Chasing the American Frontier", NBER Working Paper No. 10622, 2004.

Gorski, Philip S., "The Mosaic Moment: An Early Modernist Critique of Modernist Theories of Nationalism", *The American Journal of Sociology* 105, 2000.

Graffe, Regina and M. A. Irigoin, "Bargaining for Absolutism. A Spanish Path to Empire and Nation Building", *Hispanic American Historical Review* 88, 2008.

Gramsci, Antonio, *Quaderni dal carcere*, Torino, 1975.

Grassby, Richard, *The Business Community of Seventeenth-Century England*, Cambridge, 1995.

Green, E. H. H., "Rentiers versus Producers? The Political Economy of the Bimetallic Controversy c. 1880-1898", *English Historical Review* 103, 1988.

Guesada, Miguel Angel Ladero, "Castile in the Middle Ages", Richard Bonney (ed.), *The Rise of the Fiscal State in Europe c. 1200-1815*, Oxford, 1999.

Guglielmo, Mark and Werner Troesken, "The Gilded Age", Price Fishback and Douglass C. North (eds.), *Government and the American Economy*, Chicago, 2007.

Hacker, Louis M., *The Triumph of American Capitalism: The Development of Forces in American History to the End of the Nineteenth Century*, New York, 1940.

Hancock, David, *Citizens of the World: London Merchants and the Integration of the British Atlantic Community, 1735-1785*, Cambridge, 1995.

Harling, Philip, *The Waning of 'Old Corruption': The Politics of Economical Reform in Britain, 1779-1846*, Oxford, 1996.

Harper, Lawrence, *The English Navigation Laws: A Seventeenth-Century Experiment in Social Engineering*, New York, 1939.

Hart, Marjolein T., "Freedom and Restrictions, State and Economy in the Dutch Republic, 1570-1670", *Economic and Social History in the Netherlands* 4, 1993.

Hart, Marjolein T., "The United Provinces, 1579-1806", Richard Bonney (ed.), *The Rise of the Fiscal State in Europe c. 1200-1815*, Oxford, 1999.

Hart, Marjolein T., "Mobilising Resources for War: The Dutch and British Financial Revolutions Compared", *Second Low Countries Conference, April 20-21*, Antwerp, 2006.

Headrick, Daniel, *The Tools of Empire: Technology and European Imperialism in the Nineteenth Century*, New York, 1981.

Henretta, James A., "Salutary Neglect", *Colonial Administration under the Duke of Newcastle*, Princeton, 1972.

Hilton, Boyd, *The Age of Atonement: The Influence of Evangelicalism on Social and Economic Thought, 1785-1865*, Oxford, 1986.

Hobsbawm, E. J., *Industry and Empire: The Making of Modern English Society, 1750 to the Present*, New York, 1968.

Hoh-Cheung and Lorna M. Mui, "Smuggling and the British Trade before 1784", *American Historical Review* 74, 1968.

Hont, Istvan, *Jealousy of Trade: International Competition and the Nation-State in Historical Perspective*, Cambridge, Mass., 2005.

Hoppit, Julian, "Patterns of Parliamentary Legislation, 1660-1800", *Historical Journal* 39, 1996.

Hoppit, Julian, "Bounties, the Economy and the State in Britain, 1689-1800", Perry Gauci (ed.), *Regulating the British Economy*, Farnham, 2011.

Hoppit, Julian (ed.), *Parliaments, Nations and Identities in Britain and Ireland, 1660-1850*, Manchester, 2003.

Hounshell, David A., *From the American System to Mass Production, 1800-1932: The Development of Manufacturing Technology in the United States*, Baltimore, 1984.

Howe, Anthony, *Free Trade and Liberal England 1846-1946*, Oxford, 1997.

Howe, Anthony, "Restoring Free Trade, 1776-1873", Donald Winch and Patrick K. O'Brien (eds.), *The Political Economy of British Historical Experience, 1688-1914*, Oxford, 2002.

Howe, Daniel Walker, *What Hath God Wrought: The Transformation of America, 1815-1848*, Oxford, 2007.

Hughes, Jonathan and Louis P. Cain, *American Economic History*, 6th ed., New York, 2003.

Hughes, Thomas P., *American Genesis: A Century of Invention and Technological Enthusiasm, 1870-1970*, 2nd ed., Chicago, 2004.

Hummel, Jeffrey Rogers, "The Civil War and Reconstruction", Price Fishback et al. (eds.), *Government and the American Economy: A New History*, Chicago, 2007.

Inikori, Joseph E., *Africans and the Industrial Revolution in England: A Study in International Trade and Economic Development*, Cambridge, 2002.

Innes, Joanna, "Parliament and the Shaping of Eighteenth-Century Social Policy", *Transactions of the Royal Historical Society*, 5th ser., 40, 1990.

Irwin, Douglas A., "The Aftermath of Hamilton's 'Report on Manufacture'", *Journal of Economic History* 64, 2004.

Irwin, Douglas A., "Revenue or Reciprocity? Founding Feuds over Early U. S. Trade Policy", Douglas A. Irwin and Richard Sylla (eds.), *Founding Choices: American Economic Policy in the 1790s*, Chicago, 2011.

Israel, Jonathan, *The Dutch Primacy in World Trade, 1585-1740*, Oxford, 1989.

Israel, Jonathan, *The Dutch Republic: Its Rise, Greatness, and Fall 1477-1806*, Paperback with corrections, Oxford, 1998.

Jeremy, David J., "Damming the Flood: British Government Efforts to Check the Outflow of Technicians and Machinery, 1780-1841", *Business History Review* 51, 1977.

Johnson, Edward, *Johnson's Wonder-Working Providence, 1628-1651*, J. Franklin Jameson (ed.), New York, 1910.

Jones, Peter M., *Industrial Enlightenment: Science, Technology and Culture in Birmingham and the West Midlands 1760-1820*, Manchester, 2008.

Juan Gelabert, "Castile 1504-1808", Richard Bonney (ed.) *The Rise of the Fiscal State in Europe*, Oxford, 1999.

Judt, Tony, *Post War: A History of Europe Since 1945*, New York, 2006.

Kamen, Henry, "The Decline of Spain: A Historical Myth?", *Past & Present* 81, 1978.

Kamen, Henry, *Spain 1649-1714: A Society of Conflict*, 2nd ed., London, 1991.

Kamen, Henry, *Empire: How Spain Became a World Power 1492-1763*, New York, 2003.

Kennedy, David, *Over Here: The First World War and the American Society*, Oxford, 1980.

Kennedy, Paul, *The Rise and Fall of the Great Powers: Economic Change and Military Conflict from 1500 to 2000*, New York, 1987.

Kim, Daeryoon, "In Search of 'Affectionate Regard': American Merchant Lobbies and the State during the Atlantic Imperial Crisis", *Parliamentary History* 30, 2011.

Kim, Tai-Yoo et al., "War, Peace and Economic Growth: The Phoenix Factor Reexamined", MIMEO.

Koehn, Nancy F., *The Power of Commerce: Economy and Governance in the First British Empire*, Ithaca, 1994.

Kubicecek, Robert, "Empire and Technological Change", Andrew Porter (ed.), *The Oxford History of the British Empire III*, Oxford, 1999.

Kupperman, Karen Ordahl, *The Jamestown Project*, Cambridge, Mass., 2007.

Lachmann, Richard, *Capitalists In Spite of Themselves: Elite Conflict and Economic Transitions in Early Modern Europe*, Oxford, 2002.

Lamoreaux, Naomi R., "Entrepreneurship, Business Organization, and Economic Concentration", Stanley L. Engerman and Robert E. Gallman (eds.), *The Cambridge Economic History of the United States* Vol. II, 2000.

Landes, David S., *The Wealth and Poverty of Nations: Why Some Are So Rich and Some So Poor*, New York, 1998.

Langford, Paul, "Property and 'Virtual Representation' in Eighteenth-Century England", *Historical Journal* 31, 1988.

Langford, Paul, *Public Life and the Propertied Englishman 1689-1798*, Oxford, 1990.

Larson, John Lauritz, "'Bind the Republic Together': The National Union and the Struggle for a System of Internal Improvements", *Journal of American History* 74, 1987.

Lawson, Philip, *The East India Company: A History*, London, 1993.

Leach, William, *Land of Desire: Merchants, Power and the Rise of a New American Culture*, New York, 1993.

Lears, Jackson, *Rebirth of a Nation: The Making of Modern America, 1877-1920*, New York, 2009.

Levines, Richard A. and William W. Cochrane, "The Treadmill Revisited", *Land Economics* 74, 1996.

Lewis, David Levering, *God's Crucible: Islam and the Making of Europe, 570-1215*, New York, 2008.

Lindert, Peter H., "Twentieth-Century Foreign Trade and Trade Policy", Stanley L. Engerman and Robert E. Gallman (eds.), *The Cambridge Economic History of the United States* Vol. III, 2000.

Lipsey, Robert E., "U. S. Foreign Trade and the Balance of Payments, 1800-1913", Stanley L. Engerman and Robert E. Gallman (eds.), *The Cambridge Economic History of the United States* Vol. II, 2000.

Louis Beer, George, "Cromwell's Policy in Its Economic Aspects II", *Political Science Quarterly* 17, 1902.

Lynch, John, *Spain 1516-1598: From Nation State to World Empire*, Oxford, 1981.

Lynn, Martin, "British Policy, Trade, and Informal Empire in the Mid-Nineteenth Century", Andrew Porter (ed.), *The Oxford History of the British Empire* Vol. 3: *The Nineteenth Century*, Oxford, 1999.

MacLeod, Christine, *Inventing the Industrial Revolution: The English Patent System, 1660-1800*, Cambridge, 1988.

Maier, Charles S., *Recasting Bourgeois Europe: Stabilization in France, Germany and Italy in the Decade after World War I*, Princeton, 1975.

Maier, Charles S., *Among Empires: American Ascendancy and Its Predecessors*, Cambridge, Mass., 2006.

Maier, Pauline, "The Revolutionary Origins of the American Corporation", *William and Mary Quarterly*, 3rd. ser., 50, 1993.

Maltby, William, *The Rise and Fall of the Spanish Empire*, London, 2009.

Mancall, Peter C., *Hakluyt's Promise: An Elizabethan's Obsession for an English America*, New Haven, 2007.

Marshall, P. J., "The English in Asia", Nicholas Canny (ed.), *The Oxford History of the British Empire* Vol. 1: *The Origins of Empire*, Oxford, 1998.

Marshall, P. J., *The Making and Unmaking of the Empires: Britain, India, and America, c. 1750-1783*, Oxford, 2005.

Martin, Albert Marcos, "Medina del Campo 1500-1800: An Historical Account of Its Decline", I. A. A. Thompson and Bartolomê Yun Casalilla (eds.), *The Castilian Crisis of the Seventeenth Century*, Cambridge, 1994.

Mathias, Peter and Patrick K. O'Brien, "Taxation in Great Britain and France, 1715-1810", *Journal of European Economic History 5*, 1976.

Matson, Cathy, "The Revolution, the Constitution, and the New Nation", Stanley L. Engerman and Robert E. Gallman (eds.), *The Cambridge Economic History of the United States* Vol. I, Cambridge, 1996.

McCloskey, D. N., "Did Victorian Britain Fail?", *Economic History Review*, 2nd ser., 23, 1970.

McCloskey, D. N., *Enterprise and Trade in Victorian Britain: Essays in Historical Economics*, London, 1981.

McCoy, Drew, *The Elusive Republic: Political Economy in Jeffersonian America*, New York, 1980.

McCraw, Thomas K., *Prophets of Regulation*, Cambridge, Mass., 1984.

McCraw, Thomas K. and Richard S. Tedlow, "Henry Ford, Alfred Sloan, and the Three Phases of Marketing", Thomas K. McCraw (ed.), *Creating Modern Capitalism: How Entrepreneurs, Companies, and Countries Triumphed in Three Industrial Revolutions*, Cambridge, Mass, 1995.

McCulloch, Diarmaid, *Reformation: Europe's House Divided 1490-1700*, London, 2003.

McCusker, John J., "British Mercantilist Policies and the American Colonies", Stanley L. Engerman and Robert E. Gallman (eds.), *The Cambridge Economic History of the United States* Vol. I, 1996.

McCusker, John J. and Russell R. Menard, *The Economy of British America 1607-1789*, Chapel Hill, NC, 1985.

McKendrick, Neil, John Brewer and Jack Plumb, *The Birth of a Consumer Society: The Commercialization of Eighteenth-Century England*, Cambridge, 1982.

McNeill, William H., *The Pursuit of Power*, Chicago, 1982.

McPherson, James, *Battle Cry of Freedom: The Civil War Era*, Oxford, 1988.

Meyer, David R., *The Roots of American Industrialization*, Baltimore, 2003.

Milton, Giles, *Nathaniel's Nutmeg*, London, 1999.

Mital, Sonia, Jack N. Rakove and Barry R. Weingast, "The Constitutional Choice of 1787 and Their Consequences", Douglas A. Irwin and Richard Sylla (eds.), *Founding Choices: American Economic Policy in the 1790s*, Chicago, 2011.

Mitchener, Kris James and Marc D. Weidenmier, "Empire, Public Goods and the Roosevelt Corollary", NBER Working Paper No. 10729, 2004.

Mokyr, Joel, *The Enlightened Economy: An Economic History of Britain 1700-1850*, New Haven, 2009.

Mokyr, Joel, "Entrepreneurship and the Industrial Revolution in Britain", Mokyr et al., *The Invention of Enterprise: Entrepreneurship from Ancient Mesopotamia to Modern Times*, Princeton, 2010.

Mokyr, Joel and John V. C. Nye, "Distributional Coalitions, the Industrial Revolution, and the

Origins of Economic Growth in Britain", *Southern Economic Journal* 74, 2007.

Morgan, Edmund S., *American Slavery, American Freedom: The Ordeal of Colonial Virginia*, New York, 1975.

Morgan, Kenneth, "Mercantilism and the British Empire, 1688-1815", Donald Winch and Patrick O'Brien (eds.), *The Political Economy of British Historical Experience, 1688-1914*, Oxford, 2002.

Morgan, Kenneth, *Slavery and the British Empire from Africa to America*, New York, 2007.

Mowery, David and Nathan Rosenberg, "Twentieth-Century Technological Change", Stanley E. Engerman and Robert E. Gallman (eds,), *The Cambridge Economic History of the United States* Vol. III, Cambridge, 2000.

Muto, Giovanni, "The Spanish System: Centre and Periphery", Richard Bonney (ed.), *Economic Systems and State Finance*, Oxford, 1995.

Neal, Larry, *The Rise of Financial Capitalism: International Capital Markets in the Age of Reason*, Cambridge, 1990.

Neal, Larry, "A Tale of Two Revolutions: International Capital Flows 1789-1819", *Bulletin of Economic Research* 43, 1991.

Nelson, Richard R. and Gavin Wright, "The Rise and Fall of American Technological Leadership", *Journal of Economic Literature* 30, 1992.

North, Douglass C., *The Economic Growth of the United States 1790-1860*, New York, 1966.

North, Douglass C., *Understanding the Process of Economic Change*, Princeton, 2005.

North, Douglass C. and Barry Weingast, "Constitutions and Commitment: The Evolution of Institutions Governing Public Choice in Seventeenth-Century England", *Journal of Economic History* 49, 1989.

North, Douglass C. and Robert Paul Thomas, *The Rise of the Western World: A New Economic History*, Cambridge, 1973.

Nye, John Vincent, "The Myth of Free-Trade Britain and Fortress France: Tariffs and Trade in the Nineteenth Century", *Journal of Economic History* 51, 1991.

O'Brien, Patrick K., "Political Economy of British Taxation, 1660-1815", *Economic History Review*, 2nd ser., 41, 1988.

O'Brien, Patrick K., "Mercantilism and Imperialism in the Rise and Decline of the Dutch and British Economies, 1585-1815", *De Economist* 148, 2000.

O'Brien, Patrick K., "Fiscal Exceptionalism: Great Britain and its European Rivals From Civil War to Triumph at Trafalgar and Waterloo", LSE EH Working Paper 65/01, 2001.

O'Brien, Patrick K., "The Pax Britannica and American Hegemony: Precedent, Antecedent or Just Another History?", Patrick K. O'Brien and Armand Clesse (eds.), *Two Hegemonies: Britain 1846-1914 and the United States 1941-2001*, Aldershot, 2002.

O'Brien, Patrick K., "Fiscal and Financial Preconditions for the Rise of British Naval Hegemony 1485-1815", LSE EH Working Paper 91/05, 2005.

O'Brien, Patrick K., T. Griffiths and P. Hunt, "Political Components of the Industrial Revolution: Parliament and the English Textile Industry, 1660-1774", *Economic History Review*, 2nd ser., 44, 1991.

O'Brien, Patrick K. et al. (eds.), *Urban Achievement in Early Modern Europe: Golden Ages in Antwerp, Amsterdam and London*, Cambridge, 2001.

Olson, Alison G., *Making the Empire Work: London And American Interest Groups 1690-1790*, Cambridge, Mass., 1992.

Organski, A. F. K. and Jacek Kugler, "The Costs of Major Wars: The Phoenix Factor", *The American Political Science Review*, Vol. 71, No. 4, 1977.

Ormrod, David, *The Rise of Commercial Empires: England and the Netherlands in the Age of Mercantilism, 1650-1770*, Cambridge, 2003.

Pagden, Anthony, *Worlds at War: The 2,500-Year Struggle between East and West*, New York, 2008.

Parker, Geoffrey, "War and Economic Change: The Economic Costs of the Dutch Revolt", *Spain and the Netherlands 1559-1659: Ten Studies*, London, 1979.

Parker, Geoffrey, *The Dutch Revolt*, revised ed., London, 1985.

Parker, Geoffrey, *The Army of Flanders and the Spanish Road, 1567-1659*, 2nd ed., Cambridge, 2004.

Parry, J. H., *The Age of Reconnaissance: Discovery, Exploration, and Settlement, 1450-1650*, London, 1963.

Philips, Carla Rahn, "Trade in the Iberian Empires, 1450-1750", James D. Tracy (ed.), *The Rise of Merchant Empires: Long Distance Trade in the Early Modern World*, 1350-1750, Cambridge, 1990.

Phillipson, Nicholas, *Adam Smith: An Enlightened Life*, New Haven, 2010.

Pincus, Steven, *Protestantism and Patriotism: Ideologies and the Making of English Foreign Policy, 1650-1668*, Cambridge, 1996.

Pincus, Steven, *1688: The First Modern Revolution*, New Haven, 2009.

Pollard, Sidney, "Capital Export, 1870-1914: Harmful or Beneficial?", *Economic History Review*, 2nd ser., 38, 1985.

Pomeranz, Kenneth, *The Great Divergence: China, Europe and the Making of the Modern World Economy*, Princeton, 2000.

Potter, David M., *The Impending Crisis: America Before the Civil War 1848-1861*, New York, 1976.

Power, Eileen, *The Wool Trade in English Medieval History*, New York, 1941.

Prak, M., *The Dutch Republic in the Seventeenth Century*, Cambridge, 2005.

Price, Jacob M., "What Did Merchants Do? Reflections of British Overseas Trade, 1660-1790", *Journal of Economic History* 49, 1989.

Price, Jacob M., "Inseparable Connections: Trade, Economy, Fiscal State, and the Expansion of Empire, 1688-1815", P. J. Marshall (ed.), *The Oxford History of the British Empire* Vol. 2: *The Eighteenth Century*, Oxford, 1998.

Richardson, Heather Cox, *The Greatest Nation of the Earth: Republican Economic Policies during the Civil War*, Cambridge, Mass., 1997.

Rockoff, Hugh, "The United States: From Ploughshare to Swords", Mark Harrison (ed.), *The Economics of World War II: Six Great Powers in International Comparison*, Cambridge, 2000.

Rockoff, Hugh, "Until It's Over, Over There: The U. S. Economy in World War I", Stephen Broadberry and Mark Harrison (eds.), *The Economics of World War I*, Cambridge, 2005.

Rodger, N. A. M., *The Command of the Ocean: A Naval History of Britain, 1649-1815*, London, 2004.

Rogers, Nicholas, *Crowds, Culture, and Politics in Georgian Britain*, Oxford, 1998.

Rosenberg, Nathan, *Technology and American Economic Growth*, New York, 1972.

Rubinstein, W. D., *Capitalism, Culture, and Decline in Britain 1750-1990*, London, 1993.

Russell-Wood, A. J. R., *The Portuguese Empire, 1415-1808: A World on the Move*, Baltimore, 1998.

Ryder, Alan, *The Wreck of Catalonia*, New York, 2007.

Sanderson, M., "Education and Economic Decline, 1890-1980s", *Oxford Review of Economic Policy* 4, 1988.

Saul, S. B., *The Myth of the Great Depression, 1873-1896*, London, 1969.

Schama, Simon, *The Embarrassment of Riches: An Interpretation of Dutch Culture in the Golden Age*, London, 1987.

Schultz, Theodore W., *Transforming Traditional Agriculture*, New Haven and London, 1964.

Schulyer R. L. (ed.), *Josiah Tucker: A Selection from His Economic and Political Writings*, New York, 1931.

Seely, J. R., *The Expansion of England: Two Courses of Lectures*, London, 1883.

Sellers, Charles, *The Market Revolution: Jacksonian America, 1815-1846*, Oxford, 1991.

Semmel, Bernard, *The Rise of Free Trade Imperialism: Classic Political Economy, the Empire of Free Trade and Imperialism, 1750-1850*, Cambridge, 1970.

Shoup, Laurence H. and William Minter, *Imperial Brain Trust: The Council on Foreign Relations and United States Foreign Policy*, New York, 1977.

Simms, Brendan, *Three Victories and a Defeat: The Rise and Fall of the First British Empire*, London, 2007.

Smith, Adam, *An Inquiry into the Nature and Causes of the Wealth of Nations*, R. H. Campbell and A. S. Skinner (eds.), 2 Vols., Oxford, 1976.

Smith, Anthony D., *The Cultural Foundations of Nations: Hierarchy, Covenant, and Republic*, Malden and Oxford, 2008.

Solow, Barbara L., "Caribbean Slavery and British Growth: The Eric Williams Hypothesis", *Journal of Development Economics* 17, 1985.

Stasavage, D., "Partisan Politics and Public Debt: The Importance of the 'Whig Supremacy' for Britain's Financial Revolution", *European Review of Economic History* 11, 2007.

Steensgaard, Niels, *The Asian Trade Revolution of the Seventeenth Century*, Chicago, 1972.

Stein, Judith, *Pivotal Decade: How the United States Traded Factories for Finance in the Seventies*, New Haven, 2010.

Styles, John, "Product Innovation in Early Modern London", *Past and Present* 168, 2000.

Sylla, Richard, "Experimental Federalism: The Economics of American Government, 1789-1914", Stanley E. Engerman and Robert E. Gallman (eds.), *The Cambridge Economic History of the United States* Vol. II, Cambridge, 2000.

Tellett, Frank, *War and Society in Early Modern Europe, 1495-1715*, London, 1992.

Temin, Peter, "The Industrialization of New England, 1830-1880", Peter Temin (ed.), *Engines of Enterprise: An Economic History of New England*, Cambirdge, Mass., 2000.

Thomas, Hugh, *Rivers of Gold: The Rise of the Spanish Empire from Columbus to Magellan*, New York, 2003.

Thomspon, F. M. L., *Gentrification and the Enterprise Culture: Britain 1780-1980*, Oxford, 2001.

Tracy, James D., *Emperor Charles V, Impresario of War: Campaign Strategy, International Finance and Domestic Politics*, Cambridge, 2002.

Tracy, James D., *The Founding of the Dutch Republic: War, Finance, and Politics in Holland, 1572-1588*, Oxford, 2008.

Trollope, Anthony, *The Way We Live Now*, London, 1875.

Truxes, Thomas M., *Defying Empire: Trading with the Enemy in Colonial New York*, New Haven, 2008.

Vernon, J. R., "World War Ⅱ Fiscal Policies and the End of the Great Depression", *Journal of Economic History* 54, 1994.

Vickers, Daniel, "The Northern Colonies: Economy and Society, 1600-1775", Stanley L. Engerman and Robert E. Gallman (eds.), *The Cambridge Economic History of the United States* Vol. I, Cambridge, 1996.

Ville, Simon, "Transport", Roderick Floud and Paul Johnson (eds.), *The Cambridge Economic History of Modern Britain*, Cambridge, 2004.

Wallis, John Joseph, "The Other Foundings: Federalism and the Constitutional Structure of American Government", Douglas A. Irwin and Richard Sylla (eds.), *Founding Choices*, Chicago, 2011.

Weightman, Gavin, *Industrial Revolutionaries*, New York, 2007.

Wiener, Martin, *English Culture and the Decline of the Industrial Spirit, 1850-1980*, Harmonsworth, 1981.

Williams, Eric, *Capitalism and Slavery*, Chapel Hill, NC, 1944.

Wilson, Charles H., *Profit and Power*, London, 1957.

Wilson, Charles H., *England's Apprenticeship 1603-1763*, London, 1965/1971.

Wilson, Kathleen, *The Sense of the People: Politics, Culture and Imperialism in England, 1715-1785*, Cambridge, 1995.

Winch, Donald, *Riches and Poverty: An Intellectual History of Political Economy in Britain, 1750-*

1834, Cambridge, 1996.

Wohlforth, William C., "U. S. Strategy in a Unipolar World", G. John Ikenberry (ed.), *America Unrivaled: The Future of the Balance of Power*, Ithaca, 2002.

Wood, Gordon S., *The American Revolution: A History*, London, 2002.

Wood, Gordon S., *Empire of Liberty: A History of the Early Republic, 1789-1815*, Oxford, 2009.

Wright, Gavin, "The Origins of American Industrial Success 1879-1940", *American Economic Review* 80, 1990.

Wright, J. F., "The Contribution of Overseas Savings to the Funded National Debt of Great Britain, 1750-1815", *Economic History Review*, 2nd ser., 50, 1997.

Wrightson, Keith, *Earthly Necessities: Economic Lives in Early Modern Britain*, New Haven, 2000.

Wrigley, E. A., *Continuity, Chance & Change: The Character of the Industrial Revolution in England*, Cambridge, 1988.

Wrigley, E. A., *People, Cities and Wealth: The Transformation of Traditional Society*, Oxford, 1989.

Wrigley, E. A., "British Population during the 'Long' Eighteenth Century", Roderick Floud and Paul Johnson (eds.), *The Cambridge Economic History of Modern Britain* Vol. I: *Industrialisation, 1700-1860*, Cambridge, 2004.

Wrigley, E. A., *Energy and the English Industrial Revolution*, Cambridge, 2010.

온라인 자료

http://blogs.wsj.com/economics/2011/12/10/number-of-the-week-financ\-es-share-of-economy-continues-to-grow/

http://www.bea.gov/newsreleases/national/gdp/2012/pdf/gd\-p4q11_3rd.pdf

찾아보기

ㄱ

ㄴ

ㄷ

ㄹ

ㅁ

ㅇ

ㅈ

김태유(金泰由)

서울대학교 공과대학을 졸업하고 미국 웨스트버지니아대학에서 경제학 석사학위를, 콜로라도 CSM대학에서 자원경제학 박사학위를 받았다. 미국 컬럼비아대학에서 박사후과정(Post. Doc.)을 거쳐 아이오나(IONA)대학 경영시스템학과 교수를 지냈으며, 1987년부터 서울대학교 교수로 재직 중이다. 한국과학기술한림원 정회원, 한국공학한림원 정회원이며, 한국자원경제학회 회장, 한국혁신학회 회장, 초대 대통령 정보과학기술보좌관, 외교통상부 에너지·자원 대외직명대사 등을 두루 역임하였다.
국가발전론, 에너지·자원경제학, 산업·기술경제학 등의 분야에 많은 논문을 발표했으며, 대표 저서로는 『정부의 유전자를 변화시켜라』, 『국부의 조건』, 『은퇴가 없는 나라: 국가경제를 이모작하라』, *The Secrets of Hegemony*(Springer 2017) 등이 있고, 역서로는 『황금의 샘 I, II, III』, 『자원의 지배』 등이 있다.
과학기술(공학), 경제학, 역사학을 학문적 기반으로 현재 인류문명(국가)의 발전과 쇠퇴에 관한 연구와 집필에 몰두하고 있다.
tykim@snu.ac.kr

김대륜(金大輪)

서울대학교 인문대학 서양사학과에서 학사와 석사학위를, 영국 옥스퍼드대학에서 근대 영국사에 관한 연구로 역사학 박사학위를 받았다. 한국과학기술원 초빙교수, 서울대학교 공학연구소 선임연구원을 거쳐 현재 대구경북과학기술원 기초학부 부교수로 재직 중이다.
"In search of 'affectionate regard': American merchant lobbies during the Atlantic imperial crisis", 「18세기 영국 국가와 경제」를 비롯하여 18세기 영국사에 관한 여러 편의 논문을 썼고, 공저로는 *The Secrets of Hegemony*(Springer 2017), 역서로는 『근대세계체제 1』 등이 있다.
18세기 영국과 미국의 정치경제에 대한 연구를 진행하는 한편, 근대 세계사를 아우르는 대중적인 개설서 출간을 준비하고 있다.
daeryoon@dgist.ac.kr